Beth Ydw i Wedi'i Wneud?

Mamolaeth, Salwch Meddwl a Fi

Laura Dockrill

atebol

Y fersiwn Saesneg

Cyhoeddwyd gyntaf gan Vintage yn 2021, sy'n rhan o grŵp cwmnïau Penguin Random House ac mae eu cyfeiriadau i'w gweld yn global.penguinrandomhouse.com

Cyhoeddwyd gyntaf mewn clawr caled gan Square Peg yn 2020

Y fersiwn Cymraeg

Cyhoeddwyd yn Gymraeg yn 2026 gan Atebol Cyfyngedig, Adeiladau'r Fagwyr, Llanfihangel Genau'r Glyn, Aberystwyth, Ceredigion SY24 5AQ

Addaswyd gan Testun Cyf.
Dyluniwyd gan EL Hammonds

ISBN 978-1-80106-558-0

Cyhoeddwyd gyda chymorth ariannol Cyngor Llyfrau Cymru

Argraffwyd yng Nghymru

atebol.com

CYMYSGEDD
Papur | Yn cefnogi coedwigaeth gyfrifol
FSC www.fsc.org FSC® C114687

I Hugo a Jet

Mae'r digwyddiadau sy'n cael eu disgrifio yma yn seiliedig ar atgofion o fy mhrofiadau. Mae nodweddion adnabod rhai pobl a llefydd wedi cael eu newid er mwyn diogelu preifatrwydd. Cyd-ddigwyddiad llwyr yw unrhyw debygrwydd.

Nodyn gan yr Awdur

Mi fu *ond y dim* i fi beidio ag ysgrifennu'r llyfr hwn.

Mae'n fy nychryn i i'r byw. Edrych yn ôl ar artaith a llanast yr hyn a ddigwyddodd. Mae'n gyfuniad o lawer iawn o 'Sut FFWC ddigwyddodd hynna?' a lot fawr o ddal gafael arna i fy hun, a meddwl, 'Waw. Mi oedd hynna'n agos.' Dwi wedi gweld rhywbeth na fedra i ei ddad-weld. Mae trawma'n gallu dy wneud di'n frau ac yn fregus, ac mi all cywilydd dy stelcian di yn ei sgil. Rwyt ti'n troi'n rhyw fath o blismon iechyd meddwl, yn trio adnabod ac asesu'r peth lleiaf fyddai'n gallu sbarduno dy symptomau, a gwneud dy orau i drefnu dy ddyddiau er mwyn peidio â tharfu ar dy gydbwysedd sensitif. Mae ysgrifennu am fy seicosis ôl-esgor fel camu i gae llawn o ffrwydron tir yn gwisgo mwgwd.

Mae'n bosib bod dy flwyddyn gyntaf di o famolaeth fel roeddet ti wedi'i ddisgwyl, ond doedd hynny'n sicr ddim yn wir yn fy achos i. Bron iawn i gael babi ddifetha fy mywyd i. Mi wnes i sylweddoli'n fuan iawn nad fi oedd yr unig un. Mae cymaint o fenywod wedi cael profiad sydd i ryw raddau'n debyg. Mae llawer o famau yn teimlo eu bod nhw wedi gwthio eu personoliaeth allan o'u cyrff efo'r babi, maen nhw'n teimlo ar goll, ac yn trio rhoi'r hen fersiwn ohonyn nhw yn ôl at ei gilydd rywsut.

A does neb yn ein rhybuddio ni.

Mae straeon mamolaeth yn mynd ymhell y tu hwnt i fy stori i, o gamesgor, colli plentyn ac erthylu am resymau meddygol (TFMR), i fabwysiadu, benthyg croth, anallu i feichiogi ac IVF – mae yna sawl llwybr gwahanol i ddod yn fam. Dwi'n cydnabod fy mod i'n lwcus. Mae gallu *cael* plentyn yn lwcus, a dwi eisiau cydnabod fy mod i'n ysgrifennu hyn o lith o safbwynt breintiedig. Dydw i ddim yn chwilio am gydymdeimlad, ond dwi eisiau defnyddio fy sefyllfa o fod yn 'fenyw ddosbarth canol, iach, wyn' – efo partner cefnogol a theulu agos yn byw yn y Deyrnas Unedig lle mae'r system gofal iechyd yn eithriadol o'i chymharu â'r rhan fwyaf o lefydd, a beichiogrwydd a geni yn ddiogel ar y cyfan – i helpu i dynnu sylw at iechyd meddwl ôl-enedigol. Beth sy'n *gwneud* rhywun yn fam beth bynnag? Mae'n fwy na'r weithred syml o gario a geni plentyn, mi alla i ddweud cymaint â hynny. Mi gymerodd hi oes i fi ddeall fy mod i'n fam – a dweud y gwir, mae'n rhywbeth dwi'n dal i drio ei ddeall.

Mae 'na stigma ynglŷn ag iechyd meddwl ôl-enedigol. Mae 'na dawelwch. Dwi'n rhannu'r hyn ddigwyddodd i fi er mwyn ychwanegu fy llais i roi hwb y mawr angen amdano i'r sgwrs ehangach am brofiadau iechyd menywod.

Er mwyn gwella, roeddwn i angen popeth o feddyginiaeth, seiciatrydd, seicotherapydd, bydwragedd, y Gwasanaeth Iechyd a llond trol o gefnogaeth gan deulu a ffrindiau. Un gair o gyngor fyddai fy mhartner Hugo eisiau ei rannu yn sgil ein profiadau ydy hwn: siarada'n agored. Sonia am yr hyn rwyt ti'n ei brofi. Rhan sylweddol o'r broblem efo unrhyw salwch iechyd meddwl ydy dod o hyd i'r eirfa i fynegi dy brofiadau. Felly rho dy ffydd yn dy anwyliaid a siarad efo nhw – maen nhw'n dy adnabod di'n well na neb, maen nhw'n gwybod pwy wyt ti.

Mi allai'r llyfr hwn gynnwys 'sbardunau' a all fod yn sensitif i rai darllenwyr. Fel dwi wedi'i grybwyll yn barod, mae 'na ffrwydron tir ym mhobman! Doeddwn i erioed wedi profi unrhyw fath o broblem neu salwch yn ymwneud ag iechyd meddwl cyn geni fy mab, felly dwi'n gwybod cystal â neb y gall ddigwydd i unrhyw un ac nad ydy o'n gwahaniaethu. Does 'na neb yn saff rhag salwch meddwl. Mae'r sbectrwm yn eang ac amrywiol, ac mae pawb arno yn rhywle.

Os wyt ti'n cael trafferth darllen darnau o'r llyfr hwn, gofynna am help. Dydy cymryd cyfrifoldeb am dy iechyd ddim yn dy wneud di'n wan.

Y peth dewraf y gall unrhyw un ei wneud ydy gofyn am help.

Rhagair

Dyma oedd fy Sul y Mamau cynta i fel mam.

Yn deffro ar fy mhen fy hun ac yn ddryslyd, mewn gwely dieithr efo cynfasau gwyn wedi eu startsio. Roedd yr ystafell yn debyg i swyddfa, ond fymryn yn fwy cartrefol, rhywbeth rhwng Premier Inn a ward ysbyty. Waliau lliw hufen a charped glas tywyll. Sinc. Drych. Cwpwrdd dillad. Desg. Cadair. Teledu. Cist ddroriau fach. Stafell ymolchi. Llun mewn ffrâm o falŵn aer poeth yn hedfan uwchben caeau mewn awyr las.

Dim golwg o Hugo.

Roedd y drws yn gilagored. Syllodd llygad i mewn, yn fy ngwylio. Doeddwn i ddim yn adnabod yr wyneb roedd hi'n perthyn iddo.

Roeddwn i'n gwaedu, fy nghraith yn gignoeth a phoenus, a fy mronnau'n llawn llaeth.

Gwesty uffernol ydy hwn? Ydw i wedi gwneud rhywbeth ofnadwy? Dwi'n teimlo 'mod i wedi. Carchar crand ydy o? Neu seilam?

Roedd yn union fel pe bawn i wedi cael fy ngyrru'n ôl i'r byd ar ôl bod yn rhywle tywyll – 'mod i wedi bod ar sesiwn yfed wallgo am fis ac mai dyma oedd yr eiliad pan oeddwn i'n holi 'Be ddiawl 'nes i neithiwr?', ond gant a mil o weithiau'n waeth. Roeddwn i'n teimlo rhyw banig dychrynllyd a'r angen i gysylltu efo pawb yn fy ffôn i ymddiheuro am bob dim dwi wedi ei wneud erioed. Ond cyn i fi droi, mi ddaeth yr holl deimladau'r oeddwn i wedi bod yn brwydro yn eu herbyn yn ôl mewn un llif. Ar ôl ychydig oriau hyfryd o gwsg wedi'i atgyfnerthu gan dawelyddion, rasio'n ôl wnaeth yr holl feddyliau ymwthiol ailadroddus, a'r cyfan allwn i ei wneud oedd gorwedd yno, yn edrych ar y nenfwd, a dweud, 'O na. O Iesu. O na. O na. O na.'

Achos roeddwn i'n gwybod bod yn rhaid i fi ladd fy hun.

A doeddwn i wir ddim eisiau gwneud hynny.

Hyd yn oed pe bawn i eisiau, roeddwn i'n cael yr argraff nad oedd 'na unrhyw ffordd o wneud hynny. Roedd hon yn stafell lle'r oedd hunanladdiad yn amhosib. Tair haenen o wydr yn y ffenest, a honno wedi'i chloi efo clo digon mawr i alw chi arno fo. Teledu wedi cael ei sgriwio i'r wal. A phob cebl yn glymau taclus: gwefrydd fy ffôn; y lamp. Roedd yn union fel deffro ar ddechrau rhyw ffilm sombi wael, a fi oedd y prif gymeriad.

Dyma fi'n edrych ar y gwifrau trydanol clymog a meddwl, *Ha! Hen dro, hogia. Ddim dyna sut o'n i'n mynd i'w wneud o beth bynnag.*

A dyna pam roeddwn i yn y lle yma, yn cael fy ngwylio, oherwydd fy mod i'n cael meddyliau fel'na.

A dweud y gwir, dwi'n eitha siŵr fod 'na rywun wedi eistedd yn y stafell efo fi y noson honno ac wedi fy ngwylio i'n cysgu. Hynny ydy, mai unig swydd y person hwnnw oedd eistedd yna yn y tywyllwch, yn fy ngwylio i. Roeddwn i'n bendant wedi gofyn i rywun eistedd efo fi oherwydd fy mod i'n dychryn fy hun. Ac roeddwn i eisiau teimlo'n ddiogel.

Daeth nyrs i mewn i f'ystafell. Roeddwn i'n gwybod mai nyrs oedd hi achos ei bod hi'n gwisgo dillad nyrs. Allwn i ddim edrych arni hi. Roeddwn i'n teimlo fel plentyn bach. Na, fel anifail gwyllt a oedd wedi cael ei gipio o'i gynefin a'i ddadlwytho o grât tywyll mewn sw. *Dyma ydy dy fywyd di rŵan.*

'Licet ti frecwast, Laura?' Doedd gen i ddim archwaeth ond mi wnes i ofyn am wyau wedi'u sgramblo ar dost, achos dyna oeddwn i wedi bod yn ei fwyta yn yr ysbyty ac roedd hynny'n fy atgoffa o adra. Roeddwn i'n torri 'mol i deimlo unrhyw beth fyddai'n fy atgoffa i o bwy ydw i – neu pwy oeddwn i.

Ond mi wnes i ddweud diolch, 'run fath. Mae hi'n bwysig bod yn gwrtais. Roedd yn rhaid i fi weithio *efo'r* lle yma.

Mi gyrhaeddodd yr wyau wedi'u sgramblo ar hambwrdd pren golau ysgafn efo cyllell a fforc blastig. Roeddwn i'n teimlo'n wan, yn araf ac yn hynod ddiffrwyth. Dyma fi'n cropian tuag at y gadair, y dwfe wedi'i lapio o gwmpas fy mhen. Roedd fy nwylo'n crynu.

Doeddwn i ddim eisiau i'r nyrs weld fy wyneb oherwydd roeddwn i'n teimlo cywilydd. Yn euog. Wedi ffieiddio. Yn hyll. Yn dryloyw. Roeddwn i'n teimlo'n sâl am fwyta hyd yn oed, fel pe bawn i ddim yn haeddu'r bwyd. Mi aeth yr wyau i lawr fy nghorn gwddw fel lympiau o glai.

Fis ynghynt, roeddwn i wedi bod yn hapusach nag y bues i erioed, a rŵan roeddwn i'n gragen. Yn teimlo'n hunanddinistriol. Mi ddaeth nyrs arall i mewn i roi tabledi i fi. Roeddwn i wedi dychryn, ond roedd y rhan 'Laura' ohona i bron iawn eisiau chwerthin. Does bosib fod hyn yn digwydd go iawn. Dyma'r hunllef ystrydebol: deffro mewn ward seiciatrig heb unrhyw syniad sut roeddwn i wedi cyrraedd yna, a nyrs garedig yn annog yn dyner, 'Mae hi'n amser i ti gymryd dy dabledi, *enw cywir yma*.'

O Iesu mawr. O Iesu mawr.

Be oeddwn i wedi'i wneud?

Roeddwn i wedi cael babi.

Ac yna mi es i'n hollol ddw-lal.

1

Os mai genedigaeth a mamolaeth ydy'r pethau mwyaf naturiol, cyffredinol ac arferol yn y byd, y pethau mae menywod wedi bod yn eu gwneud ers oes yr arth a'r blaidd, pam nad oes neb yn sôn bod 'na siawns dda na fyddi di'n teimlo fel ti dy hun ar ôl cael babi? Y gallet ti fynd yn dw-lal? Na wnei di efallai fyth wella'n iawn hyd yn oed?

Rydyn ni i gyd yn ymwybodol iawn o'r newidiadau corfforol ac o boen beichiogrwydd a geni – wedi'r cyfan, o ddiwedd plentyndod, mae menywod wedi gorfod ymdopi efo poen (yn gymysg â chywilydd i rai hefyd) ers i ni ddechrau gwaedu bob mis fel merched ifanc. Dydy hynny ddim yn gyfrinach. Ond beth am ein meddyliau ni?

Yng ngeiriau un o fy ffrindiau'n ddiweddar, 'Wrth i dy fabi gael ei eni, rwyt ti dy hun yn marw.'

Roeddwn i eisiau ei snogio hi am fod mor onest.

2

Ar 3 Mawrth 2018, tua thair wythnos ar ôl i fy mab gael ei eni, mi wnes i bostio llun ohona i fy hun ar y cyfryngau cymdeithasol. Dwi mewn bwyty, yn gwenu, efo lipstic pinc llachar, yn gafael yn falch mewn gwydraid o siampên dathlu. Roedd y pennawd yn dweud, 'Goeliwch chi fyth, bawb?... Dwi'n FAM!'

Celwydd llwyr oedd y llun hwnnw. Ac roeddwn i'n gwybod hynny hefyd. Esgus bod yn fi fy hun oeddwn i. Dweud celwydd *wrtha* i fy hun. Dydy'r llun ddim yn dangos cymaint o ofn sydd arna i. Ofn y byd i gyd. Ofn y sŵn lleiaf a fyddai'n gwneud i fi neidio. Ofn fy hun ac ofn fy mabi a beth allwn i ei wneud. Dydy o ddim yn dangos fy mod i, yn dawel bach, eisiau mynd ar drên i rywle pell, pell i ffwrdd efo Hugo, a pheidio byth â dod yn ôl.

Chwe diwrnod ar ôl i fi bostio'r llun yna, roeddwn i mewn uned seiciatrig.

3

Dydy hi ddim yn hawdd cyfaddef mai amser gwaethaf dy fywyd oedd pan gafodd dy fabi ei eni.

Rydyn ni i gyd wedi eu gweld nhw. Y llun Instagram o Mam yn ei legins print llewpart cŵl a'i sgidiau Nike Air Max, ei gwefusau coch yn gwenu. Ydy hi wedi paentio'i hewinedd? Argol, mae hon ar ben pethau! Yn eistedd yn hunanfodlon wrth liniadur, yn ennill ei bara menyn efo babi saith mis oed wedi'i glymu mewn cadach hipi (sy'n hunllef llwyr, gyda llaw) yn sugno ar ei bron. Y pennawd: ''Nôl wrthi fel arfer, ond efo babi'r tro yma'.

Neu'r llun o Fam Newydd yn ei dosbarth 'Cross Fit' yn defnyddio'i babi fel pwysau, ac un arall yn ymarfer fel peth hurt rhwng y siglenni yn y parc tra bod ei babi chwe wythnos oed yn edrych arni o sedd car, efo golwg bryderus ar ei wyneb: 'Wyt ti'n ôl-reit, Mam?'

Neu'r un o Fam Newydd yn mwynhau siampên a darn o gacen efo'r genod. Un arall yn cael 'noson ddêt' bythefnos cyn ei hapwyntiad gwirio chwe wythnos, yn cyhoeddi 'Ydan, 'dan ni'n *dal* i gael rhyw!' Mam yn ôl yn ei hen ddillad; Mam yn gwneud cadw-mi-gei *papier-mâché*; yn yfed digon o ddŵr; yn eillio ei cheseiliau; yn darllen stori amser gwely; yn mynd i gìg; yn chwarae pi-po. Mam yn llwyddo i wylio ei hoff gyfresi teledu; yn darllen rhestr hir Gwobr Booker; yn bod yn ffrind da; yn paratoi pryd iach ond blasus, costeffeithiol, figan yn ôl pob tebyg; yn ailgylchu; yn tylino ei babi; yn diheintio. Mam yn taflu ei nicers mamolaeth, er mai dyna'r unig bâr o nicers mae hi wir yn ei hoffi; yn llenwi'i ffurflen dreth; yn mynd â'r ci am dro; yn cyfrannu i elusen; yn rhewi bananas; yn dysgu Siapanaeg achos, wel, pam lai?... O edrychwch! Mam yn abseilio i lawr y Shard ac yn *dal* i ddod o hyd i'r amser i dynnu llaeth o'r fron ac ysgrifennu blog am yr holl brofiad.

Ydyn. Mae rhai mamau yn gallu gwneud pob dim. Ac maen nhw'n dda iawn am wneud hynny. Ond pam ydyn ni'n teimlo bod yn *rhaid* i ni wneud y cyfan? Dydy'r cyfryngau cymdeithasol fawr o help. Coelia neu beidio: MAE'R CYFRYNGAU CYMDEITHASOL WEITHIAU'N DWEUD CELWYDD... Sut ydw i'n gwybod? Achos dwi'n euog ohono fy hun. Mae'n ddrwg gen i am hynny.

Ond weithiau, os edrychi di'n graff ar y lluniau ymddangosiadol gyffredin yma, mae'r gwir yno'n amlwg i bawb ei weld. Y tu ôl i'r dillad babi pinc a'r teganau meddal llygadfawr, mae yna olygfa o arswyd domestig yn llechu, efo arogl powdr golchi yn yr aer a geiriau cân si-lwli ddychrynllyd i'w clywed yn y cefndir: dryswch enbyd 'Be ddiawl dwi fod i 'neud efo'r *peth* 'ma sydd *wir fy angen i?*' a 'Sut ddiawl dwi fod i ofalu amdano fo a finnau ddim hyd yn oed yn gallu gofalu *amdana i fy hun*?'

Pwy ydw i? Lle dwi wedi mynd? Pam ffwc na soniodd neb mai dyma sut beth ydy o?

Ond does 'na ddim amser ar gyfer hynny. Mae'r babi dy angen di. Mae'r babi dy angen *di*. Ddim dy fam neu dy nain neu Janice drws nesa. *Ti*.

A beth os wyt ti'n ei wneud os nad wyt ti ar gael o gwbl? Beth os wyt ti ar goll?

Dwi'n meddwl yn ôl am fod ar y Tiwb pan oeddwn i'n feichiog, yn gwisgo fy mathodyn 'Baby on Board' yn falch. Mi fyddwn i'n gwenu ar famau ar y trên efo babis mewn bygis, ond doedden nhw byth yn gwenu'n ôl. Dwi'n cofio gwylio menyw unwaith yn cario ei phram i lawr y grisiau symudol segur yng ngorsaf Victoria, a honno'n dweud wrtha i, 'Maen nhw'n well tu mewn na thu allan.' Rŵan dwi'n gwybod pam.

Rŵan, dwi ar ddyletswydd yn y parc fel yr 'Heddlu Ôl-esgor', yn edrych i fyw llygaid pob rhiant ac yn astudio eu hymddygiad.

'Ydw, dwi'n gallu gweld bod y babi yn iawn. *Ond sut wyt ti?*'

4

Pan oedden ni'n 14 oed, roedd Hugo a finnau'n ffrindiau gorau. Mi wnaethon ni gyfarfod rywbryd yn ystod gwyliau'r haf ar Gomin Wandsworth a threulio dyddiau hir a phoeth yn gorwedd ar y glaswellt, yn rhannu Ribena a chwrw, neu'n neidio ar drampolîn enfawr ein ffrindiau. Mi wnaethon ni dreulio'r rhan fwyaf o'r amser yn gwneud i'n gilydd chwerthin. Gyda'r nos, roedden ni'n siarad ar y ffôn ac yn gwneud tapiau caneuon cartref i'n gilydd. Roedden ni'n symud fel dau Gemini mynwesol, yn eistedd gefn wrth gefn fel logo Kappa.

Mi ddaeth o i briodas fy mam a fy llystad, mi es innau i angladd ei fam, a gafael yn ei law wrth i ni gerdded yn ôl i'w dŷ wedyn. Hugo oedd y person mwyaf gogoneddus i fi ei gyfarfod erioed; roedd ei weld mewn cymaint o boen bron yn ormod i'w ddioddef, ond allwn i wneud dim byd i wella pethau. Roedd Hugo yn galaru'n raslon ac yn dawel. Mi wnaethon ni dreulio oriau ar ei wely yn gwrando ar gerddoriaeth, yn bwyta tanjerîns a mwytho ei gath, Curly. Roedden ni'n ysgrifennu llythyrau at ein gilydd.

Roedden ni'n sôn yn ysgafn am briodi os na fydden ni'n dod o hyd i unrhyw un arall (doedden ni ddim eisiau dod o hyd i unrhyw un arall) a chael babis. Mi wnaethon ni ddewis enwau ein plant. Cynllunio'r tŷ fyddai'n gartref i ni yn y dyfodol. Mi wnaethon ni feddwi. Mi wnaethon ni snogio ffrindiau ein gilydd. A chwympo mewn cariad ar ddamwain, ond wnaeth yr un o'r ddau ohonon ni ddweud yr un gair wrth y llall am y peth. Wnaeth o ddim digwydd, a phan oedden ni'n ugain oed, mi wnaethon ni fynd i gyfeiriadau gwahanol.

Ddeng mlynedd yn ddiweddarach, mi wnaethon ni ailgysylltu. Mi ddaethon ni o hyd i'n gilydd eto fel dau gorwynt yn cyd-droelli.

Roedden ni mewn cariad. Cariad go iawn. Roedd yna werth deng mlynedd o hanesion i'w rhannu. Roedden ni'n aros ar ein traed drwy'r nos yn yfed a dawnsio, yn canu, yn darllen i'n gilydd, yn gwylio pob ffilm o blith ein ffefrynnau, yn bwyta ym mhob bwyty o blith ein ffefrynnau, yn adrodd stori wirion ar ôl stori wirion. Mi wnaethon ni lenwi'r bylchau, esbonio ein hunain, chwerthin a chusanu. Roedd yn chwerthinllyd *ac* yn rhesymol. Mi wnaethon ni droi'n adar y nos. Roedd adrenalin yn dân yn ein gwythiennau wrth i ni gerdded drwy'r ddinas fin nos, yn esgus ymladd, cyfarfod â ffrindiau'n gilydd ac yfed a siarad mwy. Mi wnaethon ni redeg yn y parc yn y tywyllwch a bwyta cinio am dri o'r gloch y bore. Wedyn cysgu drwy'r dydd efo'n hwynebau yn cyffwrdd.

Mi wnaethon ni syrthio drwy drapddor yn y byd. Doedd neb yn gallu dod o hyd i ni. Mi fyddai Hugo yn chwarae'r gitâr a finnau'n darllen cerddi. Afiach, dwi'n gwybod. Roedd o *yn* afiach o ramantus, dros ben llestri o ramantus. Roedden ni'n rhannu dillad. Yn rhannu brwsh dannedd, yn meddwl yr un meddyliau, yn malio am yr un pethau, yn chwerthin am yr un pethau. A thorri'n gwalltiau yr un fath! Fel hyn oedd pethau i fod. Roedd fel pe bawn i wedi bod yn cerdded o gwmpas yn yr un pâr o esgidiau ar hyd fy mywyd ac yna'n sydyn yn gwisgo pâr arall a sylweddoli, 'O! *Fel'ma* mae sgidiau i *fod* i deimlo.' Roedden ni jyst yn ffitio.

Roedden ni'n dechrau eto, heb fawr o ddim byd. Yn cysgu ar wely benthyg. Heb deledu. Yn eistedd ar hen soffa fy ffrind gorau a defnyddio bwrdd smwddio efo dwy gadair gardd fel bwrdd bwyd dros dro, ac roedden ni mor hapus.

Chwe mis ac un gwyliau i Foroco yn ddiweddarach, roeddwn i'n feichiog.

Dwi'n gwybod bod hyn yn ymddangos yn sydyn ofnadwy, ond doedd y sefyllfa ddim yn fy nychryn i o gwbl. Dyma oedd y peth iawn. Na, dyma oedd y peth *gorau* a allai fod wedi digwydd erioed.

Oni bai bod Hugo a finnau wedi adnabod ein gilydd am gymaint o amser, dydw i ddim yn credu y bydden ni wedi goroesi'r hyn a ddigwyddodd nesaf.

Rydyn ni'n dal i rannu'r un brwsh dannedd.

5

Mi ges i feichiogrwydd hyfryd. Roeddwn i'n teimlo'n falch ac yn gyffrous, yn brydferth ac yn gryf, yn hynod greadigol a chynhyrchiol.

Roeddwn i'n barod i fod mor amharod ag oedd hi'n bosib i fod. Wnes i ddim gwneud gormod o ddarllen a gwaith ymchwil, ond roeddwn i'n gwybod digon i beidio â chael fy synnu'n llwyr. Wnaethon ni ddim mynd allan a phrynu popeth o adran fabanod John Lewis. Doeddwn i ddim eisiau parti beichiogrwydd. Wnes i ddim llunio cynllun geni. Er eu bod nhw'n rymusol, yn hanfodol ac yn cynnig sicrwydd i lawer o gyplau, roedd o'n teimlo i fi fel ysgrifennu canllaw i Wlad y Gorbryder. Roeddwn i wedi darllen digon i wybod mai anaml roedd geni yn dilyn disgwyliadau na deisyfiadau. Felly, mi wnaethon ni aros yn feddwl-agored, ymddiried yn ein greddf a gwneud dim byd mwy na gofalu am ein gilydd nes i'r amser ddod.

Mi wnaethon ni hefyd gynilo er mwyn gallu cymryd amser i ffwrdd i fwynhau'r babi ar ôl iddo gyrraedd. Mi wnes i weld fy ffrindiau. Mi wnes i ymlacio go iawn am y tro cyntaf yn fy mywyd, a theimlo mor werthfawr a phwysig ac *angenrheidiol*. Bob dydd, roeddwn i'n teimlo'n bwrpasol, yn bwyllog ac yn hapus; roedd fel pe bawn i'n cerdded o gwmpas fel y blaned Sadwrn, efo cylchoedd yn fy amddiffyn i. Doedd dim byd yn mynd i allu peri loes i fi. Doedd dim modd i fi gael annwyd. Allai ffrindiau ddim ffraeo efo fi. Doedd llofruddion ddim yn bodoli. Doedd pethau drwg ddim yn digwydd. Roeddwn i'n teimlo na allai unrhyw beth fy nghyffwrdd i, a fedrwn i ddim aros i'w gyfarfod o wrth ei deimlo fo'n gwingo o dan fy nghroen.

Y tro cyntaf i ni ei 'gyfarfod', yn y sgan, doedden ni ddim yn gallu dod o hyd iddo fo. Roedd y sonograffydd yn rhedeg ar ei ôl o gwmpas fy mol noeth yn trio dal cipolwg ar y bychan. Roedd fel mynd ar drywydd Bigfoot – byth yn dod yn ddigon agos i dynnu llun. Mi wnes i sylweddoli'n sydyn mai person bach oedd hwn, yn byw ei fywyd ei hun.

Dyma'r sonograffydd yn trio eto, sgan mewnol y tro yma, ac yn sydyn, dyna lle'r oedd o. Corgimwch bach du a gwyn aneglur o blaned arall. A'i galon. *Mor uchel.* Mi wnaeth y nyrs sylwi hyd yn oed – 'Waw! Mae ganddo fo guriad calon cryf.' Roedd wedi'i amgylchynu gan lond ogof o stwff tebyg i sbwng. Hynny ydy, roedd wyneb y creadur bach wedi'i wasgu'n fflat yn erbyn beth bynnag oedd o.

'Be ydy o?' gofynnais.

'Ymm... ydych chi'n digwydd bod yn rhwym?' gofynnodd y nyrs, gan gochi.

'O...' Mi wnes i gochi mwy fyth.

Mae'n od sut nad ydy achlysuron mawr bywyd, fel gweld dy sgan babi cyntaf, byth yn union fel rwyt ti'n eu dychmygu nhw.

Roeddwn i'n arfer casáu'r tywyllwch, ond rŵan roeddwn i'n edrych ymlaen at ddeffro ganol nos, dim ond fi a'r bwmp. Bowlenni o uwd efo sudd masarn. Menyn cnau daear a *bagels* a gwylio'r teledu, yna cripian yn ôl i'r gwely'n ddistaw bach. Swatio yn fy nyth. Blancedi a sanau. Hugo, ei fraich ar draws fy mol cynyddol fwy.

Dyma'r tro cyntaf yn fy mywyd i fi deimlo 'mod i'n dda am wneud rhywbeth. Ddim yn twyllo, ddim yn mynd amdani'n gibddall, ddim yn gofyn am ganiatâd neu'n trio darbwyllo rhywun 'mod i'n gallu gwneud rhywbeth, ddim yn aros i gael fy *nal allan*, achos roeddwn i'n gwybod mai fy mhrofiad *i* oedd hwn. Fedrai neb arall ddweud wrtha i sut i wneud hyn achos roedd fy nghorff i'n gwneud hynny drosta i.

Dwi'n edrych yn ôl ar y ferch ddiniwed honno'n eistedd ar y soffa yn bwyta bowlenni o rawnfwyd a dwi eisiau ei chofleidio hi. Mae meddwl am hynny'n ddigon i wneud i fi grio, achos doedd gan y fi feichiog honno *ddim affliw* o syniad o'r hyn oedd i ddod.

6

Mae disgwyliadau enfawr ar ysgwyddau darpar famau. Rwyt ti'n teimlo fel dy fod di wedi cael dy eni efo rhyw fath o hedyn arbennig yng ngwaelod dy fol sy'n mynd i flodeuo unwaith y byddi di'n feichiog: mi fydd natur yn perchnogi dy gorff a dy reddf famol yn cipio'r awenau. Mae gen ti ffydd y byddi di'n *gwybod* beth i'w wneud.

Roeddwn i'n dychmygu'r fersiwn 'Mam Ddaear' yma ohona i fy hun, yn hwylio ar hyd y lle'n droednoeth mewn sgert laes a 'mreichiau'n drymlwythog o freichledi, a 'ngwallt môr-forwyn hir yn frith o flodau wedi'u pigo o'r lawnt o flaen y tŷ. Mi fyddwn i'n gwisgo tlysau am fy fferau, hyd yn oed modrwy droed. Yn hongian dillad ar y lein efo pegiau pren go iawn. Mi fyddwn i fel un o'r darnau celf hynny o gyfnod y Dadeni: ffrwythlon a hapus, yn gorwedd ar fôr o sidan, fy mabi, ceriwb bach noeth llond ei groen yn sugno fy mron. Wrth gwrs, mi fyddwn i mwya sydyn yn gallu pobi torth a berwi reis yn berffaith bob tro. Mi fyddwn i'n gweiddi ar bobl mewn siopau a llwyddo i'w cael nhw i wrando ar fy nghwynion, oherwydd fy mod i'n *fam*.

Mi fyddwn i'n *ysbrydoliaeth.*

Ac wrth glywed mamau eraill yn dweud pa mor anodd oedd pethau neu nad oedden nhw'n gallu ymdopi, mi fyddwn i'n meddwl, *Ha, mae'n anodd i chi ond ddim y fi ydych chi. Mi ges i fy ngeni i wneud hyn. Dwi ar bedestal efo Florence Nightingale a Mother Goose ac Aunt Bessie. Mae fy nghroen i'n brint Cath Kidston. Mae hyn yn mynd i fod yn hawdd fatha baw i fi*. Wedi'r cyfan, roeddwn i ddeng mlynedd yn hŷn na fy mam pan gafodd hi fi. Mi fyddwn i'n iawn!

Doeddwn i ddim yn delfrydu, wir yr. Roeddwn i'n bod yn realistig. Roeddwn i'n rhyw *led*-wybod beth i'w ddisgwyl. Roedd gan fy ffrindiau blant. Roeddwn i wastad wedi gwneud pres ychwanegol drwy warchod, wedi gweithio fel nani fwy nag unwaith ac yn arfer gweithio mewn canolfan chwarae plant. Mae gen i frawd a chwaer iau. Dwi'n ennill fy mara menyn drwy ysgrifennu llyfrau plant. Doeddwn i ddim yn twyllo fy hun nad oedd hyn yn mynd i fod yn anodd.

Roeddwn i wedi cael fy rhybuddio ymlaen llaw. Heb sôn am yr holl gyngor digymell. Mae clwy'r marchogion yn bosib. Mae'n bosib y byddan nhw'n eillio blew dy ffw-ffw yn yr ysbyty. Mae geni 'naturiol' gymaint yn fwy ffafriol i greu cwlwm na geni lle mae angen ymyrraeth feddygol, *ia, ia, dwi'n mynd i eni'n naturiol, efo dim ond nwy ac aer, ia, ia, wrth gwrs*. Efallai y byddi di'n cachu wrth esgor. Mi fydd dy wain di'n cael ei dryllio. Mi oedd pobl yn dweud wrth Hugo, 'Paid â mynd i lawr i'r pen dwfn, mêt; mae o fatha gwylio dy hoff dafarn yn llosgi'n ulw.'

O ha. Ha. Ha.

Cysga rŵan, Laura, achos wnei di ddim cysgu *o gwbl* unwaith fydd y babi wedi cyrraedd.

Cofia gysgu pan fydd y babi'n cysgu. Does 'na ddim byd i guro'r fron. Paid byth â dod â'r babi i dy wely di, torri ffon i guro dy hun ydy hynny. Mae babi i fod yn ei lofft ei hun o chwe mis oed ymlaen, os nad yn gynt. Fydd gen ti ddim amser i ti dy hun. Mi fyddi di a dy bartner yn ffraeo. Wneith y babi ddim stopio crio. Mi fydd dy dethi di'n brifo. Fydd dy fronnau di fyth 'run fath eto. Deuda ta-ta wrth dy jîns.

Mi oedd datganiadau a oedd yn sbarduno gorbryder yn hedfan tuag ata i o bob cyfeiriad. Mae pobl *wrth eu bodd* yn rhoi cyngor, dydyn nhw ddim yn gallu peidio. Mae'n llawn bwriadau da, ond y cyfan mae'n ei wneud ydy dy godi di'n uwch ac yn uwch ar wifren wib mamolaeth, gan wneud y siwrnai i lawr hyd yn oed yn fwy brawychus... *fyny, fyny, fyny...*

Mi oedd geni a magu plentyn yn troi o fod yn brofiad i fod yn *fygythiad*, lle fyddai'r penderfyniad gwael lleiaf un yn effeithio'n negyddol ar ddyfodol ein plentyn.

Roedd maint y bwmp yn cael ei gymharu â bwmp pawb o dan haul; mi fyddai rhywun yn sôn fod yr arwres honno, nain ei bartner, wedi geni tripledi ar ei phen ei hun mewn cae o ŷd heb unrhyw fesurau lliniaru poen, a'i bod hi wedi gorfod cnoi'r tri llinyn bogail i ffwrdd efo'i dannedd.

Dyna pryd wnaeth y panig gronni. Beth fyddai pawb yn ei feddwl pe bawn i angen cymorth meddygol? Sut alla i gael yr holl gwsg dwi ei angen ymlaen llaw? Côma ydy hynny, does bosib? Ydw i'n symud gormod? Neu ddim digon? Ddylwn i fod yn gweithio *o hyd*? Wnes i fwyta wyau amrwd ar ddamwain yn y 'mayonnaise' ffres yna? Wnes i ddefnyddio'r ewyn bath anghywir? Ydy ewyn bath yn saff i ferched beichiog? Pa mor boeth oedd dŵr y bath beth bynnag? Oes 'na thermomedr ystafell yn y tŷ? Sut mae ffon i guro fy hun yn edrych?

Mi wnes i ddechrau meddwl a oeddwn i'n mynd i allu gwneud hyn, felly doedd dim amdani ond gwneud fy ngorau glas i fod mor barod o amharod ag y gallwn i.

7

Ers i fi ddeall 'mod i'n feichiog, dwi wedi meddwl llawer am fy mam.

Does gan fy chwaer a finnau ddim rhyw lawer o atgofion ohoni pan oedden ni'n tyfu i fyny. Mae ein hatgofion am ein tad yn bennaf. Mae'r rhai sydd gen i o Mam yn newid o hyd ac yn amhosib i'w darlunio'n glir; maen nhw fel fflachiadau o ffilm Super 8 yn fy meddwl, yn aneglur ac yn gymysg fel inc mewn dŵr, fel plu. Dwi'n gweld arlliw golau disgo o wallt hir melyn clymog, yng nghanol môr o liwiau llachar. Tân gwyllt efo chwerthiniad budr, aflafar.

Dwi'n cofio gwraig ffyrnig, drydanol efo tafod tanllyd a dychymyg gwyllt – a bronnau anhygoel. Rhywun cryf a phwerus. Oedd yn dal ei thir efo jôcs a rhyfyg swnllyd tadau fy ffrindiau. Roedd ganddi ddiddordeb *ym mhob dim*. Roedd hi'n hoffi trenau ysbryd a thriciau hud, sêls cist car, anifeiliaid a phryfed, bwyd sbeislyd, peintiau o gwrw a sgwrs. Roedd hi'n chwim ei meddwl, yn amhosib rhagori arni, yn hyderus, yn ddoniol, yn hael, yn feiddgar, yn ddi-lun ac yn gystadleuol.

Roedden ni'n ei haddoli. Ond doedd hi ddim yn fam fel mae mam i *fod*, ac mi ges i drafferth efo hynny pan oeddwn i'n fach. Mi oedd hi'n gweithio drwy fy mhlentyndod, ar y cyfan. Yn galed hefyd. Roedd hi'n eangfrydig, yn amhosib ei rhoi mewn jar heb sôn am ei labelu'n addas. Y teimlad oedd gen i oedd fy mod i wastad yn rhedeg ar ei hôl hi, yn trio dal i fyny efo hi er mwyn gallu edrych arni'n agosach. Ond byth yn llwyddo. Mi fyddwn i'n ei gwylio hi o'r sedd gefn, yn gwneud ei cholur yn nrych bach y car, ac yn meddwl, *Pwy wyt ti?*

Roeddwn i eisiau ei deall hi gymaint. Dyheu am *normalrwydd* oeddwn i. Fy enw wedi'i wnïo yn fy siwmper ysgol, *ganddi hi*; pecyn bwyd yr oedd *hi* wedi'i wneud; *hi* yn fy nôl i o'r ysgol. Roeddwn i eisiau iddi fod yn berchen ar focs cymorth cyntaf ac iddi hi roi plaster ar fy mhen-glin a'i gusanu'n well; iddi farcio fy nhaldra ar ffrâm y drws; darllen straeon amser gwely i fi; plethu fy ngwallt a chanu cân i fi. Ond ddim un felly oedd hi. Wnaeth hi ddim ein dysgu ni am y mislif a rhyw, ond mi wnaeth hi ddangos i ni sut i goginio cyrri a tsili, sut i fod yn ffeminist drwy fod yn un ei hun, sut i fod yn greadigol, â dawn sgwrsio, a moesau ac egwyddorion, sut i sefyll ar ein traed ein hun, sut i fod yn feiddgar ac i ddathlu ein natur unigolyddol.

Yn ddiweddarach, yn fy ugeiniau cynnar, pan gefais ar ddeall ei bod hi wedi dioddef o iselder ôl-enedigol efo'i phlentyn ieuengaf, fy mrawd bach Hector, wnaeth hynny ddim fy synnu i. Roedd yn gwneud synnwyr, ac mi lenwodd sawl bwlch yn fy mhlentyndod. Ond hyd heddiw, dwi'n teimlo fel ditectif sy'n trio cyfuno cliwiau i greu darlun cyflawn o'r enigma, y fam ddirgel, gymhleth a phrydferth oedd gen i. Y fam unigryw.

Dwi'n cofio pytiau yma ac acw: fy mam yn gorwedd yn y gwely mewn ystafell dywyll, yn aml. Dwi'n cofio fy nhad (maen nhw wedi gwahanu ers hynny) yn gofalu amdanon ni, bron iawn fel rhiant sengl. Mi fyddai'n gwneud paneidiau diddiwedd o de ac yn gofyn i ni eu cario ar hyd y cyntedd iddi hi. Finnau'n gafael yn dynn yn y mẁg, ddim eisiau colli'r un diferyn. Bellach, roedd y fam hudolus a disglair honno wedi dieithrio a'i hymylon yn frau. Dwi'n ei chofio hi'n aml ar y ffôn, yn crio, yn ei gŵn nos budr. Mi fyddai'n chwarae gemau cyfrifiadurol am oriau bwygilydd. Dwi'n ei chofio hi unwaith yn sgrechian, yn rhwygo ei chrys nos fel reslwr, a'r botymau yn hedfan i bob cyfeiriad. Y cymdogion yn gofalu amdanon ni, yn aml. A dwi'n cofio'r cwlwm anhygoel oedd ganddi hi a Hector. Mi oedd o'n cysgu yn ei gwely hi nes ei fod tua saith oed.

Roedd hi'n ein caru ni efo cariad caled, a finnau'n arfer ei gasáu, ond dwi'n gwybod erbyn hyn ei bod hi fel llewes. Mae wedi ein gwneud ni'n wydn. Roeddwn i'n arfer gweld bai arni ac yn dal dig yn ei herbyn am weithio cymaint, ond dwi'n gweld erbyn hyn mai eisiau rhoi bywyd gwell i ni oedd hi. Hi oedd yn ennill y cyflog, a

Dad oedd y gofalwr. Roedd hi eisiau ein hysbrydoli ni, ond mae'n bosib ei bod hi eisiau goroesi hefyd – roedd hi'n gweithio oherwydd ei bod hi'n dda am wneud hynny.

Unwaith, dros swper, dwi'n cofio dweud wrthi nad oedd gen i lawer o atgofion ohoni pan oeddwn i'n ifanc, ac mi wnaeth hi gynhyrfu. Roedd hyn cyn i fi ddod yn fam fy hun, a doeddwn i ddim yn sylweddoli gymaint o loes iddi oedd clywed hynny. Doeddwn i ddim eisiau dweud wrthi mai'r unig brawf oedd gen i ei bod hi yno oedd y lluniau. Mi ddywedodd hithau nad oedd hi'n ein mwynhau ni fel plant, ond ei bod hi'n ein caru ni fel oedolion, ein bod ni'n ffrindiau iddi. Ac mae hynny'n ddigon gwir. Rŵan dwi'n gwybod pa mor wych oedd hi.

Ond dydy Mam ddim yn ystyried ei hun yn arwres; prin mae hi'n siarad am beth ddigwyddodd iddi ar ôl i Hector gael ei eni. Dim ond pan es i'n sâl fy hun y ces i glywed gan gymaint o bobl pa mor ddrwg oedd iselder ôl-enedigol Mam. Y byddai'n cropian ar ei phedwar ar hyd y cyntedd. Nad oedd munud yn pasio pan nad oedd hi'n gaeth yn ei phen ei hun. A chafodd Mam druan ddim diagnosis. Mi wnaeth hi ddioddef fel hynny am flwyddyn gyfan efo dwy ferch a babi i ofalu amdanyn nhw, pres yn brin a dim perthnasau'n byw yn agos. Mae hi'n dweud ei bod hi'n cofio dod allan o'r tywyllwch a thorri ei gwallt am y tro cyntaf a meddwl, *O Iesu mawr, dydw i ddim yn teimlo'n orbryderus, dydw i ddim yn teimlo'n isel. Dwi ddim yn credu hyn.* A dyna fo. Roedd y cwmwl wedi chwalu.

Mi wnes i ofyn i 'nhad sut beth oedd o. Ei ateb o oedd, 'Dydw i ddim yn cofio, dwi wedi cau pob dim allan. Ond ddim Jaine oedd hi.'

Mae yna *ryw ychydig* o gysylltiad biolegol gwan sy'n awgrymu y gall iselder ôl-enedigol fod yn etifeddol. Yr hyn sy'n ddiddorol ydy bod Mam wedi cael ei mabwysiadu. Mae hi'n ymfalchïo yn y ffaith hon, ac yn dweud mai dyma'r peth gorau a ddigwyddodd iddi erioed oherwydd dyna wnaeth hi'n bwy ydy hi. Roedden ni'n arfer cellwair mai T-rex a siarc oedd ei rhieni geni hi. Wnaeth hi erioed gyfarfod â'i mam, ond doedd hynny ddim i'w weld wedi effeithio arni hi. Dydyn ni ddim wedi gallu olrhain yr achau i weld a oedd gan fy nain fiolegol iselder ôl-enedigol (neu a oedd hi'n T-rex, o ran hynny).

Doedd 'na ddim cwlwm cryf rhwng Mam a'i mam fabwysiedig chwaith. Chafodd hi ddim esiampl o ffigwr mamol, dim templed traddodiadol o fod yn fam, ac roedd ei dull o fagu yn annodweddiadol. Ond... oedd y ffaith fod Mam wedi cael ei mabwysiadu wedi cyfrannu at hynny? Oedd mam fiolegol fy mam wedi dioddef o iselder ôl-enedigol? Ai dyna pam yr oedd hi wedi cael ei mabwysiadu yn y lle cyntaf?

8

Yn gynnar yn fy meichiogrwydd, mi wnes i ddweud wrth y fydwraig bod fy mam wedi dioddef o iselder ôl-enedigol. Doedd hi ddim i'w gweld yn poeni.

Dyma fi'n dweud, 'Mae gen i ofn gwthio'r babi allan.'

Y cyfan wnaeth y fydwraig oedd cynnig sicrwydd drwy ddweud, 'Cred ti fi, ar ôl 40 wythnos, mi fyddi di'n torri dy fol eisiau cael y babi allan!'

Roedd pob dim yn iawn. Roeddwn i'n iach. Mi wnes i bi-pi, yn lletchwith ac yn flêr, i mewn i'r cwpan plastig clir, a chau'r caead yn dynn. Mi ges i dynnu gwaed i'w brofi. Roedd fy meichiogrwydd i'n un arferol, risg isel. Doedd dim rheswm pam ddylai unrhyw beth fynd o'i le. Doedd dim rheswm i ddisgwyl unrhyw gymhlethdodau.

Ond wrth i'r beichiogrwydd fynd rhagddo, mi gododd fy mhwysedd gwaed. Daliodd i godi nes cyrraedd y pwynt 'mod i'n mynd yn orbryderus yr eiliad fyddai'r strap Velcro yn mynd o gwmpas fy mraich. Mi wnes i ddechrau ofni apwyntiadau'r fydwraig am y rheswm hwnnw'n unig.

Wrth i fi agosáu at 40 wythnos, roedd pobl yn dweud bod fy mol yn edrych yn *anarferol* o fach. Doedden nhw ddim yn credu 'mod i wedi cario'r babi bron i'w gyfnod llawn. Mi wnes i ddweud wrth y fydwraig fy mod i'n poeni, ond mi wnaeth hi fesur popeth a dweud bod pob dim yn hollol normal: roedd fy mabi'n hollol iach.

Ond *roedd* hi'n poeni am fy mhwysedd gwaed cynyddol uwch, a dywedodd y dylwn i fynd i'r ysbyty am archwiliad.

'Ond cer â rhywbeth i'w fwyta efo ti,' meddai. 'Mi allet ti fod yn aros am dipyn.'

Mi fuodd Hugo a finnau'n aros am oes ar goridor yn yr ysbyty. Mi wnaethon ni gyfarfod â merch fach ddel ddwyflwydd oed, a aeth ati i orchuddio llaw Hugo efo sticeri, ac roedden ni'n dau wedi gwirioni wrth feddwl am y ffrind bach newydd roedden ni'n mynd i'w gyfarfod yn fuan iawn. Gwenodd mam feichiog iawn y ferch fach yn flinedig o ochr arall yr ardal aros, yn ddiolchgar ein bod ni'n diddanu ei hepil. Dwi wrth fy modd yn gwylio Hugo efo plant. Mae'n naturiol, yn ddoniol, yn frwd ac addfwyn. Ac er nad oedd y ferch fach yn gallu siarad eto, roedd y ddau wedi dod o hyd i ryw iaith gyffredin. Roedd eu gweld nhw efo'i gilydd yn gwneud i fi deimlo'n hapus. Roeddwn i wedi gwneud un penderfyniad da fel mam yn barod: dewis Hugo i fod yn dad.

Allwn i ddim peidio â syllu ar y merched eraill o'n cwmpas ni yn y coridor, yn od o genfigennus o'u stumogau chwyddedig, eu bronnau i fyny at eu gên, eu dwylo ar waelod eu cefn mewn ystum tebot, eu hanadlu dwfn a'u cerddediad o natur hwyaden. Doeddwn i ddim yn edrych fel yna. Mi wnes i atgoffa fy hun bod pawb yn wahanol. Does bosib 'mod i'n gorfeddwl?

Mi ges i fy nghysylltu efo monitor. Roedd curiad fy nghalon i – ac un y babi – yn carlamu fel dau geffyl gwyllt. Mi wnaeth y nyrs fy annog i 'ymlacio' (dyna maen nhw i gyd yn ei ddweud – ia, iawn!). Aeth Hugo i gael diod i ni o siop yr ysbyty, gan fy ngadael i ar fy mhen fy hun, dim ond fi a churiad calon fy mabi. Yn dweud '*Helô.*'

Roedd hi'n ddiwrnod hyfryd yn Llundain. Mi oeddwn i'n gwylio'r afon yn disgleirio, y bobl yn fach islaw. Roedd yr haul yn cusanu fy stumog drwy'r ffenest. Roedd popeth i'w weld yn dawel. Mi roddodd y ceffylau'r gorau i garlamu. Mi setlodd ein calonnau. Mi wnaeth y nyrs ein sicrhau ni bod popeth yn normal. Ac adra â ni.

Deugain wythnos, a phopeth yn iawn. Er 'mod i wedi cario'r babi i'w gyfnod llawn, dydy hi ddim yn anghyffredin i fabis cyntaf fod yn hwyr. Roedd Mam bron i dair wythnos yn hwyr yn fy ngeni i.

Cynigiodd y doctor ysgubo'r pilenni, ac erbyn y pwynt yma mi fyddwn i wedi cytuno i wneud unrhyw beth i gael fy mabi allan yn ddiogel, felly dyma nhw'n cau'r cyrtens o gwmpas y gwely, ac mi ddaeth fy legins smotiog i lawr.

Dydy ysgubo'r pilenni ddim yn brofiad mor bleserus â hynny – paid â chael dy dwyllo gan agwedd dwyllodrus o ffwrdd-â-hi yr obstetregydd. Mae'n golygu bod y meddyg yn dy iro di'n dda ac yn defnyddio'i bysedd i drio gwahanu'r cwd amniotig, sy'n cynnwys y babi, oddi wrth wddf y groth i annog camau cyntaf esgor. Mae'n anghyfforddus, yn ymwthiol ac yn fwy poenus na phrawf gwddf y groth.

Ymddiheurodd y meddyg. 'Sori, mae fy nwylo i'n eitha bach.'

Oeddwn i'n profi ymyrraeth feddygol yn barod? Oeddwn i eisoes yn cael genedigaeth 'annaturiol' drwy adael i feddyg wthio'i bysedd i mewn i fi? Mi wnes i drio cau pob dim allan. Ac anadlu.

Dyna fyddai'r cyntaf o bum cynnig ar ysgubo'r pilenni.

9

Roedd Mam mor gyffrous a chefnogol. Mi brynodd hi bram crand a sedd car ffansi a llond bocs o festiau babi gwynnach na gwyn i fi. A het wlân go iawn a dillad babi llwyd efo sêr gwyn i'w gwisgo wrth ddod adra o'r ysbyty. Dwi'n ei chofio hi'n dweud, 'Ddim yr esgor ydy'r peth mwya poenus am gael babi, ond pan maen nhw'n gyrru i mewn i dy galon di efo llond lorri o gariad, hynny sy'n annioddefol.'

Un diwrnod, mi ganodd cloch y drws a beth oedd yna ond bocseidiau lu o glytiau, twb mawr o Sudocrem a chadachau gwlyb. Mi decstiodd Mam i ddweud, 'Doedden ni ddim wastad yn gallu fforddio clytiau pan oeddet ti'n fabi, a dwi byth eisiau i ti orfod poeni am hynny.'

Mi wnaeth hi hefyd yrru bag enfawr o halen ata i a dweud y dylwn i ei roi yn nŵr y bath ar ôl i fi gael y babi. Hyd heddiw, hi ydy'r *unig* berson sydd erioed wedi awgrymu'r fath beth. Dwi'n gwybod ei bod hi'n dipyn o wraig hysbys, ond dwi bron yn siŵr bod 'halen ar y briw' yn rhywbeth i'w osgoi?

Mi gadwais i'r halen 'run fath. I'w roi ar sglods.

Roedd yn Ddydd Sant Ffolant ac roeddwn i'n bownsio ar bêl ioga binc enfawr ac yn gwylio *The Office*. Roeddwn i bron iawn bythefnos heibio'r dyddiad geni disgwyliedig a heb gysgu rhyw lawer.

Mi ges i alwad annisgwyl gan un o famau fy ffrindiau yn rhoi gwybod i fi y gallwn i gael orgasm wrth esgor. 'Iawn,' meddwn i. 'Mi wna i 'chydig o waith ymchwil.' A berwi'r tegell yn lle hynny.

Roeddwn i wedi dechrau nythu, ddim achos 'mod i'n teimlo rheidrwydd i fynd dros ben llestri efo paratoadau cyn-geni ond yn hytrach achos 'mod i'n meddwl y dylwn i deimlo ysfa o'r fath. Roedd gen i lais mewnol (ddim yn yr ystyr *hwnnw*, ddim eto) yng nghefn fy mhen oedd yn swnio fel rhyw hyfforddwr pêl-droed brwd, yn fy atgoffa na fyddai gen i amser i fi fy hun unwaith fyddai'r babi yma. Mi wnes i goginio prydau diddiwedd o bastai bugail llysieuol a macaroni caws ar gyfer y rhewgell, digennu'r tegell, glanhau'r popty (am y tro cynta yn fy mywyd), a phacio ac ailbacio fy mag ysbyty.

Roedd Hugo wedi rhoi'r cot at ei gilydd, wedi prynu teledu, wedi paentio ystafell y babi, prynu sychwr dillad *a* phopty microdon; roedd o wedi bod yn ymarfer gosod sedd y babi yng nghefn y car, wedi sticio'i fathodyn 'Baby on Board' yn eiddgar ar y ffenest gefn, a'r cyfan oedd ar ôl i'w wneud oedd cysgu ac aros. Ond wyddwn i ddim yn iawn am beth oeddwn i'n aros.

Roedd fy nghorff yn gyfarwydd iawn â Braxton Hicks a dychryn di-sail, felly roeddwn i'n tybio y byddai'r esgor yn dechrau go iawn wrth i'r dŵr dorri'n theatrig – y sblash annisgwyl o hylif clir ar y llawr sy'n dweud, MAE'R AMSER WEDI DOD. Does neb eisiau i hynny ddigwydd yn yr archfarchnad, neu eu bod nhw'n gwlychu sedd car ffrind, felly mi wnes i aros adra, gan argyhoeddi fy hun bod unrhyw rymial neu bigiad o boen yn gyfangiad.

Mi wnes i dreulio oriau ar fforymau beichiogrwydd, yn hidlo'r pethau defnyddiol o borthiannau diddiwedd yn cynnig cyngor am ddim am baratoi ar gyfer esgor, ac yn ymchwilio i'r holl arwyddion. 'Plu'n tyfu allan o'r pen-ôl a chlwcian?' *O ia: symptom esgor!*

Mi wnes i drio o ddifri dilyn y llif o orchmynion ar y pethau i'w gwneud neu i beidio â'u gwneud. 'Mae angen BWYTA, BWYTA, BWYTA fel na wnest ti fwyta erioed o'r blaen – i roi egni, ac mae bwyta yn annog y babi i symud!' Wedyn, 'PAID, PAID, PAID â bwyta'r un tamaid achos mi wneith i ti deimlo'n sâl ac mi fyddi di'n cachu dy hun wrth wthio.'

Nesa, 'Ymlacia mewn bath poeth: dyma'r bath olaf gei di mewn hedd, felly mwynha', ond wedyn, 'PAID â MEIDDIO cael bath – be wyt ti'n trio'i wneud? Berwi'r babi? Potsio dy ffetws?'

Wedyn, 'Rho olewau hanfodol ar y cadach i dy helpu i ymlacio.' Ond un clic arall ar y llygoden, a dyma ti'n darllen 'BE WYT TI? GWRACH? Rho'r cadach drewllyd 'na o'r neilltu a bwyta dysglaid o hufen iâ, yr hipi hurt!'

Mi wnes i ddechrau meddwl bod hyn i gyd yn fwy o drafferth nag o werth.

Roeddwn i'n gwneud popeth allwn i er mwyn prysuro'r esgor – ysgubo pilenni, bwyta cyrri poeth ac yfed cwrw a the llysieuol, adweitheg, olewau hanfodol, bownsio ar y bêl, ioga beichiogrwydd, nofio, cusanu (mae'n debyg ei fod yn sbarduno hormonau esgor?). Roedd Hugo wedi bod yn tylino fy mherinëwm efo olew blodyn yr haul (o ddifri rŵan – ewch ar Google) ac mi wnaeth o eillio fy ngwain hyd yn oed. Tipyn o foi.

A phan ddaeth y 'plwg' mwcws gwinglyd a llysnafeddog allan, mi wnes i feddwl, *O mam bach. Mae o'n digwydd.*

Ond wnaeth o ddim. Ddigwyddodd 'na ddim byd.

Awgrymodd y fydwraig ein bod ni'n mynd i'r ysbyty i gael pesari – rhyw berthynas pell i dampon yn cynnwys hormonau sydd i fod i annog esgor. Roedd yn swnio'n iawn, ddim yn rhy ymwthiol. Mi fyddwn i'n cael dod adra wedyn a gobeithio y byddai'n gwneud ei waith dros nos. Roedd angen i fi gysgu ar dywel rhag ofn i fi wlychu'r gwely efo'r don drawiadol wrth i'r dŵr dorri.

Mi wnaethon ni alw'r ward esgor i drefnu i gael y pesari, ond roedden nhw'n anarferol o brysur achos 'Mae hi'n Ddydd Sant Ffolant ac mae pawb eisiau cael eu babi ar Ddydd Sant Ffolant.' (Rowlio llygaid.)

Ia, dwi'n dallt eich bod chi'n brysur, meddyliais, *ond ydy pawb arall bythefnos dros eu hamser neu ddim ond isio babi Sant Ffolant maen nhw? Mae o'n wahanol braidd i archebu gwesty ym Mharis.*

Ffonio'n ôl yn nes ymlaen oedd y cyngor cyson, ond roedd yr aros yn ein gwneud ni'n nerfus. Doeddwn i ddim yn teimlo'n *barod* i eni. Doeddwn i ddim yn teimlo'n ffwndrus na blinedig na thrwm, a doedd fy nhrwyn ddim wedi 'chwyddo', heb sôn am unrhyw un o'r pethau oedden nhw'n sôn amdanyn nhw ar y fforymau beichiogrwydd.

O'r diwedd, mi ffoniodd yr ysbyty i ddweud eu bod nhw'n barod. Wnaethon ni ddim trafferthu golchi'r llestri, dim ond diffodd y goleuadau a mynd. Mi ddaeth y bag ysbyty efo ni yng nghist y car *rhag ofn*, ac i mewn â ni.

'Gobeithio na fyddwn ni'n colli ein lle parcio,' meddai Hugo wrth i ni yrru i ffwrdd. 'Mi wnes i lwyddo i barcio wrth y drws ffrynt, rhag ofn bod angen i ni frysio allan yn sydyn os wyt ti'n dechrau esgor yn ystod y nos.'

Mi fyddai 'na bum diwrnod yn mynd heibio cyn i ni ddod adra.

Mi wnaethon ni aros, unwaith eto, yn y coridor hir o famau beichiog, er nad oedd cymaint ohonyn nhw yno'r tro yma. Roedd hi'n mynd yn hwyr a'r awyrgylch yn drewi o ddiwrnod prysur yn dod i ben. Roedd yn teimlo mor dywyll. 'Efallai fod angen iddi fod yn dywyll er mwyn i lygaid babis newydd-anedig arfer?' meddyliais.

Roedd awgrym o flinder llwyr yn lleisiau'r bydwragedd. Doedd achlysur mor hollbwysig i ni yn ddim byd ond diwrnod arall o waith iddyn nhw, ac roedd hynny'n siom ac yn sicrwydd ar yr un pryd. (Dwi'n hoffi gweld nyrs hamddenol, led flinedig, yn yr un ffordd â dwi'n hoffi gweld stiwardes ddigyffro ar awyren yn ystod tyrfedd.)

Yn y pen draw, mi gyfarchodd y fydwraig ni. 'Mae'n ddrwg gen i'n bod ni mor brysur heddiw, ond mae pawb eisiau babi Sant Ffolant.' Ysgydwodd ei phen. 'Dydw i ddim yn dathlu Dydd Sant Ffolant, i fod yn onest.'

Dydyn ni ddim chwaith.

'Rydych chi'n lwcus i gael stafell,' meddai, wrth iddi ein harwain ni drwodd i ward.

Mi wnes i edrych ar Hugo.

'Dwi ddim yn meddwl ein bod ni angen stafell,' meddwn i. 'Dim ond yma i gael pesari i brysuro'r geni ydw i.'

Roedd yr ystafell yn weddol fawr, ond efo waliau piws tywyll ac awyrgylch digalon. Roedd 'na wely. Soffa fach o ledr ffug. Stafell ymolchi. A chrud plastig clir ar gyfer babi newydd-anedig. Ble oedd y pwll geni, y goleuadau meddal a'r peli geni a'r bagiau ffa ar wasgar?

Doeddwn i ddim wedi creu cynllun geni manwl iawn, ond roeddwn i eisiau rhywbeth amgenach na *hyn*. Mi fyddwn i'n trio nwy ac aer. Doeddwn i ddim yn erbyn cyffuriau lleddfu poen – pe bawn i angen rhywbeth, mi fyddwn i'n ei gymryd. Roeddwn i wedi dychmygu geni mewn dŵr achos bod gen i ffrindiau a oedd wedi mwynhau'r profiad. Os ydych chi'n cachu wrth wthio, mae'n debyg eu bod nhw'n gallu'i ddal o mewn rhwyd bysgota a chael gwared arno fo. Mi oedd gen i dop bicini, ond fyddwn i ddim wedi poeni'n ormodol am rowlio o gwmpas yn noethlymun fel hipopotamws mewn llyn.

Doeddwn i ddim yn barod i eni. Doeddwn i ddim yn teimlo'n sâl o gwbl. A dweud y gwir, mi fyddwn i'n berffaith fodlon i fynd allan i glwb nos. Yn sydyn, doedd 'na ddim golwg o'r fydwraig.

'Wna i fynd i chwilio amdani,' meddai Hugo, gan fy ngadael i ar fy mhen fy hun ar y soffa fach. Mewn dim o dro, dyma fi'n cael pwl o banig am y tro cyntaf erioed.

O'i gymharu â'r myrdd o byliau oedd i ddod, roedd yn un gweddol ddof, dwi'n meddwl, ond ar y pwynt hwnnw, doedd cymharu ddim yn bosib. Roedd fy nghalon yn curo fel gordd, fy wyneb yn goch a brech filain wedi ymddangos ar draws fy mrest. Roeddwn i'n cael trafferth anadlu. Yn trio llyncu ocsigen, fel pysgodyn yn ebychu ar wyneb y dŵr mewn tanc.

Dyma fi'n mynd i'r ystafell ymolchi a thaflu dŵr ar fy wyneb ac ar du mewn fy arddyrnau; dyna'r cyngor ges i gan ffrind unwaith pan oedd angen i fi sobri mewn parti.

Wnaeth hynny ddim gweithio. Roedd yr adrenalin yn dal i saethu'n bwerus drwy fy ngwaed.

Daeth Hugo yn ei ôl. 'Mae 'na fydwraig ar y ffordd. Wyt ti'n iawn?' Roedd fy wyneb yn socian ac wedi ffwndro'n lân. Roedd gwenyn cynddeiriog yn suo'n wyllt o dan fy nghroen.

'Ydw!' Bron nad oeddwn i'n canu, achos doeddwn i ddim eisiau iddo fo boeni. Mi ddaeth 'na fydwraig arall efo'r blydi peiriant pwysedd gwaed, a finnau'n rhefru, 'Ddim rŵan. Mi fydd o'n rhy uchel; dwi'n cael trawiad ar y galon.'

Dyma fi'n edrych ar y crud plastig gwag.

Sut ddiawl dwi'n mynd i lenwi hwnna efo babi?

Roedd y fydwraig wedi dweud y byddwn i'n torri 'mol i gael y babi allan ar ôl 40 wythnos. Rŵan, roedd y syniad o eni yn teimlo mor amhosib â gofyn i fi besychu ysgyfaint allan. Sut? Yn ymarferol, SUT oeddwn i'n mynd i wthio babi *allan o fan'na*?

Roedd fy mhwysedd gwaed yn frawychus o uchel.

'Ymlaciwch,' gwenodd. 'Mae 'na olygfa hyfryd o Lundain drwy'r ffenest. Mwynhewch hi.'

Dyma fi'n edrych allan. Roedd afon Tafwys yn disgleirio fel tar du. Ton o secwinau. Awyr dywyll. Y Senedd, yn dal a balch, fel mae hi ar y newyddion. Mawreddog ac euraidd, a'r ffenestri bach yn disgleirio fel tasa 'na gannwyll ym mhob un ohonyn nhw, fel golygfa o stori dylwyth teg. Mi fyddwn wedi gallu mwynhau'r olygfa ychydig yn fwy pe bawn i mewn gwesty crand efo Hugo, yn ymlacio mewn gŵn nos gwyn gwlanog, yn gwylio'r teledu a bwyta rhywbeth oddi ar y fwydlen gwasanaeth stafell. Doedd yr amgylchiadau ddim yn gydnaws â'r emosiwn o 'fwynhad' i fi.

'Arhoswch fan hyn ac mi fydd eich bydwraig *chi* yma'n y munud,' meddai wrth iddi adael.

Roedd fel aros am ddêt ddirgel i gyrraedd.

Bydd yn un dda, plis bydd yn un dda.

Meddyliais am y llun o'r diwrnod ges i fy ngeni yn yr un ysbyty 30 mlynedd ynghynt. Ym mreichiau Mam, honno'n gwenu, ei gwallt pync gwyn-felyn, mor dlws, yn llawn rhyddhad. Dad, yn edrych fel Joe Strummer, yn pwyso drosodd efo'i steil gwallt 80au a'i ên gadarn. Yn ddagreuol. Wedi'i orlethu. Roedden nhw'n edrych *mor* cŵl. Big Ben y tu ôl i ni yn ei holl ogoniant, yn creu'r naws, cawr croesawgar swnllyd yn edrych i lawr ar y teulu bach, yn eu dillad gorau i nodi'r achlysur. Roedd Mam a Dad wedi llwyddo i adael Chichester, wedi aralleirio'r sgript: Llundeinwraig fach oeddwn i. Mi soniodd Dad eu bod nhw wedi dathlu efo jin a thonig y funud wnaethon nhw groesi'r rhiniog. Allwn i ddim aros am hynny. Roeddwn i'n mynd i gael Tanqueray mewn gwydr trwm efo rhew a darn o leim a thonig uchel-ael Fever-Tree, a bowlen enfawr o almonau mwg.

Dyna pryd ddaeth hi i mewn. Bydwraig Rhif Tri. Bydwraig fy mreuddwydion.

Roedd hi'n edrych fel pobydd. Neu gogydd ar aelwyd Fictoraidd. Roedd ganddi fochau coch a llais cynnes, didaro a chysurlon ar yr un pryd. Mi wnaeth hi fy nhawelu i, gan ysgwyd y gobenyddion tu ôl i fy mhen, a dweud ei bod yn fydwraig cyhyd ag y gallai gofio.

Ei fod bob amser mor *arbennig*. Mor *emosiynol*. Mor *llawen*. Roedd hi wedi cael sawl babi ei hun. 'Ond maen nhw i gyd wedi tyfu i fyny erbyn hyn,' meddai.

Mi deimlais fy mrest yn meddalu. Mi dawelodd carnau ceffylau fy nghalon.

Yna gofynnodd, 'Iawn, alla i nôl rhywbeth i ti ei fwyta?'

'Na, na, dwi ddim ond yma i gael pesari i brysuro'r geni,' meddwn i unwaith eto. 'Mi wna i fwyta adra.'

'Adra? O, does 'na ddim pwynt i ti fynd adra! Mi wyt ti bythefnos yn hwyr, 'mechan i. Dwi'n credu ei bod hi'n bryd i ni gael y babi 'ma allan!'

Yn syth bìn, roeddwn i'n teimlo'n gaeth.

'Gawn ni fynd lawr i nôl y bag ysbyty o'r car?' gofynnais.

Ond yr hyn oeddwn i'n ei olygu oedd, 'Alla i gael caniatâd i redeg i ffwrdd?'

'Syniad da,' meddai Bydwraig Rhif Tri. 'Dwyt ti byth yn gwybod, mi allai ddeffro'r babi!'

Y teimlad oedd gen i oedd fod y babi'n cysgu'n rhy drwm i freuddwydio am ddeffro, hyd yn oed. Waeth iddo fo fod wedi cael ei sugno i fyny cilfachau fy nghorff fel Augustus Gloop pitw bach yn *Charlie and the Chocolate Factory*. Neu'n dynwared tsimpansî, yn cuddio yng nghanghennau uchaf fy asennau, a'i goesau wedi'u clymu'n dynn am fy organau.

Ar hyd y coridor â ni; roeddwn i'n crynu ond mi wnes i lwyddo i fwrw drwyddi a thrio ymddwyn yn normal. Dweud ambell jôc, trio aros yn hwyliog a chadarnhaol. Mi glywais i sgrech fenywaidd, sŵn cras a threisgar ac afiach. Dyma Hugo a finnau'n chwerthin – yn llawn arswyd.

Mi wnaethon ni drio cadw'n brysur ar y llawr gwaelod, ond roedd hi'n dawel fel y bedd a'r rhan fwyaf o'r siopau ar gau. Mi wnaethon ni brynu cylchgrawn yr un. Rhywbeth am goginio i fi, i dynnu fy meddwl oddi ar bethau. A bwyd llawn egni hefyd. Cnau amrwd, banana, ychydig o siocled tywyll. Wwww, a Jaffa Cakes, achos mae Dad o hyd yn dweud bod pêl-droedwyr yn eu bwyta nhw.

Gwm cnoi brynodd Hugo.

Allan â ni i'r car, a oedd yn aros amdanon ni ym maes parcio druta'r byd. Mi wnaethon ni benderfynu eistedd yn y car am ychydig. Tanio'r injan a gwrando ar y radio, gan drio normaleiddio pob dim yn y golau pŵl a'r gwres. Darllen ein cylchgronau a finnau'n bwyta'r Jaffa Cakes.

Yn deisyfu am gael gyrru oddi yno.

10

Yn nerfus, dyma ni'n mynd yn ôl i'r ward a dychwelyd i'n hystafell fach biws tywyll. Gwahoddwyd Hugo i wneud 'gwely' cystal ag y gallai iddo'i hun ar y soffa ledr.

Gofynnodd y fydwraig i fi bi-pi mewn pot. Mi wnes i lwyddo i'w lenwi, ond ddim heb wlychu fy llaw yn y broses. Wrth i fi gau'r caead, mi welais linell lyngyraidd yn arnofio yn yr hylif.

Roedd protein yn fy wrin. Dydy hynny ddim yn arwydd da.

Dyma Fydwraig Rhif Tri yn ysgubo'r pilenni *eto fyth*, a'r tro yma, mi fu ond y dim i Hugo lewygu. Mi deimlais ei afael ar fy llaw yn llacio. Mi ddiflannodd y lliw o'i wyneb ac mi gamodd yn ôl. Roeddwn i'n teimlo'n hollol ddi-rym. Allwn i ddim gofalu amdano.

Yna dyma hi'n gosod y pesari a dweud yn siriol, 'Groeswn ni'n bysedd fod hyn yn mynd i wneud i rywbeth ddigwydd!'

Sut oedd y tampon bach hwn yn mynd i sbarduno cyfangiadau?

Mi benderfynodd fy nghysylltu â'r monitor curiad y galon eto, i fesur fy nghalon i a'r babi, a rhoddodd rywfaint o thus ar hances bapur i fi ei anadlu.

Dwi'n cofio'r wraig yn y siop iechyd yn dweud bod thus yn 'sefydlogi' rhywun.

'Wel, thus, dyma dy awr fawr di,' sibrydais yn dawel.

Unwaith eto, roeddwn i'n gallu clywed dwy galon yn curo, ond doedd o ddim yn gysur y tro yma. Roedd yn debycach i'r miwsig sy'n chwarae ar ffilm o siarc yn ymosod.

Canodd y larwm yn sydyn ac roedd hi'n banig gwyllt. Roedd y papur wedi rhedeg allan yn argraffydd y peiriant mesur curiad y galon. Mi ddaeth 'na giwed drawiadol o fydwragedd i mewn a rhoi mwy o bapur yn yr argraffydd, a dyma'r siarc yn ailddechrau ymosod.

Ond mi ddywedodd Bydwraig Rhif Tri fod curiad calon ein babi wedi gostwng yn sydyn am ychydig; mi allai fod yn tynnu ar linyn y bogail.

'Ydy hynny'n normal?' gofynnais.

'Mae'n iawn, mi ddaeth ato'i hun yn sydyn iawn. Dim byd i boeni amdano, 'mechan i.' Gwasgodd fy nhroed. Dyma hi'n pylu'r goleuadau a dweud, 'Rŵan dwi'n awgrymu dy fod di'n gorffwys. Mi wyt ti ar fin rhedeg marathon.'

Yn y lled-dywyllwch, roedd Hugo yn troi a throsi ar y soffa a finnau'n teimlo'n ofnus iawn. Doeddwn i erioed wedi bod mewn ysbyty o'r blaen, ddim yn iawn. Allwn i newid fy meddwl a chael y babi gartref? Allwn i adael? Neu oedd hynny'n anghyfreithlon?

Mi wnes i gofleidio fy mol a gadael i'r awyr droi o las tywyll i binc. Roedd fy nghefn yn brifo. Roedd hi'n gynnar ar fore Iau ac roedd Llundain yn deffro. Roeddwn i'n teimlo mymryn o grampio ond dim byd mwy na hynny. Roedd y pecyn o gnau wedi hollti yn fy mag ac ar hyd y llawr erbyn hyn. Mi wnes i godi i fynd i'r tŷ bach, yn droednoeth ar y leino oer, a gweld y pesari'n gorwedd yn llipa yn fy nicer. Cyn i fi allu gafael ynddo a'i wthio'n ôl i fyny, allan â fo ac i mewn i'r toiled, plop, fel llygoden farw. Mi wnes i bwyso'r botwm i gael cymorth.

Bydwraig newydd arall: Bydwraig Rhif Pedwar. Ble oedd gwraig y ffermwr? 'Mae'r pesari wedi dod allan yn ystod y nos. Mae o newydd ddisgyn i'r toiled,' dywedais wrthi.

'Iawn. Paid â phoeni. Mae'n digwydd. Alla i wneud tost i ti?'

Doeddwn i ddim yn gallu wynebu'r tost. Allai Hugo ddim chwaith, a oedd erbyn hyn yn edrych fel pe bai ar fin chwydu. Mi wnes i drio cornel fach, a dyna pryd darodd y dolur rhydd. Go iawn.

Dyma Fydwraig Rhif Pump yn cyrraedd. Roedd hi'n edrych yn eitha cŵl; gwallt golau wedi'i liwio, tyllau cosmetig. Roedd hi'n ddoniol, y math o berson fyddech chi eisiau mynd i'r dafarn efo hi. Mi wnes i sôn wrthi am y dolur rhydd, a dyma hi yn ei dyblau yn chwerthin. Dywedodd fod hynny'n hollol normal ac y dylwn i ddal ati cymaint ag oeddwn i eisiau. Roeddwn i'n hoffi Bydwraig Rhif

Pump. Ond wedyn mi edrychodd ar ddarlleniad monitor y galon a doedd hi'n amlwg ddim yn hoffi beth welodd hi.

'Wel, mae dy bwysedd gwaed di mor uchel, Laura, mi wyt ti'n dangos yn fach, mi wyt ti bythefnos yn hwyr ac mae protein yn yr wrin. Mae'r babi yn cael trafferth cadw i fyny. Oes 'na rywun wedi crybwyll cyneclampsia?' meddai.

Doeddwn i ddim yn hollol siŵr beth oedd cyneclampsia, ond, yn y bôn, mae'n gymhlethdod beichiogrwydd efo'r holl symptomau uchod.

'Sut nad oes neb wedi sylwi ar hyn?' Roedd hi'n crychu'i thalcen. 'Dim ond dau sgan wyt ti wedi'u cael? Mi ddylet ti fod wedi cael dy nodi fel beichiogrwydd risg uchel.'

A chyn i ni droi, mi ges i a Hugo ein symud i'r ward risg uchel.

'Dydy'r olygfa ddim cystal, ond mae'n agosach at gorlan y meddygon,' esboniodd Bydwraig Rhif Pump.

Yn sydyn, dechreuodd pethau deimlo'n frawychus iawn. Aeth y stafell ychydig yn brysurach a doeddwn i ddim yn gallu stopio cachu. Mi wnaethon nhw dynnu fy nillad, gan gynnwys fy nicer M&S enfawr, a fy lapio mewn gŵn ysbyty.

Edrychais ar fy mag ysbyty a'i gynnwys ar wasgar ar y llawr. Roedd y chwistrell lafant, y band pen, y teclyn niwlo dŵr, y scinydd iPod a'r top bicini i gyd yn teimlo braidd yn uchelgeisiol ac yn ffôl erbyn hyn.

Roedd gen i deimlad na fyddwn i angen yr un ohonyn nhw.

Cyrhaeddodd meddyg gwrywaidd, yn brysur ac yn bendant. Mi wnes i ei glywed yn dweud nad oedd pwynt gwneud sgan arall, ac nad oedd pwynt cael pesari arall oherwydd eu bod nhw'n costio £33. (Mae hynny'n handi i'w wybod, rhag ofn fy mod i'n ystyried prynu un byth.)

Roeddwn i'n bendant yn 'risg uchel'. Diolch byth am Fydwraig Rhif Pump, a dyna pryd ddaeth y newydd drwg.

'Mae'n wir ddrwg gen i, ond mae'n shifft i ar ben,' meddai.

NA!!!

'Ond mi oedd hi'n hyfryd dy gyfarfod di, a phob lwc!'

Ble oedd Bydwraig Rhif Tri? Pwy oedd yn trefnu'r rota yma?!

Dyna pryd gawson ni'n cyflwyno i'n bydwraig *ni*: Bydwraig Rhif Chwech.

Roedd Bydwraig Rhif Chwech yn fach ac yn flin, ddim y math o berson allet ti ddychmygu yn cusanu dy ben chwyslyd, a bloeddio, 'TI 'DI'I 'NEUD O!'

Gwneud joban dda o weini mesurau o Patron yn flin mewn bar am un o'r gloch y bore?

O bosib. Yn fwy na phosib.

Ond doedd hon ddim yn mynd i *allu* bod yn gefn i fi. A fyddai hi ddim eisiau bod chwaith. Mi swatiodd fy mabi yn fwy clòs fyth at ei fam.

Dyma fi'n cofio'r cyngor: 'Os nad wyt ti'n hoffi sut mae dy fydwraig yn mynd o'i chwmpas hi, mae'n rhaid i ti ddweud hynny. Dy brofiad *di* ydy hwn. Dydyn nhw ddim yn mynd i weld yn chwith: dydy'r ffaith nad ydy'r fydwraig honno yn iawn i ti ddim yn golygu na fydd hi'n fydwraig ddelfrydol i rywun arall.'

'Chwilia am y fydwraig arall, neu ffonia ein bydwraig arferol, neu unrhyw un o gwbl weli di ar y stryd. Ond ddim hon. Plis,' sibrydais yn wyllt wrth Hugo o dan sŵn y stafell brysur.

Aeth Hugo ati ar unwaith, ond gallwn weld fod y ward yn brin o staff ac o dan bwysau.

Edrychodd Bydwraig Rhif Chwech arna i efo llygaid du fel y glo. Roedd hi'n gwybod 'mod i'n trio cael gafael ar rywun arall.

Doedden ni ddim yn gweithio efo'n gilydd, doedd 'na ddim ysbryd tîm. Roedden ni'n wrthwynebwyr mewn cylch bocsio, a ganddi hi oedd y llaw uchaf.

Roedd angen i fi wagio 'ngholuddion. Eto. *O mam bach*. Roedd pethau'n waeth fyth efo fy nhin yng ngolwg y byd diolch i'r gŵn ysbyty cefn-agored. Roeddwn i'n ceisio ailadrodd i fi fy hun, 'Maen nhw wedi gweld y cyfan o'r blaen.'

Wrth ddod yn ôl o'r tŷ bach, mi wnes i deimlo cyfangiadau ysgafn. Fel poenau mislif, yn grwgnach yn isel ac yn ddwfn. Roedd fy nghoesau'n crynu. Fy mhengliniau fel cytew crempog. Mi wnes i afael yn dynn ym mariau'r gwely wrth i gyfangiad arall ddilyn yn sydyn ar wartha'r llall.

O mam bach, o mam bach. Ac mae'r rhain yn mynd i waethygu?

Roedd feis yn fy nhynnu i ar wahân. Roedd esgyrn fy nghluniau'n ymledu, fel rhyw fath o beirianwaith. Roeddwn i'n trawsnewid fel Transformer, ond yn feddalach, fel Gremlin!

Mi wnes i lwyddo i fynd yn ôl ar y gwely eto, cyn i Fydwraig Rhif Chwech wthio'i bysedd i mewn i fi'n ymosodol a chyhoeddi 'mod i wedi ymledu un centimetr.

SUT?

Dyma hi'n gofyn i fi a oeddwn i'n cofio fy nŵr yn torri.

'Nac ydw,' atebais. Roeddwn i wedi edrych ymlaen at hynny. Ond oedd o wedi digwydd? Doedd o ddim yn *amhosib*. Yn y gawod? Ar y toiled? Yn y bath?

Doedd Bydwraig Rhif Chwech ddim yn edrych yn hapus. 'Dwyt ti ddim hyd yn oed yn gwybod ydy dy ddŵr di wedi torri ai peidio?'

Rholiodd ei llygaid. Cwestiwn bach slei oedd o, ond un na allwn i ei ateb.

Plis ga i fydwraig newydd?

Roedd angen i fi fynd i'r tŷ bach eto. Mi wnes i ofyn i Hugo wneud ychydig o alwadau ffôn. Roeddwn i'n gallu dweud ei fod o'n casáu pob munud yn y stafell yma, a doedd o ddim wedi bwyta'n gall ers tro byd. Hefyd, roedd oglau fy nghachu'n dechrau mynd yn ormod i bawb – roedd y ward mor boeth, ac mi oedd y drewdod yn llenwi'r lle. Roedd gen i gymaint o gywilydd.

Mi ges i fy nhemtio i ddweud wrth bawb am adael llonydd i fi fwrw iddi ar fy mhen fy hun: ysfa gyntefig i fod yn noeth ac ar fy mhedwar fel rhinoseros candryll, yn chwysu a sgrechian wrth i gachu a phiso a gwaed a phoer a llysnafedd trwyn a rhegfeydd anllad arllwys allan ohona i wrth i fi wthio i eni ein babi bach.

Roeddwn i'n deall yn llwyr pam mae cathod beichiog yn encilio i gornel gynnes a chlyd i fynd drwy'r cyfan ar eu pen eu hunain.

'Rydyn ni'n mynd i drio torri dy ddŵr di,' meddai Bydwraig Rhif Chwech, gan wisgo pâr o fenig rwber.

Plis, ddim efo dy fysedd, meddyliais.

O rywle, mi gafodd Bydwraig Rhif Chwech afael ar rywbeth digon tebyg i fachyn crosio enfawr. Y math o beth roedden nhw'n ei ddefnyddio yn yr Hen Aifft i dynnu'r ymennydd allan drwy'r ffroenau.

IAWN... PLIS GWNA FO EFO DY FYSEDD.

Roedd y boen yn afreal. Mi wnes i udo, llamu i fyny ac oddi ar y gwely. 'Stopiwch, plis stopiwch. Ga i rywbeth i leddfu poen ar gyfer hyn?'

Wrth i fi sylweddoli pa mor ddiolchgar oeddwn i nad oedd Hugo yno i weld hyn, dyma fo'n cyrraedd 'nôl.

'Fuest ti ddim yn hir,' meddwn i, gan drio peidio â swnio'n flin. 'Maen nhw *ar fin* torri 'nŵr i!' esboniais, gan swnio bron iawn wrth fy modd, wrth drio cynnal y brwdfrydedd a rhoi'r argraff o fod yn ddewr.

'Fyddet ti'n hoffi rhoi cynnig ar nwy ac aer yn gyntaf?' awgrymodd Bydwraig Rhif Chwech. 'Mae angen mwy nag un cynnig i'w wneud o'n iawn.'

Doeddwn i erioed wedi cymryd cyffuriau yn fy mywyd. Dwi'n mynd yn benysgafn efo te dail. Dyma fi'n anadlu unwaith. Yn syth bìn, mi aeth fy llais yn ddwfn ac yn araf, ac mi oeddwn i'n teimlo hanner ffordd rhwng perlewyg a chwsg.

Roeddwn i'n ei gasáu yn barod. Ond mi wnes i drio ymroi i'r drefn.

'Rhanna'r gacen!' meddai Hugo, gan wenu'n ddigywilydd a thrin y sefyllfa'n ysgafn. Mi wnes innau wenu hefyd, llygedyn o normalrwydd mewn profiad a oedd fel arall yn hollol swreal. Mi wnes i basio'r bibell iddo a theimlo fy llaw'n ysgafn a digyswllt, fel codi tun Coke gwag pan wyt ti'n disgwyl iddo fod yn llawn.

'Argol, mae o'n gryf,' meddai'n syn. Edrychodd ar y peiriant nwy ac aer ac yna'n ôl arna i.

'Mae'n od ar y dechrau ond mi ddoi di i arfer,' meddai Bydwraig Rhif Chwech, gan fy nhrin i fel hogan dda'r dosbarth wrth iddi smocio ei sigarét gyntaf ar ôl ysgol. 'Wyt ti'n barod?'

Dyma fi'n anadlu'n ddwfn ar y nwy a'r aer, a brathu i lawr ar geg y bibell wrth iddi wthio'r bachyn crosio i mewn. Dydw i ddim yn gallu cofio'n union sut ddigwyddodd hyn, ond roeddwn i'n noeth, fy nghoesau ar led, yn nadu ar y gwely ac oddi arno fel enaid colledig, yn gwingo a sgrechian. (Wir rŵan, dwi ddim yn hen fabi pan mae'n fater o orfod delio efo poen. Mi wnes i dorri fy ngarddwrn unwaith a wnes i ddim sylweddoli am dridiau nes i'm llaw i lithro oddi ar yr asgwrn fel rhyw byped llaw llipa.) Roedd yr holl beth yn teimlo fel profiad tu allan i'r corff. Mor boenus nes ei fod bron yn ysbrydol. Mae'n debyg mai dyma fy atgof gwaethaf o'r esgor cyfan.

Gwrthododd fy nŵr dorri. Mi wnes innau daflu'r bibell nwy ac aer o'r neilltu. Doeddwn i ddim yn gallu dioddef pa mor ofnadwy oedd o'n gwneud i fi deimlo.

Unwaith eto, arafodd curiad calon y babi islaw lefel y monitor.

Roedd Hugo mewn trawma llwyr.

'Wnaeth y babi ddim licio hynna; wn i ddim sut fydd o'n cymryd at gyfangiadau,' meddai Bydwraig Rhif Chwech. 'A dyma'r tro cyntaf erioed i fi *fethu* â thorri dŵr rhywun.'

Wedyn dyma Fydwraig Rhif Chwech yn edrych arna i yn ymddiheurol, 'Mae'n wir ddrwg gen i, dwi wedi crafu pen y babi.' *SORI? MI WYT TI WEDI GWNEUD BE? SUT?* 'Mae'n debyg bod y dŵr wedi torri eisoes, ac mae 'na beryg i'r babi ddal haint. Mae'n rhaid i ni ei gael o allan cyn gynted â phosib.'

Yn sydyn, mi wawriodd arna i fod gen i rywbeth i'w warchod y tu mewn i fi.

Yr awgrym oedd cymell geni efo diferwr. Yn ffodus, roeddwn i wedi gwylio *One Born Every Minute* y noson gynt: roedd merch yn cael y driniaeth, a'r bydwragedd yn argymell epidwral ar yr un pryd, oherwydd bod y diferwr yn gallu sbarduno cyfangiadau eithafol a dwys yn sydyn, a'r boen yn gallu peri sioc i'r fam a'r babi.

Epidwral. Ymyrraeth. Oedd hyn yn ddihangfa i fi? Fyddwn i'n gallu teimlo unrhyw beth? Mi wnes i ystyried y ffactorau risg: efo epidwral, mae'n rhaid ymddiried yn y fydwraig sy'n gorfod llywio'r babi allan, gan fod mwy o siawns o rwygo os nad wyt ti'n gallu teimlo unrhyw beth, gan gynnwys poen, yn iawn.

Dyma fi'n mynnu cael epidwral. Roedd unrhyw freuddwyd o eni 'naturiol' wedi diflannu'n llwyr, ac er mwyn fy ngwain, dyma fi'n dechrau moesymgrymu gerbron allor Bydwraig Rhif Chwech – doeddwn i *erioed* wedi seboni i'r graddau yma o'r blaen.

11

Mi ddaeth anaesthetegydd heibio i gyflwyno'i hun a'i nodwydd enfawr. Roedd yn gorfod amlinellu'r ffactorau risg ynghlwm wrth yr epidwral: roedd siawns fach, meddai, y byddwn i'n cael fy mharlysu o 'nghanol i lawr... *iawn...* cyn llithro'r ffaith ei fod newydd gymhwyso'n ddiweddar i mewn i'r sgwrs yn gwbl ddidaro.

O, gwych. *Llongyfarchiadau. Da iawn ti.*

Yn ffodus, roeddwn i wedi drysu i'r fath raddau erbyn hyn fel bod unrhyw urddas oedd gen i wedi hen ddiflannu. Dyma fi'n eistedd ar erchwyn y gwely yn debyg i gorgimwch yn swatio, fy mhen-ôl yn y golwg i'r byd a'i fam ei weld. Roeddwn i'n clocio allan. Yn codi llaw, ac unwaith fyddai'r nodwydd yn mynd i mewn, mi fyddwn i'n ffarwelio â fi fy hun. Hwyl fawr, Laura.

Mi wnes i adael fy hun ar ôl yn yr ystafell esgor; fy enaid yn esgyn allan o'r stafell fel golygfa o ryw ffilm ofnadwy o'r 80au.

Erbyn hyn, roedd fy newrder i'w weld wedi creu cryn argraff ar Fydwraig Rhif Chwech. O ran gwella fy mherthynas â hi, roedd clocio allan yn strategaeth wych.

Roedd yr epidwral fel bath swigod i'r organau, a finnau'n teimlo'n gynnes a chlyd a hamddenol. Doeddwn i ddim yn gallu teimlo dim byd.

Dwi wedi holi Hugo am ei argraffiadau o'r adeg honno, a'i ymateb oedd fy mod i wedi ymlacio i'r fath raddau nes ei fod yn teimlo'n ddigon 'annifyr'.

Pan edrychodd Bydwraig Rhif Chwech ar y monitor a dweud bod cyfangiad ar y ffordd, y cyfan roeddwn i'n ei deimlo oedd mymryn o dyndra o gwmpas fy nghanol. Dyma ni'n dechrau sgwrsio. Hithau'n dweud enw ei chariad. Roedden ni'n gyrru 'mlaen yn dda iawn; mi allwn i wneud hyn.

Yna mi ddechreuodd ’na larwm uchel seinio. Roedd Hugo mewn panig, a doedd Bydwraig Rhif Chwech ddim yn hapus. Cyrhaeddodd meddyg a dweud mewn ‘llais newydd drwg’ bod ein babi yn mynd i gael ei eni yn ‘fach’. Soniodd am y posibilrwydd fod y brych wedi methu, a phan ofynnodd Hugo beth oedd hynny’n ei olygu, atebodd, ‘Mi fydd y babi’n cael ei eni’n *fach*.’

Efo’r cyffuriau ar eu hanterth, mi wnes i ymgolli yn y syniad ’mod i’n mynd i eni person eithriadol o fach, Twm Bawd o beth. Dyma fi’n dechrau parablu’n gadarnhaol i’r perwyl yma, gan sicrhau Hugo – waeth pa mor fach fyddai’r babi – ein bod ni *mor* lwcus i hyd yn oed allu *cael* babi ac wrth gwrs y bydden ni’n ei garu beth bynnag.

‘Wel, wrth reswm,’ cytunodd Hugo, ond roedd hefyd yn gwybod fy mod i’n honco bost. Doeddwn i ddim mewn stad i ddeall unrhyw beth, heb sôn am y cymhlethdodau posib o ran cyflwr ein mab a beth allai hynny ei olygu i ni.

‘Mi fyddwn ni’n ei garu beth bynnag, wrth reswm, ond allwch chi ymhelaethu ar beth rydych chi’n ei olygu wrth *bach*? Doedd dim byd i’w weld yn bod ar y sgan,’ gofynnodd i’r meddyg.

Aeth y meddyg ymlaen i’n ffwndro a’n dychryn ni efo llif o jargon dryslyd, cyn dweud yn blwmp ac yn blaen, ‘Mae’n golygu y bydd yn fach. Cronig, o bosib.’

Cronig?

Mae’n amlwg bod Bydwraig Rhif Chwech yn teimlo droson ni a dyma hi’n dadmer ddigon i roi hanner gwên o gydymdeimlad, cyn esbonio, ‘Laura, bob tro y byddi di’n cael cyfangiad, mae dy fabi di’n cael trafferth. Bob tro mae cyfradd curiad dy galon di’n codi ar y peiriant yma, mae cyfradd curiad calon y babi yn gostwng. Mae’n brwydro i oroesi oherwydd ei fod o mor fach.’

‘Beth mae hynny’n feddwl? ’Mod i’n *lladd* y babi?’ dywedais, gan gael fy llethu gan banig ofnadwy. Roeddwn i’n lladd yr union beth y dylwn i fod yn ei *dyfu*.

‘Dwi wedi gweld hyn o’r blaen. Mae’n debygol o fod yn iawn, ond mi fydd o’n hynod o fach. Dwi’n credu mai’r peth gorau i’w wneud ydy cadw llygad agos ar bethau a gweld sut mae’r cymell geni’n mynd,’ atebodd.

Roedd Bydwraig Rhif Chwech yn mynd am egwyl. Roeddwn i'n gallu synhwyro nad oedd hi eisiau ein gadael ni, ond ar y pwynt hwn doedd dim byd allai unrhyw un ei wneud.

Dyma Fydwraig Rhif Saith yn cyrraedd. Roedd hi'n gadarn. Gorchuddiodd fi â blanced ac ymddiheuro eu bod nhw mor brin o staff, 'Achos—'

'Dydd Sant Ffolant, dwi'n gwybod.'

Roedd Bydwraig Rhif Saith yn llawn cysur. Mi ddywedodd mai'r cyfan oedd ystyr 'babi bach' oedd babi a fyddai'n cael ei eni'n *llwglyd*. Roedd hi'n meddwl ei fod yn golygu bod fy mhlentyn wedi bod yn llwgu yn y groth. Mae'n debygol ei fod yn pwyso beth oedd o i fod ar y dyddiad disgwyliedig, ond bod ei gronfeydd egni wedi bod yn cael eu disbyddu yn y brych ers hynny.

Roeddwn i'n teimlo'n euog. Roeddwn i wedi meddwl y byddai'n fabi bach llond ei groen. Mi ddylwn i fod wedi cytuno i gymell y geni bythefnos ynghynt. Mi ddylwn i fod wedi cael toriad Cesaraidd dewisol.

'Gadewch i ni weld sut mae'r cyfangiadau yma'n mynd a sylwi sut mae'n ymdopi.'

Mi wnes i a Hugo ddechrau crio. Doedden ni ddim yn gwybod y byddai hyn mor anodd. Roedden ni'n meddwl ein bod wedi gwneud popeth yn iawn.

Ein babi bach, yn nofio fel babi *Nevermind* Nirvana, ar goll, ar ei ben ei hun, yn llwglyd ac yn ofidus, yn trio'n cyrraedd ni.

Daeth Bydwraig Rhif Chwech yn ei hôl. Mi wnaeth pethau gyflymu, ond mi wnaethon nhw *waethygu* hefyd. Roedd meconiwm ar y dillad gwely. Roedd fy mhlentyn wedi gwneud pw yn y groth, ac mae hynny'n beryglus: mi allai ei anadlu i mewn. Roeddwn i'n gwybod nad oedd pethau'n edrych yn dda.

Ac yna, dyma wneud y penderfyniad: 'Dwi eisiau toriad Cesaraidd. Dwi'n teimlo bod fy nghorff yn ei ladd. Dwi eisiau ei gael o allan.'

Roedd Bydwraig Rhif Chwech yn cytuno. 'Mae'n debyg y bydd yn rhaid i ni fynd am doriad Cesaraidd. Rydyn ni'n meddwl mai dyna'r ffordd fwyaf diogel.'

Roedd gen i ofn. Ofn beth allai ddigwydd nesaf. Ofn geni babi marw.

Roeddwn i'n teimlo 'mod i'n cachu fy hun eto. Oeddwn i? Chwys oedd o? Gwaed? Oedd fy nŵr wedi torri o'r diwedd? Oedd y babi'n dod? *Plis gwnewch i hyn fod drosodd. Y cyfan dwi eisiau ydy gweld fy mhlentyn yn y crud plastig yna, yn fyw.*

Roedd y theatr yn arbennig o brysur – roeddwn i yn 'y ciw'.

Mi wnes i afael yn fy ffôn ac anfon tecst at fy mam. Roeddwn i'n arswydo, ac angen sicrwydd. 'Fydda i'n iawn, Mam?'

Roedd hi'n dywyll y tu allan. Roeddwn i eisiau fy chwaer. Roeddwn i eisiau Mam. Mi wnes i sylweddoli nad oeddwn i wedi gwneud pi-pi ers oes, ond wedyn mi welais y cathetr a'r wrin melyn tywyll yn llifo i mewn i gwdyn bach wrth fy ymyl. Doeddwn i ddim hyd yn oed wedi sylwi. Fel arfer, mi fyddai hynny wedi gwneud i fi deimlo cywilydd, ond roeddwn i wedi hen fynd y tu hwnt i deimlad felly.

Dyma Fydwraig Rhif Chwech yn pylu'r goleuadau. Mi wnaeth hi droi'r sŵn curiadau calon ar y monitor i lawr oherwydd ei fod yn gwneud i fi deimlo'n ofnus. Yn lle hynny, mi wnaeth hi gadw golwg ar galon fy mabi yn curo ar y sgrin. Roeddwn i'n ei gwylio hi'n gwylio, a wnaeth hi ddim colli'r un curiad.

Yng ngoleuni gwelw'r monitorau, mi oedd Hugo a finnau'n gafael yn nwylo'n gilydd.

Mi ddaeth 'na gnoc ysgafn ar y drws. Llamodd Bydwraig Rhif Chwech ar ei thraed fel swyddog diogelwch i'w agor.

Mam oedd yna.

Roedd arogl Mam arni hi. Arogl adra. Arogl tân coed. A'i phersawr. Coediog. Blodeuog. Trwm. Dwfn. Mwsglyd. Arogl cŵn. *Plis dos â fi adra.*

Dyma fi'n dechrau crio. Beichio crio.

12

Yn fuan ar ôl i Mam gyrraedd, awgrymodd Bydwraig Rhif Chwech fy mod ar fin mynd o dan y gyllell. Roedd yn rhaid i Mam adael.

Mi wnaethon ni afael yn ein gilydd a chrio ychydig mwy. Rêl Mam, mi adawodd fagiau lu yn llawn creision, brechdanau, salad tatws a photiau o hwmws. Picnic brys.

Hwmws oedd y peth *olaf* oeddwn i eisiau.

Roedd yn ddiwedd shifft Bydwraig Rhif Chwech. Doeddwn i ddim eisiau iddi adael. Roedden ni wedi dod mor agos. Roeddwn i eisiau gafael yn ei dillad nyrsio a chrefu arni i aros. 'Plis paid â mynd. Dwyt ti mo'r fydwraig hynawsaf yn y byd, a wnes i erioed ddychmygu mynd drwy hyn efo rhywun fel ti – a dweud y gwir, mi wyt ti'n eitha cas, ond dwi wedi dod yn hoff iawn ohonot ti. Ti ydy fy mydwraig i. Plis paid â mynd.'

Yn lle hynny, y cyfan ddywedais i oedd, 'Diolch am bopeth.'

Mi afaelodd yn fy llaw i a dweud, 'Dydw i ddim yn mynd i nunlla nes dy fod di wedi mynd i mewn.'

Roedd ei chalon rewllyd wedi dadmer o'r diwedd. Ac roeddwn i'n deall pam ei bod hi'n gwneud ei gwaith.

Dyma Fydwraig Rhif Wyth yn cyrraedd, a dyma'r dagrau'n dechrau eto.

'Neis eich cyfarfod chi hefyd,' meddai'n hwyliog. Roedd Bydwraig Rhif Wyth yn hŷn ac yn llydan, ac yn amlwg roedd ganddi synnwyr digrifwch da.

Daeth meddyg newydd, merch, i mewn ac esboniodd sut oedd y toriad Cesaraidd brys yn mynd i ddigwydd. Doedden nhw ddim yn gallu dod o hyd i'r nodiadau geni. Dechreuodd Hugo grio eto, a finnau yn ei sgil. Doedd 'na ddim paid arno fo na fi. Mi chwarddodd

Bydwraig Rhif Wyth a mwytho fy ngwallt. Ac yna dechreuodd ganu. Y gân brydferthaf i fi ei chlywed erioed.

'Mae hi'n cael ei chanu yn fy eglwys i. Mi fydd yn rhoi cryfder i chi.'

Daeth mwy o ddagrau fyth.

Newidiodd Hugo i ddillad meddygol. Lliw glas Ikea, a rhwyd wallt. Roedd o'n edrych fel gweithiwr ar gownter caws. Dyma fi'n tynnu ei lun. Roedd hi'n bryd mynd â fi i'r theatr.

Mi ges i deimlad ofnadwy fod 'na rywbeth drwg iawn yn mynd i ddigwydd i fi. Dyma fi'n gafael ym mraich Bydwraig Rhif Wyth. 'Jet ydy'i enw o,' meddwn i. 'Rhag ofn bod angen i chi siarad efo fo, Jet ydy'i enw o.'

Wrth i Fydwraig Rhif Wyth fy ngwthio tuag at y theatr, gwrandawais ar synau gwichian ar y leino, esgidiau rwber meddal a hithau'n canu ei chaneuon eglwys.

Roedd y llawfeddygon yn cydsymud fel cerddorfa, yn fyrlymus ac yn llawn egni, yn wahanol i fi.

Roedd darn o liain yn cael ei ddal i fyny fel sgrin ar draws fy nghanol, felly doeddwn i ddim yn gallu gweld unrhyw beth. Yn sydyn, roeddwn i mor falch fod Hugo wedi bod yn brysur yn fy eillio i.

Pinsiodd y llawfeddyg fy nghlun. 'Ydych chi'n gallu teimlo hynna?' gofynnodd.

'Ydw,' celwyddais. Doeddwn i ddim yn gallu teimlo dim byd, ond roeddwn i'n dal i boeni y byddwn i'n teimlo'r gyllell. Mae'n ofn dilys. Felly dyma fi'n penderfynu dal ati i ddweud celwydd nes fy mod i'n hollol ddiffrwyth.

'Iawn, beth am rŵan?'

'Ydw,' celwyddais eto.

'Beth am rŵan?'

'Ydw! Dwi'n gallu teimlo hynna.'

'Wnes i ddim cyffwrdd â chi!' Dyma hi'n wincio arna i. Roeddwn i wedi cael fy nal. 'Dwi'n credu ein bod ni'n barod.'

Damia.

Roedd yn rhaid i fi ddefnyddio fy holl nerth i beidio â'i cholli hi.

Roedd ffrind i fi a oedd wedi cael toriad Cesaraidd yn dweud ei bod hi'n hollol ddiffrwyth, ond ei bod hi'n ymwybodol ohonyn nhw'n twrio o gwmpas ei stumog fel mynd drwy fag llaw. Dywedodd ffrind arall ei fod fel cael dwrn yn y bol gan focsiwr pwysau trwm. Mi wnes i edrych yn syth i fyny ar y goleuadau gwyn uwchben, a chanolbwyntio ar Hugo yn gafael yn fy llaw. Dywedodd y llawfeddyg ei bod hi'n feichiog ei hun ac yn cael toriad Cesaraidd dewisol. 'Dyna ydy'r ffordd orau,' meddai. 'Hwn fan hyn sy'n gwneud fy un i.' A dyma'r ail lawfeddyg yn codi ei law a gwenu, yn union fel pe bai'n cyfaddef ei fod yn euog.

'Dwi'n gallu gweld ffynnon o geffylau gwyn ac alla i ddim aros i yfed tun o Sprite,' atebais i, a dyma pawb yn chwerthin.

Oeddwn i'n gallu gweld ceffylau go iawn? Ydw i'n marw? Ydw i wedi marw?

Prin oedd o'n teimlo fel taswn i wedi cael cyfle i flincio, ac roedd Hugo yn gwasgu fy mraich.

'Laura! Laura! Edrych! Edrych!'

A dyma'r byd i gyd yn cael ei gau allan gan synau sgrechian fy mabi noeth wrth iddo gael ei ddal i fyny'n uchel fel yr olygfa honno yn y *Lion King*, ond yn lle Simba, roedd 'na gorrach crebachlyd, blin, llwglyd a thrallodus.

O. Dduw.

Mi wnaethon nhw fynd ag o i ffwrdd am ychydig i wneud yn siŵr ei fod yn iawn, ac i'w lanhau. Roedd Hugo yn camu yn ôl ac ymlaen, yn rhedeg rhwng Jet a fi: y deinosor bach cysetlyd a fi, fy nghorff gwaedlyd ar agor, wedi fy natgymalu fel hunanbortread go iawn gan Frida Kahlo.

Ar ben y brych ffaeledig, mae'n debyg ei fod o'n wynebu'r ffordd anghywir a'r llinyn bogail wedi'i lapio o amgylch ei wddw, ddwywaith. Maen nhw'n credu ei fod wedi bod yn tynnu arno pan oeddwn i'n cyfangu, ac yn y bôn yn tagu ei hun.

Mae croth i fod yn noddfa. Nefoedd o arnofio a bwydo. Lle diogel i fyw a thyfu. Roedd fy un i'n debycach i ddaeargell o newyn a llindagu. Lle iddo farw'n ara deg yn y tywyllwch, ar ei ben ei hun. *Mae'n wir ddrwg gen i.*

Roedd Hugo yn dod yn ôl ata i o hyd, ei lygaid glas ar agor yn llydan, 'Laura, mae o'n anhygoel. Mae o mor dlws. Dydy o ddim yn fach, dim ond tenau. Tenau iawn.'

Roedd y cyfan drosodd mewn tua chwarter awr. Roeddwn i'n gorwedd yno, tu chwith allan, yn meddwl *be ffwc* oedd hynna?

Roedd hi'n ddeg o'r gloch y nos. Mi wnaethon nhw fy mhwytho i ar gau, a dyma finnau'n dweud, 'Da iawn, bawb!' Yn union fel pe baen ni newydd orffen ffilmio am y diwrnod ar set ffilm.

Roeddwn i'n annioddefol o annifyr.

13

Ddim fel hyn roeddwn i wedi dychmygu geni fy mhlentyn. Roeddwn i newydd gael fy nhorri ar agor cyn i blentyn llwglyd a sgrechllyd gael ei daflu ar fy mrest. Roedd Hugo yn cusanu fy wyneb, ac yn dweud drosodd a throsodd, 'Laura, Laura, edrych, edrych arno fo.' Ac roeddwn innau'n crio ac mewn sioc. Wedyn mi lynodd y babi yn fy nhrwyn a dechrau sugno, fel pe bai'n deth. Eisoes fel pe bai'n clymu ar y fron, eisoes yn mynnu llaeth.

'Mae babis bach yn fabis llwglyd!' meddai'r llawfeddyg.

Mi wnes i gusanu fy mabi ar ei ben.

Roedd crafiadau gwaedlyd torri'r dŵr wedi'u hysgythru ar groen ei ben. Atgof fod hyn yr un mor drawmatig iddo fo ag i fi; roedden ni'n dau yn ei chanol hi efo'n gilydd.

Fi biau fo. Mae o'n ddiogel. Dwi'n fyw. Mae pob dim yn iawn.

'Haia, Jet,' meddwn i. 'Fi ydy dy fam di a dwi'n dy garu di.'

Mi gawson ni'n gwthio i ward gynnes efo goleuadau pŵl. Roeddwn i'n ddryslyd, dan ddylanwad cyffuriau, yn flinedig, yn emosiynol ac yn ofnadwy o sychedig. Roedd Bydwraig Rhif Wyth yn ei helfen. Dyma hi'n cau'r llen o'n cwmpas, yn sgwrsio a chanu wrth wneud, ond roedd ganddi hi genhadaeth hefyd. Beth oedd y broblem? Roedd y babi yn iawn. Oedd hi ddim yn bosib i ni i gyd ymlacio er mwyn i fi allu cysgu?

Nac oedd, yn ôl pob tebyg. Roedd gen i fabi newydd-anedig candryll i ofalu amdano a hwnnw'n trio'i orau glas i oroesi. Croeso i fyd y fam. Does dim ots beth ydy'r amgylchiadau, unwaith rwyt ti'n cyrraedd, mae'n rhaid i ti aros. Symudodd y fydwraig yn gyflym ac yn dawel o amgylch y gwely, a phlygio tiwbiau ocsigen i fyny fy nhrwyn. Roedden nhw'n annifyr ac yn cosi ac yn disgyn allan o hyd. Doeddwn i ddim yn deall pam ’mod i eu hangen nhw. Dyma hi’n gorchymyn i Hugo eu dal nhw yn fy ffroenau.

Mi ges i’r mymryn lleia o ddŵr, ond roeddwn i mor sychedig ac yn crefu am fwy – ond am ryw reswm, doedd hi ddim yn fodlon i fi yfed rhyw lawer. Yna rhoddodd het wlanog goch ar ben Jet, i nodi bod angen gofal a sylw arbennig arno – dyma pam mae babis o’r fath yn cael eu galw’n fabis hetiau coch. Doeddwn i ddim yn hoffi ei weld yn yr het o gwbl, ond roedd yn rhaid iddo ei gwisgo drwy’r amser.

Yna dyma hi’n ei basio i fi.

Jet.

Dyma fi’n dechrau ei fwydo ar y fron. Roeddwn i’n teimlo wedi parlysu, fy mreichiau mor llac ar ôl y feddyginiaeth fel nad oedd gen i’r cryfder na’r egni i’w ddal at fy mrest. Roedd mor denau a gwanllyd a bregus, ac roedd yn llithro o fy ngafael bob munud.

Roedd fy mronnau yn wag. Doedd dim byd yn dod allan.

‘Mae’n rhaid i ti weithio arni,’ oedd cyfarwyddyd Bydwraig Rhif Wyth. ‘Weithiau, mae llaeth y fron yn cymryd mwy o amser i ddechrau llifo ar ôl toriad Cesaraidd. Dal di ati i drio, mae o’n siŵr o ddod. Mae’n rhaid i ti. Mae gen ti fachgen bach llwglyd sydd angen ei fwydo.’

Roedd Jet yn sugno. Sut oedd o’n gwybod beth i’w wneud? Ond doedd yna ddim llaeth. Dechreuodd grio. Deintgig amrwd heb ddant yn agos. Tafod madfall. Wyneb crebachlyd llwglyd, a’r chwant bwyd heb ei fodloni.

Roeddwn i’n disgyn i gysgu o hyd. Roedd Bydwraig Rhif Wyth yn gweiddi arna i ddeffro, ac yn gwthio fy nheth i geg Jet a phwmpio fy mron â’i llaw. Roedd y tiwbiau plastig yn mynnu disgyn allan o fy ffroenau. Wrth eu dal i mewn, anfonodd Hugo decst at y teulu i roi gwybod bod popeth yn iawn.

Ond doedd popeth ddim yn iawn.

‘Tyrd oddi ar y ffôn!’ gorchmynnodd Bydwraig Rhif Wyth, yn ddifrifol iawn mwya sydyn. ‘Mae angen i ti ganolbwyntio!’ meddai. Dyma hi’n rhoi Jet i Hugo, a’i dywys at fy mron chwith.

‘Gafaela ynddo fo,’ mynnodd, ac yna efo pwmp plastig bach tynnodd hufen melyn trwchus o’r fron dde. Colostrwm.

'Gwranda. Deffra!' Dyma hi'n taro fy moch yn ysgafn. 'Mae hwn fel aur. Neu neithdar. Mae o angen hwn. Mae o'n ofnadwy o bwysig: paid â gwastraffu diferyn.'

Roedd fel pe bawn i'n cael fy neffro ar ôl cymryd gorddos o gyffuriau.

'Ti,' pwyntiodd Bydwraig Rhif Wyth at Hugo. 'Wnest ti ddod â dillad babi yn y bag ysbyty? Dwi angen i ti nôl pob un dilledyn sydd gen ti.'

Safodd Hugo yn unionsyth. Roedd fel bod mewn gwersyll milwrol.

Dyma hi'n gafael yn Jet a'i roi o dan lamp gynnes, fel cyw bach. Rhwbiodd Bydwraig Rhif Wyth groen a chyhyrau Jet, fel pe bai hi'n trio cynnau tân.

'Mae ei lefel siwgr gwaed yn isel iawn,' meddai, wrth iddi ei wisgo mewn haenau o ddillad, a'r rheiny'n hongian oddi ar ei gorff bach.

Roedd Bydwraig Rhif Wyth yn gweithio'n galed. Mi allwn i weld ei chefn, ei dau benelin yn symud i mewn ac allan fel dwy lif, hithau'n chwythu arno, yn bwydo'r colostrwm hudol iddo efo chwistrell.

Trodd yr ystafell yn dywyll efo cylch o olau gwan, fel tylwythen deg yn hedfan i ffwrdd.

14

Yn gynnar fore trannoeth, mi gawson ni'n gwthio i ward newydd, ystafell yn cael ei rhannu efo tua saith set arall o rieni a'u babis. Pawb â'u rhesymau eu hunain am gael eu cadw yn y carchar mamol hwn. Roedd yn ferwedig o boeth yno.

Dim ond rhyw awr neu ddwy fyddwn ni yma, feddyliais i.

Tra oeddwn i'n cysgu, roedd Bydwraig Rhif Wyth wedi treulio'r nos gyfan yn cynhesu Jet efo'i dwylo. Roedd hi wedi rhoi taflen i Hugo efo rhestr frawychus o beryglon 'lefelau siwgr isel' mewn babis newydd-anedig – ar frig y rhestr roedd niwed parhaol i'r ymennydd. Dywedodd Hugo ei fod wedi dal Jet wrth fy mron i fwydo am dair awr cyn i Fydwraig Rhif Wyth gymryd drosodd. Hebddi hi, mi fyddai Jet wedi gorfod mynd i'r uned gofal dwys. Bob tro dwi'n meddwl am Fydwraig Rhif Wyth, dwi'n ei gweld fel angel mewn gwisg las. Mi fydda i'n ddiolchgar iddi hi am byth.

Roeddwn i'n teimlo fel pe bai rhan o fy ymennydd wedi cau i lawr. Merched oedd yr holl fydwragedd a'r staff cyffredinol, y rhai a oedd yn gweini bwyd ac yn glanhau. Roedd yn eitha dryslyd a finnau'n cael trafferth cofio pwy oedd pwy. Daeth rhywun rownd efo bwydlen ar gyfer y diwrnod, ond doeddwn i ddim hyd yn oed eisiau edrych arni hi achos fy mod i mor siŵr y bydden ni'n mynd adra yn fuan.

'Pa mor hir fydda i yma?' gofynnais.

'Mi wna i nôl bydwraig,' meddai'r wraig, gan ddweud bod yn rhaid i fi gadw'r llenni o gwmpas y gwely ar agor. Doeddwn i ddim eisiau cadw'r llenni ar agor. Roedd yr ystafell yn llawn, roedd tadau a dynion eraill o gwmpas, roeddwn i'n trio dysgu fy hun i fwydo ar y fron a doedd o ddim mor hawdd *o gwbl* ag y mae'n edrych.

Roeddwn i hefyd yn noeth ar y cyfan, newydd gael fy nhorri ar agor ac yn pi-pi mewn bag.

Eisteddais i fyny yn fy ngwely. Helpodd Hugo fi i orchuddio fy hun ac o'r diwedd mi ges i weld Jet yng ngolau dydd.

Am naw mis roedd wedi bod yn gyfrinach, yn neges mewn potel, yn botyn clai mewn odyn, yn dorth wrthi'n codi. A rŵan dyma fo.

Iawn. Gad i fi dy weld di, 'ngwash i.

Am eiliad, roedd yn fodlon, yn dawel ac yn llonydd, a finnau'n gallu gweld ei nodweddion hardd, y llygaid dwfn, y geg binc berffaith a'r trwyn llethr sgio gwyn, ond doedd o'n edrych ddim byd tebyg i'r cyfuniad o'i dad a'i fam roedden ni wedi'i ddychmygu. Roedd ei deneuwch difrifol yn gysgod dros bopeth, traed gwag y wisg babi yn hongian yn llipa fel clustiau cwningen farw. Mi wnes i edrych o dan yr haenau o ddillad babi newydd-anedig. Roedd ei groen tryloyw tenau yn glytiau o fioled a choch, mapiau gwe pry cop o wythiennau glas yn troelli oddi tanyn nhw, ei asennau bach wedi chwyddo, y frest yn codi ac yn disgyn, ac o fewn eiliadau roedd ei wyneb coch yn crebachu a throi'n wingo poenus.

Yn ymgordeddu yn ei het fach goch, roedd Jet yn ellyll drwg ar fin cychwyn ar genhadaeth frys, a'r amcan oedd i gael EI FWYDO A'I FWYDO fel y planhigyn bwyta gwaed anferthol hwnnw, Audrey, yn *Little Shop of Horrors.*

Doeddwn i ddim yn ei adnabod o gwbl. Roedd yn ddieithryn llwyr, ac roedd yn fy nychryn i. Dyma fi'n ei roi yn ôl ar y fron ac mi sugnodd yn syth; dim ond wrth fwydo'r oedd o'n dawel.

Roeddwn i'n gwisgo sanau llawfeddygol trwchus llwydwyn, fel rhywbeth roedd fy nain yn arfer ei wisgo. Dydw i ddim hyd yn oed yn cofio eu gwisgo nhw.

'Rhywiol!' meddwn i'n ysgafn.

Feiddiwn i ddim edrych o dan fy ngŵn ysbyty, ond roeddwn i'n gwybod bod 'na hen lanast arna i. Dychmygais fy mhelfis fel canolbwynt rhyw wledd ofnadwy o'r gorffennol, cawg gwaedlyd efo bwyd môr wedi'i hanner bwyta yn arllwys allan; tentaclau ac esgyll a chen, drewllyd a blonegog.

Gofynnais i Hugo edrych ar fy nghraith. 'Ydy hi'n ddrwg?' gofynnais.

'Mae 'na rwymau drosti hi. Dydw i ddim yn gallu gweld,' meddai.

Dwi'r math o berson fyddai'n siarad ag unrhyw un, ond yn y fan yma, er gwaetha'r ystrydeb am 'gyfarfod mamau', doedd neb eisiau siarad. Roedden ni i gyd eisiau cau'r llenni o'n cwmpas, nythu yno a chael llonydd i greu cornel fach i ni'n hunain.

Roedd Jet yn bwydo'n gyson, dyna'r cyfan roedd o eisiau ei wneud. Wrth i'r diwrnod fynd ymlaen, dechreuodd y babis grio mwy a mwy. Dechreuodd y rhieni eraill fynd yn flin efo'i gilydd wrth i grio un babi ddeffro'r lleill, a hynny'n ei dro yn deffro'r mamau wrth iddyn nhw fachu ar y cyfle i gysgu. Roedd fel rhyw gêm ffair greulon. Doedd neb yn gwybod yn iawn beth oedd yn digwydd, roedd pawb wedi blino, yn boeth, yn gyfyng, rhwystredig ac emosiynol, ac roedd tensiwn yn llenwi'r lle.

Dim ond os oeddwn i'n trio ei dynnu oddi ar y fron am eiliad fyddai Jet yn crio. Felly wnes i ddim. Doeddwn i ddim eisiau gwylltio neb na deffro'r babis eraill ac roedd o'n amlwg angen ei fwydo.

Mi wnes i drio wyau wedi'u sgramblo llwyd o fwydlen yr ysbyty efo un llaw, wrth i Hugo roi cynnig ar ychydig o gyswllt 'croen â chroen' efo Jet er mwyn i fi allu bwyta, ond y cyfan wnaeth Jet oedd nadu a mynnu mynd yn ôl ar fy mron. Roedd ei angen yn *ddi-ildio*, yn ddi-baid.

'Esgusodwch fi,' holais un o'r bydwragedd, 'dydy fy mabi ddim yn stopio bwydo. Ydy hynny'n normal?'

'Oherwydd ei fod o'n fabi *bach*, mae o'n llwglyd. Mae o'n dygnu arni er mwyn cael llif,' meddai hithau, gan geisio tawelu fy mhryderon.

Roeddwn i newydd eni'r babi mwyaf llwglyd yn y byd, a doeddwn i ddim wedi dechrau cynhyrchu llaeth eto. Roedd Jet yn llwgu, doedd y colostrwm ddim yn ddigon i'w fodloni, felly doedd o ddim yn mynd i allu cysgu. *Byth.* A oedd yn golygu dim cwsg i fi chwaith. *Byth.* Doeddwn i ddim yn gallu cysgu wrth iddo fwydo oherwydd ei fod mor fach, ac os nad oeddwn i'n gafael yn dynn ynddo fo, roedd 'na beryg iddo rolio oddi ar y gwely. Beth bynnag, hyd yn oed pe bawn i'n cael eiliad i gysgu, fyddwn i ddim wedi gallu oherwydd roedd 'na un babi ar y ward na fyddai'n stopio crio.

Weithiau, roedd fy ymennydd yn gallu cau'r sŵn allan am funud neu ddau, cyn cofio bod y sŵn ofnadwy yn dal yno, ac roedd fy mhen yn ôl yn y felin. Roedd y tad yn ymddiheuro i bawb, 'Sori, sori, dwi ddim yn gwybod be i'w wneud. Dwi ddim yn gwybod pam mae hi'n crio fel hyn.'

Ac yna dechreuodd y cosi – sgileffaith prin ac anffodus o gael epidwral. Yn naturiol, mi ddewisodd fy nharo i.

Doeddwn i erioed wedi teimlo dim byd tebyg. Roedd yn fwrn, o dan y croen, yn cropian, filiwn o weithiau'n waeth na brathiad unrhyw fosgito. Ac ar ben gwres yr ystafell a sŵn yr holl fabis yn crio – mae'n rhaid ei fod o'n uchel iawn ar restr synau mwyaf annymunol y byd (bwriadol, dwi'n gwybod, fel seiren ambiwlans) – roedd yn ormod i'w ddioddef. Allwn i ddim *peidio* â chrafu. Ar ôl crafu, roedd yn wynfyd am eiliad, cyn i boen tanllyd ddod i'r amlwg, a'r llosgi'n gwneud i fi fod eisiau torri fy mreichiau a 'nghoesau i ffwrdd. Ond fedrwn i'm stopio. Efo Jet bach bregus ar fy mrest a'r holl wifrau amrywiol yn gysylltiedig, mi wnes i sylwi 'mod i'n crafu'n ddiddiwedd efo bysedd fy nhraed. (A finnau wedi eu cael nhw wedi'u gwneud yn grand ar gyfer y lluniau o'r babi newydd. Ha. Ha. Ha.)

Dwi ddim yn gor-ddweud wrth ddweud 'mod i'n cosi ac yn crafu cymaint fel bod gen i waed ffres o dan bob ewin a chrachod agored ar fy nhraed a'm fferau. *Pe bawn i ond yn gallu codi a chael cawod oer. Pe bawn i ond yn gallu mynd allan i awyr oer y gaeaf a'i deimlo yn fy mrest. Pe bawn i ond yn gallu...*

Tri ymwelydd ar y tro oedd yn cael dod i mewn. Mi wnes i ddweud wrth Hugo am wahodd ei deulu a fy nheulu innau, ac mi daclusodd ein cornel fach ni a benthyg cadair o'r coridor.

Fy chwaer, fy mam a fy llystad gyrhaeddodd gyntaf. Dydw i ddim yn gallu cofio'u hymweliad nhw. Dydw i ddim yn cofio a wnes i grio neu wenu. Mae'n niwl llwyr. Ond dwi'n cofio arogl y gwynt arnyn nhw. Arogl eira. A glaw. Arogl y tu allan. Arogl y byd go iawn.

Daeth Mam â mwy o fagiau o fwyd picnic, cwrw i Hugo i ddathlu, a gwydr go iawn, ofnadwy o grand, i fi: ychydig o donig a jin a hyd yn oed rhew a sleisys o lemwn wedi'u lapio mewn ffoil. Fy ngwobr – jin a thonig. Ond y peth olaf oeddwn i eisiau oedd jin a thonig. Mi wnes i gael llwnc beth bynnag oherwydd i Mam fod mor hyfryd ac ystyriol. Fyddai'r alcohol yn fy fferru i am funud? Yn fy helpu i ddianc o'r lle yma? Roedd yr ystafell mor boeth nes i'r rhew doddi ar unwaith. Aeth y cwrw yn llugoer ac mi allwn i dyngu bod stêm yn codi o'r bwyd picnic yn barod.

Roedden nhw wedi dod â'r bagiau o'r pethau roeddwn i wedi anfon tecst i ofyn amdanyn nhw (yn ôl pob tebyg) – dillad bach, bach a chlytiau bach iawn ar gyfer babis cynamserol. Doeddwn i ddim hyd yn oed yn cofio anfon tecst atyn nhw. (Mae'n rhyfedd sut mae'r fam reddfol resymegol yn gwneud y pethau hynny yn isymwybodol.) Dwi ddim yn cofio ffarwelio efo nhw.

Mi gyrhaeddodd teulu Hugo. Ei dad, partner ei dad a'i frawd.

Roedd poteli cwrw a jin a thonig wedi'u hanner yfed wrth fy ngwely. Am gywilydd! Roeddwn i'n edrych fel mam alcoholig esgeulus, ond roeddwn i'n rhy flinedig i symud. Roeddwn i wedi gobeithio cau fy llygaid a chael eiliad i orffwys tra oedden nhw'n dal Jet, ond fedrwn i ddim. Roeddwn i fel cwningen yng ngolau car, yn welw fel ysbryd, heblaw am y marciau coslyd coch. Dydw i'n cofio dim byd arall o'r diwrnod hwnnw.

Dwi yn y lluniau ond doeddwn i ddim ar gael rhywsut.

Pethau sy'n Gallu Digwydd i Ti ar ôl Geni a Neb yn Sôn wrthot Ti amdanyn Nhw

Efallai y byddi di'n crio fel nad wyt ti erioed wedi crio o'r blaen. Neu'n teimlo'n ddryslyd. Yn ddigyswllt. Yn od. *Fel, be ddiawl oedd hwnna?* Yn enwedig os wyt ti wedi cael ymyrraeth feddygol wrth eni.

Mae'n debyg y byddi di'n gwaedu fel pe bai pob mislif yn taro ar yr un pryd. Hyd yn oed os na wnest ti eni drwy'r wain. Mi fydd dy nicer di'n edrych fel lleoliad llofruddiaeth dorfol y tu hwnt i allu unrhyw dywelion mislif i'w lanhau. Mi fyddi di angen nicer efo padin.

Mae'n bosib y byddi di'n anghofio dy fod di'n hoffi bwyd.

Fyddi di mor sychedig.

Efallai y byddi di'n rhwym.

Fyddi di ddim yn cysgu. O gwbl. Byth. A hyd yn oed os cei di gyfle, mae'n ddigon posib na fyddi di'n gallu cysgu.

Pan fydd dy fabi'n crio, mae'n rhoi'r argraff ei fod yn cyfathrebu efo ti a neb ond ti: mae fel pe bai dy enw yn cael ei gymysgu i ganol yr alaw swnllyd.

Efallai y byddi di mewn llawer o boen.

Fyddi di ddim yn dechrau cynhyrchu llaeth yn syth – mae'r colostrwm yn dod gyntaf, a dydy'r llaeth ddim yn cyrraedd tan rywle rhwng diwrnod dau a diwrnod pump fel arfer.

Mi alli di gael trafferth yn bwydo ar y fron.

Mae'n bosib na fyddi di'n teimlo'n falch ohonot ti dy hun.

Efallai y byddi di'n teimlo'n rhyfedd am dy bartner.

Fydd dy bi-pi a dy gachu di ddim yr un peth.

Mae'n debyg mai ffitio i mewn i dy jîns fydd y peth *olaf* ar dy feddwl di.

Efallai y byddi di'n teimlo'n fwy caeth nag wyt ti wedi'i deimlo erioed yn dy fywyd. Mae'n bosib y byddi di'n meddwl, *Pam wnes i ddifetha fy mywyd? Beth ydw i wedi'i wneud?*

Efallai yr hoffet ti logi tacsi a dianc.

Ond hyd yn oed pe baet ti'n gwneud hynny, mae'n bosib na fyddet ti'n gallu symud.

Ac mae'n bosib na fyddi di'n caru dy fabi'n syth bìn.

15

Roedd hi'n fore Sadwrn. Roedd Jet yn dri diwrnod oed. Pan wnes i ddeffro, roedd bydwraig yn rhoi pigiad i fi yn fy nghlun. Cyffuriau i leddfu poen a rhywbeth o'r enw Labetalol ar gyfer fy mhwysedd gwaed, a oedd yn cynyddu'n barhaus. Mi wnaeth hi dynnu'r cathetr cyn fy helpu i godi o'r gwely a sefyll ar fy nhraed.

Roedd yn teimlo'n anhygoel i sythu fy nghoesau ond roedd y graith yn teimlo'n dynn, fel pe bai ar fin rhwygo ar agor. Dyma fi'n eistedd yn ôl i lawr. Roedd fflachiadau o goch llachar ar hyd y dillad gwely.

Doedd neb wedi fy rhybuddio i am y gwaed.

'Tria gymryd ychydig gamau drwy gydol y dydd os medri di. Pan fyddi di'n mynd i'r tŷ bach, mae angen i ti wneud pi-pi yn hwn.' Dyma hi'n rhoi rhywbeth tebyg i het galed gardbord ben i waered i fi. 'Fyddet ti'n hoffi rhywbeth i helpu efo rhwymedd?'

Felly roeddwn i'n rhwym rŵan hefyd?

'A thria beidio â chrafu,' ychwanegodd.

Daeth fy mam â charthen i Hugo. Roedd mor wylaidd, gan ddweud nad oedd o'i hangen hi, ond mi allwn ddweud ei fod yn ddiolchgar. Roedd fy mhen yn mynnu disgyn yn ôl i ryw freuddwyd ryfeddol o fyw cyn i fi ddeffro efo herc, Jet bron iawn yn hongian oddi ar y gwely ond yn dal yno yn ei het goch, ei law fach fel seren fôr ar fy mron, a'i geg yn sugno ffwl pelt. Yn glynu ata i fel cragen long yn glynu at forfil.

Mi ofynnais am gael siarad efo un o'r bydwragedd. 'Plis, ga i roi ychydig o laeth fformiwla iddo fo? Dwi mor flinedig. Os ydy o'n bwyta rhywbeth, mi allwn ni'n dau gysgu.'

'I fod yn hollol onest, mi wyt ti'n gwneud mor dda,' meddai'n galonogol. 'Mi ddaw.'

Dyma fi'n dechrau crio. 'Dwi mor flinedig. Plis, y cyfan dwi isio ydy cysgu am 'chydig.'

Roedd fy nghorff yn ddryslyd. Roedd Jet wedi bod yn llwgu y tu mewn i fi am bythefnos. Ar unwaith, dyma fi'n cael fy llyncu gan droell o feddyliau negyddol: *Dwi'n gwybod beth sydd wedi digwydd yma. Does dim llaeth yn fy mronnau achos bod fy nghorff yn meddwl bod fy mhlentyn wedi marw! Mae'n meddwl ei fod wedi cael ei rwygo allan ohona i.*

Pam na allwn i roi 'chydig o laeth fformiwla iddo fo?

'Dydyn ni ddim yn argymell hynny achos mi allai fynd yn hoff o'r botel a gwrthod cydio ar y fron. Does 'na ddim byd i guro'r fron. Mae o angen y gwrthgyrff.'

Efallai mai dyna pam dwi'n teimlo mor isel? Achos 'mod i'n galaru. Achos bod fy nghorff wedi penderfynu bod fy mhlentyn wedi marw?

Eto i gyd, doedd Hugo ddim i'w weld yn neidio o lawenydd. Doedd 'na neb.

Awyrgylch felly oedd yna! Fel gwylnos i'r meirw. Roedden ni i gyd yn galaru'r geni gafodd ei 'addo', y geni roedden ni wedi'i ragweld yn ein pennau.

Na... roedden ni'n galaru amdanon ni ein hunain.

Roedd o'n lle mor ddigalon. Pam fyddai unrhyw un eisiau gweithio yma? Ond a finnau'n dechrau colli pob ffydd y gallwn ddal ati, mi wnes i ddechrau cynhyrchu llaeth!

Roedd gen i ddigon o laeth ar gyfer y ward gyfan! Bellach, roedd gen i glamp o wên ar fy wyneb. *O, dyna pam mae pobl yn gweithio yma. Oherwydd adegau gwych fel hyn!*

'Hugo, Hugo, deffra! Edrych, mae gen i laeth, dwi'n cynhyrchu llaeth!' Dyma fi'n gwasgu fy mronnau a llaeth yn chwistrellu allan, yn wyn a bendigedig. Roeddwn i wedi llwyddo. Roeddwn i'n fam. Yn fam o'r iawn ryw!

Roedd y bydwragedd yn falch. Dyma nhw'n dweud 'mod i wedi gwneud mor dda, nad oedden nhw'n disgwyl i fi ddechrau cynhyrchu llaeth mor fuan. Roedd Jet yn fodlon; yn hapus, yn llowcio a llyncu, yn pwyso ei wyneb yn fy erbyn i, ac yn gwneud synau tebyg i fochyn cwta llwglyd. Diolch i ryw hwb o adrenalin a gorfoledd, roeddwn i'n teimlo'n alluog ac yn famol. Roeddwn i'n falch na wnes i roi'r ffidil yn y to a defnyddio llaeth fformiwla. Pe baen ni'n byw yn wyllt tu allan, mi fyddai fy mronnau wedi ei gadw'n fyw!

Roedd pob dim yn mynd i fod yn iawn.

16

Dydw i ddim yn gallu cofio pryd ddechreuodd yr ofn y byddai'r pwythau'n torri: pryder pwerus cyson a oedd yng nghefn fy meddwl o hyd.

'Dwi'n meddwl bod fy stumog i'n agor, y pwythau,' dywedais wrth fydwraig. 'Dwi'n credu eu bod nhw'n dechrau datod?'

Roedd y fydwraig yn edrych yn amheus, ond mi edrychodd ar fy stumog beth bynnag.

'Na, mae pob dim yn edrych yn normal. Ti'n gweld? Mae'r rhwymau'n dda iawn – dim ond gwaed sych ydy hwnna.'

Mi wnes i fagu'r dewrder i edrych i lawr a doedd pethau ddim cyn waethed ag oeddwn i'n meddwl. Roedd plastr tebyg i jeli tryloyw dros y clwyf, a'r gwaed oddi tano'n dywyll ac yn sych.

'Edrych, os ydw i'n tynnu llinell yma...' Dyma hi'n marcio'r rhwymyn efo beiro. 'Os ydy'r gwaedu yn mynd dros y marc yna, rho wybod i fi.'

Efo'r llaeth yn llifo bellach, roeddwn i'n edrych ymlaen at weld Jet yn cael cwsg hir efo bol llawn, hyd yn oed am awr yn unig. Rhyw led-gysgu oedd o, a doedd o ddim i'w weld fel pe bai'n mynd i gysgu'n drwm.

'Dwi ddim yn gwybod be sy'n bod,' dywedais wrth y fydwraig. 'Dwi'n bwydo'n ddi-baid ond dydy o ddim i'w weld yn cael digon. Ydy'r cyflenwad llaeth wedi sychu?'

Dyma'r fydwraig yn gafael mewn gobennydd.

'Rho gynnig ar yr ystum pêl rygbi...' Dyma hi'n helpu Jet i glymu ar y fron. '... ac mi ddylai...' Stopiodd. 'O, mae ganddo fo gwlwm tafod.'

'Cwlwm tafod?'

'Ie. Mae'n bosib ei fod yn cael trafferth cydio ar y fron.'

'Iawn, sut mae trin cwlwm tafod?'

Eisteddodd Hugo efo golwg 'Be rŵan?' ar ei wyneb.

'Dim ond llawdriniaeth fach, maen nhw'n ei dorri. Mae'n gyffredin iawn,' sicrhaodd y fydwraig.

Na. Na. Na. Felly roedden ni wedi cael y babi mwyaf llwglyd yn y byd ond doedd o ddim yn gallu bwydo? Am eironig.

Allwn i ddim peidio â meddwl am yr ysbrydion llwglyd yng nghrefydd Bwdhaeth Tsieina, llên gwerin lle mae bodau dynol sy'n gwneud pethau drwg yn dod yn ôl fel bwystfilod efo gwddf hir a chegau bach fel eu bod nhw ar lwgu'n gyson. Byth yn fodlon.

Karma gwael oedd hyn? Ai fi oedd ar fai?

Sori, Jet.

'O, edrych, os wyt ti'n ei wneud fel hyn, mae'n gallu cydio ar y fron,' meddai'r fydwraig wrth iddi newid ei osgo ar fy mron.

Dechreuodd Jet yfed. A llyncu. Mi wnes i anadlu eto.

'Oes gen *i* ddim cwlwm tafod?' gofynnais i Hugo, gan agor fy ngheg yn llydan iddo gael gweld yn iawn.

'Mae'n edrych yn debyg.'

'A does gen i *ddim* problemau bwyta.'

Doeddwn i ddim yn mynd i gytuno i adael i Jet gael llawdriniaeth os nad oedd hynny'n wirioneddol angenrheidiol. Roedd o wedi bod drwy ddigon. Felly eisteddais i fyny, dal Jet yn yr ystum pêl rygbi ac mi fwydodd.

A bwydo a bwydo a bwydo.

17

Mi ddechreuodd teuluoedd eraill ar y ward fynd adra, ac roeddwn i'n casáu eu hwynebau hapus wrth iddyn nhw gau'r bychan mewn sedd car ddilychwin a chael gadael yr uffern chwyslyd. Allwn i ddim gweld neb a oedd wedi bod yno cyn hired â ni. Roeddwn i'n teimlo'n euog, am roi Hugo mewn sefyllfa amhosib. Fel pe bawn i wedi ei ddal mewn magl drwy gael babi. Fel pe bai'r cyfan yn fai arna i.

Roedd y bydwragedd yn amharod i'n rhyddhau ni. Roedd Jet a finnau'n gleifion, a doedden ni ddim am gael mynd adra nes ein bod ni'n dau yn ddigon iach.

Yn garedig iawn, achos ein bod ni wedi bod yno am sbel ac yn dal gyferbyn â'r babi nad oedd byth yn stopio crio, mi symudodd y bydwragedd ni i stafell efo... goeliwch chi fyth... golygfa well.

Roedd yr olygfa *yn* brafiach. Roedd y Senedd yn fy atgoffa pa mor fach oeddwn i. Ond roedd yr awyrgylch ar y ward hon yn drymaidd a digyffro, cyferbyniad llwyr â'r anhrefn poeth yn y ward arall.

Yn sydyn, roeddwn i'n ymddwyn yn annaturiol o ymarferol. Roeddwn i'n mynd i wneud y gorau o'r sefyllfa. Dyma fi'n dweud wrth Hugo am fynd adra a chael gafael ar gyflenwad o wahanol eitemau: dillad glân, dillad isaf, ein gobenyddion ni. Y peth dafad oedd yn goleuo'n goch a chynhyrchu synau'r groth. Mi gafodd gyfarwyddyd i gael cawod ac i fwyta rhywbeth. A chysgu, os oedd o eisiau. Ac i nôl ffrwythau i fi. Ac ychydig o lemonêd? Yr eiliad adawodd Hugo, mi wnes i ffonio Mam. Roeddwn i wedi bod yn esgus bod yn iawn drwy'r amser, ers i'r dyddiad disgwyliedig basio, gan feddwl mai'r awr nesa fyddai *yr* awr, yn byw mewn rhyw limbo o ffug obaith wedi'i borthi ag adrenalin, cyn gorfod ymlacio eto dro ar ôl tro ar ôl tro. Ond doedd gen i ddim egni ar ôl.

'Mam. Mam. Plis. Mae hyn mor ofnadwy. Mor ofnadwy.'

'Dwi'n gwybod, mae'n ddrwg gen i, cariad, mae'n ddrwg gen i. Mi fyddi di adra'n fuan iawn, dwi'n addo.'

Pam oeddwn i'n teimlo rheidrwydd i esgus fod popeth yn iawn? Pam na fedrwn i grio o flaen Hugo?

Doeddwn i ddim eisiau iddo wybod pa mor anodd oedd hyn i fi; ddim eisiau iddo boeni neu feddwl fy mod i'n difaru; ddim eisiau iddo feddwl nad oeddwn i'n gallu ymdopi ac nad oeddwn i'n fam dda; doeddwn i ddim eisiau iddo fy amau i.

Roeddwn i'n gallu clywed y cwpl yn y gwely gyferbyn yn crio a synau od babi, yn griddfan. Dyma fi'n taro cipolwg drwy'r llenni a gweld bod eu llenni nhw ar gau'n dynn.

Pan ddaeth Hugo yn ôl, mi wnes i drio cuddio olion y dagrau. Roedd yn arogli o bast dannedd, o awyr iach, o tŷ ni. O'n bywyd ni. Tawelodd y ward, a'r unig synau oedd sŵn traed distaw a sŵn sugno babis yn bwydo. Dyma ni'n diffodd y goleuadau. Mi wnaethon ni ddefnyddio blancedi a gobenyddion i wneud y gwely'n nyth fach gyfforddus, a daeth Hugo i mewn ata i a gafael amdana i'n dynn. Roedd yr ystafell wedi'i goleuo fel tanc ymlusgiaid. Mor dawel a llonydd a heddychlon ac o'r diwedd, mi aeth Jet i gysgu.

Dyma fi'n ei osod yn dyner yn y crud plastig ac mi ges i awr lawn o gwsg. Cwsg trwm a dwfn a rhyfeddol: cwsg gorau fy mywyd.

Dyma fi'n deffro ar frest Hugo, a Jet yn barod i fwydo eto.

Roeddwn i'n teimlo'n llawn egni. 'Dwi'n teimlo *cymaint* yn well,' dywedais wrth Hugo. 'O ddifri, dwi'n teimlo 'mod i'n gallu canolbwyntio rŵan. Dim ond awr oedd ei angen arna i.'

Roedd rhywfaint o gynnwrf wrth i deulu bach arall gyrraedd. Cymdogion newydd. Ddywedodd y fam newydd 'run gair, ond roeddwn i'n gallu synhwyro ei blinder a'i hofn, yn union fel pe bai hi'n cyfathrebu efo fi drwy ryw delepathi mamol newydd rhyfedd: mi wnes i glywed ei chân morfil, ac mi wnaeth y wraig gyferbyn hefyd. Roedden ni i gyd yn gallu teimlo'r egni diamheuol wahanol o'n cwmpas ni.

Ac yna roedd popeth yn dawel. Hugo yn chwyrnu'n ysgafn wrth fy ymyl, Jet yn bwydo'n ddi-baid, a finnau'n llithro i mewn ac allan o gwsg.

18

Mi ddeffrodd Hugo a finnau i sŵn gweiddi cynddeiriog o'r gwely agosaf. Bydwraig oedd wrthi. Roedd ein cymdogion wedi mynd i gysgu heb fwydo eu babi newydd-anedig, a oedd dan ei bwysau.

Pan wnaethon ni agor ein llenni, roedden ni'n wynebu dinistr y teulu bach gyferbyn â ni hefyd. Y rhai oedd yn crio. Mae'n debyg fod y fam yn disgwyl efeilliaid ond doedd un o'r ddau ddim wedi byw.

Ers i'r fydwraig weiddi arni hi, roedd y fam ifanc drws nesa i ni wedi bod yn bwydo a modryb y ferch wedi cymryd lle ei gŵr, gwraig enfawr a phwyllog efo wyneb hardd a cholur llawn. Roedd hi wedi cyrraedd yn drymlwythog o dybiau Tupperware yn llawn bwyd: cyw iâr a reis cartref, cawl, salad a chacen. Roedd hyd yn oed wedi dod â lliain bwrdd, halen a phupur mewn potiau arian a saws poeth. Roedd y ward gyfan yn llawn aroglau bwyd sawrus a sbeis. Roedd hi'n cusanu ei dannedd, yn siarad mewn gorchmynion syml, ac yn mynnu bod ei nith yn deffro a bwyta. Roedd y sinc gymunedol yn dyblu fel cegin dros dro iddi hi. Mi wnaeth y bydwragedd anwybyddu hynny'n fwriadol.

Gafaelodd y fodryb yn yr awenau a chanu'r babi i gysgu er mwyn i'w nith orffwys. Roedd breichledau aur melyn y fodryb yn tincian, a'r babi ar goll yn ei chnawd a'i dillad. Roedd hi wedi gwneud hyn o'r blaen.

Mae'n debyg ei bod hi wedi gwneud rhywbeth yn iawn, achos mi gafodd y fam a'i babi fynd adra mewn dim o dro. Dyna drueni na fyddai gen i fodryb debyg i ddod i'n hachub ni.

Merch ychydig flynyddoedd yn hŷn na fi oedd y nesaf i ddod i'r gwely. Roedd hi hefyd wedi cael toriad Cesaraidd brys, ac roedd pen ei mab hithau'n frith o grafiadau hyll hefyd. Roedd hi'n benwan. Yn camu ar hyd y ward yn ei gŵn pinc fflwfflyd, yn mynnu cael siarad efo'r bydwragedd. Dywedodd ei bod wedi cael dau o blant o'r blaen ac nad oedd hyn erioed wedi digwydd. Doedd hi ddim eisiau toriad Cesaraidd, roedd hi eisiau gwybod pam fod pen ei mab wedi'i grafu, ac roedd yn mynnu gweld ei nodiadau geni.

Pam oeddwn i mor llywaeth? Pam nad oeddwn *i*'n mynnu siarad â'r bydwragedd? Pam oeddwn i'n fodlon bod yn deithiwr ar un o adegau pwysicaf fy mywyd?

Allan o fy nyfnder, a ddim eisiau gwneud ffŷs, mi wnes i gadw'n dawel a chario 'mlaen i fwydo Jet. Dyna'r cyfan oeddwn i'n ei wneud. Mi fyddai'n stopio i gael ei wynt am eiliad ac yna'n crio nerth ei esgyrn. Bob ychydig oriau, roeddwn i'n cael fy nhemtio i roi'r gorau iddi a gadael iddo grio, ond allwn i ddim. Dilyn ei arweiniad wnes i. *Mae'n rhaid bod o angen llaeth.* Ar un adeg, mi wnes i sylwi ar fy nodiadau a gweld fy mod i wedi ei fwydo am 18 awr yn ddi-dor, ac ar ôl deg munud o seibiant, am bum awr arall.

Un noson, awgrymodd pennaeth y bydwragedd roi potel o laeth fformiwla iddo i'w helpu i gysgu. Dyma hi'n dweud, 'Mi wna i adael y botel yn fan hyn.' Ac mi wnes i ystyried hynny'n ddwys, gan lygadu'r botel fel rhywun dibynnol ar gyffuriau yn deisyfu am ddos. Roeddwn i'n dweud, 'Os nad ydy o'n mynd i gysgu yn yr awr nesaf, mi wna i ddefnyddio'r llaeth fformiwla. Mi geith Hugo ei fwydo ac mi alla i gysgu.' A chyn i fi sylweddoli, roeddwn i wedi ei fwydo drwy'r nos eto.

Un diwrnod, mi wnes i ei fwydo am 24 awr yn olynol. Dydw i ddim yn dweud hyn er mwyn i ti fy ngalw i'n arwr, dwi'n ei ddweud er mwyn i ti weld sut mae amddifadedd cwsg yn gallu dy yrru di'n wallgo, achos wnes i ddim cysgu. Roedd fy stumog yn boenus, ac roedd chwerthin a symud a pheswch yn brifo.

Mi wnes i droi'n eitha cyntefig yno. Erbyn hyn, roedd pawb wedi gweld fy mronnau. Wedi gweld fy ngwaed. Wedi fy nghlywed i'n crio. Roedd y carthyddion wedi dechrau gweithio, felly roeddwn i'n llusgo'n ôl ac ymlaen i'r ysgafell ymolchi gyffredin, ac felly roedd pawb wedi arogli fy nghachu hefyd. Roeddwn i'n noeth fwy na heb, yn chwysu, crafu a gwaedu, yn methu ymolchi, ddim ond yn bwydo fy hun er mwyn gallu bwydo Jet, yn wyllt, yn beichio crio ac yn teimlo mor fudr.

Mi wnes i golli pob swildod, a meddwl tybed a oedden ni am gael mynd adra o gwbl. Doeddwn i ddim yn trafferthu efo'r cwpan plastig trwsgl mwyach; roeddwn i'n yfed dŵr yn syth o'r jwg, achos mi fyddwn i'n mynd drwy litrau o'r stwff. Doedd gen i ddim amynedd bod yn gwrtais er mwyn bod yn gwrtais. O fod ofn gweld nodwydd, roeddwn i bellach yn troi ar fy ochr i adael i nyrs roi pigiad yn fy nghlun bob bore heb hyd yn oed drafferthu dweud 'Helô'. Roedd fy nghoesau yn gleisiau piws a du a chrachod, roedden nhw'n bwydo tabledi i fi deirgwaith y dydd, yn mesur fy mhwysedd gwaed, yn gwneud i fi wisgo'r sanau afiach ac roedd hi *mor boeth* nes bod fy mhen i'n troi. Roedd yn rhaid i fi gymryd haearn, a oedd yn fy ngwneud i'n rhwym, felly wedyn roedd yn rhaid i fi gymryd mwy o garthyddion er mwyn gallu mynd i'r tŷ bach. Dwi'n llysieuwr ond roeddwn i'n llythrennol yn bwyta unrhyw beth roedden nhw'n ei roi i fi – mi wnes i rwygo cyw iâr yn ddarnau efo 'mysedd a 'nannedd, fel rhyw Lychlynnwr gwallgo. Roeddwn i'n holi pawb am y graith byth a beunydd, fel plentyn diamynedd yn holi 'Ydan ni yna eto?' hyd at syrffed ar daith hir mewn car. Allai'r un ateb fy nghadw i'n dawel am hir. *Ydych chi'n siŵr nad ydy'r pwythau'n agor? Ga i weld y meddyg? Mae'n teimlo fel pe baen nhw'n agor. Ydy'r gwaed uwchben llinell y feiro?*

Bob awr, mi fyddai bydwraig wahanol yn agor y llenni'n llydan a holi pam nad oedd y babi wedi cael ei rwymo mewn cadach, dim ond i fydwraig arall ddweud nad oedd rhwymo'r babi mewn cadach yn cael ei argymell. Rhy boeth. Rhy oer. Roedd yr un peth yn digwydd efo bwydo ar y fron; yr ongl, y cydio. Ei ystum cysgu oedd nesa. Ar ei ochr, ar ei gefn. Wedyn mi fyddai'n mynd i gysgu am eiliad ond yn gwneud ei fusnes ac angen ei newid, ac roedd pob un o'r clytiau yn rhy fawr.

Un noson ar y ward, mi wnes i wylltio'n gacwn.

'YDY HYN BYTH YN MYND I WELLA?' bloeddiais ar y fydwraig.

'Ydy,' meddai, gan drio fy nhawelu i. 'Yn sicr, gant y cant. Dwi'n addo.'

Wel, gad i fi ddweud hyn – pwy bynnag oedd hi, roedd hi'n dweud celwydd.

Daeth Bydwraig Rhif Pump (yr un efo'r tatŵs a'r tyllau cosmetig) heibio. Roedd hi wedi edrych beth oedd fy hanes i a gweld 'mod i wedi cael toriad Cesaraidd brys. 'Sori, hen dro,' meddai, fel pe bai'n adrodd diweddglo trist i stori. 'Ond mi fydd popeth yn iawn o hyn ymlaen.'

Chwarae teg iddi am alw i ddweud helô, ond canlyniad yr ymweliad oedd hen deimlad cas 'mod i wedi gwneud yn wael mewn arholiad ysgol. Dyma fi'n dangos y graith iddi hi.

'Ydy'r pwythau'n edrych fel eu bod nhw'n agor?' gofynnais.

'Na, maen nhw'n edrych yn iawn; craith fach fydd gen ti, ddywedwn i! Sy'n newyddion da i'r bicini!' Roedd hi'n trio fy nhawelu i, a Hugo'n nodio'i ben yn gytûn (oherwydd ei fod yntau wedi fy sicrhau i 5,000 o weithiau ei hun erbyn hyn fod y pwythau'n hollol iawn), ond doeddwn i'n dal ddim yn fodlon.

Bicini oedd y peth olaf ar fy meddwl i.

'Wyt ti'n siŵr nad ydy'r pwythau'n agor? Ydy'r gwaed wedi mynd dros linell y feiro?' holais eto fyth.

'Na. Mae pob dim yn iawn.'

Roeddwn i'n teimlo y byddai Bydwraig Rhif Pump yn dweud y gwir.

Yna dyma ni'n cael ymweliad gan ein bydwraig *ni*, Bydwraig Rhif Chwech. Dyma hi'n crio pan welodd hi ni, ac mi wnaethon ninnau grio hefyd. Mi wnaethon ni gofleidio ac wrth iddi hi afael yn Jet, mi ddywedodd mor falch oedd hi ohonon ni.

'Cyn i ti fynd, alli di edrych ar fy mhwythau?' gofynnais yn llawn pryder. 'Ydyn nhw'n edrych fel pe baen nhw'n agor?'

19

O'r diwedd, roeddwn i'n cael mynd adra o'r ysbyty. Dydw i ddim yn siŵr iawn sut, achos roeddwn i'n crio'n ddi-baid. Mi ddylai fod yna arwyddion rhybuddio o amgylch y ward yn dweud, NID YW'N NORMAL I GRIO AM 24 AWR YN DDI-DOR. Wedi dweud hynny, dydy hi ddim yn normal i fod yn effro am bron i wythnos chwaith.

Doedd Jet heb gael ei ryddhau eto; roedd yn rhaid i ni weld y meddyg gyntaf.

Roeddwn i'n camu i fyny ac i lawr y coridor siâp L fel teigr mewn caets, gan wthio Jet yn ei grud clir ar olwynion. Mi ddylwn fod yn cymryd pethau'n ara deg, ond roeddwn i'n pasio pob rhiant arall caeth a phryderus a oedd yn gwthio eu babis hwythau; eu llygaid yn syllu'n syth o'u blaenau, yn colli'u pwyll, heb unrhyw fath o syniad.

Pan gafodd y ferch flin yn y gŵn pinc fflwfflyd ei rhyddhau, dyma fi'n penderfynu mai digon oedd digon. Roedd yn rhaid i'r meddyg weld Jet. Roedd yn rhaid i ni fynd adra.

Yn y pen draw, mi gafodd y meddyg olwg ar Jet. Ei glyw, ei olwg, ei adweithiau. Roeddwn i'n gwingo wrth iddo wneud pob prawf, gan ofni siom arall. Pwysodd y meddyg Jet. Roedd yn dal i boeni am gronfeydd wrth gefn diffygiol Jet ac eisiau i ni aros ar y ward. Dyma'r siom oedd wedi bod yn codi ofn arna i: mae'n debyg fod babis yn *colli* pwysau ar ôl iddyn nhw ddod allan o'r groth.

Mi ges i alwad gan y fydwraig fu'n ein gweld ni pan oeddwn i'n feichiog, ac fel rhyw fath o arwr tawel, dyma hi'n sleifio i'r ward a pherswadio'r meddyg i'n rhyddhau ni: ac y bydden ni o dan ei gofal hi.

Roedden ni'n cael gadael o'r diwedd.

Roedd dillad mynd adra Jet, y wisg lwyd efo sêr gwyn a gafodd Mam iddo, yn hongian oddi ar ei gorff bach esgyrnog. Roedd pobl yn syllu arnon ni yn y lifft, yn mwmian ei fod 'mor fach' ac 'mor ddel a bychan'.

Roedden nhw'n amlwg yn meddwl ei fod yn fabi cynamserol.

Roedd hi'n fore heulog o wanwyn, efo awyr las glir. Dyma ni'n camu allan i ganol awyr iach oer. Ar ôl treulio cymaint o amser yn gaeth yn y jyngl gynnes, roedd yn teimlo'n ogoneddus i wneud dim byd mwy nag anadlu a llenwi fy ysgyfaint. Mi wnaeth warden y maes parcio haneru ein bil, yn llawn cydymdeimlad am i ni orfod aros mor hir. Mi ddechreuon ni feddwl bod popeth yn mynd i fod yn iawn.

I mewn â ni i'r car, Jet yn y cefn am y tro cyntaf, a dechrau'r daith fer adra, a Hugo'n gafael yn dynn yn y llyw ac yn gyrru hyd yn oed yn fwy gofalus nag arfer.

Mi sgrechiodd Jet yr holl ffordd.

Ond chwerthin wnaethon ni. 'Efallai fod yr haul yn ei lygaid? Efallai ei fod o ofn y car? Mi ddaw o i arfer,' meddwn i, ond roeddwn i'n meddwl, *O mam bach. A finnau'n meddwl y byddai pob dim yn iawn rŵan, ond beth os nad ydy o? Pam mae o'n sgrechian fel hyn?*

Pwy ydy'r dieithryn bach hwn sy'n dod adra efo ni?

Mi wnes i ddweud wrtha i fy hun y byddai'n iawn unwaith roedden ni adra.

Roeddwn i wedi bwriadu dod â Jet i'r tŷ a'i gyflwyno i'r holl ystafelloedd, gan ddweud, 'Dyma'r gegin... helpa dy hun i unrhyw beth rwyt ti ei eisiau yn yr oergell.' Ond wnes i ddim. Allwn i ddim. Roedd y lle fel llety gwyliau gwag ac fel iglw o oer.

Dyma fi'n dweud wrth Hugo, 'Gad i ni i gyd fynd i'r gwely.'

Roeddwn i wedi breuddwydio am y foment yma. Wedi'n dychmygu ni efo'n gilydd, yn rholio o gwmpas yn noeth ac yn rhydd mewn pentwr o flancedi, yn syrthio mewn cariad ac i mewn ac allan o gwsg, ac yn archebu bwyd ar Deliveroo.

Mi *ddylai* fod wedi teimlo mor wych, ond doedd o ddim. Aeth Hugo i gysgu ar unwaith, ond dechreuodd Jet grio yn gwbl ddigysur. Roedd gen i hen deimlad yn llercian ym mhwll fy stumog. Doedd o ddim byd i'w wneud efo Jet yn crio, roedd o'n rhywbeth gwaeth. Teimlad o arswyd. O ofn affwysol.

Dyma fi'n rhoi Jet ar y fron ac mi dawelodd. Roedd fy meddwl yn rasio.

Dwi wedi creu creadur estron, heriol sy'n sgrechian, a does gen i ddim syniad sut. Dydy fy nghorff i ddim yn teimlo fel fy nghorff i mwyach. Pam wnes i gael babi yn y lle cyntaf? Sut alla i fod yn meddwl y fath beth hyd yn oed? Ydy cael babi wedi difetha popeth? Ydy'r babi wedi dwyn fy mywyd i oddi arna i? Dwi wedi gwneud camgymeriad. O IESU! Mae meddwl y pethau yma'n fy ngwneud i'n fam wael. Gwych, dwi'n fam wael a dydw i ddim hyd yn oed wedi dechrau arni. Plis ga i gyfle? Na, a dweud y gwir, dydw i ddim eisiau cyfle. Dwi'n fethiant. Fedra i ddim rhoi fy mys ar yr union reswm pam... ond dwi mor ofnus. Dydw i ddim eisiau bod yn fam. Alla i ddim gwneud y gwaith.

'Dydy hyn ddim yn teimlo'n iawn,' sibrydais wrth Hugo.

'Wrth gwrs ei fod o,' atebodd yntau, ei lygaid yn dal ar gau.

'Na. Mae 'na rywbeth yn bod,' sibrydais yn ôl.

'Does dim byd yn bod, mi wyt ti'n iawn ac mae Jet yn iawn. Mi gawson ni sioc, a dechrau gwael. Dyna'r cyfan. Tria gael 'chydig bach o gwsg.'

'Dwi ddim yn siŵr pam, dwi'n gwybod bod hyn i *fod* i deimlo'n iawn, mae popeth yma, popeth fel y dylai o fod, ond fedra i ddim rhoi fy mys ar be sy'n bod. Dydy pethau ddim yn iawn,' dywedais, gan ysgwyd fy mhen. 'Dwi ddim yn iawn.'

Pethau Oedd yn Fy Nychryn I cyn i Fi Gael Babi

Ysbrydion.
Lladron yn y tŷ.
Unrhyw beth allai beri i fi golli dant – gan gynnwys llafnrolio, sglefrolio a sglefrfyrddio.
Llethrau.
Bryniau.
Mynyddoedd.
Y ffyrdd sy'n ymgordeddu o gwmpas mynyddoedd.
Y tywyllwch.
Cysgu ar fy mhen fy hun.
Streatham.
Cyffwrdd sialc efo fy ewinedd neu fy nannedd.
Gwrachod.
Coedwigoedd.
Calan Gaeaf.
Sombis.
Canibaliaid.
Trenau ysbryd.
Unrhyw beth i'w wneud â'r diafol, fel y ffilm *The Exorcist*.
Cyltiau.
Claniau.
Stelcwyr.
Pobl yn cymryd yn fy erbyn i am ddim rheswm.
Cael fy ngadael allan o bethau.
Dringo dros ffensys.
Llythyrau gan y banc, treth, biliau ac ati.

Y newyddion.
Marw.
Fy nheulu yn marw.
Cyffuriau.

20

Wrth i fi wella, roedd ofn yn dod i'r meddwl yn aml iawn. Beth ydw i'n ei ofni? Ai fy nychymyg *wnaeth* hyn i fi? Wnes i ddychryn fy hun i fod fel'ma? Yn fy isymwybod, wnes i *ofyn* am hyn? Oedd yr ofn mor bwerus fel ei fod wedi cario'r dydd ar amser 'hapusaf' fy mywyd i? Oedd fy ymennydd wedi gweld rhywbeth pan oeddwn i'n blentyn a'i fod yn teimlo'r angen i roi sylw iddo – a'i ddilyn i'r pen? A pham rŵan? Pam oedd yn *rhaid* i fy mywyd ddewis rŵan, o bob adeg, i fy nhorri i? Roeddwn i'n meddwl 'mod i mor gadarn. Yn meddwl 'mod i'n adnabod fy hun, mewn difri. Alla i ddim peidio â mynd yn ôl... efallai y byddwn i'n dod o hyd i ateb yn cuddio yn fy ngorffennol?

Pan oeddwn i'n 12 oed, mi wnaethon ni symud o 'adra' – fflat clyd, cysurus a phrysur yn Brixton – i hen dŷ mawr a oedd angen gwaith ymhellach allan o ganol Llundain. Roedd ganddo nenfydau uchel hardd, llefydd tân a oedd yn dal ar waith a lloriau pren gwreiddiol, ond roedd yn teimlo'n wag ac yn oer. Roedden ni'n teimlo fel tresmaswyr, yn benthyg gofod rhywun arall; ysbrydion hen sanau unigol y tu ôl i'r rheiddiadur; amrannau ar sìl y ffenest; llwch ar silffoedd pen tân. Roedd rhywbeth am y lle nad oedd yn iawn. Rhywbeth a oedd yn gwneud i fi, fy mrawd a fy chwaer rannu gwely bob nos.

Mi ddywedodd Mam fod 'na ysbryd yn y tŷ. Roedd hi'n gwau straeon anhygoel am waddol y tŷ. Ei bod hi'n gallu clywed marblis yn rholio dros y lloriau pren. Bod yna un o'r cadeiriau pren a fyddai'n llusgo ei hun ar draws yr ystafell. Os oedden ni'n gwrando'n astud, y bydden ni'n gallu clywed plant bach yn canu rhwng y waliau. Y byddai'r ail ris ar y grisiau yn gwneud i ni lithro os nad oedden ni'n ofalus.

Un noson, mi soniodd fy mrawd fod 'na 'ysbryd' wedi ei godi i fyny a gwthio'i wyneb yn galed yn erbyn pen y gwely a thrio torri ei drwyn (er ei fod yn arfer cerdded yn ei gwsg). Mi ddywedodd fy chwaer Daisy fod drws ei hystafell wely yn agor yn y nos a dyn wedi'i lapio mewn rhwymau yna'n sefyll yn syllu arni, yn gegrwth, a chwa o wynt y tu ôl iddo yn udo fel storm dywod. Ac unwaith, mi wnaeth mam fy llystad ddiolch i Daisy a fi am ddod â gwydraid o ddŵr iddi yn y nos. Roedd hi'n dweud fod y merched bach yn gwisgo bonedau.

Doedden ni erioed wedi mynd â gwydraid o ddŵr iddi, heb sôn am fod yn berchen boned.

Roedd Mam yn ffynnu ar y syniad bod 'na 'bresenoldeb' o ryw fath yn rhannu ein cartref efo ni. Roedd hi'n mynnu y dylen ni ystyried yr ysbrydion fel ffrindiau. Weithiau, i'n dychryn ni, mi fyddai'n esgus siarad â nhw. Mi wnaeth hi hyd yn oed gomisiynu rhywun i wneud bwrdd Ouija pren mawr iddi efo llythrennau arddull gothig ar ffurf hanner cylch o wae.

Roedd hi'n llenwi'r tŷ ag anifeiliaid wedi'u stwffio, sglefrod môr mewn jariau, pryfed wedi'u dal yn eu lle â phinnau, ac yn eu hategu efo trugareddau crefyddol, canhwyllau Rhufeinig trwchus ac addurniadau amheus. Pan oedd hi'n mynd ar wyliau, mi fyddai'n dychwelyd efo gwaith celf, creiriau a hen bethau 'gwahanol' – masgiau rhyfedd, cathod môr marw, hen esgyrn brown, darnau o rwbel ac offerynnau cerdd hynafol. Mi ddechreuodd y tŷ edrych fel siop sothach. Amgueddfa lawn ysbrydion.

Mi wnes i dyfu i fyny yn trio trin y llanast fel rhywbeth normal. Trio rhesymoli pob wyneb clai tolciog, pob tant ffidil, pob tudalen o lyfr diangen, pob sgubiad o baent ar gynfas, cefn pob chwilen, pob dant crocodeil, gan obeithio na fyddai'n dod yn fyw fel yn y ffilm *Jumanji* a pheri i fi dreulio 40 mlynedd yn alltud mewn jyngl. *Dim ond stwff ydy o. Dim ond stwff ydy o.*

A dim ond tŷ *oedd* o, ond i finnau'n blentyn, pan oedd y tân yn rhuo a'r fflamau'n dawnsio ar y waliau coch fel gwaed, roedd o'n dŷ llawn erchyllterau.

Fy nychymyg ydy fy nghryfder pennaf, ond dyna ydy fy ngwendid mwya hefyd – mae'n fy nghadw i'n hapus ond mae'n gallu troi arna i a chwarae hen driciau cas. Dydw i byth yn diystyru pa mor gryf y gall o fod. Does 'na ddim un peryg allanol yn codi cymaint o arswyd â theithi fy ymennydd fy hun – mae'n gallu fy nychryn i'n well nag unrhyw un.

Ac un diwrnod, a finnau yn y tŷ ar fy mhen fy hun yn adolygu ar gyfer fy arholiadau, mi ddigwyddodd. Mi wnes i glywed sŵn marblis yn rholio a chadair yn llusgo. *O mam bach, fy nhro i. Roedd 'na ysbryd ar fin ymosod arna i.* Mi neidiais ar fy nhraed, a rhedeg y tu allan i flaen y tŷ efo haearn smwddio mewn un llaw a'r ffôn di-wifr yn y llall, yn gweiddi, 'ALLA I MO'CH HELPU CHI! Dydw i ddim eisiau eich gweld chi. Gadwch lonydd i fi.'

Y drefn arferol ydy bod pobl yn fwy ofnus allan ar y stryd nag ydyn nhw ar eu haelwyd eu hunain. Ond doedd hynny ddim yn wir yn ein hachos ni.

Dyma'r tŷ lle chwalodd perthynas fy rhieni. Roedd y tŷ yn amsugno'r holl emosiwn sinistr hwnnw. Roedd fy ofn o ysbrydion a thresmaswyr yn rhywbeth go iawn, ond roedd ofn fy nheulu yn chwalu'n ddau, a phopeth yn disgyn yn deilchion, yn fwy real fyth. Ofn pobl roeddwn i'n eu caru yn gadael.

Pethau sy'n Fy Nychryn I ar ôl Cael Jet

Unrhyw beth drwg yn digwydd i Jet.
Unrhyw beth drwg yn digwydd i Hugo.
Bod yn fam wael.
Jet ddim eisiau dod i fy nhŷ i am ginio pan mae'n oedolyn.
Bod yn gaeth yn fy mhen fy hun.
Colli fy mhwyll.
Jet yn cael ei gymryd oddi arna i.
Methu gofalu am Jet.
Methu ymddiried ynof fi fy hun.
Gwneud rhywbeth gwirion/peryglus yn fy nghwsg.
Cael fy ngyrru i uned gofal seiciatrig.
Dioddef insomnia, methu ag ymdopi, colli fy mhwyll a chael fy ngyrru i uned gofal seiciatrig.
Byw mewn realiti gwahanol i bawb arall.
Byw mewn realiti gwahanol i bawb arall, heb fod yn gwybod hynny.
Byw mewn realiti gwahanol i bawb arall, a gwybod hynny.
Meddwl nad ydw i'n gallu ymdopi.
Cyflawni hunanladdiad.
Fy nheulu yn dod o hyd i fi'n farw ar ôl i fi gyflawni hunanladdiad.
Hwiangerddi.
Gweld rhithiau.
Clywed lleisiau.
Y caneuon sy'n dod allan o deganau babis.
Y sŵn mae sŵn gwyn yn ei wneud.
Rhigymau plant.
Cylchoedd chwarae.

Pwysedd gwaed.
Ymyriadau.
Fy nychymyg.
Bod heb ddychymyg.
Therapi sioc.
Peidio gallu cael gafael arnaf fi fy hun.
Peidio gallu bod yn greadigol.
Caethiwed.
Meddyliau'n rasio.
Bod wedi dychryn.
Paranoia.
Ffug feichiogrwydd.
Cyllyll.
Carchar.
Bod wedi f'ynysu.
Marw ar fy mhen fy hun.
Beichiogi eto.
Cyfarfod â fi fy hun pan oeddwn i'n sâl.

21

Roedd y disgwyliad y byddwn i'n syrthio dros fy mhen a'm clustiau mewn cariad â'r babi yn llethol iawn. Mi fyddwn i'n gweld lluniau ar draws y cyfryngau cymdeithasol, y rhai efo'r fam hapus yn hanner gwenu, hanner crio a'r babi noeth ar ei brest. *Croen wrth groen.* Yr aduniad mawr. Y ddau yn un unwaith eto. Roeddwn i wedi gweld hyn mewn ffilmiau ers pan oeddwn i'n blentyn. Merch yn esgor gan sgrechian a rhuo mewn poen, y babi yn cael ei eni, a'r fam yn sydyn yn chwerthin ac yn crio dagrau o boen a llawenydd a rhyddhad ar yr un pryd. Am brydferth ydy'r fam fel hyn. Dydy hi erioed wedi bod yn fwy prydferth. Yn chwyslyd a dagreuol a gwridog ar ôl iddi wneud yr hyn mae hi wedi'i 'geni i'w wneud', ar ôl iddi gyflawni 'gwaith merch'. Ac mae hi'n edrych i lawr ar ei babi newydd-anedig: *On'd ydy hi'n brydferth? Mae hi'n edrych fel ti.*

Wnaeth y teimlad hwnnw ddim dod yn ystod yr wythnosau cynnar hynny. Ddim i fi. I fi, roedd Jet fel yr enghraifft eithaf o'r anifail anwes nad oedd modd ei ddychwelyd. Pryd fyddwn i'n dechrau teimlo unrhyw beth fel cariad?

Yn ystod y dydd, roedden ni'n tyfu fel bacteria, yn gwasgaru a llenwi'r ystafell fyw. Roeddwn i'n eistedd ar gornel y soffa yn gwisgo nicers trwchus a bra mamolaeth, yn bwydo, efo gobennydd beichiogrwydd enfawr wedi'i staenio â the a gwaed a chyfog babi y tu ôl i fi. Roedd gen i fwrdd ochr efo'r hanfodion: eli tethi, te, dŵr, parasetamol, ffôn, hancesi papur, bisgedi, teclyn y teledu, llieiniau mwslin rif y gwlith i lanhau cyfog, ac i sychu llaeth, te neu ddagrau a gollwyd. Weithiau roedden ni'n chwarae cerddoriaeth, ond roedd popeth yn swnio'n rhy uchel. Doeddwn i ddim eisiau gwrando ar y caneuon a oedd yn hen ffefrynnau achos doeddwn i ddim eisiau eu cysylltu nhw â theimlo fel hyn.

Fedrwn i ddim darllen na gwylio'r teledu. Fedrwn i ddim chwerthin.

Doeddwn i ddim eisiau mynd allan. Doeddwn i ddim eisiau gweld neb. Ond wedyn mi ddaeth euogrwydd ofnadwy, y *dylwn* i fod yn dangos y byd i Jet – fy myd *i* – a'i gyflwyno i'r bobl a'r llefydd oedd yn annwyl i fi.

Dechreuodd croen Jet dorri a philio (mae'n digwydd efo babis hwyr a dydy o'n gwneud dim drwg iddyn nhw) ond roeddwn i'n methu â dioddef ei weld yn digwydd. Roedd peth mor fach rywsut yn ormod i fi ei ddioddef, ac mi ddechreuodd meddyliau od rasio. *Ydy o'n greadur estron? Ydy o'n pilio i farwolaeth? Ydy o'n cael ei flingo'n fyw? Ydy o'n sâl?*

Roedd fy stumog yn corddi, fy mhen yn drysu ac roedd fy nghalon yn curo fel gordd. Roeddwn i'n gwybod fy mod i adra, ond roedd yn teimlo fel bydysawd cyfochrog.

Popeth yr un fath, ac eto'n wahanol.

Fi oedd wedi newid. Doeddwn i erioed wedi bod mor anhapus.

'*O, mae'n waith anodd ond mae o MOR werth chweil,*' yn ôl y bydwragedd. Nac. Ydy. Ddim. Beth oedd yn werth chweil? Efallai fod pawb yn teimlo fel hyn? Doedd Hugo ddim. Allai o ddim â bod mewn mwy o gariad efo Jet, a oedd fel fersiwn fach ohono fo. Ia, dyna'r halen ar y briw – babi sy'n edrych yn union 'run fath â'r *tad*! Roedd bydwraig yn yr ysbyty wedi esbonio mai dyma ffordd esblygiad o gael tad i greu cwlwm efo'i blentyn. Fel prawf tadolaeth natur.

O blydi ddifri? Pam? Ar gyfer ego Dad? Er mwyn iddo fo fod yn dawel ei feddwl nad ydy ei gariad wedi bod efo dyn arall? Oherwydd ei fod o'n cael rhyw gysur od o wylio fersiwn fach ohono'i hun yn sugno bronnau ei gariad?

Doedd Hugo ddim hyd yn oed wedi gafael mewn babi newydd-anedig cyn Jet. A dweud y gwir, ychydig funudau cyn iddo gael ei eni, mi ofynnodd o hyn: 'Ydy o'n mynd i gael ei eni efo dannedd?'

Roeddwn i'n teimlo'r pwysau ychwanegol bod yn *rhaid* i fi syrthio mewn cariad efo'r babi a gwybod beth i'w wneud ar ben hynny. Bod yn rhaid i *fi* lywio'r llong. Efallai mai fi oedd yn ddiniwed, ond mi wnes i gredu bod greddf yn mynd i gipio'r awenau. Ond doedd dim byd yn teimlo'n naturiol nac yn reddfol.

Hugo oedd y dyn a oedd, ar un adeg, yn gwneud brechdan 'halen a chaws' i fi i ginio. Rŵan, roedd yr un dyn yn dod i'r llofft bob bore efo smwddi gwyrdd a phaned o de. Yn rhoi fy moddion i fi, ac yn rhoi pigiad i fi yn fy nghlun. Roedd yn rhaid iddo fo ofalu amdana i wrth i fi ofalu am Jet.

Ac roedd o *mewn cariad*. Roedd o'n union yr un fath ag erioed. Na, a dweud y gwir, roedd o'n *hapusach*. Yn gyflawn. Sut oedd o'n llwyddo i fod yr un fath â'r dyn oedd o cyn i'r corwynt yma daro? Sut oedd o'n gallu creu cwlwm efo'r babi yn syth bìn, a finnau'n methu? Sut oedd o'n gallu meddwl bod Jet yn *giwt* a chwerthin am bopeth roedd o'n ei wneud? Sut oedd o'n gallu siarad am gael *mwy* o blant yn barod? *Stopia dynnu lluniau! Dwi'n casáu camerâu. Dydy hyn ddim yn digwydd. Dwi wedi cael babi drwy dwyll! Mae'r byd wedi dweud celwydd wrtha i. Alla i ddim credu 'mod i wedi llyncu'r abwyd. Dwi'n LLOERIG.*

Mi wnes i wylio Hugo yn cofnodi Jet yn gwneud synau bach ar ei ffôn. Yn ei gusanu, ei godi i fyny, eisoes yn ei wisgo i fod fel Hugo bach a chwarae'r gitâr a chanu iddo fo. Pam nad oeddwn i'r un peth? Doeddwn i ddim byd tebyg i'r fam hwyliog a chwareus y gwyddwn y gallwn i fod. Doeddwn i ddim fel hyn efo babis pobl eraill. Pam oeddwn i fel hyn efo fy mabi i fy hun? Pam oeddwn i mor wael efo fy mabi i?

Roeddwn i eisiau dweud, 'Gwranda di am eiliad, 'ngwash i, mi oeddwn i'n cŵl ar un adeg hefyd, ti'n gwbod. Mi oedd gen i fywyd cyn i ti gael dy eni. Dwi'n ddoniol hefyd, yn union fel dy dad. Na, a dweud y gwir yn onest, *fi* ydy'r un doniol go iawn. Gofynna i unrhyw un. Mae gen i fywyd. Mae gen i ffrindiau. Gorffennol. Mae gen i ddychymyg. Personoliaeth. Roeddwn i hyd yn oed fymryn yn rhywiol am funud, cyn i fi droi'n ful blêr di-fra yn halio geriach babi o gwmpas y lle. Mae gen i freuddwydion! Dwi jyst ddim yn gallu dod o hyd iddyn nhw yr eiliad hon. Ond mae gen i rai. Dwi'n addo. Dwi'n rhywun. Mi ydw i... Wir yr.'

22

Mi fyddai'r dyddiau'n llusgo. Roeddwn i'n gwybod y dylwn i fod yn cysgu pan oedd Jet yn cysgu. Ond fedrwn i ddim. *Mi ddylet ti fod yn cysgu, Laura.* STOPIA DDWEUD WRTHA I AM GYSGU! DWI'N **GWYBOD** HYNNY! TI DDIM YN MEDDWL 'MOD I EISIAU CYSGU? Roedd y pwysau yn gwthio cwsg ymhellach ac ymhellach i ffwrdd, a thrwy'r cyfan, mi fyddai Hugo yn chwyrnu'n braf.

Felly doeddwn i'n gwneud dim byd ond eistedd yna yn fy nghornel fach sâl, mewn perlewyg o flaen y sgrin deledu, golau'n fflachio ar draws fy llygaid gwag. Dwi'n edrych ar luniau ohona i ar yr adeg yma, a dwi'n edrych yn *farw*. Llygaid gloyw, gwag fel un o greiriau Madame Tussauds.

Dwi'n meddwl yn ôl a chofio sut roedden ni'n arfer treulio ein dyddiau Sul: pen mawr, deffro a chysgu'n ôl dro ar ôl tro, ym mreichiau ein gilydd yn gwylio ffilmiau a bwyta têc-awe. Pam nad oedd hi'n gallu bod felly rŵan, ond efo babi? Roedd hynny'n swnio fel breuddwyd amhosib.

Mi ddaeth amser yn rhywbeth haniaethol, yn rhywbeth oedd ddim yn gwneud llawer o synnwyr. Mi fyddwn i'n cropian yn araf drwy'r diwrnod, yn deisyfu iddo ddod i ben er mwyn i'r cloc daro hanner nos ac i ddiwrnod newydd ddechrau, a hwnnw'n ddiwrnod gwahanol.

Ond y nos oedd waethaf. Roedd hi'n fis Chwefror a'r dyddiau'n fyr ac yn unig, a finnau'n boddi yn y tawelwch wrth i'r nos chwyddo a'm mygu.

Mi fyddai'r gwae yn cyniwair.

Y cynllun oedd i Hugo gysgu yn ystod y nos er mwyn iddo allu gofalu amdanon ni yn ystod y dydd; roeddwn innau 'i fod' i gysgu am dri chwarter awr, cael fy neffro gan grio Jet, bwydo am ryw awr – a doedd hynny ddim yn hawdd oherwydd ei broblem cwlwm tafod – cysgu am dri chwarter awr arall a dechrau eto.

Pe bai'r cynllun wedi gweithio, mi fyddwn i wedi cael ychydig oriau o gwsg, ond wnaeth o ddim.

Dwi'n cofio rhywun yn dweud unwaith, 'Mae mor hawdd efo babi newydd-anedig: mi wyt ti'n mynd i gysgu, deffro, bwydo'r babi a mynd yn ôl i gysgu. Syml.'

Ia, dyn oedd o. Mae rhyw chweched synnwyr cyntefig a chyfrwys yn gwneud i fam newydd ddeffro wrth glywed unrhyw sŵn, unrhyw arogl anarferol, fel ci gwarchod. Fel pe na bai llinyn y bogail erioed wedi cael ei dorri. Mi oedd Jet yn cyfathrebu efo fi drwy'r gronynnau llwch yn yr awyr, drwy donnau sain, drwy guriad ein calonnau.

Yn sydyn iawn, roedd y cloc wedi troi'n fwli, yn fy mhwnio i yn fy nghefn. Yn cyfri'r munudau.

Roeddwn i mewn cyflwr o banig drwy'r amser, ac roedd o'n disbyddu fy egni'n llwyr. Roeddwn i'n bell tu hwnt i'r pwynt o fod wedi blino'n lân, ond fedrwn i ddim ymlacio. Ac yn gefndir i hyn roedd trac sain o sŵn gwyn, a Jet yn gorfod gwrando arno yn rhygnu o hen iPhone drwy'r nos, hen gân anfad, aneglur yn rhicio'r eiliadau.

Ar ben hynny, roedd y pwysau ychwanegol o wybod ei fod wedi'i eni dan ei bwysau i'r fath raddau fel bod angen iddo fo fagu pwysau, ac na fedrwn i fforddio peidio â'i fwydo ar unrhyw bwynt. Bwydo oedd fy ngwaith i: os na fyddwn i'n cyflawni fy nyletswyddau, mi fyddai'n llwgu.

Mi fyddwn i'n bwydo Jet, a chadw cofnod ar fy ffôn o ba mor hir oedd o wedi bwydo ac o ba fron, fel fy mod i'n gwybod pa ochr i ddechrau bwydo'r tro nesaf. Mae'n swnio'n mor syml, ond roedd y cyfan yn llethol a dryslyd.

Parasetamol
Dechrau efo'r fron dde 23.05 – 15 munud
Newid clwt – budr a gwlyb
Chwith – 23.29–23.35

Newid clwt – budr a gwlyb
Dde – 01.19–01.34

Chwith – 2.30–3.30
Dde – 3.30–3.45
Newid clwt – gwlyb a budr
Chwith – 3.55–4.01
Dde – 4.53–5.13
Newid clwt – budr a gwlyb

Fedrwn i mo'i ddeall o. Roedd yn chwalu fy meddwl i. Doedd yr holl rifau ddim yn gwneud unrhyw synnwyr. A doeddwn i'n cysgu *dim*.

Mi fyddai Jet yn aml yn cysgu ar y fron a finnau'n gorfod ei gadw'n effro i fwydo, a goglais bysedd ei draed neu fwytho'i wallt, i wneud yn siŵr ei fod yn yfed er mwyn iddo *fo* allu cysgu, fel 'mod *i*'n gallu cysgu.

Roedd 'na ran fach ohona i'n siŵr ei fod o'n mynd i farw beth bynnag. Roeddwn i'n meddwl, *wel, pam ddylwn i drafferthu ei fwydo? Does bosib mai gohirio'r hyn sy'n anochel ydw i?*

Fyddwn i'n teimlo rhyddhad pe bai hynny'n digwydd?

Roeddwn i'n casáu fy hun am feddwl fel'na.

Hyd yn oed os oedd o'n cysgu ychydig yn hirach na'r disgwyl, mi fyddai'n rhaid i fi osod larwm fel 'mod i'n deffro i'w fwydo'r tro nesaf. Roedd fy ffôn yn llawn larymau ar adegau annaearol. Mi aeth fy sgiliau mathemateg sylfaenol allan drwy'r ffenest.

Doeddwn i ddim yn gallu ymroi i 'fwydo breuddwydiol' oherwydd nad oedd yn cael ei annog i gysgu ar y fron oherwydd ei fod cymaint dan ei bwysau, felly mi fyddai'n rhaid i fi ei ddeffro i fwyta. Roedd gwthio teth i'w geg fach o pan oedd o'n gysglyd yn teimlo mor chwithig.

Peidiwch byth â deffro babi sy'n cysgu ydy'r cyngor. Wel, dyna oeddwn i'n ei wneud – dro ar ôl tro ar ôl tro.

Teth i mewn. Golau pŵl. Mi fyddwn i'n ymladd cwsg. Roedd gen i ofn ei ollwng, y byddai'n llithro ac yn malu wrth daro'r llawr.

Mi fyddwn i'n dychmygu'r bydwragedd ar y ward yn rhwygo'r llenni ar agor ac yn gorchymyn i fi ei roi yn ei grud bach plastig. Ddim fel'na, fel *hyn*. Felly mi fyddwn i'n eistedd yn fy llofft, yn yr hanner golau, mewn rhyw berlewyg rhwng cwsg ac effro.

Mae hyn yn amhosib. Sut mae pawb yn gwneud hyn? PAM fyddai unrhyw un yn gwneud hyn? Sut ydyn ni'n bodoli fel poblogaeth? Sut nad ydyn ni wedi MARW o'r tir fel rhywogaeth? Plis, wnei di ddod yn haws?

Yr eiliad y byddwn i'n rhoi Jet i lawr a rasio yn ôl i gau fy llygaid, mi fyddai'n sgrechian, yn stiff gan boen, eisiau mwy o laeth, neu'n crio achos bod ganddo glwt gwlyb. Mi fyddwn i wedyn yn gorfod codi i'w newid, yn sleifio fel lleidr gwaetha'r byd drwy'r lled-dywyllwch, ond yr un fyddai'r canlyniad – roedd o angen mwy o laeth er mwyn iddo setlo eto. Neu weithiau mi fyddwn i'n meddwl ei fod yn yfed ond dim ond defnyddio'r deth i gael cysur oedd o, ac mi fyddai'n rhaid i fi ei fwydo eto. Ac roeddwn i'n gwneud hyn i gyd heb owns o egni.

'Rho fo yn y gwely efo chi,' meddai fy ffrindiau.

Ond beth os bydden ni'n ei wasgu o? Beth pe bai o'n syrthio allan o'r gwely a marw?

Ar ben hynny, yn ôl y bydwragedd ar y ward, doedd cydgysgu ddim yn opsiwn a theimlai'n rhywbeth anghyfreithlon. Felly mi fyddwn i'n camu, yn ôl ac ymlaen, i fyny ac i lawr. Siglo, siglo, siglo nes oedd o wedi setlo, hynny weithiau'n gofyn am sawl ymgais, ei roi o'n dyner yn y cot, brest wrth frest, nes 'mod i yn y cot fy hun i bob pwrpas, ac yn dal fy ngwynt fel pe bawn i'n chwarae gêm o Jenga cig a gwaed. O'r diwedd, mi fyddwn i'n cerdded yn ôl i'r gwely ar flaenau fy nhraed, lle'r oedd Hugo yn cysgu'n drwm, gan wybod mai cwta dri chwarter awr o gyfle i gysgu oedd gen i. Weithiau dim ond chwarter awr fyddwn i'n ei gael, achos roedd yn rhaid i fi gychwyn y bwydo ar ddechrau'r bwydo diwethaf, nid y diwedd. Ac os oeddwn i'n cymryd mwy o amser i fynd i gysgu, doedd 'na ddim pwynt trio cysgu ar ôl hyn a hyn o amser achos roedd o'n mynd i ddeffro ac angen ei fwydo unwaith eto. Roedd o'n hurt. Na, roedd o'n artaith.

Mi ddaeth y pwysau i gysgu yn enfawr. Os na fyddwn i'n cysgu, fyddwn i ddim yn gallu ymdopi a gweithredu drannoeth. Eto roeddwn i'n teimlo'n od o effro. Mi wnes i ddechrau ofni caffein. Doeddwn i ddim eisiau te na choffi na diodydd pefriog na siocled yn ystod y dydd. Yn y bôn, y pethau hynny mae'r rhan fwyaf o rieni yn dibynnu arnyn nhw fel tanwydd.

Mi fyddai Hugo yn deffro bob bore ac yn gofyn sut oeddwn i wedi cysgu, a finnau'n dweud, 'Wnes i ddim.'

Mi fyddwn i'n casáu'r huwcyn cwsg yng nghornel ei lygaid, y dystiolaeth ei fod wedi mwynhau'r gorffwys a oedd mor bell o fy nghyrraedd i, ac wedyn yn fwy siomedig ynof fi fy hun am fod yn ddig tuag ato am hynny.

Mi wnaeth o gynnig aros ar ei draed efo fi, ond beth oedd y pwynt i ni'n dau fod wedi ymlâdd? Roeddwn i'n deall y fargen. Yn gwybod mai fi oedd yn bwydo. Yn gwybod nad oeddwn i i fod i gysgu.

Ond doeddwn i ddim yn teimlo'n *flinedig.*

A dyna oedd y broblem. Roedd adrenalin yn rhuo drwy fy ngwythiennau.

'Dos i gysgu, Laura.'

DIOLCH YN FAWR, DWI'N GWYBOD SUT I GYSGU, DWI WEDI BOD YN CYSGU AM 31 MLYNEDD CYN HYN.

Mi fyddwn i'n gorwedd yna, fy nghalon yn curo, fy mhen i'n troi, gwaed yn tywallt allan ohona i, yn rhedeg drwy'r senarios gwaethaf posib ac yn rhuthro i lawr llwybrau hyll yn fy ymennydd.

Sut ydw i'n gwybod faint o laeth mae o'n ei gael? Beth am y cwlwm tafod? Oedd o'n llyncu go iawn? Neu ddim ond yn sugno i gael cysur? Beth os bydd o'n marw? Beth os ydw i'n meddwl ei fod yn cysgu ond ei fod o'n marw'r eiliad hon? Ddylwn i beidio â'i garu ormod rhag ofn iddo fo farw GO IAWN? Dwi'n rhy flinedig i ofalu amdano fo. Beth os na wna i byth gysgu eto? Beth os ydw i'n cael trawiad ar y galon? Beth os ydy Hugo yn fy ngadael achos 'mod i'n fam wael? Mi fydda i ar fy mhen fy hun. Yn wallgo ac yn unig. Beth os na alla i fagu plentyn? Beth fydd pobl yn ei ddweud? Pam nad ydw i'n teimlo'n normal? Dwi byth yn mynd i deimlo'n normal os nad ydw i'n cysgu – OND FEDRA I DDIM CYSGU! Dwi'n gaeth.

A beth os ydy'r pwythau'n agor? Beth os ydyn nhw'n cael eu heintio? Beth os ydw i'n rhedeg allan o waed? Beth os ydw i'n gorfod mynd YN ÔL i'r ysbyty?

Roeddwn i wedi clywed am heintio yn sgil toriad Cesaraidd – mi ddigwyddodd i un o fy ffrindiau. Roedd hynny'n mynd i ddigwydd, roeddwn i'n *gwybod* ei fod o.

Mi ddylwn i ddeffro Hugo. Mi allai hyn fod yn esgus i'w ddeffro fo, fel nad ydw i ar fy mhen fy hun. Hugo, sori am dy ddeffro di... Wyt ti'n siŵr nad ydy fy mhwythau yn agor? Oes 'na waed uwchben llinell y feiro? Hugo, deffra.

Beth os ydw i mor flinedig a ffwndrus nes 'mod i'n gollwng Jet ar ddamwain?

Hei, beth os ydw i'n lladd Jet ar ddamwain? Mi ddylwn i sôn am hyn wrth rywun... Ydy hyn yn normal?

Beth sy'n bod arna i?

23

Doedd rhywbeth ddim yn iawn. Doeddwn i erioed wedi teimlo fel hyn o'r blaen ac roedd yn fy nychryn i.

Roeddwn i angen help, ond doeddwn i ddim eisiau cyfaddef fy mod i'n cael trafferth. Roeddwn i'n ofni y byddai'r ymwelydd iechyd yn pryderu ac yn mynd â Jet oddi arna i. Fedrwn i ddim siarad â fy ffrindiau achos fy mod i'n ofni y bydden nhw'n fy meirniadu i. Doeddwn i ddim hyd yn oed yn gallu gofalu am fy mhlentyn fy hun. Ddim y pethau ymarferol oedd y broblem, y clytiau budr a'i siglo i gysgu. Rhywbeth arall.

Doeddwn i ddim yn teimlo'n ddynol. Doeddwn i ddim yn gynnes, nac yn gyfeillgar nac yn annwyl. Ddim yn famol. Ddim yn fenywaidd. Ddim fel mae 'mam' i fod. Allwn i mo'i wneud. Roeddwn i wedi fy llethu'n llwyr. Roedd angen help, help go iawn, arna i.

Dwi'n galaru amdanaf fi fy hun. Dwi'n gweld fy ngholli i fy hun a wnes i erioed gael y cyfle i ffarwelio.

Roeddwn i'n genfigennus o fy ffrindiau. Roedd cymaint o bethau nad oeddwn i wedi'u gwneud, a rŵan roedd hi'n rhy hwyr.

Dwi'n dioddef trawma. Dwi mewn poen. Dwi angen help.

Mae pobl yn dweud bod iselder yn gallu cael ei achosi gan ddiffyg cwsg, sy'n wir – mae'n gallu cyfrannu. Ond *symptom* o'r salwch ydy diffyg cwsg. Wnes i ddim mynd yn sâl oherwydd na fedrwn i gysgu. Fedrwn i'm cysgu *oherwydd* fy mod i'n sâl.

Mi fyddwn i'n siarad fy hun drwyddi, yn codi bob bore efo ymdeimlad newydd o frwdfrydedd a phositifrwydd.

Mae'n iawn. Heddiw, dwi'n mynd i ddatrys y drefn a chael fy hun yn ôl ar y trywydd iawn.

*

Mi soniodd fy rhieni nad oedden ni erioed wedi cael trefn reolaidd pan oedden ni'n fach. Roedden ni'n cael ein siglo i gysgu yn sŵn Kylie Minogue ac yn cysgu ar ein rhieni tan un y bore. Os oedden ni allan, mi fydden ni'n rhedeg o gwmpas nes i ni ymlâdd ac yna'n cysgu ar fyrddau tafarn o dan siacedi lledr, a dyma lle'r oeddwn i'n ymlafnio efo bleindiau blacowt a thermomedr trydan.

Drwy gydol fy esgor gwallgo a'r amser ar y ward, roeddwn i wedi gorfod ildio pob rheolaeth. Rŵan roeddwn i'n ôl ar fy aelwyd fy hun, yn *benderfynol* o afael yn yr awenau fy hun. Mi wnes i benderfynu y dylai Hugo gadw cofnod o'r hyn yr oedd Jet yn ei wneud bob munud o'r dydd. Yr un pethau oedd yn codi ar y cyfan: *Cysgu. Baeddu. Bwydo.* Mi wnes i ei orfodi i lunio llyfr trefn a gwneud nifer o golofnau bach (efo pren mesur, gredech chi?), wedyn eu llenwi bob awr efo data bwydo (y fron chwith neu'r fron dde a hyd y bwydo) a chysgu (hyd) a newid (faint o'r gloch, a chynnwys y clwt).

Mi wnes i ddatblygu obsesiwn efo dadansoddi'r amseroedd, y bylchau rhwng y gwahanol ddigwyddiadau, dychmygu patrwm a thwyllo fy hun i feddwl bod trefn yn dod i'r amlwg, gan drio argyhoeddi fy hun bod bywyd Jet yn mynd fel watsh.

Babi newydd-anedig oedd o; roedd o'n ymddwyn fel babi newydd-anedig.

Roeddwn i wedi gwrthod dilyn trefn unrhyw un o'r arbenigwyr honedig, ac eto dyma fi, wrthi'n creu fy nghyfres od fy hun o reolau. Chwarae teg i Hugo am gyd-fynd â phob dim. Ers hynny, dwi wedi taflu'r llyfr am ei fod o'n rhoi ias oer i fi.

Mi wnes i anfon tecst hirwyntog am yr esgor a phwysau isel Jet at bron pawb roedd gen i rif ffôn ar eu cyfer. Roeddwn i'n teimlo'r angen i esbonio beth oedd wedi digwydd i ni a pham ein bod ni mor dawel. Mi wnes i ddarllen y neges i Hugo, a dwi'n cofio ei fod braidd yn ddryslyd ynghylch pam roeddwn i wedi ei hanfon hi. 'Dwi ddim yn meddwl bod pobl yn mynd i ddisgwyl clywed gennym ni,' meddai. 'Rydan ni newydd gael babi.'

Roedd o'n iawn. Roedd o'n beth od i'w wneud, mi wyddwn i hynny.

Mi ges i ambell ateb, yn llawn cydymdeimlad a phryder, nad oedd ond yn gwneud i fi deimlo'n fwy od fyth.

Ychydig ddyddiau ar ôl y geni, mi ddaeth yr ymweliad cyntaf gan fydwraig. Ar y pryd, roeddwn i'n meddwl bod pob dim wedi mynd yn wych. Ond gwych oedd yr ansoddair lleiaf addas posib.

Pan fydd gennych chi fabi newydd, does neb yn mynd i gael sioc o weld nad ydych chi wedi molchi, eich bod chi yn eich dillad nos, y sinc yn llawn o lestri budr, y fasged ddillad budr yn llawn a hen baneidiau o de ar hyd y lle. Ond roedd ein fflat ni fel pìn mewn papur, a dydw i *ddim* yn berson taclus. Mi fyddech chi wedi gallu bwyta'ch cinio oddi ar y llawr. Roedd y tŷ yn dawel hefyd, a dydw i ddim yn berson tawel. Mi allech chi fod wedi clywed pìn yn disgyn.

Pan gyrhaeddodd y fydwraig, roeddwn i fel gwraig o'r 1940au yn trio dal y cyfan efo'i gilydd, efo pob blewyn o fy ngwallt cyrliog yn ei le ac yn gwisgo minlliw coch perffaith. Roedd Jet yn cysgu'n dawel yn ei nyth Sleepyhead, yn y dillad babi claerwyn roeddwn i wedi'u rhoi amdano, ac roeddwn i'n gwirio fy negeseuon e-bost efo agwedd, 'O! Doeddwn i ddim yn eich disgwyl chi!' *Anghynnes*.

Roeddwn i wedi tanio un o'r pethau yna sy'n gwasgaru arogl lafant a chamri ar hyd y stafell ac, er mawr gywilydd i fi, hyd yn oed wedi rhoi cerddoriaeth glasurol ar y stereo. Pwy ddiawl oeddwn i!??

Ac yna, dyna'r *pièce de résistance*: roedd y 'llyfr trefn' echrydus yn llydan-agored, yn barod i'r fydwraig daro golwg ar y sgribls rhyfedd a'r amseru trawiadol a thrwyadl cyn canu fy nghlodydd: 'Da iawn ti! Dwi erioed wedi gweld dim byd tebyg. Mi wyt ti wedi dallt y busnes magu 'ma.'

Ond wnaeth hi ddim. Roedd hi'n edrych yn bryderus. '*Hmmmm...*' meddai, gan syllu i fyw fy llygaid.

Roeddwn i eisiau iddi ddweud pa mor dda oeddwn i'n edrych, ond wnaeth hi ddim.

'Wyt ti'n gwisgo colur?' meddai, efo'r math o lais sy'n cael ei ddefnyddio pan fyddwch chi'n cyhuddo rhywun o ddweud celwydd.

Dyma fi'n dangos y llyfr trefn iddi eto. Oedd hi ddim yn gallu gweld pa mor wych oedd o? *Sori, ydyn ni'n edrych ar yr un peth?* Oedd o'n rhy gymhleth a dwys iddi hi ei ddeall? Roedd hi'n edrych yn ddryslyd, ac yn bryderus, a dyma hi'n dweud, wrth Hugo yn fwy nag wrtha i, 'Mae'n dda cael syniad bras o amseroedd bwydo a newid clytiau, ond does dim angen i chi fynd dros ben llestri.'

Dros ben llestri? Roeddwn i'n gandryll.

Mi bwysodd hi Jet. Roedd gweld ei gorff noeth, tenau'n gwingo ar y glorian yn gwneud i fi grynu. Roeddwn i'n nerfus, ond roedd o wedi magu pwysau! Dyma beth oedd newyddion gwych. Dyma hi'n dweud 'mod i wedi gwneud yn wych, ac roeddwn i'n teimlo'n falch. Dyna'r cyfan oedd yn bwysig. 'Dalia ati i wneud yr hyn wyt ti'n ei wneud,' meddai. Roedd yr holl ymdrech wedi talu ar ei ganfed.

Mi wnes i ddweud wrthi fy mod i'n poeni bod fy mhwythau'n mynd i agor (roedden nhw'n iawn), ond dywedodd y dylwn i ddal ati i gymryd yr haearn achos fy mod i wedi colli rhywfaint o waed yn ystod y toriad Cesaraidd. Roedd hynny'n normal. Mae'n debyg. Doeddwn i ddim hyd yn oed wedi meddwl am hynny cyn iddi sôn amdano. Mi ddywedodd wrth Hugo a finnau am fwynhau'r amser gwerthfawr hwn, gan ei fod yn pasio mor gyflym.

Ydy o? A finnau'n teimlo fel pe bawn i'n nofio drwy goncrit.

Mi wenodd, ac mi wenais innau'n ôl.

Crrrraaaaccc.

Paid â gadael iddi weld, paid â gadael iddi weld...

Pan wnes i gau'r drws y tu ôl iddi a chlywed ei sodlau yn clepian ar y stryd y tu allan, roedd y perfformiad drosodd. Mi ddiffoddwyd y niwl lafant. Mi dawelodd y gerddoriaeth glasurol. Mi wnes i olchi'r colur, a dyma fy ngwên yn diflannu'n sydyn.

Yn dawel bach, roeddwn i mewn panig am y colli gwaed. Roeddwn i'n argyhoeddedig 'mod i'n dioddef o ddiffyg haearn difrifol. Roeddwn i'n dal i waedu'n drwm hefyd. *Beth os ydw i'n colli fy ngwaed i gyd? Sut ydw i'n cynhyrchu mwy o waed... YN SYDYN?*

Doeddwn i ddim eisiau i Hugo fynd allan, felly dyma fi'n gofyn i'w ffrind gorau ddod â stêc a haearn hylif a sbigoglys ar unwaith, fel pe baen ni'n ynysu ac angen bwyd yn y tŷ. Ffriodd Hugo stêc waedlyd i fi ac mi wnes i larpio'r cyfan fel rhyw fwystfil cigysol, a'i olchi i lawr efo smwddi sbigoglys gwyrdd wrth i fi fwydo Jet ar y fron.

Mae rhywbeth drwg yn mynd i ddigwydd. Dwi'n gwybod.

Mi wnes i ddechrau edrych arnaf fy hun yn y drych. *Dwi'n disgyn yn ddarnau. Dwi'n mynd yn fwy gwelw. Mae'n amlwg. Mae gen i ddiffyg fitamin D. Mae fy haearn i'n isel. Does gen i ddim system imiwnedd. Mae fy nannedd i'n mynd i ddisgyn allan. Dwi'n mynd i ddechrau colli fy ngwallt. Dwi mor wan. Dwi mor eiddil. Does gen i ddim digon o laeth i fwydo fy mhlentyn. Mae angen i fi gysgu os ydw i'n mynd i gynhyrchu llaeth. Allith o ddim fforddio colli pwysau. Mi fydd o'n marw. Rydyn ni'n* dau *yn marw.*

Dyma fi'n dweud wrth Hugo am roi'r holl gardiau llongyfarchiadau o'r neilltu. Roedden nhw'n dal i gyrraedd bob dydd, ynghyd â blodau, bisgedi, cacennau, dillad babi, symudion, ratls, teganau, tedi-bêrs, cwningod a llyfrau babis. YCH-A-FI. Pob un yn hyll ac annifyr ac yn cronni ar y bwrdd. Mi ddywedais, 'Does 'na ddim byd i'w ddathlu. Pam ydyn ni'n dathlu *hyn*?'

Roedden ni newydd gael bachgen bach tlws, ond roeddwn i'n teimlo fel pe bai rhywun wedi marw. Roedd golwg wedi'i glwyfo ar Hugo. Iddo fo, roedd cael babi'n destun dathlu, ond mi wnaeth yn ôl fy nymuniad a thaflu popeth. Ar ôl iddo wneud, roedd y fflat yn edrych yn drist a diysbryd. Roeddwn i'n teimlo hyd yn oed yn fwy euog.

Mi oedden ni'n symud o gwmpas y lle fel darluniau Quentin Blake, yn llwyd a difywyd. Mi wnes i wrthod pob ymwelydd fwy neu lai. Roeddwn i'n teimlo'n sâl y rhan fwyaf o'r amser.

Roedd lliw rhyfedd ar bw Jet. Mi wnes i anfon lluniau at y fydwraig ond roedd honno'n dweud bod pob dim yn iawn. Roeddwn i'n amau ei bod hi'n dweud celwydd. Roeddwn i eisiau gofyn iddi roi sicrwydd i fi drwy dynnu lluniau o gynnwys pob clwt, ond mi wnes i lwyddo i rwystro fy hun.

Un bore, torrodd gweddill llinyn y bogail i ffwrdd yng nghlwt Jet, ac mi oeddwn i'n llawer mwy sionc. Mi wnes i ddeffro Hugo drwy roi'r clip bach a llinyn y bogail ar ei frest, ac mi wnaethon ni wenu. Roedd yna lygedyn o obaith y byddai pethau'n gwella, bod hyn yn arwydd bod amser yn pasio.

Y tro nesaf, bydwraig wahanol alwodd heibio. *Mae'n debyg eu bod nhw wedi gyrru un newydd i gael ail farn amdana i. Tybed a fydd hi'n gwerthfawrogi fy llyfr trefn*? Na. Doedd hi wir ddim yn ei hoffi. A pham fyddai hi? Roedd o'n debyg i ddyddiadur cyfrinachol stelciwr. Dyma hi'n dweud, 'Mae angen i ti ystyried pob dydd fel cyfnod o 24 awr – dydy babi newydd ddim yn deall dydd a nos. Dydy hi ddim yn bosib gorfodi trefn ar fabi iau na chwe wythnos oed. Y cyfan sy'n bwysig i ti ydy bod yn noeth a bod efo'ch gilydd.'

Dyna'n union beth oeddwn i eisiau ei wneud, ond fedrwn i ddim. Mi wnes i sôn nad oeddwn i'n teimlo'n normal, bod gen i wasgu ofnadwy ar fy mrest. Teimlad o losgi. Mi wnes i ddweud wrthi nad oeddwn i'n teimlo'n dda, nad oeddwn i'n gallu anadlu.

O ran y pwyso ar fy mrest, mi soniodd y gallai hynny fod yn gysylltiedig â'r llaeth yn cael ei gynhyrchu, nad oedd hynny'n anghyffredin. Roeddwn i'n gwybod nad dyna oedd o. Ddim rhywbeth ffisiolegol oedd hyn. Rhywbeth seicolegol.

Mi wnes i ddechrau profi teimladau afresymol fod pobl yn siarad amdana i. Mi ddechreuodd fel hedyn bach, ond unwaith roedd o wedi cael ei blannu yn fy meddwl, mi wnaeth yr amheuon ffynnu'n gyflym iawn. Mi wnes i ddechrau astudio a gorddadansoddi negeseuon gan fy ffrindiau, a bachu ar arwyddion gan fy nheulu a Hugo.

Roedd fy ymddygiad yn mynd yn gynyddol od. Mi wnes i ddechrau anwybyddu fy ffrindiau fel na fedrai pobl siarad amdana i. Doedd gen i ddim ffydd yn yr hyn roeddwn i'n ei ddweud, felly roeddwn i'n cadw'n dawel rhag ofn i fi orddadansoddi unrhyw beth. Roeddwn i'n rhoi llai a llai o sylw i'm hunanofal. Mi oeddwn i'n crio'n aml. Ar y slei, yn bennaf. A'r dagrau yn tasgu ar wyneb Jet wrth iddo gysgu.

'Be sy'n bod?' gofynnodd Hugo.

Mi wnes i ddweud 'mod i'n cael ôl-fflachiau o'r geni, ond ddim dyna oedd o.

Roeddwn i'n anwadal. Nesaf, mi wnes i ddechrau troi at ffrindiau i ffrindiau, pobl roeddwn i'n rhyw led-adnabod, unrhyw un efo plant roeddwn i'n gwybod amdanyn nhw. 'Dwi'n teimlo'n od ac yn wael, ydy hyn yn normal?', 'Oeddech chi'n caru'ch babi chi ar unwaith?' ysgrifennais, a phawb yn ateb gan ddweud eu bod nhw wedi teimlo'n union yr un fath â fi. A bod popeth yn mynd i ddod cymaint gwell. Y byddwn i, ryw ddiwrnod, yn gwthio pram y tu allan a sylweddoli, iawn, dwi'n gallu gwneud hyn!

Mi awgrymodd ffrindiau y dylwn i newid i laeth fformiwla. 'Dydy hynny ddim yn ddiwedd y byd,' medden nhw. Ond y teimlad oedd gen i oedd mai dyna'r unig beth y gwyddwn i sut i'w wneud. Nad oeddwn i wedi gallu creu cwlwm â'r un bach, a heb fwydo ar y fron na fyddai gen i ddim math o ymdeimlad o gysylltiad. Na fyddai Jet yn teimlo fel babi i fi o gwbl.

Y cyfan oedd o oedd 'y felan'. Mae'n debyg. 'Mae pawb yn dioddef.' 'Mae'n gyffredin iawn. Cyfuniad o hormonau a chynefino efo bod yn fam.' 'Sut wyt ti'n disgwyl teimlo ar ôl genedigaeth fel yna? Wrth gwrs nad wyt ti'n mynd i deimlo'n normal.'

'Mae'n pasio. Paid â phoeni, mae'n pasio.'

Dyma ni'n mynd â Jet am dro. Roedd hi'n eithriadol o oer. Roedd yn edrych yn ofnadwy o fach yn ei bram. Mi grynodd Hugo a finnau ein ffordd o gwmpas y parc, yn neidio wrth glywed unrhyw sŵn, fel pe bai pawb yn edrych arnon ni. Yn Tesco, roedd 'na griw ifanc yn edmygu Jet yn cysgu, ac yn dweud, 'O, mae o mor fach.' A finnau'n teimlo fel sgrechian, 'Rhag eich c'wilydd chi!' Mi fu'n rhaid i fi fynd i eistedd i lawr. Roedd y byd yn troi.

Roeddwn i eisiau mynd adra. Ond doeddwn i ddim eisiau mynd adra chwaith. Roedd gen i deimlad ofnadwy 'mod i'n mynd i farw yno.

24

Yr *unig* beth roeddwn i'n gwybod sut i'w wneud oedd bwydo ar y fron. *Beth os na allwn i ddal ati?* Mi wnes i brynu gwerth £50 o eli tethi fel mesur ataliol, a gofyn i Daisy fy chwaer ddod draw i helpu i dorri cling ffilm yn sgwariau bach i orchuddio fy nhethi fel nad oedden nhw'n sychu neu'n mynd yn ddolurus. Os nad oeddwn i'n bwydo ar y fron, roeddwn i'n gorchuddio fy nhethi efo eli a chling ffilm. Mi wnes i greu corneli bwydo ar y fron ar draws y fflat, efo tiwbiau o eli a phentyrrau o gling ffilm ym mhob un.

Cyn hir, mi wnaeth Jet ddechrau poeri pan oeddwn i'n ei fwydo. Roedd o bron â thagu ar sgwaryn o gling ffilm roeddwn i wedi anghofio ei dynnu.

Yn ddiweddarach, pan oedd y ffenest ar agor, chwythodd y gwynt bentwr o sgwariau cling ffilm i mewn i'r cot. Mi oeddwn i'n dychmygu Jet yn tagu arnyn nhw pan oedd o'n cysgu, a dyma fi'n mynd o gwmpas y tŷ fel peth gwyllt yn cael gwared ar bob un sgwaryn yr oedd Daisy newydd ei dorri.

Drwy ryw ryfedd wyrth, roedd Jet yn magu pwysau'n gyson, ond wrth i'r rhifau ar y raddfa gael eu cofnodi yn ei lyfr bach coch, ac yntau'n dringo'r siart canrannau'n araf bach, mi wnes i deimlo fy hun yn llithro i ffwrdd. Doeddwn i ddim yn poeni mwyach. Amdano fo. Nac amdana i. Roeddwn i'n diflannu.

Roedd hi'n bwrw eira y tu allan, a Llundain yn gwbl heddychlon. A finnau ar y soffa, yn sicr 'mod i'n cael trawiad ar y galon.

Mi wnes i ffonio'r fydwraig a gofyn a oedd hynny'n bosibilrwydd.

O'r diwedd, mi wnes i fagu'r dewrder i ddweud wrth Hugo bod yn rhaid i fi weld y meddyg. Doeddwn i ddim yn gallu gwneud hyn.

Mi ddywedodd Mam fod gen i iselder ôl-enedigol, ond mi wnes i ei hanwybyddu. Doeddwn i ddim yn teimlo'n isel. Roeddwn i'n dal i werthfawrogi hud cyfrinachol haenen o eira, sut roedd o'n tawelu'r byd ac yn gwneud i'r strydoedd gysgu'n drwm. Ond beth wyddwn i? Sut oedd iselder yn teimlo?

Mi wnes i drefnu apwyntiad efo'r meddyg. Tra oedd Mam yn gwylio Jet, aeth Hugo a fi i'r feddygfa ar gyfer ymweliad rhif un. Roedd y strydoedd du yn frith o eira gwyn, fel croen buwch o chwith. Roeddwn i'n teimlo'n paranoid ac yn ofni pawb. Doedd fy nghamau ddim yn teimlo fel petaen nhw'n cyffwrdd y llawr. Mi oeddwn i'n gafael yn llaw Hugo, ond yn methu cael gafael iawn.

'Mae hi mor oer,' meddai Hugo, ond roedd fy nghorff i'n ddiffrwyth. Doeddwn i'n teimlo dim byd.

Syllodd y meddyg teulu arna i efo'i llygaid mawr glas caredig. Yn dawel, gofynnodd a oedd delweddau o'r enedigaeth yn tarfu arna i.

Oedden, meddwn innau. Ond ddim dyna oedd y gwir i gyd. Roeddwn i'n teimlo arswyd a gwae, yn synhwyro bod storm yn codi. Ac yna ryw deimlad arall, fel blew cath yn sythu, fel pe bawn i newydd gael fy nharo gan fellten. Roeddwn i'n teimlo statig. Wedi fy ngwefru.

Awgrymodd y meddyg teulu 'mod i'n dioddef o anhwylder straen ôl-drawmatig. Mi wnes i nodio fy mhen, ond roeddwn i'n gwybod bod mwy iddi na hynny. Roedd hi'n gallu cynnig gwrthiselyddion i fi ar bresgripsiwn, ond awgrymodd y dylwn i aros i weld sut oeddwn i pan oedd fy hormonau wedi setlo i lawr a finnau wedi gallu cysgu.

Dywedodd wrtha i am dynnu llaeth os medrwn i, gadael i Hugo wneud y bwydo yn ystod y nos a dod yn ôl drannoeth ar ôl noson dda o gwsg. Mi wnaeth hi addo y byddai pethau'n gwella. Roedd hi'n edrych mor brydferth ac iach. A normal. A rhydd o broblemau. Roedd hi'n gallu byw ei bywyd, cael brechdan i ginio a mynd adra at blant roedd hi'n eu caru fel person iach, cyffredin. Roeddwn i'n *torri 'mol* eisiau bod yn hi.

Mi wnaethon ni stopio mewn caffi ar y ffordd adra, ond doeddwn i ddim yn iawn. Archebodd Hugo baned o goffi a *croissant*, ac mi edrychais arno fel pe bai'n bwyta baw ci. Mi bylodd y lliwiau o'r hyn roeddwn i'n ei weld. Roeddwn i'n gaeth yn fy mhen fy hun, a wyddwn i ddim sut roeddwn i wedi cyrraedd yno na sut i ddod allan.

Am beth oeddwn i'n arfer meddwl cyn mai'r cyfan roedd fy ymennydd yn meddwl amdano oedd yr hyn roeddwn i'n meddwl amdano?

Dwi'n rhy bell y tu mewn i fi fy hun. Does gen i ddim pellter. Dim bwlch.

Fydda i ddim yn gallu byw fel hyn am lawer hirach – fydda i ddim yn gallu gwylio ffilm. Gwrando ar rywun yn siarad. Darllen llyfr. Cerdded dau gam heb glywed fy meddyliau mewnol yn diasbedain o gwmpas fy mhen caeth.

Mi wnaethon ni gyrraedd yn ôl ac roedd y babi yn *dal* yno, Mam yn ei gofleidio, yn gwylio'r teledu ac yn chwerthin. Roedd ei gweld hi'n ymddwyn mor naturiol yn gwneud i fi deimlo hyd yn oed yn fwy annigonol a chyfeiliornus.

Mi wnaeth y meddyg teulu ffonio a siarad efo Hugo. Chwarae teg iddi am ffonio, am fynd i drafferth. Roedd hi wedi siarad â'i chyd-weithwyr a oedd wedi awgrymu fy mod i'n cael trafferth efo anhwylder addasu difrifol, ac mi roddodd hi bresgripsiwn wythnos i fi am ddos isel o gyffur o'r enw *quetiapine* fel cymorth i gysgu. Ychwanegodd un peth arall: roedd *quetiapine* yn gyffur presgripsiwn i reoli sgitsoffrenia hefyd, ond doedd dim angen i fi boeni. Mi fyddwn i'n dal i allu bwydo ar y fron, ac mi ddylwn i gysgu'n well.

Er bod Hugo wedi trio tawelu fy meddwl, roedd hi'n rhy hwyr. Roedd hyd yn oed y gair 'sgitsoffrenia' yn fy nychryn i. Roedd hedyn ofn wedi'i blannu.

Arhosodd Mam a Daisy er mwyn i Hugo a finnau gael ychydig o gwsg. Soniodd Mam am yr hen ddyddiau, pan ges i fy ngeni, pan fyddai bydwragedd yn arfer gadael i'r fam gysgu am wythnos gyfan. Mi fyddai'r babi yn dod ati i fwydo, a dyna'r cyfan. Dywedodd fod angen gorffwys i wella ar ôl esgor, a dyna beth ydy pwrpas TuTu (dyna mae hi'n galw'i hun, achos bod 'Nain' yn gwneud iddi deimlo'n hen).

Doeddwn i ddim eisiau cymryd y tabledi, ond doeddwn i ddim eisiau siomi neb chwaith. Felly mi wnes i ufuddhau. Mi ges i fàth. Bwydo Jet. A chymryd y *quetiapine*, ac aros iddo weithio. Mi wnaeth Hugo afael amdana i a darllen i fi yn y gwely.

Mi weithiodd y cyffur ar unwaith, fel disgyn drwy lifft diwaelod. Dyma fy nghyhyrau'n gwingo, wedyn mi gysgais. Am wyth awr gyfan – fy noson lawn gyntaf o gwsg mewn tua phythefnos.

Pan wnes i ddeffro, roedd fy mronnau'n llawn llaeth, wedi chwyddo fel dwy falŵn enfawr. Yn barod i fyrstio. Fedrwn i'm credu pa mor egnïol a llawn bywyd roeddwn i'n teimlo. Roedd Mam a Daisy yn chwerthin ar fy mronnau seren pornograffi. Mi wnes i dynnu llaeth a theimlo'r fath ryddhad.

'Bore da, babi,' dywedais wrth Jet, ac mi allwn daeru ei fod o wedi gwenu arna i.

Roedd y meddyg teulu yn iawn. Addasu i fywyd fel mam oeddwn i, ar ôl sioc yr esgor. Yn ôl â fi i'r feddygfa a dweud wrthi fy mod i wedi cysgu am wyth awr gyfan. 'Mae hynny'n well na'r rhan fwyaf o bobl!' meddai hithau. 'Yn enwedig mam newydd!'

Dywedodd y byddai pethau'n gwella, ond bod dyddiau da a dyddiau gwael yn bosib, ond y cyfan oedd yn mynd drwy fy meddwl i oedd, 'Ôl-reit, ôl-reit, paid â thrio tanseilio'n llwyddiant i.'

Yna dywedodd y dylwn i ddal i gymryd y *quetiapine* am yr wythnos gyfan.

BE? Oedd hi ddim yn gallu gweld 'mod i'n well ac y gallai pawb stopio poeni? Be oedd ei phroblem hi? Mae'n union fel pe bai hi eisiau i fi fethu, eisiau i fi fynd yn ddibynnol ar y quetiapine. *Doeddwn i ddim yn ei thrystio hi. Allwch chi ddim trystio meddygon.*

'Dwi'n well,' dywedais wrthi, ond wnes i ddim sôn 'mod i bellach wedi penderfynu bod gen i sgitsoffrenia. Fy nghyfrinach i oedd honno.

Daeth paranoia i alw heibio, ac aros. Mi wnes i ddweud wrth Hugo nad oeddwn i'n hoffi'r meddyg teulu. Daeth Mam a Daisy yn ôl i wylio Jet eto tra oeddwn i'n cysgu. Mi wnes i orfodi fy hun i fwyta dysglaid o basta, bwydo Jet, a dringo i'r gwely... ond y tro yma, wnaeth y tabledi cysgu ddim gweithio.

Mi wnes i ddeffro Hugo. 'Hugo, dwi ddim yn gallu cysgu, plis deffra, paid â mynd i gysgu, paid â 'ngadael i.'

Dyma fo'n grwgnach, gafael amdana i a chusanu fy mhen, yna troi drosodd a mynd yn ôl i gysgu. Wrth gwrs, roedd o'r un mor wantan â fi. Mewn panig, dyma fi'n rhedeg at Mam a Daisy a oedd yn cysgu ar y soffas yn yr ystafell fyw. Rhag ofn i fi ddeffro Jet, dyma fi'n sibrwd drwy fy nagrau nad oeddwn i'n gallu cysgu. Roedd Daisy yn edrych yn bryderus. Doeddwn i ddim yn hoffi ei gweld hi'n poeni, felly mi swatiais wrth ei hymyl ar y soffa ac esgus cysgu. Ond roedd fy meddwl yn chwyrlïo.

Roedd fy mhlentyn yn cysgu'n dawel rhwng y ddwy ohonyn nhw. Pan oedd o'n cysgu, bron na allwn i esgus nad oedd o'n bodoli.

Wnes i ddim cysgu'r noson wedyn na'r un ar ôl hynny. Mi ddechreuais i greu gwe yn fy mhen, mai dyma oedd y fi go iawn. Sgitsoffrenig cyfrinachol, yn chwilio am dystiolaeth o fy salwch. *O mam bach. O mam bach. O mam bach.* Mi ddaeth y credoau hyn yn fwy sinistr: Dwi wedi bod yn dweud celwydd am bwy ydw i, wedi byw fel rhywun arall drwy gydol fy mywyd. Mi ddechreuais erlid fy hun am bethau roeddwn i wedi'u gwneud pan oeddwn i'n saith, naw, 14 oed, cystwyo fy hun am beidio â gofalu am fy anifeiliaid anwes neu blanhigion pan oeddwn i'n iau. Roedd yr arwyddion yno. Yr holl bethau y dylwn i fod wedi'u gwneud i bobl, y troeon di-ri roeddwn i wedi'u siomi nhw. *Dwi'n hunanol. Dwi'n chwit-chwat, yn annibynadwy, yn annheyrngar*. Os oeddwn i wedi dangos unrhyw arwydd o haelioni neu garedigrwydd erioed, roedd 'na fwriad creulon y tu ôl i hynny. *Dwi'n smaliwr. Dwi'n gelwyddgi*. Yn jôc. Yn cymryd mantais o bawb. Yn ymhonnwr. Yn esgus ysgrifennu ar gyfer plant a finnau'n amlwg yn casáu plant. Ymlaen ac ymlaen ac ymlaen, yn arteithio fy hun.

Mi ddechreuais i boeni mwy am fy nhrobwll eithafol fy hun a llai a llai am Jet. Roeddwn i'n fom ar fin ffrwydro. Yn rasio yn erbyn fy ngwallgofrwydd fy hun. O MAM BACH.

25

Anfonodd Hugo fideo o Jet yn tisian at ein ffrindiau a'n perthnasau, ac roedd pawb wedi mopio'n lân ar ba mor *giwt* oedd o. I fi, roedd o'n frawychus. Roedd meddwl amdano'n cael annwyd yn fy nychryn i i'r byw. Mi wnes i archebu potel enfawr o *gel* llaw gwrthfacterol rhag ofn.

Roedd yn rhaid i fy mam a fy chwaer fynd i'r gwaith. Doeddwn i ddim eisiau iddyn nhw fy ngadael i, ond mi wnes i siglo Jet. Roeddwn i'n gwneud yr holl bethau 'mamol'. Doedd neb yn gallu gweld beth oedd yn digwydd yn fy mhen.

Ar ryw adeg, mi wnes i ystyried rhoi llaeth fformiwla i Jet i leddfu rhywfaint o'r pwysau, ond roedd Mam yn anghytuno. 'Dal di ati, Laura. Wir rŵan, mi fydd yn cryfhau'r cwlwm rhyngot ti a Jet, ac unwaith fydd hyn drosodd, mi fyddi di wrth dy fodd yn bwydo ar y fron. Ac os wyt ti'n rhoi'r gorau i fwydo rŵan, mi fydd 'na fwy o hormonau ac mi fyddi di'n teimlo'n emosiynol iawn.'

Dyma hi'n mwytho fy ngwallt yn gefnogol, 'Ar ben hynny, mi wyt ti'n dda am fwydo.'

Doeddwn i ddim yn teimlo 'mod i'n dda iawn, ond roedd Mam yn llygad ei lle. Dyma'r un arwydd oedd gen i 'mod i'n fam dda; yr un peth y medrwn i ei wneud yn well na neb arall.

Un diwrnod, mi ddaeth teulu Hugo heibio, ac mi wnes i gloi fy hun yn y llofft efo Jet a gorwedd yno yn y tywyllwch. Roeddwn i'n ysu am allu dianc oddi wrth fy mywyd fy hun.

Cyngor fy ffrindiau oedd i 'ymlacio a gwylio Netflix'. I 'fwynhau'r amser hwn'. I 'lyncu pilsen gysgu tra bod Jet efo dy fam'. I 'adael i Hugo wneud y bwydo'. I 'newid i laeth fformiwla.' I 'fod yn garedig efo fi fy hun'.

Caredig efo fi fy hun? Sut?

Roeddwn i'n casáu fy hun. Ddim mewn rhyw ffordd ingol o dudalennau dyddiadur rhywun yn ei harddegau... Na... Roeddwn i'n casáu fy hun go iawn.

Yn ôl â ni i'r feddygfa, efo Jet y tro hwn.

Mi wnes i weld meddyg gwahanol, dyn cyfeillgar a chynnes, ond eto, mi wnes i benderfynu nad oeddwn i'n ei drystio. Criodd Jet, ac mi wnes i esgus fy mod i'n gwybod sut i'w dawelu o flaen y meddyg. Doeddwn i ddim eisiau iddyn nhw fynd ag o oddi arna i a'i roi i'w fabwysiadu. Roedd y meddyg yn fy ngwylio i.

Maen nhw i gyd yn rhan o'r cynllwyn. Dwi'n deall be maen nhw'n wneud.

Awgrymodd fy mod i'n cymryd dos cryfach o'r *quetiapine* er mwyn fy helpu i gysgu. *Wrth gwrs, mae o eisiau fy ngwneud i'n gaeth i'r stwff.*

Roedd fy mhen eisoes wedi penderfynu na fyddai'r dos cryfach yn gweithio. Roedd fy nheulu bellach yn aros bob nos. Roedd yr ystafell fyw fel Glastonbury, yn llawn blancedi a dillad a bagiau o fwyd. Pawb yn gwersylla. Bob nos, mi fyddai'r pwysau'n dwysáu a'r tensiwn yn cynyddu. Roedd popeth yn troi o gwmpas fy nghysgu. Bob bore, roedd pawb ar bigau drain yn disgwyl yr adroddiad, fel pe bawn i'n dywysoges chwedlonol a'r pentref cyfan yn gweddïo iddi hi gael cysgu. Roedd gan bawb awgrym neu feddyginiaeth. Ymestyn, ioga, lafant, camri, sudd ceirios, bwyta, darllen, bath, myfyrio. Mi fydden nhw'n fy ngyrru i'r gwely, ond y cyfan oedd yn digwydd oedd 'mod i'n gorwedd yna yn meddwl am yr holl bethau ddylwn i fod yn eu gwneud. Yr holl bethau nad oeddwn i'n gallu eu gwneud.

Wrth basio'r babi yn ôl ac ymlaen rhwng fy mherthnasau, wnes i ddim meddwl am eiliad fy mod i'n dwyn amser Hugo efo Jet.

Pan soniodd ei fod yn teimlo'n glawstroffobig ac yn gaeth, ei fod yn gallu gofalu amdana i a Jet ar ei ben ei hun, mi ddechreuodd ofn newydd godi'i hen ben yn gyson. Hugo oedd y gwir fygythiad. *Fo oedd yr un anghymwys, yr un oedd yn methu gofalu am ein babi... Hugo oedd yn sâl.*

Roeddwn i'n dal i dynnu llaeth o'r fron, ond roedd y cyflenwad yn sychu. Mi fyddwn i'n eistedd yna efo'r pwmp ac yn gwasgu fel peth gwyllt. Roedd y llun ar flaen y bocs yn dangos gwraig broffesiynol mewn siwt syber, efo gwallt golau sidanaidd a cholur llawn, ar ganol sgwrs ddwys ar y ffôn, yn cynnal trafodaethau busnes pwysig tra bod ei llaeth yn llifo wrth iddi bwmpio'n ddiymdrech.

Ond i fi, roedd fel cael gwaed allan o garreg.

Drrrrriiippp.

Roedd fy llaeth yn wael. Diferllyd. Doedd o ddim yn mynd i allu bwydo *neb*. Ond ddim achos nad oeddwn i'n bwyta nac yn gorffwys... Roeddwn i'n gwybod pam, ym mêr fy esgyrn – achos 'mod i wedi bod yn bwydo Jet llai a llai. Mater syml o gyflenwad a galw. Roeddwn i'n rhy gaeth yn fy mhen i fwydo am gyfnodau hir. Doeddwn i ddim yn gallu eistedd yn llonydd, roedd yn rhaid i fi fod yn camu o gwmpas. Yn cadw llygad am berygl.

Ac wrth i fi fwydo Jet yn llai aml, roeddwn i'n cynhyrchu llai o laeth, nes ei fod o'n crio, ei wyneb bach yn crebachu am ei fod o eisiau bwyd ond ddim yn cael ei ddiwallu. Doedd o ddim yn deall. Ddim ei fai *o* oedd y ffaith nad oeddwn i'n gwybod sut i'w garu.

Mi fyddai Hugo yn siarad efo Jet fel pe bai o'n berson. Ond roeddwn i'n cael hynny'n anodd. Doeddwn i ddim yn gallu meddwl am unrhyw beth i'w ddweud.

Soniodd Hugo ei fod wedi sylwi ar Jet yn datblygu bob dydd. Dim ond gweld babi oeddwn i. Ac mi allai fod yn fabi i rywun.

Ond ar yr un pryd, roedd Jet fel fy nghalon a oedd wedi cael ei rhwygo o fy mrest hefyd. Roeddwn i eisiau ei roi yn ôl lle'r oedd o i fod.

Yn dawel bach, dywedodd Mam wrth Hugo am brynu ychydig o laeth fformiwla, RHAG OFN. Roedd hynny'n teimlo fel pe bawn i'n cael fy atal rhag gwneud yr un peth roeddwn i'n gallu'i wneud.

Ar ôl dyblu dos y *quetiapine*, mi wnes i godi o'r gwely yn y bore ar ôl noson *arall* heb gwsg. Yn yr ystafell fyw, dyma Mam yn dweud ei bod hi wedi rhoi llaeth fformiwla i Jet yn ystod y nos. Doedd ganddi ddim dewis. Mi welais i'r poteli gwag a gweld fy mhlentyn yn cysgu. Yn fodlon. Roedd wedi cael yr hyn oedd o'i angen. Mi wnes i deimlo fy hun yn disgyn yn ddarnau.

Fedrwn i'm hyd yn oed fwydo fy mhlentyn fy hun. A finnau wedi bod yn gorwedd yna'n effro drwy'r nos tra bod fy mhlentyn yn llwgu. Roeddwn i'n teimlo'n hollol ddiwerth, fel nad fi oedd ei fam.

O mam bach.

Doeddwn i ddim hyd yn oed yn gallu beio'r diffyg cwsg ar orfod bwydo drwy'r nos. *Fi* oedd y broblem erbyn hyn.

Roedd Mam a Daisy wedi blino'n lân; yn ogystal â deffro drwy'r nos i fwydo a siglo Jet, roedden nhw'n dal yn gorfod mynd i'r gwaith. Doedd hyn ddim yn mynd i allu cario 'mlaen lot hirach.

Mi ddywedodd Mam wrtha i am fynd i redeg.

'Mynd allan i redeg?' dywedais innau'n swta. 'Wyt ti'n gall? Dydw i ddim wedi cysgu ers pythefnos! Alla i ddim mynd i redeg!'

'I gael gwared ar ychydig o'r... *adrenalin*.'

'Pa adrenalin?' gofynnais, yn ddigon miniog i dorri drwy ddur. 'Dwi newydd gael llawdriniaeth! Dwi ddim i fod i'w gor-wneud hi am chwe wythnos!'

Ond dyna lle'r oeddwn i, yn cerdded yn ôl ac ymlaen o gwmpas y fflat. Yn llercian wrth y ffenest a gwylio'r ffordd rewllyd y tu allan. Yn gwingo wrth glywed sŵn pob car fyddai'n pasio. Roeddwn i'n meddwl mai ambiwlans oedd yn cyrraedd i fynd â fi i ffwrdd. A dyna pryd yr awgrymais i wrth Hugo ein bod ni'n cael nyrs famolaeth.

26

Doedd Hugo wir ddim eisiau nyrs famolaeth. Mi fydden ni'n colli'r amser preifat, gwerthfawr hwn, ond roeddwn i wedi datgysylltu'n rhyfeddol erbyn hyn. Bob tro roeddwn i'n edrych, roedd Jet yn cael mwy o'r stwff fformiwla yna. Dyma'r peth olaf roeddwn i ei eisiau.

Ond mi gamodd rhan ymarferol a rhesymegol iawn o'r ymennydd i'r bwlch ar y pwynt yma, gan fy ngwneud i'n daer ac ymarferol, a dyma fi'n bwrw 'mlaen. Hyd yn oed rŵan, wrth edrych yn ôl, dwi'n gwybod fy mod i'n sâl, ond roeddwn i'n dal i flaenoriaethu Jet a Hugo efo pob gweithred. Hyd yn oed os oedd fy ymddygiad yn ymddangos yn rhyfedd neu'n feiddgar, er eu mwyn nhw oedd pob dim. Roeddwn i'n dychmygu rhywun fel Mary Poppins yn hedfan i mewn ac yn achub y dydd. Yn tynnu ymbarél a lamp allan o'i bag teithio blodeuog. Mi fyddai hi'n gwneud yn siŵr 'mod i'n bwydo ar y fron eto.

Doeddwn i erioed wedi cyflogi neb yn fy mywyd – doeddwn i ddim yn gwybod am beth na phwy roeddwn i'n chwilio! Y cyfan wnes i oedd mynd efo'r CV cyntaf i fi ei ddarllen. (Dwi'n dweud 'darllen' ond roedd yr holl eiriau yn edrych fel hieroglyffau i fi.) Doeddwn i ddim yn gwybod faint fyddai hi'n ei gostio na sut fyddai hyn yn gweithio hyd yn oed. Ond mi welais fod ganddi hi brofiad o weithio efo iselder ôl-enedigol.

Dydw i ddim eisiau neb sy'n mynd i berchnogi neu anwylo neu syrthio mewn cariad efo fy mab. Sy'n mynd i fy marnu i neu ymddwyn yn nawddoglyd tuag ata i.

Oedd hyn yn syniad ofnadwy? Ond yn hytrach na phoeni am fy nheulu bach, yr unig beth ar fy meddwl i oedd beth fyddai pobl eraill yn ei feddwl. *Toriad Cesaraidd a rŵan nyrs famolaeth? WYT TI O*

DDIFRI? Mi fydden nhw'n dweud na allwn i wynebu'r clytiau a'r nosweithiau di-gwsg. Fyddai pobl yn meddwl bod nyrs famolaeth yr un peth â mamaeth? Fyddai pobl yn meddwl bod 'na rywun yn dod heibio i fwydo fy mhlentyn ar y fron?

Dyma'r panig yn dechrau. Mae nyrs famolaeth yn ymddangos yn affwysol o afradlon, snobyddlyd, maldodus, crand a chwerthinllyd: yn ormodedd. Mi ges i fy llyncu gan gywilydd. Cywilydd o'r esgor ffaeledig, cywilydd o'r toriad Cesaraidd, cywilydd o'r holl sôn am iselder ôl-enedigol, cywilydd o'r sgitsoffrenia, cywilydd o beidio â gallu bwydo neu ofalu am fy mhlentyn, cywilydd o beidio â'i garu, cywilydd o fy nyrs famolaeth. Cywilydd o'r cywilydd, hyd yn oed.

Roeddwn i fod yn fam iddo fo, ond roeddwn i'n gwybod fy mod i mewn trafferth. Allwn i mo'i wneud.

Roedd y nyrs famolaeth yn swnio'n optimistaidd ac yn gyfeillgar, a dywedodd ei bod hi'n briod ac yn 'hapus' – mae'n bosib ei bod hi'n bwysig i rai merched wybod hynny, rhag ofn eu bod nhw'n poeni y bydd eu gwŷr yn rhedeg i ffwrdd efo nhw? Mi oeddwn i wedi gweld hyn ar raglen ddogfen rywdro, ond ar y pwynt yma, doedd gen i mo'r gallu i hyd yn oed feddwl am garwriaethau o'r fath.

Llwyddodd i ddweud fod ganddi ddau o blant ei hun, ond ar ôl hynny wnes i ddim rhoi cyfle iddi siarad. Mi wnes i siarad ati hi yn gyflym, am drefn a bwydo, ac yn y bôn, pryd fyddai hi'n gallu dechrau?

(Rŵan bod 'na dipyn o amser wedi mynd heibio, mae Hugo yn gallu dweud profiad mor ofnadwy ac annymunol oedd gwylio'r alwad ffôn, oherwydd fy mod i mor orffwyll a niwrotig.)

Mi wnes i ddweud y byddwn i'n ei ffonio hi'n ôl i gadarnhau.

Yn y cyfamser, roedd Hugo a finnau fel ci a chath: roedd o eisiau i'n cartref deimlo fel cartref eto, a doedd dim ots ganddo fo afael yn yr awenau. Nododd nad oedden ni hyd yn oed wedi cyfarfod y wraig yma, ond ei bod hi ar fin symud i mewn i ofalu am Jet. Allen ni gyfarfod mwy o nyrsys mamolaeth, o leiaf? Mi wnes i ei anwybyddu.

Yn dawel bach, dyma oedd fy rhesymeg i: doeddwn i ddim eisiau i Hugo fod ar ei ben ei hun efo'r babi pan fyddai'r ambiwlans yn cyrraedd i fynd â fi i'r seilam. Doeddwn i ddim yn gallu ymdopi, a dyna pam roedd rhywun yn dod i ofalu am ein babi. Ac ar y pryd, mae'n debyg mai dyna oedd y penderfyniad gorau i fi ei wneud ers i fi ddod yn fam.

Mi ffoniais i'r nyrs famolaeth yn ôl a dweud, IA, IA, IA.

Ond am nad oeddwn i yn fy mhethau'n iawn, doeddwn i ddim wedi meddwl drwy'r ystyriaethau i gyd. Doedd 'na nunlle iddi gysgu. Cyn i ni droi, roedden ni wedi prynu gwely agor-a-chau sengl ar-lein, ynghyd â dillad gwely a thywelion. Yna, dyma ni'n llunio rhestr siopa fanwl am fwyd ar gyfer ei harhosiad – pethau nad oedden ni'n eu bwyta. Roedd y rhestr mor benodol, a finnau'n ymdebygu fwy a mwy i gynorthwywraig fach ofnus yn siopa ar gyfer ystafell wisgo rhyw seren bop gysetlyd.

27

Daeth y fydwraig i dynnu'r rhwymau oddi ar fy nghraith. Mi fues i'n ddigon dewr i edrych i lawr a gweld y llinell goch newydd a thaclus ar hyd asgwrn yr arffed. Dywedodd Hugo ei fod yn edrych yn cŵl ac mi wnes i lwyddo i chwerthin.

Doedd y graith – craith Jet, chwedl y fydwraig – ddim wedi'i heintio, ac roedd y clwy'n gwella'n dda.

Mi wnes i ddweud wrthi fod y babi yn cysgu ond doeddwn i ddim. 'Does bosib bod hynny'n iawn? Fel arall mae hi i fod? Ia ddim?' gofynnais, a holi ymhellach am y gwasgu poeth ar fy mrest a'r dryswch. Dyma hi'n brathu ei gwefus, 'Gorbryder?'

Doeddwn i ddim wedi cael gorbryder o'r blaen. Wyddwn i ddim sut oedd o'n teimlo. Efallai mai dyna oedd o! A! Felly roedd gen i orbryder, roeddwn i'n poeni am bethau. Dim sgitsoffrenia?

'Neu... allai o fod yn iselder ôl-enedigol?' gofynnais.

'Mae ychydig yn rhy gynnar i wneud diagnosis.' Dyma hi'n gafael yn fy llaw, yn llawn cydymdeimlad, yn ceisio deall, wedyn mi ofynnodd, 'Wyt ti wedi cael unrhyw... feddyliau *tywyll?*'

'Be wyt ti'n feddwl?' gofynnais iddi.

'Meddyliau *dros ben llestri?*'

'Fel be?'

'Fel, dwi ddim yn gwybod... meddwl mai Duw wyt ti? Neu... dy fod di'n gallu hedfan neu rywbeth felly?' atebodd.

'Be? Hedfan? NA! A Duw? Na!' Roeddwn i'n meddwl 'mod i'n rhywbeth cwbl groes i Dduw (sydd efallai'n cyfrif fel meddwl dros ben llestri, o feddwl am y peth).

Dydw i ddim yn wallgo! Am be ma' hon yn rwdlan?

Roedd yna eliffant yn yr ystafell, ond dyma hi'n mynd i'r afael ag o'n syth: 'Wyt ti'n fy meio i?'

‘Yn dy feio di am be?’ gofynnais.

‘Am beidio â gweld bod Jet yn fach?’ meddai.

Mi wnes i ddechrau crio. Roeddwn i wir yn ei hoffi hi. Mi wnes i alw Hugo o’r gegin, a chael sgwrs drwsgl a thrist a gofidus. Roeddwn i’n teimlo fel pe bai fy organau wedi cael eu tynnu allan.

‘Oeddet ti’n teimlo fel hyn pan gest ti dy fabi di?’ gofynnais iddi.

‘Mi oeddwn i mor ifanc, felly wnes i... wel... *fwrw iddi*,’ atebodd.

Pam na allwn i fwrw iddi?

Mi bwysodd hi Jet. Roedd o wedi colli pwysau.

‘Maen nhw *yn* colli pwysau, cofia,’ meddai, gan geisio tawelu fy meddwl.

Ond roeddwn i’n gwybod ei fod o’n llwglyd, ac nad oeddwn i’n ei fwydo. Roeddwn i’n poeni gymaint am yr hyn oedd o’i le arna i, a doedd gen i mo’r gallu i boeni bod Jet fy angen i. Roedd angen i rywun ddweud wrtha i beth oedd yn digwydd.

Canodd cloch y drws a daeth Hugo yn ôl o’r cyntedd efo tedi-bêr enfawr, a phan dwi’n dweud enfawr, dwi’n golygu ENFAWR – maint dyn o beth – i Jet gan un o ffrindiau gwaith Mam. Roedd o’n beth mor hyfryd a meddylgar a doniol i’w wneud, ond mi wnes i arswydo. Doedd gen i affliw o syniad beth oedd ei angen yn fy mywyd ar y pwynt hwnnw, ond roeddwn i’n gwybod NAD tedi-bêr chwe throedfedd yn fy nhŷ oedd o. Darllenodd Hugo fy meddyliau a dweud ei fod yn frawychus.

‘Na, na,’ meddwn i. ‘Mae’n wych!’ Pe bawn i’n dangos bod gen i ei ofn o, mi fyddwn i’n edrych yn wallgo. Mi fyddai’r hen fi wedi bod wrth ei bodd efo arth enfawr hyll yn y tŷ.

Dim ond arth ydy o! Dim ond arth wedi’i stwffio.

Mi wnes i ffonio Mam. ‘Mam, dwi angen barn arall. Dwi wir ddim yn dda.’

Cyrhaeddodd bydwraig breifat y tu allan i oriau gwaith arferol, yn gwisgo siwt fusnes ddeuddarn. Roedd ganddi sbectol a gwallt tywyll trwchus. Bochau crwn a llygaid pefriog. Gofynnodd am de heb gaffein. Dyma hi’n gwenu arna i. Yn fy asesu i.

Gofynnodd i fi lenwi holiadur, ac ateb y cwestiynau mor onest ag y gallwn i. Graddfa Iselder Ôl-enedigol Caeredin oedd hwn (erbyn diwedd y profiad yma, mi fyddwn i'n gyfarwydd iawn ag o). Roedd yr atebion yn rhai amlddewis, yn cynnwys 'prin o gwbl', 'yn bennaf', 'gan amlaf,' 'drwy'r amser' ac ati...

1. Dwi wedi gallu chwerthin a gweld ochr ddoniol pethau...
2. Dwi wedi edrych ymlaen at fwynhau pethau...
3. Dwi wedi beio fy hun yn ddiangen pan aeth pethau o chwith...
4. Dwi wedi bod yn bryderus neu'n orbryderus heb reswm da...
5. Dwi wedi teimlo ofn neu banig heb reswm da iawn...
6. Mae pethau wedi bod yn mynd yn drech na fi...
7. Dwi wedi bod mor anhapus nes fy mod i wedi cael trafferth cysgu...
8. Dwi wedi teimlo'n drist neu'n druenus...
9. Dwi wedi bod mor ddigalon nes fy mod i wedi crio...
10. Dwi wedi meddwl am niweidio fy hun...

Mae'n debyg mai dyma'r unig brawf yn fy mywyd lle fues i bron iawn â sgorio 100%.

'Mae gennych chi iselder ôl-enedigol,' dywedodd wrtha i, yn hyderus ac yn sicr. 'Roeddwn i'n gallu dweud yr eiliad welais i chi.'

Roeddwn i yn fy nagrau'n syth. Dyma fi'n taflu fy hun i freichiau Mam a dechrau beichio crio. Roedd yn teimlo mor anhygoel cael enw am yr hyn oedd yn digwydd i fi. Cofleidiodd y fydwraig breifat fi a dweud bod modd ei drin efo meddyginiaeth. Roedd hi'n hyderus oherwydd iddi ddioddef o iselder ôl-enedigol ei hun: ar ôl cymryd gwrthiselyddion, roedd hi'n berson hollol wahanol.

Allwn i ddim stopio crio, ac roeddwn i'n ymddiheuro drosodd a throsodd wrth Hugo. Mi ddywedodd y fydwraig breifat y byddai hi'n gofalu amdana i, ac y byddwn i'n gwella. Roedd hi fel rhyw arwres o ffilm.

'Mi fyddwch chi'n well mewn dim o dro, peidiwch chi â phoeni,' meddai wrth iddi adael.

Mi redodd Mam a Daisy fàth i fi, ac mi wnes i ei rannu efo Jet. Mi allwn weld twll o olau'r haul yn yr awyr haearn a oedd wedi bod uwch fy mhen i. Dyma fi'n cusanu Jet, a gweld pa mor dlws oedd o. Gweld hynny'n iawn. Mi wnes i hyd yn oed lwyddo i fwyta pryd o fwyd. Rŵan 'mod i'n gwybod beth oedd yn bod, mi allwn i ddelio efo'r peth. Mi allwn i wella. Ond wnes i ddim gweld y fydwraig eto.

Bron yn syth wedi i fi deimlo rhyddhad am gael diagnosis, mi wnes i benderfynu mai twyllwr oedd hi, ac nad oeddwn i'n ei thrystio hi. Roedd hi'n rhy garedig i fod yn ddiffuant. Roedd yr holiadur yn daflen ddi-ddim roedd hi wedi'i llunio a'i rhoi at ei gilydd yn ei hystafell sbâr. Eisiau i fi fod yn gaeth i feddyginiaeth oedd hi, yn union fel y gweddill ohonyn nhw. Doeddwn i ddim yn gallu ymddiried yn neb.

Roedd fy meddyliau wedi fy maglu i. Y fydwraig hon oedd y person cyntaf i roi diagnosis swyddogol i fi, ac roedd hi'n deall fy salwch yn well nag unrhyw un arall. Roedd hi'n wirioneddol garedig a chynnes a diffuant – fel yr holl weithwyr iechyd proffesiynol eraill a fy nheulu, ond yn fy anwybodaeth, fy niffyg dealltwriaeth o iselder, mi wnes i benderfynu nad oeddwn i'n 'edrych' fel person a oedd yn dioddef iselder. Doeddwn i ddim yn ymddwyn fel roeddwn i'n meddwl y dylai person efo iselder ymddwyn. Roeddwn i'n rhy fywiog a phrysur ac anwadal, felly yn fy naïfrwydd, mi wnes i ddiystyru'r diagnosis. Roedden nhw'n anghywir. Doedd gen i ddim iselder ôl-enedigol.

Fyddwn i ddim yn cymryd y gwrthiselyddion. Mi fyddwn i'n brwydro drwyddi. Mi allwn i lwyddo ar fy mhen fy hun, efo cymorth yr holl gariad o 'nghwmpas i, efo cymorth fy mhlentyn bach.

Ond erbyn drannoeth, roedd y tedi-bêr enfawr chwe throedfedd yn fy ngwylio. Roedd ganddo gamerâu diogelwch yn ei lygaid ac roedd yn gyrru adroddiadau amdana i. At bwy, wyddwn i ddim, ond roedd yn monitro pob symudiad.

Mi wnes i drio rhoi'r gorau i feddwl y fath beth, ond fedrwn i ddim. Roeddwn i'n troi i ffwrdd oddi wrth ei lygaid mawr plastig sgleiniog ond roedden nhw'n fy nilyn i, a'i wên afiach. Mi allwn deimlo ei lygaid yn llosgi cefn fy mhen, wrth i fi aros iddo ddweud rhywbeth.

Symudais yr horwth i'r ystafell arall ond mi ddaliodd ati i syllu arna i, dal ati i fy nychryn i. Bron na allwn i ei glywed yn gwawdio. *Ha ha ha. Wyt ti'n meddwl gei di lonydd dim ond wrth fy symud i stafell arall?* Mi wnes i drio dweud wrtha i fy hun mai yn fy mhen oedd hyn i gyd, gan ailadrodd i fi fy hun drosodd a throsodd, 'Dim ond tegan ydy o. Dim ond tegan ydy o. Defnydd a fflwff a dim byd mwy na hynny. Dydy o ddim yn fyw.'

Y noson honno, mi fu'n rhaid i fi wneud popeth o fewn fy ngallu i 'nal fy hun rhag rhwygo'r tedi-bêr hunangyfiawn yn ddarnau, ei agor efo cyllell a dod o hyd i'r camera cudd felltith a'i chwalu'n deilchion.

28

Nid llofft Jet oedd stafell wely fy machgen bach mwyach, ond gwersyll brys dros dro i'r nyrs famolaeth.

Mi wnes i ddechrau mynd i banig a dweud wrth Hugo nad oeddwn i eisiau iddi ddod mwyach. Fy mod i wedi newid fy meddwl. Ond yn ddigon dealladwy, rhoddodd Hugo ei droed i lawr. Roedden ni'n cadw at ein penderfyniad, hyd yn oed os mai dim ond am wythnos fyddai hynny.

Dyma hi'n cyrraedd. Roedden ni fel dau begwn hollol wahanol: hi'n gacen felen, felys, gynnes o dan haenen o gwstard, fi'n dalch o wydr. Mi wnes i rannu fy stori geni; y 'theori' bod gen i iselder ôl-enedigol; dweud nad oeddwn i'n cysgu. Dywedodd ei bod hi wedi dioddef o iselder ôl-enedigol ei hun ar ôl toriad Cesaraidd brys. Mi wnes i ddangos un o'r nodiadau gorffwyll am drefn Jet iddi hi, a dyma hi'n chwerthin yn annwyl a'i roi i'r naill ochr.

Roedd y nyrs famolaeth yn trio fy narbwyllo i fwydo ar y fron. Roedd yn union fel pe bai hi'n trio fy nghornelu i, fy nal i lawr fel 'mod i'n dal i fwydo Jet, a finnau'n dod o hyd i esgus i godi ar fy nhraed o hyd. Roedd hi'n hoffi gwylio'r rhaglenni teledu oedd ymlaen yn ystod y dydd, sioeau sgwrsio, teledu realiti a'r newyddion. Roedd hi'n gwneud cymaint o jôcs am y bobl ar y teledu, gan rannu hanesion eu bywyd a sgandals enwogion, a finnau'n eistedd yno wedi fferru, fel rhyw sombi. Roedd morthwyl yn curo yn fy mhen. Roedd hi'n trio fy nghael i ymlacio, ond roedd y morthwyl yn fy ngyrru i'n benwan. Doeddwn i ddim yn gallu bod yn fi fy hun efo hi.

Mi wnaeth hi baneidiau lu o de i fi a rhoi mân bethau i fi i'w bwyta. Pe bawn i'n iawn, mi fyddwn i'n ei HADDOLI hi, ond roeddwn i yno, yn stiwio mewn cawl o feddyliau aneglur, paranoia a rhithdybiau. Dechreuodd sylwadau od redeg drwy fy mhen a magu gwreiddiau yno. *Mae hi'n meddwl 'mod i'n od. Mae hi'n meddwl 'mod i'n meddwl 'mod i'n well na hi. Mae hi'n meddwl 'mod i'n fam wael.*

Roedd y nyrs famolaeth a Hugo yn cyd-dynnu'n dda, yn cŵan ar Jet a chwerthin ar y teledu, ac mi wnes i ddechrau casáu'r ddau ohonyn nhw. Roedd y ffaith eu bod nhw'n teimlo'n iawn yn dân ar fy nghroen i. Pan ddywedodd hi pa mor 'anhygoel' oedd Hugo efo Jet, roeddwn i'n gwybod mai'r hyn roedd hi'n ei olygu mewn gwirionedd oedd nad oeddwn *i*.

Amser gwely, mi fyddai'n dod i'n llofft i fynd â Jet i'w roi i gysgu. Doeddwn i ddim eisiau gadael iddo fynd, gan ddal fy ngafael ynddo, fy mreichiau'n dynn amdano.

Doeddwn i ddim eisiau cymryd fy nhabled gysgu chwaith.

Mae hi'n mynd i ddwyn Jet.

Dwi'n gwybod ei bod hi.

Laura, paid â'i thrystio hi.

Paid â chysgu, Laura, fyddi di ddim yn gallu clywed y drws ffrynt yn cau pan fydd hi'n dwyn y babi.

Ond wnaeth hi ddim dwyn y babi, wrth gwrs. Roedd hi'n bwydo llaeth fformiwla iddo fo yn y nos cyn cerdded i mewn i'r llofft yn chwibanu ben bore, i fi fwydo Jet. Roeddwn i'n teimlo rhyw atgasedd tuag ata i fy hun am fod nyrs yn pasio fy mabi i fy hun i fi.

Pwy oeddwn i'n meddwl oeddwn i? Rhyw frenhines?

Mi fyddai'n sôn am yr holl bethau 'ciwt' roedd o wedi'u gwneud dros nos, ac mi fyddwn innau'n syllu arni'n wag. Eisoes roeddwn i'n teimlo bod Jet yn meddwl mai'r nyrs famolaeth oedd ei fam.

Pan fyddai hi'n gofyn i fi a oeddwn i wedi cysgu, mi fyddai'n rhaid i fi ddweud 'na'. Ond mi fyddwn i'n meddwl, 'O, mi wyt ti eisiau i fi gysgu er mwyn gallu bod efo Jet ar dy ben dy hun.' Roedd yn sefyllfa mor drist, achos roeddwn i'n gwybod yn y bôn ei bod hi'n amyneddgar ac yn garedig ac yn addfwyn ac yn ddoniol. Trio fy annog i oedd hi o hyd, nid fy nhanseilio i.

Roedd y dyddiau'n anodd iawn.

Roedd y nyrs famolaeth yn gallu ei dawelu, ei gael i gysgu, ei fwydo, chwarae efo fo, ei newid, rhoi olew ar ei groen, ei olchi, ac ar yr un pryd yn gallu chwerthin ar y teledu, adrodd straeon, bwyta a chwarae Candy Crush. A'r cyfan y byddwn i'n ei wneud oedd rhedeg o gwmpas y tu ôl iddi, baglu dros fy nhraed fy hun, codi pethau a'u rhoi nhw i lawr eto, gan feddwl 'mod i'n helpu ond yn gwneud DIM BYD O GWBL. Dim ond mynd yn y ffordd. Roeddwn i'n atgoffa fy hun o chwaraewr pêl-fasged gwael iawn a oedd wedi cael cyfarwyddyd i farcio chwaraewr proffesiynol, yn baglu wrth ei thraed, yn trio cadw i fyny. Roedd hi'n trio esbonio amseroedd ei threfn newydd (ymarferol a rhesymegol) ond fedrwn i ddim gwneud pen na chynffon o bethau. Roedd yn swnio fel yr algebra anoddaf yn y byd.

Yna, bob nos, roedd hi'n codi llaw arnom i ddweud nos da cyn cysgu efo fy mhlentyn bach wrth ei hymyl yn ei nyth Sleepyhead. Ati *hi* yr oedd o'n troi yn y tywyllwch pan oedd o angen llaeth neu gysur. Ac unwaith eto, roedd y cot yn ein llofft ni yn wag.

Dywedodd y nyrs famolaeth fod yn rhaid i fi fwyta. Ond doeddwn i ddim eisiau. Roeddwn i wedi penderfynu mai cynllwyn i fy mhesgi i oedd hynny. *Mae hi eisiau fy ngwneud i'n dew ac yn hyll. Mae hi'n meddwl 'mod i'n ddiflas ac yn blaen. Yn dwp ac anniddorol. Mae hi'n meddwl bod Hugo yn rhy dda i fi. Mae hi'n meddwl nad ydw i'n haeddu bod yn fam. Mae hi'n fy nghosbi i. Mae hyn i gyd yn rhan o gynllun mwy i dorri fy ysbryd i.*

Roedd Hugo a'r nyrs famolaeth wedi dechrau rhannu bwyd a bwyta efo'i gilydd. Roeddwn i'n casáu'r ddau ohonyn nhw. Nhw'n bwyta a finnau'n llwgu. Mi wnes i wylio Hugo yn bwyta un o'i sosejys microdon a doeddwn i ddim yn gallu coelio'r peth. Sosej MICRODON?

Roeddwn i wedi gwahodd y gelyn i mewn i 'nghartref.

Dechreuodd fy osgoi i, dim ond yn dweud wrth Hugo beth i'w wneud efo Jet, dim ond yn sôn wrth Hugo am y bwydo. Roeddwn i fel yr hwch fach yn y canol yn sgrechian DWI YMA, a hithau'n siarad drosta i. Doedd hi ddim yn trafferthu gwneud cyswllt llygad efo fi bellach. Mi fyddai'n eistedd yn chwerthin ar y teledu, efo Jet yn cysgu ar ei brest. Roedd o mor gyfforddus, yn swatio yn ei bronnau swmpus, bronnau *go iawn*, a finnau'n hofran o gwmpas, ddim yn gwybod yn iawn beth i'w wneud. Yn ei dirmygu a'i heilunaddoli am yn ail.

Dyma hi'n dechrau gofyn i ni pam nad oedden ni wedi prynu rhai pethau – ratl, tegan i'w gnoi, mat chwarae, cwpan babi, Napisan, bwced ar gyfer ei ddillad budr, y math *yma* o botel, y math *yna* o deth, Bonjela ar gyfer ei ddeintgig, dŵr codi gwynt, Infacol, diferion fitamin D... a pham nad oeddwn i'n cymryd rhywbeth ar gyfer fy nghyflenwad llaeth. *Pam nad oeddwn i'n tynnu llaeth? Pam nad oeddwn i'n bwydo mwy?*

Tric oedd y cyfan.

Doeddwn i ddim yn gwybod sut roedd y diheintydd yn gweithio. Doeddwn i ddim yn gwybod sut i wneud y poteli. Pam oedd hi'n *berwi* dŵr ychwanegol? Doeddwn i ddim yn gallu dirnad sut i baratoi'r llaeth fformiwla. Doeddwn i ddim yn deall y mesuriadau na faint o ddŵr i'w ychwanegu. Doeddwn i ddim yn deall diben bwydo ychydig bach o laeth ychwanegol. A Hugo oedd y myfyriwr A seren, yn deall pob dim.

Ar un pwynt, ac mae hyn yn wir, mi fu'n rhaid i fi ofyn iddi sut i dynnu caead plastig oddi ar botel. Roedd fel pe bai gen i amnesia.

Mi fyddai'n gofyn i fi beth oeddwn i eisiau i Jet ei wisgo bob dydd, ond roeddwn i mor ddryslyd. Roedd y dillad i gyd yn edrych yr un fath i fi. Bach a gwyn. Felly mi fyddai'n gofyn i Hugo, a hwnnw'n ei wisgo ym mhob math o ddillad gwych nad oeddwn i hyd yn oed yn gwybod amdanyn nhw – legins print llewpart, crysau roced – ac mi fyddwn i'n teimlo'n flin achos, wel – *mi allwn i fod wedi gwneud hynna.*

Weithiau, roedd Hugo yn trio fy nghynnwys i, ond roeddwn i'n meddwl ei fod yn fy nhrin i'n nawddoglyd neu'n chwarae tric arna i neu mai prawf o ryw fath oedd o, felly mi fyddwn i'n gwrthod llyncu'r abwyd.

Cyn i fi droi, roedd gan Jet ddymi. Yn ei geg. Yn sugno yn hollol ddidaro. Dyma fi'n edrych ar y nyrs a meddwl, *wel, yr hen...* RHAG EI CHYWILYDD HI!! Doeddwn i ddim eisiau iddo fo gael dymi. Ond roedd o wrth ei fodd. Sugno. Sugno. Sugno. Gwych. Dwi'n troi fy nghefn am hanner munud ac mae o'n gaeth i ddymi.

Roeddwn i'n teimlo fel pe bawn i wedi marw, ac yn cael cipolwg ar sut beth fyddai bywyd Jet a Hugo hebdda i.

Roeddwn i wedi dileu fy hun allan o fy mywyd.

29

Roeddwn i'n dal i anwybyddu fy holl ffrindiau. Mi wnaeth 'na un fy nal i ar funud wan ryw ddiwrnod, ac mi wnes i ateb y ffôn. 'Dwi'n sâl iawn,' arthiais, a rhoi'r ffôn i lawr.

Roedd Hugo yn gwneud yr HOLL ymchwil a allai i drio fy helpu i wella. Mi brynodd o stoc o fitamin D. Un noson, mi ddaeth 'na adweithegydd draw i roi sesiwn i fi. Roedd Hugo wedi ei rhybuddio y gallwn i fod yn dioddef o iselder ôl-enedigol. Mi wnes i deimlo *cymaint* oddi wrthi hi. Ei bod hi'n ddoeth. Yn garedig. Yn gryf. Ei bod hi wedi byw. Dyma'r tro cyntaf i fi deimlo 'mod i'n cael fy *nghyffwrdd* â llaw dyner ers tro byd.

Yr eiliad welodd hi fi, roedd hi'n edrych yn bryderus. Wrth iddi rwbio fy nhraed, dyna'r agosaf i fi ddod at deimlo'n rhydd o'r côma o hunangasineb a salwch, ond yr eiliad orffennodd hi, mi wnes i neidio ar fy nhraed fel pe bai 'na leidr yn y tŷ.

'Roeddwn i'n meddwl y byddech chi'n cysgu erbyn hyn,' meddai, ond roeddwn i fel creadur gwyllt, mewn tymer waeth nag arfer.

'Sori, nac ydw,' atebais. Roeddwn i'n teimlo 'mod i wedi ei siomi hi.

Yna edrychodd i fyw fy llygaid a dweud, 'Os nad oes ots gennych chi 'mod i'n dweud hyn... mae angen help arnoch chi. Dwi wedi bod drwy'r un profiad â chi. Credwch chi fi, os nad ydych chi'n ofalus, mae'n gallu troelli, mynd allan o reolaeth, a rhwygo'ch bywyd yn ddarnau. Mi wnes i golli popeth, a dwi'n dal i drio cael trefn ar fy mywyd rŵan.'

Dyma fi'n nodio fy mhen. 'Dwi'n gwybod bod pethau'n ddrwg. Mi wna i. Dwi'n gwybod bod yn rhaid i fi.'

30

Roedd ymweliad gan yr ymwelydd iechyd yn ennyn ymateb tebyg i ymweliad gan y dyn treth. Rhyw hen gorddi yn y stumog. Ond y tro yma, doedd fy nhynged ddim yn cael ei fesur ar ffurf TAW a threuliau. Prawf o gariad oedd o, a finnau'n poeni y byddwn i'n methu.

Faint wyt ti'n caru dy fabi, Laura?

Sut *wyt* ti'n *dangos* i rywun dy fod di'n caru dy fabi? Roedd gen i gymaint o ofn hon, y beili babi. Mewn chwys oer, mi fyddwn i'n meddwl, *Maen nhw'n mynd i gymryd fy mabi oddi arna i. O Iesu mawr. O na. O na.*

'Helô, fi sy' 'ma, yr ymwelydd iechyd.'

A dyna lle'r oeddwn i, yn bictiwr o afiechyd yn hytrach nag iechyd.

Roedd pwysau Jet yn gwella, meddai'r ymwelydd iechyd, ac roedd hi'n hapus iawn am hynny. Doedd y cwlwm tafod ddim yn amharu gormod arno fo. Mi wnes i ddweud nad oeddwn i'n rhy dda. Roeddwn i'n onest, ond wnes i ddim rhoi gormod o bwyslais ar bethau rhag ofn y byddai'r gwir plaen yn ddigon iddi gymryd Jet i ofal yr awdurdodau. Roedd cadw'r ddysgl yn wastad yn anodd. Ond pan ddarllenodd fy nodiadau geni, roedd hi'n swnio'n wirioneddol ofidus. 'Mae'n ddrwg gen i,' meddai. 'Ddylai hyn byth fod wedi digwydd.'

'Ddim eich bai chi ydy o,' meddwn i. 'A dwi'n meddwl y byd o'r Gwasanaeth Iechyd, felly...'

'Iawn, ond rydyn ni yma i ddarparu gwasanaeth,' meddai.

Dechreuodd ysgrifennu yn llyfr cofnodion bach coch Jet.

Oedd hi'n llunio hysbyseb mabwysiadu ffug ar gyfer fy mab bach?

Dyma hi'n gofyn a oeddwn i'n bwydo ar y fron. Mi ddywedais i fy mod i, ond efo poteli ychwanegol o laeth fformiwla.

DDIM GO IAWN. A DWEUD Y GWIR, DWI OFN FY MHLENTYN FY HUN.

Ysgrifennodd hynny yn y llyfr bach. Gofynnodd a oeddwn i'n teimlo'n fi fy hun. Atebais innau nad oeddwn i, ddim go iawn.

I BLE DWI WEDI MYND?

Ysgrifennodd hynny yn y llyfr bach.

Paid â'i cholli hi. Gwena.

Gofynnodd a oeddwn i'n ymdopi. Mi ddywedais i nad oeddwn i, ond fod gen i'r nyrs famolaeth a Hugo yn gefn i fi.

A DWI EISIAU I UN O'R DDAU WNEUD FFAFR EFO FI A'N LLADD I.

Ysgrifennodd hynny yn y llyfr bach.

Oeddwn i'n bwyta'n iawn? Na, ddim go iawn.

DWI'N CASÁU BWYD. A DWEUD Y GWIR, YN DAWEL BACH, DWI AR STREIC NEWYN AC YN TRIO LLWGU FY HUN. DWI'N LLANAST.

Unwaith eto, ysgrifennodd hynny yn y llyfr bach.

Ond pan ofynnodd a oeddwn i'n teimlo fy mod i'n gallu gwisgo colur yn y bore, dyma fi'n cyfarth, 'Oes 'na *unrhyw* fam newydd sy'n teimlo'i bod hi'n gallu gwisgo colur yn y bore?'

Dyma hi'n stopio ysgrifennu.

'Allwn i fod yn dioddef efo... iselder ôl-enedigol?' gofynnais.

Edrychodd arna i dros ei sbectol ac atebodd, 'Mae hi'n rhy gynnar i ddweud. Fyddwn i ddim yn hapus i roi diagnosis o iselder ôl-enedigol eto. Mae'n hollol normal i deimlo ychydig yn ansefydlog ar ôl eich profiad. Gawn ni weld sut fydd pethau'n mynd.'

Dyma fi'n nodio fy mhen.

Ydw i wedi pasio'r prawf? Ydw i'n cael cadw fy mabi?

'Hyfryd,' meddai. 'Rŵan, mae'n rhaid i chi siarad efo'r babi drwy'r amser. Hyd yn oed os nad ydych chi'n gallu meddwl am unrhyw beth i'w ddweud, mae'n werth dweud, "Fedra i'm meddwl am ddim byd i'w ddweud." Does dim rhaid i'r geiriau wneud synnwyr; y cyfan mae o eisiau ydy clywed llais ei fam. Mae rhai pobl yn dweud na ddylech chi foddi eich babi efo cariad, ond yn fy marn i, dydy hi ddim yn bosib dangos gormod o gariad tuag at fabi!'

Y cyfan mae o eisiau ydy clywed llais ei fam. Dyma fi'n edrych ar Jet yn nadu ar ei gefn ar y mat, fel chwilen ddiymadferth. Llygaid glas yn syllu arna i fel pe bawn i'n rhyw fath o eilun iddo fo.

Gwasgodd yr ymwelydd iechyd fy ysgwydd wrth iddi adael, gyda'i thag adnabod ar gortyn am ei gwddw yn creu cwlwm efo'i chôt law a'i hymbarél sopen wlyb. 'Dwi'n credu eich bod chi wedi gwneud yn dda iawn,' meddai.

Dwi wedi pasio, meddyliais innau. Am y tro. Roeddwn i wedi osgoi'r fwled, ond a oeddwn i? Doeddwn i wir ddim eisiau i'r babi gael ei gymryd oddi arna i, ond doeddwn i ddim eisiau bod yn fam chwaith.

Y Fam Dwi Eisiau i Ti

Mae gan dy fam drefn gofal croen. Mae hi'n yfed gwydraid o sudd oren ffres bob bore ac yn cymryd ei fitaminau. Mae hi'n cadw pecyn o hancesi papur rhag ofn bod dy ddwylo di'n ludiog o siwgr ar ôl bwyta toesen ar y bws adra o'r ysgol. Mae hi'n gwisgo ffrogiau hir a hetiau traeth mawr. Mae hi'n gwisgo masgara clir. Mae hi'n cael ci bach i ti ar dy ben-blwydd yn bump. Mae hi'n deall gwleidyddiaeth. Mae hi'n gallu cael *un* gwydraid o win yn unig. Pan fydd hi'n cysgu, mae ei gwallt ar chwâl ar hyd y gobennydd. Mae hi'n mwynhau eistedd ar ei phen ei hun y tu allan i gaffi efo paned o goffi a phapur newydd. Mae hi'n prynu crefftwaith o siopau annibynnol. Mae hi'n gallu cadw brechdan yn ei bag heb deimlo'r ysfa i'w llowcio hi ar unwaith. Mae hi'n darllen llawlyfrau cyfarwyddiadau cyfarpar trydanol. Mae hi'n gwybod ble mae pob dim yn y tŷ. Mae ganddi bentwr o nofelau wrth erchwyn ei gwely, ac mae hi'n eu darllen nhw go iawn. Mae ganddi luniau ohonot ti ar hyd yr oergell. Mae hi'n gadael i ti gael diwrnod o'r ysgol i fynd i fowlio a bwyta byrgers caws a phrynu esgidiau ymarfer newydd. Mae hi'n gwneud yn siŵr bod afalau ffres yn y fowlen ar y bwrdd bob amser. Mae hi'n *hoffi* blas grawnffrwyth. Mae hi o hyd yn edrych yn dda mewn lluniau. Fydd dy wisg ysgol byth yn rhy fawr nac yn rhy fach. Weithiau mae hi'n gorfod stopio cerdded a gafael yn dy fraich am ei bod hi *yn ei dyblau* yn chwerthin.

Mae hi'n dweud 'Dwi'n dy garu di' wrthot ti. Achos mae hi.

Mae hi yn dy garu di. Hi ydy dy fam di.

31

Daeth fy nhad a'i bartner i ofalu am Jet er mwyn i Hugo a finnau fynd allan am ginio. Mi wnes i gydymffurfio am fy mod i'n teimlo y dylwn i, achos roedd yn 'normal' i fod eisiau ychydig o amser i ffwrdd oddi wrth eich plentyn. Anfonodd Dad decst ata i ar ei ffordd draw i weld a oedden ni angen unrhyw beth.

Roeddwn i eisiau dweud, 'Ydw. Peiriant amser. I fynd â'r babi'n ôl i'r siop. Tocyn unffordd i'r blaned Mawrth. Gwenwyn di-boen a fyddai'n fy lladd yn llwyddiannus. Gwn. Rhywbeth fydd yn fy rhoi i mewn côma am ychydig o flynyddoedd. *Help*. Mae angen help arna i.'

Yn lle hynny, mi wnes i ofyn iddo fo gael parasetamol, llaeth ac olew blodau'r haul.

Mi wnes i wisgo i fyny fel fi fy hun. Felfed glas, sgidiau disglair a minlliw pinc llachar. Roeddwn i'n teimlo fel creadur estron a oedd wedi llyncu 'Laura' ac yn esgus bod yn hi.

Allai Dad ddim bod yn fwy balch ohonon ni, o'r teulu bach. Roedd yn gwenu fel giât ac roeddwn i eisiau rhedeg i'w freichiau a dweud, 'Dad, dwi'n gwybod fy mod i'n edrych yn iawn ond dydw i ddim. Dwi'n cael trafferth mawr, dwi wir ddim yn hapus. Gwna i bob dim ddiflannu.'

Ond wnes i ddim.

Wrth i ni adael, dywedodd gwraig fy nhad, 'Mi wyt ti wedi cymryd at fod yn fam fel hwyaden at ddŵr,' ac mi wnes i lyncu'r cyfog a oedd yn cronni yn fy ngwddw a rhoi cusan ffarwél i'r babi ar ei ben bach. Ac i ffwrdd â ni.

Wrth gerdded ar hyd y stryd tuag at y bwyty ar ei phen draw hi, fy mhengliniau'n ansad fel rhai Bambi, roeddwn i'n teimlo'n gyfoglyd ac yn nerfus. Yn y bwyty, mi wnaeth y fwydlen fy llethu.

Doeddwn i ddim yn malio dim am ryw dapas ffafflyd gwirion. *Beth fyddai Laura yn ei archebu?*

Wna i byth ddeall pam na wnes i sôn wrth Hugo sut roeddwn i'n teimlo. Dwi'n credu ei fod yn rhan o'r salwch. Y cywilydd. Yr ofn. Mae'n eich cornelu chi, yn eich llwgrwobrwyo chi, fel herwgipiwr: 'Os wyt ti'n dweud rhywbeth, mi wna i dy ladd di.'

Mi wnes i drio bwyta, ond roedd y panig a'r gorbryder yn ei gwneud hi'n anodd i fi lyncu. Archebodd Hugo siampên, ond roedd y swigod dathlu yn blasu'n chwerw ac yn ffiaidd ac yn gwneud i fi deimlo'n fwy a mwy ar bigau drain. Roeddwn i'n gafael yn fy nghadair efo fy ewinedd. *Mae pawb yn gwybod mai fi ydy'r ferch od yna. Yr un sydd ddim yn caru ei babi. Mae pawb yn gwybod.* Pe bawn i wedi cerdded heibio i gath, mi fyddai wedi hisian arna i. Roedd Hugo'n gwybod nad oeddwn i'n fi fy hun. Roeddwn i'n gwybod ei fod o'n gwybod hefyd. Hen gêm dawel, ofnadwy oedd hi.

Gawn ni fynd adra rŵan? Gawn ni gydnabod yn bendant nad ydw i'n iawn? Rhoi pen ar fy mhoenau i. Dwi'n teimlo fel llofrudd ar ffo. Mae angen i fi ildio. Plis, Hugo, darllena'r arwyddion, mi wyt ti'n fy adnabod i... plis...

Mi wnaethon ni dynnu llun ac mi wnes i ei bostio ar Instagram, eisoes yn ofni'r ymatebion 'hoffi'.

'Llongyfarchiadau!'

Na. Dwi'n boddi. Plis. Wneith rhywun fy helpu i?

Roedd fy nofel newydd, *Big Bones*, yn cael ei chyhoeddi yr wythnos honno. Roedd yn ymwneud ag agwedd gadarnhaol at y corff, hunan-werth a chariad at fywyd, ond yn y cyfamser roedd yr awdur yn llanast llwyr a oedd yn casáu ei hun. Roedd gen i gyfweliad radio wedi'i drefnu, ond allwn i mo'i wneud o. Doeddwn i ddim yn gallu esgus 'caru fy hun' pan oeddwn wedi agor drws 'gwaharddedig' castell fy ymennydd a chael fy ngharcharu mewn tŵr arteithio.

Doeddwn i ddim yn adnabod y ferch oedd wedi ysgrifennu'r llyfr yma. Ac phe bawn i'n cael ambell gip annisgwyl ohoni, mi fyddwn i'n berwi efo cenfigen, yn casáu ei llawenydd. Yn cymryd trueni dros ei diniweidrwydd, yn wfftio'i hanwybodaeth. Roedd hi wedi mynd.

Roedd *Big Bones* yn cael ei chyhoeddi i gyd-fynd â Diwrnod Rhyngwladol y Menywod – ond roeddwn i'n teimlo fel yr enghraifft waethaf o fenyw ar y blaned! Roeddwn i ar fin dod yn llysgennad i grŵp elusennol mawr sy'n cefnogi pobl ifanc ac iechyd meddwl, ond roeddwn i'n deisyfu am gael fy ngwasgu'n fflat gan injan rowlio. Am eironig.

Roedd hi'n ddiwrnod pen-blwydd fy chwaer hefyd, a hynny'n gwneud i fi deimlo hyd yn oed yn waeth.

Roedd gen i fwy o waith cyhoeddusrwydd i'w wneud, cyfweliad ffôn ar gyfer erthygl mewn cylchgrawn, ond llwyddodd fy nghyhoeddwr i'w perswadio nhw i anfon y cwestiynau ata i ar e-bost. Doedd fy ymennydd ddim yn gweithio. Roedd teipio'r atebion ar y gliniadur fel trio bwyta dysglaid o gawl efo nodwydd.

Ffoniodd fy ngolygydd i awgrymu cynllun, sef gofyn y cwestiynau i fi a finnau yn eu hateb ar y ffôn. Yn garedig iawn, roedd hi wedi cynnig teipio ac anfon fy ymatebion. Ond doeddwn i ddim yn gallu siarad. Dyma fi'n dweud, 'Mae'n ddrwg gen i, alla i ddim gwneud hyn,' â'r geiriau'n llifo i'w gilydd.

Canslo popeth.

Yn ôl â ni at y doctor eto, gan bledio am help.

'Rydyn ni i gyd wedi bod yn trafod eich achos chi,' meddai'r meddyg teulu. 'I ddechrau, roedden ni'n meddwl eich bod chi'n dioddef o anhwylder addasu difrifol, ond rydyn ni'n credu eich bod chi'n dioddef o iselder ôl-enedigol.'

'Oes *raid* i fi gymryd y feddyginiaeth?' gofynnais.

'Na, does dim *rhaid* i chi wneud unrhyw beth,' meddai, 'ond mae'n gallu gwaethygu'n gyflym iawn os nad ydy o'n cael ei drin yn gywir. Mae'n gallu mynd un o ddwy ffordd. Iselder ôl-enedigol, sef beth rydyn ni'n meddwl sydd arnoch chi. Mi allwn ni roi cwrs byr o wrthiselyddion i chi, ac mi ddylai hynny ei drin nes bod eich hormonau'n setlo. Mae'r gwrthiselyddion yn gwbl ddiogel i'w cymryd wrth fwydo ar y fron.'

'A be ydy'r ffordd arall?' gofynnais.

'Mae'n brin iawn, ac yn annhebygol, ond mae'n gallu gwaethygu i fod yn rhywbeth o'r enw seicosis ôl-esgor,' meddai.

Seicosis.

Dyna oedd yn cymell llofruddion, ia ddim? Hen gariadon gwallgo. Stelcwyr. Canibaliaid. Bwystfilod. Pam oeddwn i'n sydyn yn dioddef efo llwyth o afiechydon nad oeddwn i prin yn gallu eu sillafu? Y cyfan wnes i oedd cael babi. Roeddwn i'n teimlo'n sâl. Mi deimlais i ias oer.

'Ydych chi wedi... *gweld* rhywbeth sydd ddim yna go iawn? Nad oes neb arall yn ei weld? Ydych chi?' gofynnodd.

'Be? Gweld petha? Nac ydw! Wrth gwrs ddim,' atebais.

Dydw i ddim yn HONCO BOST, chi!

'Ydych chi wedi... wel... wn i ddim... wedi *clywed* llais, rhywun yn galw eich enw chi efallai, ac wedi troi rownd a does 'na neb yna?' Dyma'r meddyg yn mynd ati i actio'r weithred o droi rownd.

Iesu mawr. Roedd hi wir yn gofyn i fi a oeddwn i'n CLYWED lleisiau.

'Naddo!' Bron nad oeddwn i'n ei chystwyo hi. 'Dydw i ddim wedi clywed unrhyw leisiau!'

'Wel, mae hynny'n newyddion da iawn, ond mae'n rhaid i chi roi gwybod i ni os ydych chi'n profi unrhyw beth... *brawychus*,' atebodd.

Wnes i ddim sôn 'mod i'n meddwl bod 'na dedi-bêr enfawr yn fy ffilmio i, ond yn lle hynny, mi wnes i ofyn iddi pa mor hir fyddwn i'n teimlo fel hyn. Esboniodd y meddyg y gallai gymryd hyd at chwe wythnos i'r gwrthiselyddion ddechrau gweithio.

CHWE WYTHNOS? Doedd GEN i ddim chwe wythnos. Erbyn hynny, mi fyddwn i'n gweld pethau ac yn clywed pethau. Roeddwn i'n gwybod y byddwn i. Efallai y byddwn i wedi marw hyd yn oed.

'Ac rydyn ni'n meddwl mai gorbryder sy'n ei gymell...' aeth yn ei blaen.

Y gair 'gorbryder' yna eto. Lledodd ei dwylo fel pe bai'n dweud, 'Eich dewis chi ydy o, pa mor hir ydych chi eisiau i hyn lusgo 'mlaen?'

'Beth ydych chi eisiau ei wneud? Ydych chi eisiau ystyried gwrthiselyddion neu ydych chi eisiau rhoi cynnig ar frwydro drwyddi?' gofynnodd.

'Ydw i'n *gallu brwydro* drwyddi?' holais.

'Mae rhai menywod yn gallu, ond yn eich achos chi...' meddai, â'i llais yn tawelu.

'Fy mai i ydy hyn i gyd. Dwi'n teimlo mor euog,' meddwn i drwy fy nagrau, heblaw am y ffaith nad oedd 'na ddagrau'n dod. Ddim rhai go iawn. Roeddwn i mor ddiffrwyth. *Pam nad oeddwn i'n gallu teimlo?* Fel arfer, doeddwn i ddim yn gallu mynd y tu hwnt i bum munud cyntaf y bennod o *The Simpsons* lle mae Homer yn bwyta'r pysgodyn gwenwynig heb feichio crio. Rŵan, roeddwn i'n sosiopath.

Dyma hi'n rhoi presgripsiwn gwrthiselyddion i fi. Wrth i fi adael ei hystafell, dywedodd, 'Peidiwch â phoeni am yr euogrwydd. Dydy'r euogrwydd byth yn mynd. Mae gen i ferch gartref a dwi'n euog drwy'r amser. Yn euog am weithio, yn euog am beidio â gweithio. Mae'n rhan o fywyd mam. Mi wnewch chi gynefino efo hynny.'

Dyma ni'n dau yn cerdded o'r feddygfa.

Roedd De Llundain, a oedd mor annwyl i fi, yn sydyn yn edrych mor hyll.

Beth oedd y pwynt? Pam ddylwn i hyd yn oed drio gwella?

Mi allwn i adael.

Mynd.

Gwneud i'r cyfan stopio.

Doeddwn i ddim eisiau mynd yn ôl adra at Mam a Jet efo'r nyrs famolaeth yno i wneud popeth, a finnau ar y soffa, yn da i ddim, yn troi'n garreg.

Dyma fi'n tecstio fy ffrind gorau, 'Mae gen i iselder ôl-enedigol.'

Mi atebodd hithau i'r perwyl, 'Mi oeddwn i'n amau. Paid â phoeni. Mi fyddi di'n iawn achos mae'n RHAID i ti fod. Dwi'n addo. Mi wna i dy helpu di drwyddi. Caru ti. X'

Roedd yn rhaid i ni fynd i'r fferyllfa eto. Roeddwn i'n casáu'r lle. Roedd hi yno, y tu ôl i'r cownter, yn sefyll fel gwraig Dracula, efo'i gwên sugno gwaed.

Yn ôl eto, dwi'n gweld?

Y tro hwn ar gyfer gwrthiselyddion. O, mi fyddai hyn yn *fêl* ar ei bysedd hi.

‘Ble mae’r *babi*?’ gofynnodd, fel pe bawn i wedi ei adael i bydru ar fainc mewn rhyw barc.

‘Adra efo fy mam,’ cyfarthais yn ôl, a rhoi fy mhresgripsiwn iddi.

‘Mae gennych chi iselder ôl-enedigol?’ gofynnodd, gan *wenu.*

‘Oes,’ atebais.

‘Mae’n gallu digwydd. Hwn ydy’r babi cyntaf?’

Doeddwn i ddim hyd yn oed yn gallu edrych ar y dymis a’r poteli bwydo.

Y clytiau efo’r lluniau o blant bach hapus ar y deunydd pacio. *O mam bach.* Roeddwn i’n mynd i orfod wynebu geriach babi am weddill fy oes, a phob dim yn fy atgoffa i o’r babi nad oeddwn i wedi gallu gofalu amdano. Doedd dim ots i ble fyddwn i’n ffoi, roedd ’na fabis ym mhobman. A doedd dim ots pa mor bell fyddwn i’n mynd, mi fyddai gen i gysylltiad efo Jet *am byth.*

Roeddwn i’n mynd i orfod rhedeg i ffwrdd. Ond yr euogrwydd. Allwn i ddim byw efo hynny. Ond doeddwn i ddim yn gallu byw fel *hyn* chwaith. Roeddwn i’n mynd i orfod marw.

Yn sydyn, roedd Llundain yn teimlo’n fach iawn. Roeddwn i’n teimlo fel y fenyw HONNO, roedd pawb yn siarad amdana i. Yn chwerthin ar fy mhen i. *Sibrwd sibrwd...*

Hi ydy’r un sydd...

Honna ydy’r un...

Ooo... ddim honna ydy’r fam...

Dyma sut oedd o’n digwydd. Roeddwn i’n gweld hynny’n glir rŵan. Roeddwn i’n gyfarwydd ag arwyddion y ffordd sy’n arwain at wallgofrwydd, ac roeddwn i ar y ffordd honno. Roedd yn rhaid i fi fynd allan o’r fferyllfa i gael ychydig o aer.

Dyma fi’n ffonio Dad.

‘Mae gen i iselder ôl-enedigol, Dad,’ ebychais. ‘Dwi ddim yn gwybod be sy’n bod arna i.’

‘Iawn, Loli. Mae’n iawn. Mae’n iawn. Mi fydd pob dim yn iawn. Deuda wrtha i lle wyt ti.’

‘Dwi’n aros tu allan i’r fferyllfa. Mae Hugo y tu mewn yn cael... maen nhw eisiau i fi fynd ar wrthiselyddion.’

'Mae'n iawn, Loli. Dwi yn y dafarn. Yr un lle gefaist ti dy ben-blwydd.'

Mi wnes i ddal fy hun yn rhedeg. Roedd hi'n gynnar yn y dydd a dim ond un neu ddau o bobl leol oedd yno, a Dad – siaced ledr, sgarff sidan, helmed sgwter o dan ei fraich. Dyma fi'n disgyn i'w freichiau, ond doeddwn i'n dal ddim yn gallu crio.

'Dydw i ddim eisiau mynd ar dabledi,' meddwn i.

Roedd yn trio aros yn ddigynnwrf, ond roedd y pryder yn gwbl amlwg ar ei wyneb.

'Wel, oes 'na ffyrdd eraill o'i chwmpas hi? Rhywbeth arall elli di ei wneud? Dwyt ti heb drio pob dim arall eto, nag wyt?'

GWIR! Mi allwn i wneud dosbarth celf? Ioga? Bywlunio? Myfyrio? Golff? *Canfod fy hun* ar drampolîn?

'Mae Mam yn y tŷ. Mae angen i fi fwydo Jet. Ddoi di draw a chael gair efo Mam?'

'Efo dy fam?' Oedodd. Syrthiodd ei wep. Ond mi ddaeth.

Mi fu bron i Mam neidio allan o'i chroen (a'r ffenest) pan welodd hi Dad. Doedden nhw ddim wedi bod mor agos â hyn at ei gilydd ers tua phymtheng mlynedd.

Roeddwn i'n teimlo fel pe bawn i dan ddylanwad cyffuriau. Roedd fy ngên wedi cloi. Finnau'n suo fel ffens drydan. Yn trio bod yn normal, ond pob symudiad yn teimlo fel perfformiad. Roedd rhywbeth mor syml â gwthio fy ngwallt tu ôl i fy nghlust yn teimlo'n fwriadol a dichellgar. Roedd popeth yn teimlo'n araf iawn ond yna'n cyflymu. Allwn i ddim edrych i fyw llygaid neb. Doeddwn i ddim eisiau iddyn nhw weld fy llygaid mawr gwag.

Pan gyrhaeddodd Hugo yn ôl o'r fferyllfa efo fy mhresgripsiwn, roeddwn i'n rhefru, yn mynnu nad oeddwn i'n mynd i gymryd gwrthiselyddion.

'Laura, mae'n rhaid i ti wrando. Cymera nhw. Cymera'r tabledi,' mynnodd Mam.

'Gwranda ar dy fam!' bloeddiodd Dad.

Dydyn nhw *byth* yn cytuno. Mae'n rhaid bod hyn yn wael. Does bosib bod y ddau ohonyn nhw'n cynllwynio yn fy erbyn i?

Dyma Mam yn tynnu un bilsen fach wen o'r pecyn a'i hestyn tuag ata i.

'Laura. Llynca hi. Rŵan. Dwyt ti ddim yn dda *o gwbl*. Llynca hi.' Roedd ei llais yn llym.

'Laura, cariad, llynca hi,' ychwanegodd fy nhad, wedi'i lethu gan anobaith.

Dyma fi'n gafael yn y bilsen a'i llyncu.

32

Yn fy arddegau, roeddwn i'n arfer meddwl bod iselder yn *cŵl a diddorol*, mewn rhyw ffordd.

Doeddwn i erioed wedi ei brofi. Roeddwn i'n teimlo 'mod i wedi cael fy amddifadu, yn genfigennus o'r merched yn fy ysgol a oedd yn lliwio eu gwallt yn ddu ac yn gwisgo *kohl* o amgylch eu llygaid, ac yn chwydu cerddi ingol yn ystod gwersi bioleg. Y rhai oedd yn crafu 'Dwi isio marw' er eu desgiau efo cwmpawd. Roedden nhw'n *dioddef*.

Roeddwn i'n arfer meddwl nad oeddwn i wedi fy nghreu ar gyfer iselder. Doedd gen i mo'r lefel ddigonol o ddeallusrwydd. O emosiwn. O sensitifrwydd. Doedd gen i mo'r ddawn i ddeall ystyr bywyd yn ei holl ddyfnder. Doedd gen i ddim esgus i ddweud bod fy mywyd i'n anodd.

Dwi'n cofio merch yn yr ysgol yn dweud wrtha i unwaith, 'Ti'n berson ffug. Does 'na neb yn gallu bod mor hapus â HYNNY drwy'r amser.'

A dwi'n cofio teimlo mor siomedig am hynny. Beth oeddwn i i fod i'w wneud, ymddiheuro am fy ngwytnwch? Am fy ngallu i gymryd bywyd fel y daw? I fod yn agored ac yn optimistaidd ac yn gadarnhaol?

Mi fyddwn i'n *trio* bod yn 'isel' weithiau, ond mi fyddwn wedi anghofio am y 'diflastod' erbyn amser egwyl ac yn chwerthin nerth esgyrn fy mhen wrth sglaffio bisged siocled. Doeddwn i byth yn gallu mynd mor bell â dweud fy mod i'n casáu fy hun. Achos, wel, doeddwn i ddim.

Roeddwn i bob amser yn teimlo nad oeddwn i'n awdur dilys am nad oeddwn i'n un o'r artistiaid hynny a oedd yn cael eu harteithio gan broblemau iechyd meddwl. Roeddwn i'n meddwl bod salwch meddwl yn cyd-fynd efo creadigrwydd, sensitifrwydd a doethineb. Bod yn rhaid i unrhyw athrylith ddioddef er mwyn ei gelfyddyd. Doedd gen i ddim profiad gwirioneddol i ysgrifennu amdano oherwydd nad oedd 'na ddim byd nodedig wedi digwydd i fi. Roedd fy rhieni wedi gwahanu. *Gwych. Toedd rhieni pawb?*

Roeddwn i eisiau bod yn artist *o'r iawn ryw*. Roeddwn i eisiau ysgrifennu nofelau gwych ar gynfasau fy ngwely cyn eu rhwygo'n ddarnau. Cael triliwn o gariadon. Cael aros yn y gwely a rhefru a sgrechian a bod mewn perthynas gythryblus. Roeddwn i eisiau bod yn enigma. Eisiau bod wedi torri fy nghalon. Eisiau bod yn ddwys. Eisiau bod yn eithafol. Eisiau bod wedi colli. Eisiau bod wedi cael 'profiadau'. Eisiau byw mewn warws. Roeddwn i eisiau nosweithiau di-gwsg yn creu, llowcio coffi du a pheidio â bwyta.

Eisiau cael fy nghymryd *o ddifri*. Eisiau i fy ngwaith darddu o rywle go iawn.

Doedd artistiaid hapus a diogel ddim yn 'ddilys'. Roedd hapus yn golygu diflas.

NONSENS LLWYR. Yr unigolyn creadigol-brudd ydy un o ystrydebau mwyaf diffygiol ein diwylliant. Mae'n cael ei ddyrchafu a'i wneud yn llawer mwy o beth nag y mae'n ei haeddu. Does dim rhaid i wefusau dioddefaint meddyliol eich cusanu chi er mwyn i chi fod yn greadigol neu greu gwaith gwych.

Mi fyddwn i'n dewis teimlo unrhyw boen gorfforol yn hytrach na phoen iselder neu iechyd meddwl gwael. Na, anghofia hynny – mae iechyd meddwl gwael yn boen gorfforol. Mae'n brifo i'r byw. Dydy o ddim yn jôc.

Dydy iselder ddim yn rhan annatod o greu celfyddyd. Does dim angen iselder i greu celfyddyd.

Dydy o ddim yn chwiw. Dydy o ddim yn ffasiwn. Dydy o ddim yn rhywbeth i ymgyrraedd ato fo. Dydy o ddim yn digwydd 'achos eich bod chi'n greadigol'. Dydy o ddim yn dristwch. Dydy o ddim yn 'biwis'. Dydy o ddim yn rhywbeth lle mae hi'n bosib callio a throi cefn arno fo. Dydy o ddim yn fai ar rywun. Dydy o ddim yn ddewis.

A dydy o'n bendant DDIM yn cŵl.

33

Mae gan bobl syniad 'tabloid' ystrydebol o sut olwg sydd ar iselder ôl-enedigol. Straeon arswyd yn deillio o'r hyn maen nhw wedi'i weld ar y sgrin fawr a'r sgrin fach.

Laura... Maen nhw'n meddwl dy fod di'n llofrudd babi. Dy fod di'n rhedeg o gwmpas y strydoedd mewn gŵn nos blodeuog wedi'i staenio â gwaed efo pram gwag. Y byddi di'n cerdded i mewn i donnau gwyllt y môr efo cerrig yn dy bocedi. Y byddi di'n mygu'r babi. Yn ysgwyd y babi. Yn tagu'r babi. Yn brathu a chrafu'r babi. Ti ydy'r bygythiad. Ti ydy'r peryg. Mi fydd pobl yn dy roi di dan glo ac mi fyddi di'n camu i fyny a lawr rhyw goridor yn mwmian hwiangerddi i ti dy hun.

Os ydy mam newydd *yn* cael teimladau negyddol yn ymwneud â niweidio'r babi pan mae hi'n sâl, mae hynny'n digwydd am ei bod hi'n sâl. Mae'n bosib ei bod hi'n gweld y byd fel bygythiad neu beryg i'w babi. Mae'n bosib ei bod hi'n meddwl ei bod hi'n amddiffyn ei babi. Mae'n bosib ei bod hi'n profi rhithdybiau amdani hi ei hun neu am ei babi neu am weddill y byd. Nid ei bai hi ydy hyn. Ydy, efallai ei bod hi'n ddychrynllyd, ond *mae hi wedi dychryn.*

Pan oeddwn i'n sâl, doedd neb yn fwy ofnus ohona i na fi fy hun. Mi fyddwn i wedi rhoi'r byd am beidio â theimlo fel hyn.

Mi oeddwn i'n arswydo rhag clywed lleisiau neu brofi rhithweledigaethau. Roedd gen i ofn pa bethau annisgwyl a chas oedd gan fy meddwl ar fy nghyfer i. Dyma'r cyfan y gallwn i feddwl amdano.

A dyma fi'n meddwl ei fod o'n debyg i'r adegau hynny pan fyddi di'n poeni am arogli nwy yn y tŷ, ac yn poeni i'r fath raddau nes dy fod di'n dechrau arogli nwy go iawn. Mae fel gwenyn yn dy ymennydd. A dydy o ddim yn mynd i ddiflannu.

Os ydw i'n dweud wrthot ti am beidio â meddwl am eliffant pinc...

Beth wyt ti'n ei weld rŵan?

Roeddwn i'n newid clwt Jet yn gynnar un prynhawn pan ddigwyddodd o. Mi wnes i glywed llais. Yn fy mhen. Ond ddim yn fy mhen chwaith. Fy llais i, ond ddim fy llais i. Roedd yn swnio fel fi, ond ddim fi oedd o. Doedd gen i ddim rheolaeth drosto o gwbl. Roedd naws y Llais mor dywyll, fel pe bai o wedi bod yn aros am yr union eiliad hon, efo crechwen ar ei wyneb.

Mi wyt ti'n fam wael iawn. Mi wyt ti wedi gwneud smonach go iawn o bethau, yn dwyt? Mi wyt ti'n gwbl, gwbl wallgo. Mae'n dod. Mae 'na rywbeth yn dod. Rhywbeth ofnadwy, ofnadwy o ddrwg.

Dyma fi'n rhewi.

Ydw i'n clywed lleisiau. Ydw i? Ydy hyn yn cyfri fel clywed lleisiau?

Yn yr un modd ag y byddai dymuno i drên fy nharo i yn cyfrif fel meddwl hunanddinistriol, mae'n debyg, *pa brawf arall oedd ei angen arna i?* Roeddwn i'n clywed llais ac roedd yn fy mhrocio i. Roedd yn cymryd trueni drosta i. Roedd yn fy ngwatwar ac yn gas.

Dyma fi'n gofyn i Hugo orffen newid Jet. Allwn i ddim credu'r hyn roeddwn i'n ei glywed. Mi gerddais i'r ystafell ymolchi, fy stumog yn corddi, a'r Llais yn fy nilyn i ar hyd y coridor.

I ble wyt ti'n mynd? Wyt ti'n trio rhedeg i ffwrdd? Alli di ddim cuddio. Mi wna i ddod efo ti, dyna i gyd.

'Dos o'ma, dos o'ma.'

Mi edrychais yn y drych. Fy llygaid i oedden nhw, ond doedden nhw ddim yn llygaid i fi chwaith.

Ha. Ha. Ha. Haia.

O mam bach, o mam bach, o mam bach. Mae o wedi digwydd, meddyliais. *Dwi wedi colli 'mhwyll.*

Wnes i ddim sôn gair wrth neb am y Llais. Dim ond trio ei reoli orau y gallwn i. Ei guddio fo. Doeddwn i ddim eisiau ymgysylltu ag o, felly doedd dim amdani ond gadael i fy meddyliau hyrddio o gwmpas y lle, a chau fy ymennydd i'r byd tu allan. Roedd fy ngwythiennau, hormonau, cemegion, signalau a negeseuon i gyd yn glymau dryslyd, wrth i'r meddyliau gwibiog dresmasu'n ddi-baid.

Roedd fy ymennydd yn llosgi'n ulw. Roeddwn i'n gwybod fy mod i'n sâl. Ac roeddwn i'n gwybod fy mod i yn ei grafangau. (Crafangau'r Llais, am wn i.) Ac mai dyma sut fyddwn i'n marw.

Mi wnes i drio gwrando ar y radio i dynnu fy sylw, ond roedd y meddyliau'n ymddangos yn gyflym. Roeddwn i'n ei chael hi'n anodd canolbwyntio ar unrhyw beth. Er 'mod i'n trio canolbwyntio ar Jet, mi fyddai fy meddwl yn gwibio a chynhyrfu, boddi, dod i'r wyneb, anadlu a chael ei lusgo yn ôl i'r dyfnderoedd eto.

Mi wnes i lawrlwytho ap myfyrio, a chofrestru am flwyddyn gyfan, gan weddïo y byddai'n fy achub. Roedd y geiriau fel arllwys petrol ar dân; roedd llais y dyn yn fy nychryn i. Mi wnes i benderfynu ei fod yn fy hypnoteiddio i. Yn fy ngwneud i'n sâl.

Mi fyddwn i'n eistedd ar y soffa wrth ymyl y nyrs famolaeth.

Paid â thrio'i seboni hi. Mae hi'n gwybod sut un wyt ti.

Mi fyddwn i'n codi a cherdded i'r ystafell ymolchi.

O, rhedeg i ffwrdd, ia?

Bob tro y byddwn i'n gweld unrhyw un, yn siarad ag unrhyw un, yn cyfarch neu ffarwelio ag unrhyw un, hyd yn oed yn edrych ar unrhyw un:

Be wyt ti'n ei wneud? Yr hulpan wirion. Paid â dweud wrthyn nhw amdanon ni. Os dwedi di'r un gair wrth RYWUN, *mi wna i dy ffycin ladd di. Paid â'i cholli hi. Dyna fo. Chwaraea'r gêm. Cadwa dy ben.*

Unwaith fyddwn i ar fy mhen fy hun eto neu wedi troi fy nghefn neu gau'r drws, mi fyddai'r Llais yn ysgyrnygu:

Ha, mi wnest ti lwyddo i'w twyllo nhw 'ta? Da iawn. Ond mi fyddan nhw'n dy weld di'n fuan, y ti go iawn. Paid ti â phoeni. Fyddi di ddim yn gallu cuddio am byth.

DWYT TI DDIM YN REAL. DWYT TI DDIM YN REAL.

Mae 'na rywbeth drwg iawn ar fin digwydd. Rhywbeth ofnadwy o ffycin ddrwg, a fyddi di ddim yn gallu ei wynebu. Fyddi di ddim yn gallu ei ddioddef.

Roeddwn i wedi bod eisiau ffrind dychmygol erioed. Ond coelia di fi, doeddwn i ddim mwyach.

Roeddwn i wedi 'siarad' efo fi fy hun erioed, 'Ty'd, Laura, tân dani', wrth dynnu fy hun allan o ryw berlewyg breuddwydiol. Ond ddim y llais *hwnnw* oedd hwn. Roedd rhywun dieithr wedi dod i'r parti... *fi*, mae'n debyg? ... ond ddim fi chwaith.

O IESU MAWR. Plis.. NA. Be ar y DDAEAR sy'n digwydd?

Roeddwn i eisiau dianc oddi wrth y Llais, ond i ble allwn i fynd? Allwn i ddim dianc oddi wrtha i fy hun. Roeddwn i eisiau dyrnu fy hun yn fy mhen, ond roedd hynny'n gwaethygu'r Llais – ac yn gwneud i fi deimlo'n fwy gwallgo. Doeddwn i ddim eisiau cynhyrfu'r Llais. Roedd gen i ofn iddo fo wylltio.

Aros. Pwy fydd yn gwylltio?

Y Llais!

Ond FI ydy'r Llais! Fy llais I ydy o.

Iawn, os felly, dwi wedi cael fy herwgipio. Gan y diafol. Gan efell cas. Mae 'na rywun yn preswylio yn fy nghorff i. Dwi wedi cael fy meddiannu. Gan ysbryd. Neu ddrychiolaeth.

Doedd dweud wrtha i fy hun, 'Ddim ond yn dy ben di mae o' ddim yn helpu, achos roedd hynny'n gywir, yn fy mhen i *oedd* o.

Fedrwn i'm llywio fy ymennydd yn ôl i'w lawn bwyll mwyach. Fedrwn i'm tynnu fy sylw fy hun. Doedd gen i ddim rheolaeth ar bethau. Doeddwn i ddim yn Laura mwyach. Roeddwn i wedi bod yn dal gafael ar unrhyw dameidiau ohona i fy hun, unrhyw beth oedd yn fi, ymdeimlad o'r hunan, pytiau o feddyliau, unrhyw beth o gwbl, ond os oeddwn i'n llacio fy ngafael, mi oeddwn i'n gweld bod fy nwylo wedi bod yn wag o'r dechrau.

A finnau'n gafael mewn dim byd mwy nag awyr iach.

Roedd yn deimlad ofnadwy i wybod fy mod i'n colli 'mhwyll, bod pawb yn gwybod ond nad oedd 'na neb yn dweud 'run gair.

Fydd hi ddim yn hir

Cyn y bydda i

Mewn gŵn nos gwyn yn yr ysbyty.

Yn cropian.

Fy mhengliniau'n gwaedu.

Yn sgrechian, 'Ble mae fy mabi i?'

O Iesu mawr.

Ar ben popeth, drwy hyn i gyd, roeddwn i'n gwaedu mor drwm. Mi wnes i ddechrau tynnu lluniau o'r tywelion mislif gwaedlyd ar fy ffôn a'u tecstio i'r fydwraig. Roedd 'na lot o waed.

O Iesu mawr. Dwi'n mynd i waedu i farwolaeth, meddyliais.

Wyt, a dwyt ti ddim yn bwyta, wyt ti? Ac mi wyt ti wedi blino'n lân. Ac mi wyt ti'n bwydo. Edrych arnat ti dy hun, dwyt ti ddim yn cysgu ac mi wnest ti golli gwaed wrth gael toriad Cesaraidd hefyd. Bw hw hw. Mi wyt ti'n llanast go iawn, yn dwyt ti?

Roedd fy nghlustiau wedi cau, fel pe bawn i ar awyren, ac mi wnes i benderfynu 'mod i'n colli fy nghlyw.

Mi ges i bresgripsiwn am *diazepam* ar gyfer fy nerfau, i'w gymryd ochr yn ochr â'r *quetiapine* a'r gwrthiselyddion, o, a thabledi i drin clefyd gwair ysgafn hefyd – ond *ha. Ia. IAWN.*

Mi wyt ti'n rhy gry' i'r cyffuriau yma, yr hogan wirion. Wnawn nhw ddim hyd yn oed cyffwrdd yr ochrau!

Yn y fferyllfa, doeddwn i ddim hanner da. Allwn i ddim dioddef gweld pobl normal yn gyrru 'mlaen â'u bywydau. Roedd y byd yn cario 'mlaen fel arfer, ond doedd o ddim i fi. Doeddwn i ddim yn rhan o bethau bellach.

Allith pawb stopio bod yn normal?

Roedd fy nheulu yn arfer tynnu fy nghoes, eu bod nhw'n genfigennus o'r holl stwff roeddwn i'n ei gael ar bresgripsiwn! Yn ôl pob tebyg, roedd *diazepam* yn 'anhygoel' ar gyfer lludded ar ôl taith awyren. Wel, dyna oedd arna i. Yn llythrennol. Lludded Jet. Go iawn.

Roedd Hugo yn sgrialu o gwmpas yn trio gwneud unrhyw beth i 'ngwneud i'n well. Ar ryw bwynt, mi basiodd y ffôn i fi ar ôl deialu llinell gymorth brys. Roeddwn i'n swp ar y soffa efo fy chwaer a Mam gyferbyn â fi, yn gafael yn Jet wrth iddo gysgu, merch ifanc yn gofyn cwestiynau i fi. Dwi'n cofio ateb a baglu'n feddw dros fy ngeiriau, ddim eisiau manylu o flaen fy nheulu pryderus. Dyma fi'n gostwng y sain ar fy ffôn. Doeddwn i ddim eisiau iddyn nhw glywed y cwestiynau, achos doeddwn i ddim eisiau iddyn nhw wybod fy atebion.

'Ydych chi wedi cael meddyliau tywyll neu negyddol?'

'Ydw.'

'Ydych chi wedi ystyried niweidio eich hun?'

'Ydw.'

'Ydych chi'n poeni am ddiogelwch eich babi?'

'Ydw.'

Roedd yn debyg i un o'r cwisiau hynny mewn cylchgronau i ferched yn eu harddegau i weld pa seléb fyddwch chi'n ei briodi. Neu i ddarganfod i ba aelod o fand merched ydych chi'n fwyaf tebyg. Mi wnes i ateb y cwestiynau yn gadarnhaol neu'n negyddol, a dilyn y saeth at y cwestiwn nesaf nes cyrraedd y canlyniad.

Ac roedd pob opsiwn i'w weld yn arwain at hunanladdiad.

Dyma fi'n meddwl am yr holl dabledi a oedd yn cronni ar y bwrdd bach wrth ymyl y gwely.

Allwn i gymryd rheiny? Roeddwn i eisiau dy garu di, Jet. Dwi wedi bod yn edrych ymlaen at dy gael di drwy gydol fy oes. Dyma'r peth gwaethaf sydd wedi digwydd erioed. Mae'n wir ddrwg gen i.

Aros. Ei ddwylo bach. Ei draed babi. Ei fol – ei anadlu ysgafn, i fyny ac i lawr. Ei drwyn bach. Ar ei wyneb cysglyd, mi welais wyneb babi bach arall yn syllu'n ôl, yn gafael ynof fi. Mi *wyt* ti'n edrych fel fi.

Mi welwn fy hun yn ferch fach, fy ngwallt yn hir a finnau'n rhedeg, yn canu efo Daisy. Hufen iâ mefus Minnie Mouse; golchi am aur ffyliaid yn Legoland; gwylio *Jaws*, bwyta tanjerîns efo Mam; gyrru i Chichester; neidio oddi ar ben y cwpwrdd dillad efo Daisy a Hector. Gwylio *Gladiators*. Esgus byw yn Oes Fictoria; fy ngwely bync; fy hen dedi-bêr, yr un roeddet ti'n ei wasgu dair gwaith er mwyn sibrwd dymuniad yn ei glust; fy legins enfys; fy nhŷ dol; fy lamp lafa biws; y Beatles; fy nesg gyntaf, yr un roddodd Dad at ei gilydd pan oedd o'n feddw – y deunydd ysgrifennu wedi'i lapio mewn papur sidan melyn; Hector a finnau'n gwrando ar lyfrau sain cyn mynd i'r gwely. Gwisgo esgidiau sodlau uchel y wraig drws nesa; gwisgo i fyny fel bocsiwr ar gyfer parti gwisg ffansi; gwisgo bag bin i fy mharti pen-blwydd. Cael fy ngorfodi i fynd i'r clwb gwyddbwyll, a oedd yn arogli fel cig moch wedi'i fygu; cael tyllau yn fy nghlustiau; Dad yn ein taflu ni yn y bath yn ein dillad nos; Siobhan a finnau'n cymysgu gwenwyn mewn cwpan plastig i ladron ei yfed; eistedd yn y fan yn aros am Dad; cawl tomato efo caws wedi'i doddi ar y gwaelod efo Graham; pasta tiwna, ffa pob; tŷ fy mreuddwydion yng ngardd Krissy Ward; cael fy mhigo gan wenynen feirch; mopio 'mhen efo Jaz â'r dant aur oedd yn gweithio yn y siop papurau newydd. Mr Gordon yn dysgu'r gitâr i fi; addurno'r goeden Nadolig; yr Iseldiroedd a'r dyn efo'r bisgedi sinsir; pan wnes i losgi fy esgidiau ar y goelcerth. Fy modrwy-dangos-hwyliau; Polly Pocket; Happy Meals; powdr talc disglair Tinkerbell. Chwarae rhan gwraig gŵr y llety yn nrama geni'r ysgol; neidio dros gaws llyffant yn y Brownies. Y clowns Americanaidd a ddaeth i'r ysgol. Fy meic Apple coch cyntaf. Ribena. Cael edau wedi'i phlethu yn fy ngwallt; melysion sur blas afal; mytholeg Gwlad Groeg; Zoe fy noli Barbie annwyl; *Mr Bean*; Carnifal Notting Hill; y pryfed pric yn yr ysgol; dysgu sut i dynnu llun coeden; *Charlotte's Web*. Fy nghathod; Dad yn dweud bod gen i silwét neis. Coco Pops; gyrru drwy Lundain yn y nos. Mam yn pigo pothelli Dad efo pìn. Sunny Delight; pecynnau bwyd Dad – mi fyddai'n ysgrifennu negeseuon ar groen y fanana; y parc antur yn Battersea; y goeden ysgawen. *Y Dyn Eira*, Raymond Briggs. *The Land Before Time*. Jacqueline Wilson. Y neuadd pilipalod.

Mam yn dawnsio.

Dydy o ddim i gyd yn mynd i fynd. Does bosib.

Mi wnes i ddeffro Hugo yn y nos a dweud wrtho am symud y tabledi i ffwrdd oddi wrtha i. Roedd o'n hanner cysgu ac mi daflodd y tabledi ar draws yr ystafell.

Wnes i ddim sôn wrtho am yr ysfa i redeg i'r parc a chymryd gorddos yn y nos: mi fyddai'n rhaid i fi wneud hynny allan o'r fflat, o olwg pawb, fel bod Hugo a Jet yn dal i allu byw yno heb yr atgofion o'r hyn a wnes i. Fyddai dim gofyn i Hugo glirio'r llanast. Roeddwn i'n casáu'r ffordd roeddwn i'n trin y weithred mewn modd mor ymarferol. Doeddwn i ddim hyd yn oed yn gallu meddwl am fynd ar y trên heb fynd drwy'r daith efo Hugo – sut ar y ddaear oeddwn i'n mynd i wneud hyn yn effeithiol heb ofyn am ei gyngor? Ond dwyt ti ddim yn gallu gofyn i neb sut i ladd dy hun achos maen nhw'n mynd i dy berswadio di i newid dy feddwl.

Dyma'r unig ffordd allan o unigrwydd, a does 'na ddim ffordd sy'n fwy unig.

Paid â gwneud hyn, Laura, tria ddal dy dir.

34

Trefnodd Hugo apwyntiad efo'i therapydd i ni'n dau. Roedd hi wedi ei helpu efo'i alar ar ôl iddo golli'i fam, ac mae'n credu'n gryf mewn seicotherapi.

Roeddwn i'n obeithiol iawn ac yn teimlo'n gadarnhaol. Mi wnes i wisgo ffrog, yn hytrach na'r legins roeddwn i wedi bod yn byw ynddyn nhw.

Mi wnaethon ni benderfynu gyrru a mynd â Jet efo ni. Gofynnodd y nyrs famolaeth a oeddwn i'n siŵr. (Bod yn neis oedd hi, yn amlwg eisiau i fi ganolbwyntio yn yr ystafell.)

O, dwi'n deall dy gêm di. Eisiau ei ddwyn o wyt ti.

Criodd Jet yr holl ffordd. Mi wnes i eistedd efo fo yn y sedd gefn ond doedd gen i ddim syniad sut i'w dawelu.

Roedd y therapydd yn addfwyn ac yn wylaidd. Ond yr argraff roeddwn i'n ei gael oedd ei bod hi wedi dychryn yn lân wrth fy ngweld i: oni bai ei bod hi'n gallu cael gwared ar ysbrydion drwg, doedd hi ddim yn mynd i allu fy iacháu i na fy llygaid mawr gwag. Fy anian. Fy mhanig. Roeddwn i'n credu ei bod hi'n gallu synhwyro fy 'ysbryd' aflonydd, fy egni annifyr. Roedd ei dwylo yn dynn ar freichiau ei chadair, yn union fel pe bai'n rhaid gwneud hynny rhag ofn i'r diafol ynof fi gicio yn erbyn y tresi am ddim byd mwy na gorfod ymweld â'i hystafell driniaeth. Roedd hi'n trio magu hyder. Dywedodd wrtha i am eistedd.

Roeddwn i'n amheus, yn amddiffynnol, yn gynhyrfus, yn ymosodol.

Plygodd ei breichiau. Dyma fi'n meddwl, *Mae hi'n trio dangos i fi efo iaith ei chorff ei bod hi eisiau i fi adael. Dydy hi ddim yn fy hoffi i. Mae hi'n poeni am Hugo. Mae hi'n meddwl fy mod i'n hen gloman annifyr.*

Mi edrychodd arna i a dweud, 'Dwi'n credu bod angen i chi gael rhywfaint o gwsg.'

A dyma fi'n dweud, 'Dwi'n gwbod. Ond alla i ddim!'

Dechreuodd Jet grio. Mi wnes i ei dynnu allan o'i sedd car a mynd yn biwis. Mi ddechreuais ei siglo ac yna mewn llais llym a blin, dyma fi'n dweud, 'Dwi'n teimlo 'mod i wedi cael fy nhreisio.'

Dwi'n credu mai trio dweud oeddwn i bod fy nghorff yn teimlo'i fod wedi dioddef ymosodiad, wedi ei gam-drin, ei ecsbloetio, yn gorfforol a rŵan yn feddyliol hefyd.

Roedd y sesiwn i fod yn hanner can munud, ond mi fuon ni'n siarad am ymhell dros awr – wel, doedd Hugo ddim yn cael cyfle i siarad – dim ond gwrando arna i, yn rhefru.

Yn y car, y tu ôl i Hugo yn y sedd wrth ymyl Jet, roeddwn i'n llawn cywilydd mwya sydyn. Yn teimlo 'mod i wedi halogi ei ofod sanctaidd, a bod Hugo yn difaru mynd â fi yno.

Roedd y Llais yn aros amdana i.

A-ha ha ha, y ffŵl. Be oedd hynna? Trio ennyn cydymdeimlad efo stori ddagreuol, ia? Wedi cael dy dreisio? Plis! Mae hynny'n dipyn o or-ddweud. Yr hen het wirion, be wyt ti'n ei wybod am dreisio?

Gad lonydd i fi, atebais innau'n ddiamynedd yn fy mhen. *Does dim rhaid i fi wrando arnat ti. Dwyt ti ddim yn bodoli.*

Ha ha! Ti'm yn dallt? Mae hyn yn wir. Roedd pob dim oeddet ti'n ei wybod cyn hyn yn ffug. Roeddet ti'n ffug. A rŵan mae'r gwir wedi cael ei ddatgelu. Mi wyt ti'n mynd ymlaen ac ymlaen fel rhyw Wonder Woman ffeministaidd, ond pan mae pethau'n mynd yn anodd, fedri di ddim ymdopi.

Mi wnes i ddal Hugo yn edrych arna i yn nrych y car. Mi wenais, ond allwn i ddim peidio â chyffroi. Dyma fo'n gwenu'n ôl yn gwrtais, ond roedd cryndod bychan yn ei lygaid. Roedd yn gwybod bod ganddo fwystfil yn y car, ac yn meddwl, *Efo pwy ydw i wedi cael babi?*

35

Mi wyt ti mewn theatr, a'r eiliad mae'r goleuadau'n diffodd, rwyt ti'n cael awydd i sgrechian pob rheg rwyt ti'n ei gwybod. Neu ar awyren, i weiddi, 'Mae gen i fom!' Neu i wthio rhywun ar y cledrau mewn gorsaf drên; gwasgu ploryn dieithryn; neidio drwy ffenest; taflu dy ffôn i'r môr; cicio ci rhywun. Po fwyaf rwyt ti'n gwybod ei fod yn syniad ofnadwy, mwyaf rwyt ti'n teimlo'r awydd i'w wneud o. Po fwyaf sydd gen ti i'w golli, po fwyaf sydd yn y fantol, mwyaf oll ydy'r awydd.

Roeddwn i wedi profi meddyliau ymwthiol o'r blaen, ond wnes i erioed feddwl rhyw lawer amdanyn nhw. Roeddwn i'n meddwl mai un o'r pethau rhyfedd hynny sy'n digwydd oedden nhw – fel *déjà vu*.

Ar ganol taith ysgolion cynradd i hyrwyddo fy llyfrau plant, mi wnes i flino i'r fath raddau nes i fi ddechrau credu y byddwn i'n tynnu fy nillad i gyd a'u galw nhw i gyd yn hen gachwrs bach. Ar y ffordd i'r ysgolion, mi fu ond y dim i fi ddod oddi ar ambell drên a dweud wrth fy swyddog cyhoeddusrwydd am ganslo pob ymweliad achos nad oeddwn i'n trystio fy hun. Fyddwn i'n gwneud y fath beth? Ai syndrom Tourette oedd hyn?

Yn ddiweddarach, pan oeddwn i ar y ward seiciatrig, esboniodd therapydd sut mae meddyliau ymwthiol yn digwydd. Dychmyga dy fod di'n cael ffrae efo dy bartner pan wyt ti ar ganol torri moron i ginio efo cyllell finiog. Mae dy bartner yn dy gynddeiriogi di i'r fath raddau fel dy fod di'n meddwl i ti dy hun, *dwi mor gandryll a dwi'n dy gasáu di gymaint, dwi'n mynd i dy drywanu di*. Ond rwyt ti'n gwybod na fyddet ti'n gwneud hynny go iawn, felly mi wyt ti'n cario 'mlaen i dorri moron a ffraeo, ac mae'r meddwl gwaedlyd byrhoedlog hwnnw'n diflannu; rwyt ti'n tawelu ac mae'r ddau ohonoch chi'n bwyta'ch pryd bwyd. Ond pan fyddi di'n bryderus iawn ac yn arswydo ac yn meddwl y fath beth, mae'n bosib y byddi di'n taflu'r gyllell i lawr yn sydyn mewn ofn oherwydd dy fod di'n grediniol y *byddi* di'n llofruddio dy bartner. Dwyt ti ddim yn trystio dy hun. Mi wyt ti'n cael dy gaethiwo gan y syniad, ac yn argyhoeddi dy hun nad wyt ti'n gallu ffrwyno dy hun a'i bod yn bosib i ti ddefnyddio'r gyllell. Dyna sy'n gwneud meddyliau ymwthiol mor aflonyddgar.

Mi wnes i ddatblygu *obsesiwn* efo gosod heriau bach i fi fy hun, llif cyson o 'dychymyga pe bai...', 'beth os...' ac ati. Doeddwn i ddim yn trystio fy hun. Roeddwn i eisiau gefynnu fy hun i'r gwely, cymaint roeddwn i'n ofni beth *allwn* i ei wneud.

Mi wnaeth fy meddwl droi i fod fel gwe pry cop, efo popeth yn glynu ato. Roedd pob meddwl yn ymddangos fel 'syniad', a hwnnw'n datblygu i fod yn 'angen'. Mi ddechreuais chwilio am gliwiau o gwmpas y tŷ i weld beth ddylwn i ei wneud, camddarllen negeseuon gan fy ffrindiau, eu cysylltu nhw â'i gilydd, chwilio am arwyddion. Meddwl bod y teledu yn siarad efo fi: yr argraff roeddwn i'n ei gael oedd mai Laura oedd enw pob cystadleuydd ar bob sioe gêm a phob dihiryn mewn drama.

Ti ydy'r cocyn hitio. Mae dy hunllef waethaf wedi dod yn wir. Chwaraea'r gêm, Laura, chwaraea'r gêm... mae dy fywyd cyfan wedi bod yn arwain at hyn, weli di ddim? Lladda dy hun. Lladda dy hun. Lladda dy hun.

O MAM BACH.

Mi wnes i ddechrau credu bod y goeden ffigys y tu allan i'r tŷ yn trio dweud rhywbeth wrtha i. Roedd ei changhennau'n ddu ac yn noeth (roedd hi *yn* aeaf, wedi'r cyfan). Yn fy mhen, mi wnes i gysylltu'r goeden ffigys efo drama roeddwn i wedi'i gweld pan oeddwn i'n feichiog, a oedd hefyd yn defnyddio coeden fel symbol. Ynddi, roedd y prif gymeriad, sy'n colli ei phwyll, yn aflonyddu fwy a mwy, gan ynysu ei hun ac, yn y pen draw, mae hi'n trywanu ei hun yn ei stumog. Efo rhesymeg trasiedi Roegaidd, roeddwn i bellach yn credu bod y ddrama yn trio rhoi arwydd i fi. Yn fy rhybuddio i. Ond wnes i ddim sylwi arno fo. Roeddwn i wedi cael cyfle i ddianc ond roeddwn i'n rhy gibddall i'w weld oherwydd fy meichiogrwydd Hollywood diniwed.

Rŵan, roeddwn i'n gweld y cyfan yn glir, ond roedd hi'n rhy hwyr.

Roedd Hugo a finnau i fod i gyfarfod pan oedden ni'n blant. Roedden ni i fod i gwympo mewn cariad. Roedden ni i fod i gael babi. Ac yna roeddwn innau i fod i ladd fy hun...

Y diwedd.

36

Wrth orwedd yn y gwely un bore ar ôl noson arall ddi-gwsg, mi wnes i ddechrau teimlo pob gwythïen yn fy mhen yn glynu at fy ymennydd. Roedd fy mhenglog yn crebachu. Y tu mewn i'm hymennydd yn cosi.

Roeddwn i'n gweld sêr.

Mi wnes i gyffwrdd â'r cot gwag lle dylai Jet fod efo'i gwningen wen feddal, yr un peth wnes i ei brynu pan oeddwn i'n feichiog.

Dyma fi'n ebychu. Roedd fy anadlu yn isel ac yn gras, fel pe bai fy ysgyfaint yn llawn o hen ddail. Roeddwn i'n gwbl argyhoeddedig 'mod i'n marw.

Mi glywais sŵn olwynion cês y nyrs famolaeth yn rowlio i lawr y cyntedd. Wrth gwrs – roedd hi'n ddydd Iau, roedd hi'n mynd adra am y penwythnos. Roedd i'n mynd yn ôl at ei phlant ei hun. Ac roedd Jet yn crio.

Mi fyddwn i'n ei wneud yn ystod y ddeuddydd nesaf. Dim ond magu'r dewrder oedd raid. Ac yna fyddwn i ddim mewn poen mwyach.

Beth os na fyddwn i'n llwyddo? Beth pe bawn i'n *goroesi?*

Roeddwn i'n meddwl y byddwn i'n nain wyllt, yn casglu celf ac yn gwisgo gemwaith clogyrnaidd, godidog. Dyma fi'n dychmygu Hugo a finnau'n heneiddio efo'n gilydd. Yn nofio mewn môr rhewllyd o oer. Yn mwynhau gwin gwyn a chimwch. Yn dal dwylo wrth i ni gysgu. Roeddwn i eisiau gweld Hugo yn troi'n hen ddyn. Roeddwn i eisiau gweld Jet yn tyfu i fyny. *O mam bach!* Allwn i ddim marw fel'na.

Roedd y pwysau yn cynyddu i fi. Roeddwn i'n gorwedd yn y gwely yn anwybyddu'r holl gyhoeddusrwydd am fy llyfr. Yn anwybyddu'r holl alwadau ffôn a negeseuon. Ddim yn helpu i roi cyhoeddusrwydd i'r ymgyrchoedd nac yn aildrydar hysbysebion. Ar ben popeth, roedd hi'n ben-blwydd ar Hugo drannoeth, a doeddwn i ddim wedi prynu anrheg iddo fo na threfnu unrhyw fath o ddathliad.

Roeddwn i'n trio aros yn dawel; er mwyn osgoi cyswllt llygad â'r arth enfawr. Yn trio cadw fy mhen. Yn trio peidio â meddwl am y goeden ffigys. Neu sgitsoffrenia. Neu am y ddrama wnes i ei gweld, neu am drywanu fy hun. Neu ddiffyg cwsg. Neu'r awgrymiadau a'r negeseuon gan y teledu, neu gan eiriau caneuon.

Mi wnes i anfon tecst od at frodyr Hugo a'i ffrindiau gorau yn trefnu rhyw hanner ymdrech munud olaf i gael cinio pen-blwydd drannoeth. A gwneud cerdyn pen-blwydd truenus iddo allan o bapur argraffu A4 cyffredin. Mi wnes i dynnu llun calon gam efo'r geiriau CARIAD PUR ar y blaen, ac mi gymerodd hynny gymaint o amser am nad oeddwn i'n gallu cadw fy llaw yn gadarn. Roedd Hugo yn eistedd ar ochr arall yr ystafell yn fy ngwylio i wrthi. Dyma fi'n taflu'r cerdyn ato ar draws y stafell.

'Dydy hi ddim yn ben-blwydd arna i tan fory.'

'Wn i. Sori,' atebais.

Roedd pen-blwydd Hugo flwyddyn ynghynt yn un o fy hoff ddyddiau erioed. Roeddwn i wedi gofyn i ffrind wneud cacen las tair haen bwrpasol efo cymylau ffondant malws melys, a ffrwythau a dail aur yn bentwr ar ei phen hi. Mi ddaeth ei deulu draw i frecwast. Wedyn dyma ni'n mynd i sba ac yfed siampên. Y noson wedyn, mi fuon ni'n gweld un o'n hoff fandiau ac yfed cwrw o gwpanau plastig, a'r noson ar ôl hynny, roedden ni wedi trefnu parti.

Roedd pethau'n wahanol iawn eleni. Roedd Daisy a'i chariad, Ramsay, wedi aros y nos ar y soffas eto. Roedd Ramsay ar y 'shifft nos', ac mi gododd pan glywodd fi'n symud o gwmpas yn yr oriau mân.

'Mae'n rhaid i fi fynd,' sibrydais wrtho. 'Mae'n rhaid i Daisy adael i fi fynd. Dwi'n gorfod gwneud hyn ond dwi angen ei chaniatâd hi.'

'Caniatâd i be?'

Awgrymodd Ramsay ein bod ni'n mynd allan am dro. Roedd y wawr ar fin torri; a finnau'n gwisgo fy sbectol haul i guddio fy llygaid afiach. Mae'n rhaid ein bod ni'n edrych fel cwpl yn straffaglu am adra ar ôl homar o noson fawr. Roedd y ffyrdd mor dawel â diwedd y byd. Mae'n rhaid ei bod hi'n oer achos mi allwn i weld fy anadl yn troi'n fwg yn yr awyr.

'Dwi'n mynd i lyncu'r tabledi i gyd,' meddwn i. Wnaeth o ddim ymateb. Roeddwn i'n ddiolchgar iddo fo am hynny; dyma ni'n troi rownd ac yn ei hel hi am adra.

Ar y ffordd yn ôl i'r fflat, mi welon ni un o fy nghymdogion, yn mynd â'i chi am dro. Dwi'n ffrindiau da iawn efo'i merch hi. Mi edrychais arni a thynnu fy sbectol haul, a dyma ni'n syllu i lygaid ein gilydd. 'Dwi ddim yn dda. Dwi'n sâl iawn,' meddwn wrthi.

Ar ôl mynd i mewn i'r fflat, gafaelodd Ramsay yn fy ysgwyddau. Doedd arno fo mo'n ofn i fel pawb arall. Roedd o'n fy adnabod i. Roedd o'n trio achub fy mywyd. Dywedodd, yn gadarn, 'Laura, mi alli di wneud hyn.'

'Na allaf,' meddwn i.

'Galli. Yn dy le di, mi fyddwn i'n brwydro hyd eitha fy ngallu i ddod drwyddi ac i wneud pob dim yn iawn. Dwyt ti ddim yn ildio. Dydy hynny ddim hyd yn oed yn ddewis. Dwyt ti *ddim* yn ildio.'

Ac mi wnes i nodio fy mhen. Ond roeddwn i'n gwybod beth oeddwn i'n mynd i'w wneud.

Mi aeth y diwrnod o ddrwg i waeth. Newidiodd fy hwyliau'n llwyr, fel anhwylder deubegwn a'r brêc wedi methu. Roeddwn i'n profi meddyliau'n rasio, gorbryder, rhithdybiau difrifol. Roeddwn i wedi cynhyrfu'n lân. Yn ansicr. Ar bigau drain. Yn llawn egni, fel rhyw fath o ferch fionig. Doedd 'na ddim byd yn gallu arafu pethau. Mi wnes i ddechrau dilyn pwy bynnag oedd yn gafael yn Jet o gwmpas y fflat, fel cysgod. Os oedden nhw'n gofyn i fi 'helpu' (doeddwn i byth yn cael fy ngadael efo Jet heb oruchwyliaeth), roeddwn i'n edwino ac yn encilio. Doeddwn i ddim eisiau gafael ynddo fo. Doeddwn i ddim eisiau edrych arno fo.

Mi wnes i ddal ati i gornelu aelodau o fy nheulu, un ar y tro, heblaw am Hugo, yn gofyn iddyn nhw beth oeddwn i wedi'i wneud o'i le, yn sibrwd yn bryderus wrthyn nhw, fel pe bai'n rhyw gyfrinach fawr: '*Dwi'n berson drwg, yn tydw?*'

Doedden nhw ddim yn gwrando arna i'n iawn. Roedden nhw (yn ddealladwy) yn trio cario 'mlaen i ofalu am Jet a ffonio'r meddygon i gael help i fi. Ond doeddwn i ddim yn gwybod hyn. Y cyfan roeddwn i'n ei wneud oedd cerdded yn ôl ac ymlaen yn meddwl nad oedd neb yn deall difrifoldeb beth roeddwn i wedi'i 'wneud'.

Wrth i'r diwrnod lusgo rhagddo, mi wnes i ddechrau teimlo fy hwyliau yn newid, yn gorfforol. Roeddwn i'n gallu teimlo fy hun yn trawsnewid – fy llais, fy ystum, fy ngherddediad i gyd yn newid yn gyflym – efo pob newid yn fy nghyflwr meddyliol.

Anfonodd y gymdoges yr oeddwn i wedi'i gweld y bore hwnnw decst ata i'n dweud ei bod hi wedi profi iselder ôl-enedigol ei hun, a bod pethau wedi mynd yn dywyll iawn iddi hi. Mi ddywedodd ei bod hi'n deall, y byddai pethau'n gwella ac y dylwn i gymryd fy nhabledi.

Roedd y tecst yma fel llaw yn y tywyllwch. Mi roddodd gysur i fi. Ond ddim digon i newid fy meddwl.

Er mwyn iddo fo gael seibiant, aeth Hugo i gyfarfod â'i frodyr a'i ffrindiau am ginio. Ac yntau wedi mynd, mi fedrwn i ddweud y 'gwir' wrth fy nheulu.

Mi wnes i ddweud 'mod i'n berson tywyll a thwyllodrus, ond nad oedden ni'n gallu datgelu hynny wrth Hugo. Mi wnes i roi fy manylion banc i fy chwaer.

'Pam wyt ti'n dweud hyn i gyd?' gofynnodd.

'Ar gyfer yr adeg pan fyddi di'n gofalu am Jet,' atebais.

'Pam? Pam na alli di ofalu amdano fo? Lle fyddi di?' Dyma hi'n dechrau crio.

'Plis, Daisy, canolbwyntia, iawn? Mae hyn yn bwysig iawn, rho ganiatâd i fi, gad i fi wneud hyn,' dywedais wrthi.

'Gwneud be?' gofynnodd i fi, gan fynd i banig, 'Gwneud be? Stopia rŵan. Stopia siarad fel yna, stopia ddweud y pethau yma. Mi fyddi di yma, mi fyddi *di* yn fa'ma. Does 'na ddim angen i fi wybod dy fanylion banc di, Laura, mi fyddi di yma.' Dyma hi'n llyncu. 'Fyddi di ddim?'

37

Hunanladdiad. Y gair mawr hwnnw.

Ers y salwch hwn, dwi'n credu 'mod i'n deall cymaint mwy am ffydd. Dwi'n deall pam mae gan bobl Dduw. Mae'n gysur credu bod popeth yn digwydd am reswm. Mae'n braf meddwl bod rhywun/rhywbeth yn gwrando. Bod rhywbeth yn gefn i ti a bod *modd* ateb dy weddïau. Mae'r baradwys honno yn bodoli (ym mha bynnag ffurf) ac mae 'na wastad le i ti gael maddeuant, dy garu a dy dderbyn, beth bynnag sydd wedi digwydd. Bod yna ddrws agored i ti – yn enwedig ar adegau uffernol.

Dwi'n deall dibyniaeth, yr awydd i olchi dy hun i ffwrdd. A rŵan dwi'n deall hunanladdiad hefyd. Wel, fy fersiwn i ohono fo.

Roeddwn i'n un o'r bobl ddiniwed, anwybodus hynny (er 'mod i'n berffaith garedig ac yn llawn bwriadau da) oedd yn meddwl bod pobl yn lladd eu hunain oherwydd bod bywyd yn rhy anodd, oherwydd eu bod nhw'n anhapus, mewn poen, yn dorcalonnus neu'n ddiflas, mewn gormod o ddyled, neu mewn rhyw helynt arall. Mae'n debyg fy mod i'n meddwl ei fod yn 'hunanol' neu'n 'llwfr'.

Rŵan, dwi'n edrych ar feddyliau hunanddinistriol fel fersiwn yr ymennydd o drawiad ar y galon. Os wyt ti yn y lle *hwnnw*, yna *mae* o'n argyfwng.

Doeddwn i ddim yn gwybod nac yn deall ei bod hi'n bosib i rywun ladd ei hun achos bod hunanladdiad yn *symptom o'r salwch.* Pan oedd pobl yn penderfynu lladd eu hunain, nad y *nhw* oedden nhw. Doedden *nhw* ddim yno. Fod y sefyllfa fel neidio drwy ffenest yng nghanol arswyd nos.

Does neb iach ei feddwl *eisiau* lladd ei hun. Ond, yng nghrafangau'r salwch yma, mae'n bosib lladd dy hun mewn cyflwr manig neu drwy ddamwain. Mae hefyd yn bosib i bobl fod yn hunanladdol am eu bod nhw'n ofni eu *hunain*, oherwydd eu bod nhw'n gaeth. Dydy'r unigolyn sâl *ddim yn gallu* gweld ffordd allan. Oherwydd bod dy ben di'n garchar sy'n cynnwys y dioddefaint gwaethaf un, dioddefaint y tu hwnt i ddychymyg, rwyt ti'n credu nad oes gen ti ddewis. A chreda fi, waeth faint o bobl sy'n dweud bod gen ti ddewisiadau, rwyt ti'n teimlo nad oes gen ti unrhyw ddewis ar y pryd. Does yna ddim lle mwy unig. Mi wyt ti'n achub dy hun rhag rhywbeth rwyt ti'n ei ystyried yn fygythiad mwy: ac mae'n rhaid dy fod di mewn lle ofnadwy i feddwl hynny. (Mi wnaeth 'na bobl neidio oddi ar y *Titanic* unwaith wnaethon nhw ddeall fod y llong yn suddo.) Mae hynny'n gofyn am ddewrder rhyfeddol.

Mae dy salwch yn dweud dy fod di'n faich, y byddai pawb yn well eu byd pe baet ti ddim ar dir y byw. Ac mae'r salwch mor bwerus a hollgynhwysol fel dy fod di'n credu hyn. Mi wyt ti'n credu dy fod di'n gwneud hyn ER MWYN pobl eraill, ddim er dy fwyn dy hun. Wyt, mi wyt ti'n mynd i frifo dy anwyliaid, ond mae'r salwch yn gwneud i ti gredu dy fod di'n eu harbed nhw rhag dioddefaint a straen gwaeth yn y tymor hir. Mi wyt ti hefyd yn teimlo bod angen caniatâd gan dy anwyliaid i wneud hynny. Mae'n *an*hunanol achos dy fod di'n meddwl dy fod di'n faich, ddim yn haeddu dy le ar y ddaear, a dwyt ti ddim yn dweud gair wrth neb achos mi fydden nhw'n trio dy stopio di.

Ond celwydd ydy'r CYFAN. Does yna ddim byd lle fyddai neb na dim yn well hebot ti. Mae'n *rhaid* i ti ddweud wrth rywun.

Rydyn ni'n fodau dynol, wedi'n creu i oroesi. Am yr union reswm hwnnw, mae'r weithred o ladd dy hun yn fwriadol yn un *anodd*. Rydyn ni eisiau ocsigen. Rydyn ni eisiau i'n calon guro! Rydyn ni'n wydn. Ac yn gryfach nag ydyn ni'n ei feddwl. Rydyn ni'n gadarn. Ar ôl bod yno fy hun, dwi'n gwybod rŵan nad ydy hi'n hawdd i ladd dy hun, a does 'na ddim byd *hunanol* na *llwfr* am fod eisiau cyflawni hunanladdiad. Mae'n arswydus.

Mi wnes i fynd yn hunanladdol yn ystod yr hyn maen nhw'n ei alw'n 'adeg hapusaf fy mywyd'. Roedd gen i bopeth oeddwn i eisiau. Doedd dim rheswm i fi fod yn 'drist'. Yr iselder ôl-enedigol, y boen, y cywilydd, yr euogrwydd, yr hyn roeddwn i wedi'i *weld*, y fi *sâl*, a oedd eisiau i fi ladd fy hun.

Doeddwn i ddim eisiau mynd yn salach. Doeddwn i ddim eisiau gwneud rhywbeth gwirion. Roeddwn i eisiau i bobl gael atgofion da amdana i, fy nghofio'n i'n annwyl, fel rhywun iach a hapus. Dwi'n cofio dweud, 'Dwi eisiau mynd allan efo bang. Dyna sut dwi eisiau cael fy nghofio.'

Mi fyddwn i'n treulio oriau bwygilydd yn meddwl, *Sut ydw i'n mynd i wneud hyn? Pam mae o mor anodd? Pam mae'n rhaid i fy nheulu fy ngharu i gymaint? Pam na fedran nhw ollwng eu gafael arna i? Dwi'n dioddef. Dwi mewn poen. Pam nad oes gen i ddewis? Gadwch i fi gael rhywfaint o reolaeth dros fy nhynged.*

Yn ddiweddarach, mewn cyfarfod efo fy seiciatrydd, dwi'n ei gofio'n rhoi ei feiro i lawr a dweud, 'Mi fyddech chi wedi gwneud, yn byddech? Roeddech chi wedi cyrraedd *y pwynt*, yn doeddech?'

A dyma fi'n dweud, 'Oeddwn.'

38

Roedd Jet ychydig o dan fis oed, a finnau'n manig, yn rhedeg o gwmpas y fflat. Roedd fy mronnau allan am y rhan fwyaf o'r dydd. Roeddwn i'n mynd i'r tŷ bach ac yn anghofio sychu – roeddwn i'n dal i waedu, felly doedd hyn ddim yn bleserus i neb. Mi fyddwn i'n anghofio golchi fy nwylo. Mi fyddwn i'n anghofio fflysio. (CYWILYDD.) Wedyn mi fyddwn i'n cofio 'mod i wedi anghofio fflysio a rhedeg i'r ystafell ymolchi i wirio'r toiled dro ar ôl tro.

Mi gysylltodd fy ffrind gorau ar FaceTime ac mi wnes i ddweud wrthi 'mod i wedi colli fy mhwyll. Mi ddatgysylltwyd yr alwad, ac mi wnes i drio ei ffonio hi'n ôl, ond doedd o ddim yn canu. Mi wnes i benderfynu ei bod hi'n fy nghasáu i, a ddim eisiau bod yn ffrind i fi mwyach. (Yn fy nghyflwr hanner-pan, roeddwn i'n trio ffonio hen rif iddi nad oedd wedi gweithio ers rhyw ddeng mlynedd.)

Yna dyma fi'n anghofio hynny i gyd a threulio mwy o amser yn manig a chynhyrfus, yn rhedeg yn ôl ac ymlaen yn gwirio'r toiled dro ar ôl tro.

Ciciodd Daisy ddrws y stafell ymolchi ar agor.

'Be wyt ti'n wneud?' gofynnodd.

'Newid pad,' meddwn i. Dangosais y gwaed iddi.

'O. Iawn. Sori. Clywed sŵn siffrwd wnes i.'

'Mi oeddet ti'n meddwl 'mod i'n cymryd tabledi, yn doeddet?' gofynnais yn gyhuddgar, er nad oedd hynny'n beth mor annhebygol â hynny.

Os nad oedd y nyrs famolaeth yno, roedd y tŷ mewn anhrefn. Panig gwyllt ac afreolus. Roedd y gwres ymlaen yn uchel, roedd y pentwr dillad budr yn tyfu, roedd Jet yn crio a Hugo, heb gael dim byd i'w fwyta, yn teimlo'n fwyfwy caeth. Gofynnodd i fi fynd i roi bath i Jet efo fo.

Dyna pryd ges i syniad. Mi ddylwn i awgrymu wrth Hugo ein bod ni'n dau yn marw. Y gallai o'n lladd ni'n dau a gadael i fy nheulu i ofalu am Jet? Yna fydden ni ddim yn gorfod byw efo'r penderfyniad ofnadwy hwn roedden ni wedi'i wneud. (Wn i. Roeddwn i'n ddifrifol wael.)

Yn ffodus, mi ddiflannodd y syniad yma mor sydyn ag yr oedd o wedi ymddangos. Fyddai o ddim wedi gweithio achos mi fyddai gan Jet ddau riant marw yn hytrach na dim ond un.

Dyma fi'n dechrau gwylio Hugo efo Jet a pherswadio fy hun nad oedd ganddo fo syniad beth roedd o'n ei wneud. *Mae o'n gwneud POB DIM yn anghywir. Dydy o ddim yn mynd i ofalu am fabi!*

Mi ddechreuodd y meddyliau lledrithiol afael go iawn yr adeg honno. Roeddwn i'n meddwl mai Hugo oedd y bachgen 14 oed roeddwn i wedi cwympo mewn cariad ag o. Roedden ni'n blant dan oed a oedd wedi cael ein hunain i dwll. Roeddwn i'n mynnu sibrwd wrth Mam a Daisy, 'Dydy Hugo ddim i'w drystio efo Jet, dydy o ddim yn gwybod be mae o'n 'neud. Plis, tynnwch Jet oddi arno fo.'

Mi aeth pethau i'r pen pan chwydodd Jet ym mreichiau Hugo (fel mae babis yn ei wneud!). I fi, roedd y cyfog fel llif rhyw greadur estron o'r gofod. Dyma fi'n meddwl ei fod o'n marw a rhwygo Jet o afael Hugo fel tsimpansî tiriogaethol, a rhedeg i lawr y cyntedd i'w roi i Mam.

Roedd Jet yn sgrechian. Roeddwn innau'n sgrechian, 'Mam! Mam! Mam!'

Dyma pawb yn syllu arna i. A dyna pryd wnes i sylweddoli mai fi oedd y broblem.

39

Roedd y teulu cyfan yn gwylied rhag i fi gyflawni hunanladdiad. Roedd rhan afresymol fy ymennydd eisiau i bawb fy ngadael ar fy mhen fy hun er mwyn i fi allu cyflawni'r 'dasg', ond doedd ochr resymegol fy ymennydd ddim yn gallu diodde'r syniad o fod ar fy mhen fy hun.

Mi wnes i ofyn i Daisy gysgu efo fi. Roeddwn i'n teimlo bod gen i well gobaith o gysgu os oedd hi yn y gwely efo fi, ac y bydden ni'n gallu esgus ein bod ni'n fach eto ac nad oedd dim o'r llanast yma wedi digwydd, ond wrth i'r nos agosáu, roedd hi'n amlwg nad oedd hi eisiau gwneud hynny. Er bod ganddi filiwn o esgusodion, y gwir amdani oedd bod ganddi hi fy ofn i. Roeddwn i'n ei hadnabod hi'n rhy dda.

Wnes i mo'i gwthio hi – doeddwn i ddim eisiau ei rhoi hi yn y sefyllfa o orfod dweud yn uchel bod ganddi hi fy ofn i.

Mi ddaeth Mam i'r gwely ata i. Mi lyncais fy nhabledi a thrio cau fy llygaid. Roedd hi'n gwylio rhywbeth am bobl gyntefig ar ei iPhone a finnau'n dweud wrthi, 'Dwi ddim yn cysgu eto,' nes i fi fynd i gysgu... am tua thri chwarter awr.

Pan ddeffrais i, roedd Mam yn anfon tecst at Hugo, yn yr ystafell fyw. Mi wnes i wylio dros ei hysgwydd.

Maen nhw'n cynllwynio i gael gwared arna i... Na, maen nhw'n trefnu i fi fynd i ysbyty meddwl. Maen nhw'n mynd i'n rhoi i dan glo a gadael i Hugo gael gofal llwyr o Jet. Mae Mam yn helpu Hugo i drefnu pethau er mwyn cael dal ati i fod yn nain iddo fo.

Am noson gyfan, am naw awr yn olynol, mi wnes i ddioddef pwl o banig. Doeddwn i erioed wedi profi dim byd tebyg. Roeddwn i wedi cael trefn ar *bopeth*. Ar ôl meddwl yn galed iawn. Roeddwn i'n dod o hyd i ateb ond yna'n cofio pam roedd yn rhaid i fi gyflawni hunanladdiad, ac yna'n mynd drwy'r cyfan eto. Roedd o fel cael amnesia. Artaith lwyr. Roeddwn i'n gaeth mewn rhyw gylch ailadroddus, yn trio codi ond roedd Mam yn fy nal i lawr yn y gwely. Mi wnes i daflu fy hun o gwmpas. Wrth gorddi'n wyllt yn y gwely, dywedais, 'O mam bach, o mam bach, o mam bach, o mam bach, mae hyn yn wael, mae hyn yn wael. Mam, plis gad i fi fynd. Mam, plis gad i fi fynd.'

Dyma fi'n dweud, 'Paid â gwneud i fi ddioddef, Mam. Helpa fi, gwna i hyn stopio. Mam, plis. Mi alli di fy helpu i. Mam, mae hyn yn ofnadwy. Mor ofnadwy. Be ydw i wedi'i wneud?'

Ac yna, gan dwyllo fy hun, mi wnes i ei 'chlywed' hi yn ymateb yn y tywyllwch, yn sibrwd fel pe bai hi'n ddig, 'Alla i ddim dweud wrthot ti achos fyddi di ddim yn gallu ei ddioddef o.'

Ac mi wnes innau sibrwd yn ôl, 'Dwi wedi gwneud smonach o bethau, yn dydw? Dwi wedi gwneud smonach go iawn.'

Unwaith eto, dyma hi'n sibrwd yn ôl drwy ei dannedd, 'Wyt, mi wyt ti, go iawn.'

(Yn ddiweddarach, mi wnes i holi Mam am y 'sgwrs' yma, a chael gwybod nad oedd hi erioed wedi digwydd. Mae hynny mor od, achos dwi'n cofio'r cyfan mor glir.)

Dyma fi'n dweud, 'Mam, plis. Plis, dos â fi i'r ysbyty.'

A dyma hi'n dweud, 'Dos i gysgu, Laura, neu tria orffwys o leia. Yn y bore, os wyt ti'n dal i deimlo'n wael, mi allwn ni fynd i'r ysbyty.'

Plis, plis, plis, Mam, gad i fi fynd. Rownd a rownd a rownd. *Maen nhw'n mynd i gymryd Jet. Dwi wedi cael fy nal, mae'n rhaid i fi ladd fy hun.*

Mi afaelodd Mam ynof yn dynn, yn cysgu a deffro am yn ail, efo'i choesau wedi'u lapio amdana i rhag ofn i fi sleifio allan a brifo fy hun. Dychmyga ddal dy blentyn yn gorfforol yn y gwely fel nad ydy hi'n lladd ei hun.

Alla i ddim dychmygu gwneud hynny efo Jet. Alla i ddim meddwl am ddim byd gwaeth.

Wn i ddim sut wnaeth Mam ddelio efo hynny. Wrth siarad efo Mam ers hynny, mae hi wedi dweud, 'Roeddwn i'n teimlo nad oeddwn i'n gallu caru Jet nes dy fod di'n well. Ar y pryd, *ti* oedd y babi, ddim Jet.' Dyma hi'n mynd yn ddagreuol a dweud, 'Ti oedd fy mabi *i*.'

Hon oedd noson hiraf fy mywyd. Mi wnes i wylio'r awyr yn troi o ddu i wyn. Roedd yn anfaddeugar a chas.

Fore trannoeth, mi gododd Mam i nôl te. Mi ddaeth Daisy i mewn efo Jet, tost a menyn a dŵr. Allwn i ddim cyffwrdd y babi. Doeddwn i ddim eisiau ei weld o.

Mi ddywedodd hithau, 'Ond Laura, mi alli di ddweud bore da wrtho fo.'

A dyma fi'n dweud, 'Dwi ddim isio. Plis paid â gwneud i fi wneud.'

Doeddwn i ddim yn gallu dal ati i esgus mwyach; doeddwn i mo'i eisiau o. Roedd Daisy yn edrych yn hollol ddigalon a dyma hi'n mynd â Jet oddi yno, ei llygaid yn llawn dagrau. Diflannodd ei synau bach o'r ystafell wely.

Roeddwn i mewn cyflwr catatonig, mewn perlewyg. Prin y gallwn i symud na gweithredu. Roeddwn i'n araf ac yn ffwndrus. Mi wnaeth Daisy redeg bath i fi ac mi wnes i eistedd yn y dŵr. Dyma hi'n fy ngolchi i a dechrau crio. Mi edrychais arni a dweud, 'Pam wyt ti'n crio?' Fel pe bai hi'n fy ffieiddio i. Fel pe bai hithau lawn cyn waethed â fi am ei bod hi'n fy ngharu i.

Pathetig.

40

Roedd hi'n ddydd Sadwrn. Roedd gan Jet apwyntiad i gael ei bigiad BCG y bore hwnnw mewn clinig agored. Roedden ni wedi cael rhybudd fod gwylio babi yn cael pigiad yn gallu bod yn anodd iawn i'r rhieni.

Mi ofynnodd Mam a oeddwn i a Hugo yn mynd i fod yn iawn, ac mi wnes i ei chyhuddo o syndrom Munchausen drwy ddirprwy ac o 'ngwneud i'n sâl er mwyn gallu gofalu amdana i. Ei bai hi oedd pob dim, ei hiselder ôl-enedigol hi a'r ffaith iddi gael ei mabwysiadu oedd wedi achosi hyn i gyd, ac roedd hi'n gwybod bod hyn yn mynd i ddigwydd i fi. Roedd hi wedi cael merch *yn fwriadol* er mwyn trosglwyddo'r salwch creulon hwn iddi hi.

Mi wnes i hefyd ei chyhuddo o fod yn od efo'i chi llathaid. (Na, dwi ddim yn gwybod chwaith!) Mi wnaeth Daisy chwerthin am hynny; efallai ei bod hi wedi meddwl, *Mae hynny'n swnio'n debycach i'r hen Laura gyfarwydd.*

Roeddwn i wedi brifo Mam. Dydy hi byth yn crio, ond mi wnaeth hi bryd hynny. Mi driodd hi guddio ei dagrau; y cyfan wnaeth hynny oedd fy ngwylltio i.

Mae hi'n crio achos 'mod i wedi dweud y gwir.

Yn y feddygfa, roeddwn i'n eistedd yn un swp swrth. Doeddwn i ddim yn gallu siarad. Roedd blincio yn teimlo fel ymdrech. Roeddwn i wedi cau i lawr yn llwyr.

Drwy gyd-ddigwyddiad llwyr, roedd ein bydwraig ni ar ddyletswydd. Roedd hi'n pasio drwy'r ardal aros pan welodd hi fi. Mi gafodd hi sioc go iawn.

Dyma hi'n tynnu ei sbectol, cyn mynd i lawr ar ei gliniau a gafael yn fy nwylo.

'O, Laura,' meddai. 'O, Laura fach.'

Syllais arni'n ddifynegiant.

Mi ddywedodd y fydwraig, 'Ar ôl y pigiadau, dwi'n credu y dylet ti fynd i'r adran frys.'

Yn y man, dyma ni'n cael ein galw i mewn i weld y nyrs ar gyfer pigiadau Jet. 'Ydy'r fam yn bresennol?' gofynnodd.

Dyma fi'n edrych o gwmpas yn syn, fel pe bawn i'n sylweddoli, 'O, dach chi'n siarad efo *fi*?' a chodi fy llaw fel pe bai athro wedi fy neffro i o freuddwyd yng nghanol gwers. Roedd 'gwên mam' wedi rhewi ar fy wyneb, ond y tu mewn roeddwn i'n sgrechian, **'TY'D, LAURA! DEFFRA, WIR DDUW.** *Os nad wyt ti'n ymddwyn yn normal, maen nhw'n mynd i fynd â'r babi oddi arnat ti. Rho'r argraff dy fod di'n malio.'*

Ac i mewn â'r nodwydd. Mi griodd fy mabi, ond dyna lle'r oeddwn i efo'r wên wedi rhewi ar fy wyneb, fel dynes bren ffenest siop.

LAURA

LAURA

LAURA

Mae dy fabi di'n cael pigiad. Mi wyt ti I FEWN yna! Laura, ty'd o'na. Mi wyt ti YNA. Mi wyt ti YNA. Ty'd o'na. Ty'd o'na. Ty'd o'na.

Ar ôl gadael y feddygfa, dyma ni'n mynd i dŷ partner tad Hugo. O'r pwynt hwnnw ymlaen, mae fy ymddygiad od a phob dim o'r diwrnod hwnnw yn niwlog braidd. Mi wnaethon nhw baned o de a thost i fi. Doeddwn i ddim yn gallu stumogi dim byd. Roeddwn i ar goll yn llwyr yng nghabinet ffeilio fy mhen. Ond doeddwn i ddim yn teimlo ofn rŵan, roeddwn i wedi ildio i'r teimlad.

Mi ddylwn i ddweud yn y fan hon bod hyn i gyd o fy safbwynt i ar fy ngwaelaf. Fersiwn o'r digwyddiadau fel dwi'n eu 'cofio' nhw ydy'r isod.

Siaradodd tad Hugo efo fi wrth fwrdd y gegin. Trio fy neffro i o'r cyflwr catatonig oedd o go iawn, ond roeddwn i'n *credu* ei fod yn trio fy hypnoteiddio i. Yn fy meddwl i, roedden ni'n gwrthdaro mewn rhyw ffordd – fel rhyw gyfweliad seicolegol mewn golygfa o un o ffilmiau Kubrick.

Roedd y byd i gyd wedi cael ei foddi. Dim ond fo a fi oedd yna. Mi allwn glywed cerddoriaeth glasurol: opera dros ben llestri o swnllyd, efallai. Roeddwn i'n meddwl bod tad Hugo yn defnyddio hyn fel techneg i fy nhynnu i allan o'r côma byw. Ac am tua hanner awr, mi wnes i ddod yn ôl yn fyw, mi allwn i feddwl a gweld yn glir, fel pe bawn i wedi sobri. Y teimlad oedd gen i oedd 'mod i wedi cyffesu rhywbeth ond wyddwn i ddim beth. Efo'r 'pwysau' yma wedi'i godi, roeddwn i'n oleuedig, yn teimlo rhyddhad. *Dwi wedi cael fy iacháu! Dwi wedi cael fy nhrwsio!* meddyliais, a chofleidio tad Hugo. Bron nad oedd o'n rhyw fath o berlesmair – ond doedd o ddim chwaith, achos roedd rhan resymegol fy meddwl yn dal i wybod fy mod i mewn trafferth mawr.

Awgrymodd tad Hugo ein bod ni'n mynd am dro i'r parc i gael ychydig o awyr iach. *Mi alla i wneud hyn. Mi alla i wella.* Os gallwn i ryddhau fy hun o'r droell yma o anobaith am ddim ond ychydig funudau, mi allwn i ymarfer a gwneud awr o bosib, yna dwy awr, yna hanner diwrnod, yna diwrnod, yna wythnos – nes 'mod i'n well.

Ond yna dyma fi'n troi, fel golygfa wedi'i harafu mewn ffilm, a 'gweld' Hugo am yr hyn oedd o go iawn: plentyn bach unig ac ynysig efo lefel isel iawn o ddeallusrwydd. Dwi'n cofio meddwl bod ci IQ o'n isel iawn ac mai fo oedd yr un bregus yn y teulu.

Roedd o'n wrthrych perffaith ar gyfer fy nghynllwynio a'm bwriadau tywyll. Mi wnes i ei nodi fel plentyn pan oedden ni'n blant. Mi wnes i ei dargedu. Ac mi syrthiodd i'r fagl. Ac aeth pob dim o'i le. Ac roedd pawb yn gwybod. Heblaw am Hugo.

Wrth gwrs, dydy hynny ddim yn wir: doeddwn i ddim yn gwybod chwaith. Doedd ochr dda fy ymennydd ddim yn gwybod, ond roedd ochr sgitsoffrenig, orbryderus fy ymennydd yn gwybod. Yn gwybod yn iawn. Roedd un hanner o'm hymennydd yn cadw cyfrinach oddi wrth yr hanner arall, ond rŵan roedd y gyfrinach wedi cael ei datgelu.

Mi wnaethon ni gerdded o gwmpas y comin. Mewn ychydig oriau, mi fyddwn i'n farw. Edrychodd plant arna i mewn ffieidd-dod. Merched efo bygis yn syllu arna i ac yn sibrwd. Roedd yr Hugo gwirion a hawdd ei dwyllo yn siglo fy llaw yn ôl ac ymlaen, yn falch 'mod i'n ôl, a finnau'n siglo fy llaw yn ôl ac ymlaen yn ei law yntau, yn esgus bod 'yn ôl', yn ymddwyn fel petaen ni'n 'gwpl hapus'.

Dydw i ddim yn dy garu di. Dydw i ddim hyd yn oed yn dy NABOD di. Dwyt ti ddim pwy oeddwn i'n meddwl oeddet ti. Dim ond achos 'mod i wedi dylanwadu arnat ti rwyt ti'n fy ngharu i. Dwi wedi dy dwyllo di. Ac mi wyt ti'n rhy dwp i weld. Nid cariad go iawn ydy hyn. Dydw i ddim yn gallu caru. Mi wyt ti wedi cael babi efo arbenigwraig ar ddichell a thwyll. Lady Macbeth ydw i. Fi oedd hi drwy'r amser. Fi ydy'r un ofnadwy. Ddim fi ydy'r dioddefwr. Fi ydy'r troseddwr. Esgor sydd wedi dod â'r gwir i'r amlwg.

Dydw i ddim yn cofio sut gwnaethon ni gyrraedd yn ôl i'r fflat, ond dyna lle aeth popeth yn chwilfriw go iawn. Mi wnes i sleifio i ffwrdd i'r tŷ bach a chysylltu efo fy ffrind gorau ar FaceTime. Dyma fi'n dweud, 'Mae o wedi digwydd. Mae'r gwir amdana i wedi dod i'r golwg. Mae pawb yn gwybod y gwir. Mae hi ar ben arna i. Mae pawb yn gwybod be dwi wedi'i wneud.'

'Be wyt ti'n feddwl wyt ti wedi'i wneud?' gofynnodd. Roedd hi'n edrych yn bryderus.

'Pob dim. Mae pethau'n wael. Dwi'n arbenigwraig ar ddichell a thwyll. Dwi'n gelwyddgi. Dwi'n dwyllodrus. Dwi'n smaliwr. Dwi'n dylanwadu ar bobl. Dwi'n actores,' meddwn i. Dyma fi'n dweud wrthi fod tad Hugo wedi fy hypnoteiddio i. 'Dwi yma efo nhw, yn y fflat, maen nhw wedi 'nghaethiwo i. Nunlla i ffoi, nunlla i guddio. Mae'n bryd i fi gyfaddef.'

Dyma fi'n cerdded yn ôl i'r ystafell fyw, yn hanner noeth ac yn crynu. Allwn i ddim cyffwrdd yn Jet. Roedd o'n crio ond allwn i mo'i godi o. Mi wnes i ddweud wrth dad Hugo, 'Alla i ddim. Ewch chi â fo, plis.'

Dwi'n gwybod eu bod nhw wedi gwneud bwyd i fi. Reis a llysiau Tsieineaidd. Roedd tad Hugo yn dweud wrtha i am fwyta a finnau'n crio a dweud na fedrwn i. Roeddwn i'n credu bod gen i genhadaeth i lwgu fy hun. Bod fy ymennydd wedi creu y senario waethaf bosib – yr un fyddai'n brifo'r nifer fwyaf o bobl, i ailadrodd hanes – roedd o eisiau i fi farw drwy lwgu neu drwy drywanu fy hun, yna mi fyddai mam Jet yn marw, yn union fel y gwnaeth mam Hugo, ac mi fyddai'n rhaid i Hugo fagu Jet ar ei ben ei hun. Roedd yn rhaid i'r gadwyn barhau. Dyna beth oedd yn gorfod digwydd.

'Dwi'n lladd fy hun, yn dydw?' gofynnais, a dyma nhw i gyd yn nodio'u pennau.

Dwi mor sori. Dwi mor sori. Dwi mor sori. Alla i ddim ymdopi mwyach. Alla i ddim ymdopi mwyach. Mae pob dim mor dywyll. Mor afiach. Yn gymaint o lanast. Dwi'n gymaint o lanast. Alla i ddim diodde mwy. Gwnewch iddo fo stopio.

Dyma nhw'n dweud wrtha i am drio cysgu. Doeddwn i ddim eisiau mynd i'r llofft achos roedd hi'n fy nychryn i, felly dyma nhw'n fy rhoi i ar y soffa yn yr ystafell fyw. Mi wnes i lyncu fy nhabledi a chau fy llygaid.

'Mae hi'n cysgu,' clywais nhw'n sibrwd, ond doeddwn i ddim. Mi allwn i fod wedi rhedeg marathon. Dydw i ddim yn gwybod faint o amser aeth heibio, ond wrth i fi orwedd yno, efo'n llygaid ar gau yn esgus cysgu, mi ddechreuodd trywydd meddwl newydd ffurfio... *Mae gen i obsesiwn efo Hugo ers pan oeddwn i'n blentyn. Dwi eisiau ei ladd o a lladd fy hun, fel rhyw stori garu wyrdroëdig. Dwi'n ei garu gymaint nes 'mod i eisiau ei ladd!*

Mi wnes i eu clywed nhw'n cynllunio; mi wnaeth rhywun ddweud rhywbeth am 'ddal ymlaen tan ddydd Llun'.

Ac yna mi ddywedodd partner tad Hugo, 'Laura, rydyn ni'n mynd i fynd i'r ysbyty, iawn? Rydyn ni'n meddwl bod rhywbeth mwy yn bod.'

'Iawn,' meddwn i, a chodi. A dweud y gwir, roedd o'n rhyddhad. Roeddwn i'n mynd i'r ysbyty. O'r diwedd.

Doedd dim rhaid i fi esgus mwyach.

Doedd Jet ddim hyd yn oed yn fis oed.

41

Roedd tad a phartner Hugo yn mynd i ofalu am Jet dros nos. Dyma ni'n mynd yn ôl i'n fflat ac mi wnaeth Hugo bacio bag i fi, a finnau'n ei ddadbacio. Mi wnes i roi rhai legins a siwmperi ynddo, ond dim byd arall roeddwn i wir ei angen. Dim dillad isaf, padiau ar gyfer y gwaedu, sanau. Dim brwsh dannedd.

Roedd hi'n un o'r gloch y bore. Roedden ni'n aros am Daisy.

Roedd Jet yn cysgu yn ei lofft. Fedrwn i ddim mynd i mewn yno. Mi wnes i ddweud wrth Hugo fy mod i'n ei garu. Roedd yn rhaid i fi ddal ati i ddweud hynny wrtho fo, achos yr holl dwyll. Os na fyddwn i'n dweud wrtho fy mod i'n ei garu, yna mi allai *o* ladd ei hun.

Cyrhaeddodd Daisy a dyma ni'n mynd allan ati hi. Mi es i i'r car. Roeddwn i'n teimlo fel bod y stryd gyfan yn gwylio, fel pe bawn i wedi cael fy arestio. Dyma ni'n gyrru drwy ganol Llundain yn y nos.

Mi gysylltodd fy ffrind gorau ar FaceTime a finnau'n sgrechian 'mod i'n arbenigwraig ar ddichell a thwyll, bod y gwir wedi dod i'r amlwg.

Mi wnaethon ni arafu o flaen rhyw adeilad rhyfedd, hollol anghyfarwydd i fi. Roeddwn i wedi ffwndro'n llwyr.

Y tu mewn, roedd y dderbynfa'n llachar ac yn olau. Desg lydan. Carpedi glas. Peiriant gweini dŵr. Soffas. Doedd o ddim yn edrych fel 'ysbyty' na seilam. Dyma nhw'n gofyn i ni eistedd yn yr ardal aros, a dyna wnaethon ni. Oedden ni'n aros am yr heddlu?

Mi wnes i afael yn fy mag, ac eisteddodd Hugo a Daisy o boptu i fi, eu dwylo ar ben fy nwylo i.

Daeth y meddyg. Roedd hi'n dlws, a dyma fy chwaer yn sibrwd, 'Mae hi'n edrych fel J.Lo.'

Gwenodd J.Lo arna i, 'Helô, Laura,' cyn ein tywys ni i stafell fach. Dyma fyddai fy llofft i am y bythefnos nesaf.

Ymunodd nyrs efo ni. Eisteddodd Doctor J.Lo ar waelod y gwely a dechreuodd ofyn cwestiynau i fi. Oeddwn i eisiau siarad yn breifat? Oeddwn i'n hapus i ateb o flaen Daisy a Hugo? Mi wnes i ddweud ei bod hi'n iawn iddyn nhw aros.

Dydw i ddim yn cofio'r holl gwestiynau, ond dwi'n cofio iddyn nhw gymryd oes. Oedd gen i hanes o salwch meddwl neu oeddwn i erioed wedi dioddef o iselder? Dyma fi'n dweud nad oeddwn i.

Oeddwn i'n dueddol o gymryd cyffuriau neu alcohol pan oeddwn i dan straen? Dyma fi'n dweud nad oeddwn i. Oeddwn i wedi clywed unrhyw leisiau? Mi ddywedais fy mod i. Roedd Daisy a Hugo yn edrych yn drist wrth glywed hyn.

Ai llais merch neu ddyn oeddwn i wedi'i glywed? Roeddwn i'n teimlo'n sâl. Dwi'n cofio edrych i gornel ucha'r nenfwd, fel pe bawn i'n trio *dod o hyd i* lais y dyn. Dechreuodd y syniad o 'glywed' llais dyn yn fy mhen fy nychryn i'r fath raddau fel na allwn i ganolbwyntio ar y cwestiynau eraill. Doeddwn i wir ddim eisiau clywed llais dyn...

Laura... Laura... Laura...

Oeddwn i wedi meddwl am frifo rhywun arall? Nac oeddwn. Oeddwn i wedi meddwl am frifo fy mabi? Nac oeddwn. Oeddwn i wedi meddwl am hunan-niweidio? Nac oeddwn. Oeddwn i wedi meddwl am frifo fy hun? Oeddwn. Oeddwn i'n cael meddyliau hunanladdol? Mi ddywedais fy mod i.

Oedd gen i 'gynllun'?

'Cynllun?' holais yn ddryslyd.

'Cynllun...'

'O! Sut i ladd fy hun?'

Dyna pryd wnes i ofyn i Hugo a Daisy adael yr ystafell. Mi wnaethon nhw fy nghofleidio a mynd i chwilio am y gegin gymunedol i gael paned.

Ar ôl i'r drws gau, mi wnes i ddweud cymaint ag y gallwn i wrth Doctor J.Lo a'r nyrs; popeth a oedd wedi digwydd cyn y pwynt hwn ers i Jet gael ei eni. Roedd y meddyg yn cadw nodiadau wrth i fi siarad. Roedd yn sioc clywed fy llais fy hun yn disgrifio fy nghynllluniau i drywanu fy hun yn fy stumog, a'i feddwl o ddifri.

'Dwi jyst eisiau cysgu,' meddwn i.

Daeth Hugo a Daisy yn ôl i mewn. Dywedodd y meddyg y byddwn i'n gweld seiciatrydd yn ystod yr wythnos ac y byddwn i'n mynychu therapi grŵp. Mi fyddai'r meddyg yn fy ngweld i fore dydd Llun.

'Mae hi'n ddydd Sul fory, felly mi gewch chi ymlacio. Meddyliwch amdano fo fel diwrnod i ddod i adnabod y lle. Mae 'na deledu yma, ac os oes angen unrhyw beth arnoch chi, mae 'na larwm. Mae corlan y nyrsys yn ymyl, ac mae 'na nyrs ar alwad bob awr o'r dydd a'r nos.'

Ymlacio? A pham fyddwn i angen larwm? Dyma fi'n sylwi ar staen enfawr ar y carped. Roeddwn i'n dychmygu mai cyfog oedd o ar un adeg. Neu waed. Ai *rehab* oedd hyn – oeddwn i mewn sefydliad adfer? Beth *fyddai'n* digwydd i fi yn y stafell yma?

Gofynnodd y meddyg a oeddwn i eisiau i rywun eistedd yno efo fi. Dydw i ddim yn gallu cofio fy ateb. Dydw i ddim yn cofio cymryd unrhyw dabledi. Dwi'n cofio Hugo a Daisy, yn y tywyllwch, yn pwyso drosta i a mwytho fy ngwallt. Yn cusanu fy wyneb. Fy nghalon yn curo, yn arafu. Fy nghyhyrau, yn dynn gan densiwn, yn ymlacio'n dyner. Fy esgyrn anhyblyg yn meddalu.

Shhhh... shhhh... shhh... mae o drosodd rŵan. Shhhhh...

42

Dwi wedi trio cofio popeth wnes i a phopeth deimlais i yn ystod fy seicosis mewn ffordd mor amrwd a gwir ag y galla i, ond dwi'n sylweddoli nad ydw i wedi bod yn hollol onest. Ddim er mwyn fy amddiffyn fy hun neu fy urddas mae hynny – does gen i ddim llawer o urddas ar ôl erbyn hyn – ond mae wedi bod yn anoddach wynebu rhai agweddau ar y profiad nag eraill.

Mae'n rhaid i fi fynd yn ôl ychydig.

Pan ysgrifennais i am y sgwrs yn y gegin pan wnaeth tad Hugo fy 'hypnoteiddio', mi wnes i'n fach o'r sefyllfa. Dwi wedi trio deall pam roedd y foment benodol honno mor anodd ysgrifennu amdani yn hollol onest tan rŵan, ac mae hynny oherwydd nad oeddwn i eisiau peri gofid i unrhyw un.

Ar ôl yr hyn sydd wedi digwydd dros y flwyddyn ddiwethaf, mae rhai aelodau o'r teulu eisiau symud ymlaen ac esgus na wnaeth hyn erioed ddigwydd. Dwi'n gallu deall hynny. Dwi eisiau ymateb yn sensitif i hynny. Ond ar yr un pryd, dydy o ddim yn rhywbeth dwi'n gallu ei anghofio.

Ar ôl i Jet gael ei eni, roeddwn i wedi cael fy argyhoeddi'n dawel bach fod tad Hugo yn fy meirniadu. Nad oedd yn fy hoffi i. Mi wnaeth y rhithdybiau negyddol a'r paranoia amdano ymddangos yn un llif, ac mi aeth amser hir heibio cyn iddyn nhw ddiflannu.

Efo fy nghyflwr meddwl fel oedd o, mi wnes i benderfynu ei fod wedi mynd ati'n fwriadol i chwarae cerddoriaeth glasurol ddwys ar y noson honno cyn i fi gael fy nerbyn i'r ysbyty seiciatrig. Roeddwn i'n credu – yn fy seicosis – ei fod yn perfformio rhyw fath o therapi hypnosis triniaeth sioc yr oedd wedi'i ddysgu ei hun, rhyw fath o broses synhwyro celwydd/holi/arteithio afresymol. Yn fy meddwl i, roedd wedi tynnu ei sbectol a syllu i fyw fy llygaid. Roedd ei lygaid fel lens meicrosgop. Roedd yn fy nadansoddi i.

Efo dagrau yn disgyn i lawr ei fochau, dywedodd fod ganddo wendid o ran Hugo. Yna, roedd yn ddig, yn gynddeiriog, yn goch ei wyneb, ac yn dweud yn gas, 'Mi wyt ti'n *gwybod* be wyt ti wedi'i wneud, yn dwyt ti?' Dwi'n cofio cael fy ysgwyd allan o'r cyflwr catatonig yr oeddwn i wedi bod yn gaeth ynddo a dadebru, gan nodio fy mhen fel pe bawn i *yn* gwybod beth oeddwn i wedi'i wneud.

Roeddwn i wedi cecian rhyw fath o 'gyfaddefiad'. Roeddwn i wedi camarwain Hugo. Fi oedd y diafol. Roeddwn i'n sinistr. Roeddwn i'n dywyll. Ac roeddwn i'n teimlo cywilydd.

O hynny ymlaen, roeddwn i'n arswydo rhag tad Hugo. Mi ges i fy llyncu'n llwyr gan yr ofn hwnnw, gan ddatblygu obsesiwn ei fod o am fy ngwaed i, er mwyn datgelu'r gwir amdana i a chodi cywilydd arna i. Yn y pen draw, mi wnes i ddod i'r casgliad mai tad Hugo oedd wrth wraidd y prosiect 'Cael Gwared ar Laura', ac mi wnes i ddweud wrth yr ysbyty nad oeddwn i eisiau iddo ymweld â fi.

Mae'n ofnadwy ac yn drist, a dwi'n teimlo cymaint o gywilydd wrth roi hyn i lawr ar bapur hyd yn oed. Mae'r rhan fwyaf o bobl yn teimlo cywilydd am dadau eu partneriaid yn eu gweld mewn tywel – ddim am golli eu pwyll o'u blaenau nhw.

Gyda holl rithdybiau a symptomau fy salwch, dwi'n ymwybodol ohonyn nhw ac yn deall mai symptomau o'r salwch ydyn nhw. Ond doeddwn i ddim yn gallu anghofio'r 'foment' hon efo tad Hugo. Roeddwn i'n ei adnabod ers pan oeddwn i'n blentyn ac wedi teimlo y bydden ni'n deulu erioed, mewn rhyw ffordd. Roedd gen i feddwl mawr ohono, ac roeddwn i wedi ei barchu erioed. Mi fydden ni'n benthyg llyfrau i'n gilydd. Roedden ni'n mwynhau yr un ffilmiau. Roedd o hyd yn oed yn torri fy ngwallt. A na, dydy o ddim yn ddyn trin gwallt!

Am y flwyddyn ddiwethaf, roeddwn i'n meddwl bod hynny i gyd dan fygythiad, yn anadferadwy o bosib, oherwydd fy salwch. Mae'r trawma yn dy adael di efo cymaint o gwestiynau heb eu hateb ac olion hen deimladau, eliffantod yn yr ystafell a lletchwithdod.

Cywilydd. Mi wyt ti'n teimlo fel pe baet ti wedi meddwi mewn priodas, wedi tynnu dy ddillad, wedi dweud wrth bawb beth oeddet ti'n ei feddwl ohonyn nhw ac wedi difetha'r diwrnod i bawb. Ond ar yr un pryd, mi wyt ti'n flin efo ti dy hun am deimlo bod angen ymddiheuro, achos wnest ti ddim dewis gwneud hyn i ti dy hun! Nid dy fai di ydy o – ond mae o'n fai arnat ti ar yr un pryd. Mae fel llofruddio rhywun yn dy gwsg! Ond wnest ti ddim byd o'i le heblaw cael babi.

Doeddwn i erioed wedi cael cyfle i *drafod* pethau efo fo. Roeddwn i'n rhy ofnus o'r gwir, yr atebion, beth oedd y 'gyffes' wnes i ei rhannu efo fo. Roeddwn i'n ofni ei fod yn real ond yn ofni bod y cyfan wedi'i greu hefyd. Roedd y ddwy senario'n frawychus.

Ond heddiw, mi ddaeth tad Hugo a'i bartner draw i ymweld â Jet. Roedden ni'n cael te; roedd Jet yn dangos ei set drenau iddyn nhw. Yn sydyn, mi wnes i deimlo cyfog yn fy stumog, corddi, ac roeddwn i'n gwybod 'mod i'n mynd i ddweud rhywbeth. Oherwydd fod arna i gymaint o eisiau i bopeth fod yn iawn. I fod yn well, i fod yn gyfan eto.

'Y diwrnod hwnnw, pan oedden ni'n siarad yn y gegin, oeddech chi'n chwarae cerddoriaeth glasurol?' gofynnais.

Edrychodd i fyny arna i, dros ei sbectol, 'Pryd?'

'Y diwrnod *hwnnw*. Wnaethoch chi chwarae'r gerddoriaeth yn fwriadol?'

'Mae'n bosib bod 'na gerddoriaeth ar y radio yn y cefndir, ond naddo.'

Ar ôl magu hyder o'i ateb, dyma fi'n dal ati. 'Wnes i *gyfaddef* rhywbeth i chi?'

Chwarddodd ac ysgwyd ei ben. 'Naddo,' meddai.

Iawn. Waw. Roeddwn i wedi bod yn eistedd ar hyn am flwyddyn, ac roedd Hugo a finnau wedi siarad a siarad am y peth. Doeddwn i ddim yn gallu cofio beth oedd y 'gyffes' yma hyd yn oed. Mi fyddwn i'n crio o flaen Hugo a dweud, 'Mi wnes i ddweud rhywbeth wrth dy dad, ond dydw i ddim yn cofio be, a fydda i byth yn gallu ei roi allan o fy meddwl a dweud wrtho fo nad oedd o'n wir,' a dyma fi'n cael gwybod rŵan na wnes i ddweud dim byd wrtho fo.

Dyma fi'n chwarae efo'r olwynion ar un o geir bach Jet. 'Wnaethoch chi ddweud "Mi wyt ti'n gwybod be wyt ti wedi'i wneud, yn dwyt ti?" wrtha i?'

'Be? Naddo! Ddim i fi gofio.' Chwarddodd. 'Mi oedd hi'n sgwrs fer iawn. Ond roedd yn amlwg dy fod di'n sâl. Dydw i ddim yn cofio popeth, ond mi oeddet ti'n manig.'

'Felly wnaethoch chi ddim fy hypnoteiddio i?'

Chwarddodd eto. 'O, mae Hugo wedi sôn am hyn. Na, wnes i ddim dy hypnoteiddio di.'

Dyma fi'n edrych ar Hugo. Dyma fo'n edrych arna innau, fel pe bai'n dweud, *Ddeudish i. Mae'n iawn.*

Gwenodd Hugo. Roeddwn i'n teimlo cymaint o ryddhad.

'Roeddwn i'n meddwl eich bod chi'n fy nghasáu i,' dywedais.

'I'r gwrthwyneb!' meddai partner tad Hugo.

Mae'n symptom hollol nodweddiadol. Troi ar deulu'r partner fel hyn. Dwi wedi clywed achosion lle mae merched yn meddwl eu bod nhw wedi cael eu gwenwyno gan eu teulu yng nghyfraith. Neu wedi rhedeg i ffwrdd oddi wrthyn nhw achos eu bod nhw'n teimlo eu bod nhw'n mynd i herwgipio'r babi.

Dydw i ddim yn gwybod a ydw i wedi llwyddo i gyfleu cymaint o agoriad llygad, cymaint o epiffani, oedd hyn i fi – ond dwi'n credu bod angen i fi grybwyll y peth ar y pwynt yma. Achos dydy adfer ddim yn broses linol. Dwi wedi treulio blwyddyn mewn dyled i deulu Hugo, yn erfyn yn gyfrinachol am faddeuant am rywbeth na allwn i hyd yn oed roi fy mys arno, am rywbeth nad oedd yn fai arna i, ac roedd gen i gymaint o eisiau anadlu aer clir.

43

Drannoeth, mi ddeffrais yn yr ysbyty, ar fy mhen fy hun ac yn ddryslyd mewn gwely dieithr.

Dyma oedd fy Sul y Mamau cynta i fel mam. Daeth Hugo i ymweld â fi efo Jet, yn swatio a chysgu yn ei siwt eira flewog. Rhoddodd Hugo gerdyn i fi, efo'r geiriau 'Sul y Mamau Hapus' ac ôl troed Jet arno mewn paent gwyrdd.

Ond doeddwn i ddim yn gallu cyffwrdd yn Jet. Roeddwn i'n teimlo bod yr holl staff yn fy marnu i. Mi wnaethon nhw i gyd ddweud pa mor dlws oedd o, ond i fi, cod oedd hynny am 'Pam na alli di roi'r gorau i esgus bod yn sâl a bod yn fam dda?'

Dwi'n gwybod bod rhywun wedi fy nhywys i a Hugo o gwmpas yr ysbyty. Roedd fy ngwallt dros fy wyneb. Roeddwn i'n teimlo'n swil iawn ac yn llawn cywilydd, heb ddim hyder ar ôl – roedd fel dechrau mewn ysgol newydd yn hwyr yn y tymor, a phawb heblaw fi wedi setlo. Y plentyn newydd. Ac roeddwn i'n credu fy mod i'n haeddu teimlo felly. Roeddwn i wedi cael fy nal.

Dwyt ti ddim yn sâl, hen ast wyt ti.

Roedd gen i ystafell wely lân a phlaen ar y llawr gwaelod, felly doeddwn i ddim yn gallu neidio allan o unrhyw ffenest. Roedd gen i ystafell ymolchi. Doedd y dŵr ddim yn mynd yn rhy boeth, felly doeddwn i ddim yn gallu sgaldio fy hun. Roedd yna fàth ond dim cawod, felly doeddwn i ddim yn gallu crogi fy hun – nid bod gen i'r syniad lleiaf sut i wneud hynny. Doeddwn i ddim hyd yn oed yn gallu dringo'r bariau mwnci yn y parc.

Roedd yna ddeg neu ddeuddeg o lofftydd yna, efo ystafell fyw gymunedol ar y pen draw ac ynddi ychydig o soffas gyferbyn â chorlan y nyrsys. Efo nyrsys o flaen cyfrifiaduron. Gwaith papur. Blodau i godi ein calonnau ni. Roedd y ddesg yn llawn o gardiau diolch i'r staff.

Fyddi di byth yn dweud 'diolch'. Achos wnei di byth wella.

I lawr y grisiau, roedd 'na ffreutur syml. Bar bwffe salad; moron wedi'u gratio a chiwbiau betys. Adran bwyd poeth. Cadeiriau a byrddau ac arogl ffreutur ysgol, cymysgedd o datws stwnsh hallt a chawl. Cyw iâr wedi'i rostio a chwa sawrus caws wedi'i doddi. Cowt bach iawn efo ffynnon a nodwedd ddŵr yn y canol; sffêr arian efo tonnau bach yn tywallt oddi arni – *rhywbeth heddychlon, i dawelu'r meddwl*. Roedd bonion sigaréts yn frith ar y llawr. Roedd smygu yn cael ei ganiatáu, ac roedd cleifion yn manteisio ar hynny i'r eithaf. Gwelais ferch fy oed i efo gwallt affro, yn ei dagrau ar y ffôn.

Mi gawson ni weld y gampfa (peiriant rhedeg mewn cwpwrdd) ac roedd darluniau mewn ffrâm, cynnyrch dosbarth therapi celf, ar hyd y waliau. Llwyth o grafiadau tywyll, blodau, traethau heulog, calonnau wedi torri.

Roedd y daith yn ôl i'r ystafell yn hollol ddryslyd, ac mi wnes i benderfynu bod yr adeilad wedi'i gynllunio'n fwriadol i beri penbleth i ni, fel drysfa. *Mae'r cyfan yn dric. Mae'n brawf.*

Yna dyma fi'n penderfynu'n sydyn fy mod i wedi deall. *Roedd gen i niwed i'r ymennydd*. O'r holl nosweithiau o beidio â chysgu a pheidio â bwyta.

Esboniodd Hugo mai'r ysbyty hwn oedd y lle gorau i ni: nad oedd 'na oriau ymweld llym, felly mi allai Jet a fy nheulu ddod i ymweld fel roedden nhw eisiau. Ac mi allwn i wella.

Roeddwn i eisiau gweiddi, 'Plis paid â 'ngadael i yma, plis paid â 'ngadael i yma, plis gad i fi ddod adra efo ti a Jet.'

Efo ychydig o gwsg a pha bynnag feddyginiaethau roedden nhw wedi'u rhoi i fi, roedd mania cynhyrfus y noson gynt wedi cilio, gan fy ngadael efo teimlad trwm o ddadleoli a chynnwrf.

Soniodd Hugo ei fod wedi siarad â'r seiciatrydd y noson gynt. Roedd wedi disgrifio fy symptomau iddo dros y ffôn, a'i gyngor o oedd i fi fynd i'r ysbyty ar unwaith. Pan ddywedodd Hugo ei bod hi'n ganol nos, atebodd y seiciatrydd, 'Rhowch o fel hyn, pe bai hi'n wraig neu ferch i fi, fyddwn i ddim yn aros.'

'Beth sy'n bod arna i?' gofynnais i Hugo.

'Wyt ti eisiau ei ddarllen o?'

'Ydw, iawn.'

Dangosodd dudalen gwefan y Gwasanaeth Iechyd Gwladol i fi ar ei ffôn. Mae seicosis ôl-esgor yn effeithio ar tua un o bob mil o famau. Mae ei symptomau'n cynnwys rhithweledigaethau, rhithdybiau, paranoia, amheuaeth, insomnia, dryswch, mania, anhwylder hwyliau, perlesmair (ches i *ddim* o hwnnw), meddyliau hunanladdol, meddyliau am niweidio'ch hun neu'r babi, teimladau rhyfedd tuag at aelodau o'r teulu, gorbryder difrifol efo platiad bach o seicosis ar yr ochr!

Roeddwn i'n nodio wrth glywed pob un o'r symptomau. Allwn i ddim credu'r hyn roeddwn i'n ei weld. Disgrifiad ohona i oedd o. Doeddwn i ddim wedi'i greu o.

Nid iselder ôl-enedigol ydy seicosis ôl-esgor, ond mae rhai'n dadlau bod iselder ôl-enedigol yn gallu bod yn sylfaen iddo fo. A dweud y gwir, prin iawn ydy'r ddealltwriaeth o'r salwch o hyd, a dyna pam ei bod mor anodd gwneud diagnosis.

Fy ffrind gorau wnaeth roi ei bys ar bethau; ar ôl ein galwad FaceTime, mi ddechreuodd hi chwilio ar-lein am 'colli pwyll ar ôl cael babi'. Dyma hi'n ffonio Hugo wedyn a dweud, 'Sori, dwed wrtha i am gau fy mhen os wyt ti eisiau, ond wyt ti'n meddwl mai *dyma* sydd ar Laura, efallai?'

Seicosis. Dyna sbarduno meddyliau am *Psycho.* Am *Texas Chain Saw Massacre.* Am *Girl Interrupted.* Am raglenni dogfen rhyfeddol rwyt ti'n eu gwylio'n gegrwth. A rŵan, roeddwn i ar y rhestr.

Fel yr oedd Hugo yn rhoi cusan ffarwél i fi, dyma fy nheulu i'n cyrraedd, a finnau'n cael yr argraff gref fod hyn i gyd wedi cael ei drefnu ymlaen llaw. Fy nheulu cyfan: Mam, Dad, Daisy fy chwaer a Hector fy mrawd.

Doedden ni'n pump ddim wedi eistedd mewn stafell efo'n gilydd fel hyn ers tua 2000, ac erbyn hyn roedd pawb wedi'u gwasgu i mewn i'r gofod bach o gwmpas fy ngwely. Amgylchiadau rhyfedd. Roedd yn lletchwith. Yn brofiad llawn cywilydd. Bob tro y byddwn i'n dweud unrhyw beth, roeddwn i'n cael y teimlad eu bod nhw'n trio dal llygaid ei gilydd.

Mi wnaethon nhw ddod â phethau o adra i fi: y garthen wlân amryliw oedd ar fy ngwely i, fy lamp pinafal ddisglair, dillad, brwsh dannedd. Past dannedd. Llyfr nodiadau. Mi roddodd Hector ei hwdi Nike mawr du i fi – mae'n *rhaid* 'mod i'n sâl achos dydy o byth yn gadael i fi fenthyg ei ddillad. Mi roddodd Mam gerdyn i fi ac mi ddaeth Dad â chwpan de a soser melyn efo mefus arnyn nhw.

Am faint fyddwn i yma? Pam maen nhw'n fy symud i mewn fel hyn?

Mi wnes i ddechrau mynd i banig. *Fydden nhw ddim yn rhoi cymaint â hyn o sylw i fi am byth. Iawn, maen nhw yma rŵan, ond wneith hyn ddim ond para am ychydig wythnosau, does bosib? Wedyn mi fyddai bywyd yn mynd yn ei flaen. Yn y pen draw, mi fydden nhw'n stopio dod. Efallai fod Mam yn mynd i wneud i fi symud i'w thŷ hi, i'r ystafell wely ar y llawr top efo'r bariau pren ar y ffenest (i atal Hector rhag cwympo allan ar ddamwain pan oedd o'n fachgen bach). Mi fyddai honno'n troi'n ystafell i fi. A Jet yn dod i ymweld unwaith yr wythnos. Mi fyddai'n dweud wrth bobl yn yr ysgol fod ei fam yn byw efo'i nain mewn ystafell fach ar dop y tŷ efo bariau ar y ffenest achos ei bod hi'n sâl. O Iesu mawr. Gad i fi farw rŵan.*

Roedd Dad a fy mrawd yn eistedd ar gadeiriau, eu hystumiau yn dynwared ei gilydd yn lletchwith, a Mam a Daisy ar y gwely. Roeddwn i'n teimlo eu bod nhw wedi dod yn uned fach glòs ers i fi fynd yn sâl, ond ddim mewn ffordd dda. Triawd fuon ni erioed. Ond rŵan, fi oedd yr wy clwc oedd wedi siomi gweddill aelodau'r tîm.

Mi ddaeth 'na ginio rhost i fi, a Mam a Dad yn gwneud sylwadau brwd, 'Www, hyfryd! Mae o'n edrych yn flasus.' Dyna'n union sut roedden nhw'n siarad efo fy hen nain pan oedd hi mewn cartref henoed. Cyllell a fforc blastig.

'Sul y Mamau Hapus i fi,' meddwn i.

Roedd Dad yn edrych yn drist.

'Alla i ddim credu'r peth,' meddwn i. 'Dwi erioed wedi profi dim byd tebyg i hyn. O le ddaeth o?'

Chwarddodd Dad a dweud ei fod o wedi bod ar wrthiselyddion. Dywedodd Mam ei bod hi wedi cael iselder ôl-enedigol difrifol efo Hector; soniodd Daisy ei bod wedi bod yn dioddef o orbryder ers blynyddoedd; a dywedodd Hector fod ei orbryder yntau wedi mynd drwy'r to.

Doedden ni ddim yn gallu peidio â chwerthin. Roedden ni fel yr Addams Family.

Bob chwarter awr, byddai cnoc ar y drws ac un o'r nyrsys yn taro ei phen i mewn.

'Dim ond gwneud *checks*.'

Mi fyddai'r gwirio di-baid yn digwydd gydol fy amser yn yr ysbyty.

Cnoc arall, ond y tro hwn gwraig hŷn, efo llais uchel hapus, bron yn gerddorol ei naws, a sbectol fawr gron. Yma i brofi fy 'arwyddion bywyd'.

Roedd fy mhwysedd gwaed yn dal yn 'edrych yn eitha uchel. Efallai am fod eich teulu chi yma?'

Amser am ffurflen arall. Atebais y cwestiynau fesul un wrth iddi hi dicio'r bocsys, yn gadarnhaol neu'n negyddol.

Hylendid – oeddwn i'n teimlo 'mod i'n gallu brwsio fy nannedd? Molchi? Gwisgo dillad glân? Tic, tic, tic.

Meddyliau am niweidio fy hun?

'Na,' atebais yn onest. Roeddwn i'n falch o hynny, mi oeddwn i wedi cael un yn iawn o leiaf.

'Meddyliau hunanladdol?'

Mi allwn fod wedi dweud celwydd, ond yn lle hynny dyma fi'n dweud, 'Ym. Oes.' Wnaeth hi ddim ymateb. Roedd hynny'n normal yma, yn ddi-os.

Sut roeddwn i wedi neidio o hunan-niweidio yn syth i hunanladdiad?

'Meddyliau am ddianc?'

'O na, na, dwi eisiau bod yma,' atebais, yn onest eto.

Mi adawodd y lleill, ond arhosodd Dad ar ôl. Gorweddodd ar y gwely gyferbyn â fi. Wyneb yn wyneb, yn ôl yr arfer pan oeddwn i'n fach. Am y tro cyntaf ers tro, disgynnodd deigryn i lawr fy moch.

'Dwi'n sori, Dad.'

'Paid â deud sori, Lolipop.'

'Be os nad ydw i'n gwella?'

'Mi wnei di. Mae'n rhaid i ti. Er mwyn dy hogyn bach. Er mwyn Jet. Mae o dy angen di. Mae o'n fab i ti.'

Y noson honno, eisteddodd nyrs gwrywaidd ar waelod fy ngwely a rhoi fy nhabledi i fi mewn cwpan papur bach, fawr mwy na gwniadur. Y rhai rwyt ti'n eu cael yn McDonald's i ddal sos coch. Ac mi allwn i gael tabled gysgu arall os oedd angen un arna i. *Gwych.* Roedd fy ymennydd Velcro eisoes wedi penderfynu fy mod i'n bendant angen un arall.

Ac yna dyma fo'n fy ngadael i yn y tywyllwch, a'r ystafell yn ferw o gysgodion a syniadau. Dim ond fi a'r rheithgor o angenfilod na allai neb arall ei weld, yn drwm yn y stafell fel rhyw niwl ofnadwy.

Dydw i wir ddim eisiau gweld rhywbeth. Dydw i wir ddim eisiau clywed rhywbeth. Plis paid â gwneud i fi. Wn i ddim efo pwy ydw i'n siarad ond plis, bydd yn drugarog. Dwi ofn bod ofn. Dwi ofn bod ar fy mhen fy hun.

Dyma fi'n meddwl am y staen ar y carped.

Wn i ddim pa mor hir fues i ar fy mhen fy hun, ond yn sydyn roeddwn i'n pwyso'r botwm panig. Sgrechiodd seiren uchel. Fflachiodd golau coch. Rhuthrodd yr un nyrs gwrywaidd a nyrs fenywaidd arall i mewn, yn llawn rhyddhad o weld nad oeddwn i ar ganol gwneud rhywbeth gwirion.

'Alla i ddim cysgu. Alla i ddim cysgu. Alla i ddim cysgu. Alla i ddim cysgu,' dywedais. 'Dwi ofn.'

Mi wnaethon nhw roi tabled arall i fi. A dyma hi'n nos arna i, fel eliffant gwyllt yn cael ei dawelu gan ddart.

44

Am chwech o'r gloch fore trannoeth, deffrodd y nyrs fi i roi gwybod y byddai'r seiciatrydd yn fy ngweld i mewn hanner awr. Roedd yr ystafell yn teimlo'n rhy lachar. Roedd syniadau ofnadwy yn ffrwydro yn fy mhen, a'r feddyginiaeth yn gwneud i fi deimlo 'mod i wedi cael fy nharo gan lorri. Mi wnes i lusgo fy hun allan o'r gwely a rhedeg bath – llugoer, o bosib yn ymylu ar rewi. Doedd gen i ddim sebon.

Efo fy nwylo, dyma fi'n gwasgu fy mronnau llawn a rhedodd fy llaeth i'r dŵr, gan droi'n gymylau gwyn fel mwg sigaréts. Roedd yn swreal, yn drist ac yn foddhaus ar yr un pryd. *Sut wnes i fynd mor sâl?*

'Helô, Laura? Ga i ddod i mewn?' Roedd y seiciatrydd yno, a finnau'n dal yn y bath. Doeddwn i ddim wedi symud.

Dyma fi'n cythru o gwmpas i gael fy hun yn barod. Roedd y cyfarfod hwn yn bwysig iawn.

Ty'd o'na, Laura. Ty'd o'na!

Roedd y stafell yn llanast. Stwff ym mhobman. Mi wnes i drio clirio ond y cyfan roeddwn i'n ei wneud oedd codi pethau a'u rhoi nhw'n ôl i lawr eto yn rhywle arall. Ac i mewn â fo.

Dr P oedd y meddyg mwyaf ecsentrig i fi ei weld erioed, a doedd hynny ddim yn helpu i leddfu unrhyw un o'r rhithdybiau roeddwn i wedi bod yn eu profi. Dyn bach, canol oed, efo côt drom a oedd mor hir nes ei bod hi'n sgubo ar hyd y llawr, ac roedd ei ddwylo'n ofnadwy o fach. Roedd fel meddyg allan o nofel. Fyddai hi ddim yn iawn i mi ddweud ei fod yn edrych yn 'ddel' ond mi oedd o, fel mae mochyn cwta brown golau'n edrych yn ddel.

Roedd ei lais yn drawiadol. Doeddwn i erioed wedi clywed llais tebyg: gogleddol a chrand a thrwynol a rhydlyd. Cryg a bloesg a chras, ond yn uchel ar yr un pryd.

Fo ydy pen bandit y lle 'ma. Mae ganddo ryw fath o bŵer. Duw ydy o? Na... y DIAFOL. Ai ei ysbyty O ydy hwn? Ydw i hyd yn oed yn Llundain? Ydw i yn wrthrych rhyw arbrawf mae o'n ei gynnal? Fydd o'n serio rhif ar fy mhen i ac yn cyfeirio ata i fel gwrthrych ei arbrawf?

Dyma fo'n cerdded i mewn a chodi fy nicers mamolaeth gwaedlyd oddi ar y gadair. 'Nicers!' meddai'n ddigyffro, a'u dal hyd braich a'i fysedd fel gefeiliau, a'u gosod ar y llawr.

'Sori,' meddwn i.

'Na, peidiwch â dweud sori. Sut ydych chi'n teimlo?'

'Ofnadwy. Mae pethau'n ofnadwy.'

'Beth sydd mor ofnadwy?'

'Pob dim.'

'Y bore ydy'r amser gwaethaf o hyd.'

Roeddwn i'n arfer bod mor hoff o'r bore. Dyma oedd fy hoff amser o'r dydd.

Bron nad oedd o'n fy adnabod i'n barod rhywsut. Fel pe bawn i wedi bod yn wrthrych arbrawf iddo am sbel.

'Mae pawb yn gwybod y gwir amdana i,' meddwn i.

'Pa wir?'

'Fy mod i'n berson ofnadwy.'

'Mi ydych chi'n isel eich ysbryd,' atebodd, yn ddidaro.

'Isel fy ysbryd?'

'Ydych, mae gennych chi achos difrifol, nid y gwaethaf dwi wedi'i weld, ond achos difrifol o iselder ôl-enedigol.'

'Pam ydw i'n teimlo bod pawb yn fy nghasáu i?'

'Oherwydd eich bod chi'n isel eich ysbryd.'

'Felly dim ond iselder ydy hyn i gyd?'

'Ie. Mi gawsoch chi ysbaid seicotig a rŵan rydych chi'n isel eich ysbryd. Ac mi ydych chi'n mynd i wella.' Gwenodd.

'Dydw i ddim yn meddwl 'mod i.'

'Mi wnewch chi.'

Dyma fi'n ysgwyd fy mhen.

Aeth yn ei flaen, 'A dydy hynny ddim yn mynd i gymryd blynyddoedd, dydy o ddim yn mynd i gymryd misoedd, mae'n mynd i gymryd wythnosau. Ac yna mi fyddwch chi'n ôl yn chi'ch hun.'

'Yn ôl yn fi fy hun?'

'Yn ôl yn chi'ch hun. Ac mi fyddwch chi'n fam i Jet ac yn mynd yn ôl i ysgrifennu barddoniaeth a llyfrau plant.'

'Na wna i. Alla i ddim. Dwi'n teimlo mor wael.'

'Mi ydych chi'n isel eich ysbryd.'

Oeddwn. Roeddwn i newydd gael gwybod hynny. 'Sut fydda i'n gwella?'

'Am eich bod chi yma. Rydyn ni wedi cynyddu eich dos o wrthiselyddion.'

'Dydw i ddim eisiau cymryd gwrthiselyddion.'

'Pam ddim? Maen nhw'n mynd i'ch helpu chi. Ffisig ydyn nhw. Pe baech chi angen gwrthfiotigau, mi fyddech chi'n eu cymryd nhw. Mae'r un peth yn wir efo'r ymennydd. Dydych chi ddim yn mynd i allu gwneud hyn ar eich pen eich hun. Mae eu hangen nhw arnoch chi.'

Dyna'r dewis – hunanladdiad neu gytuno i ba bynnag arbrawf oedd gan y meddyg yma ar fy nghyfer i.

'Ac mi ydyn ni wedi rhoi cyffur gwrthseicotig i chi.'

Dyna fo'r gair yna eto: seicotig. Dyna fwy o ddelweddau cythryblus yn fflachio yn fy mhen: gwaed ar waliau, ysgrifen od, wynebau'n sgrechian, llygad yn sgytian, merch noeth â'i hasennau yn y golwg, fflachiadau o groesau, tân, ogof, angenfilod, dyn yn crafu ei groen mewn ystum ffetws ar fatres fudr, cell carchar oer a llaith, plentyn yn gwisgo mwgwd, cadair drydan. Byclau. Strapiau. Gwasgod gaeth.

'*Olanzapine*. Mae'n bosib y gwelwch chi eich bod chi'n magu ychydig o bwysau achos mae'n hybu'r archwaeth, ond wnawn ni mo'ch cadw chi arno fo'n rhy hir. Ond hyd yn hyn rydych chi wedi ymateb yn dda i'r cyffur. Ac mae hynny'n newyddion da iawn.'

'Ydw i'n gallu bwydo ar y fron efo hwnnw?'

'Pam ydych chi eisiau bwydo ar y fron? Mi gafodd fy mhlant i i gyd eu bwydo o botel ac mi aethon nhw i gyd i'r brifysgol. Anghofiwch am hynny.'

'Dwi'n bradychu fy mabi.'

'Na, rydych chi'n gwella. Ac mae gennych chi deulu cefnogol iawn o'ch cwmpas.'

Dyma fi'n nodio fy mhen. Roeddwn i eisiau i'r ddaear fy llyncu i. Cododd ar ei draed i fynd.

'Pam ydw i'n teimlo fel hyn?'

'Oherwydd eich bod chi'n isel eich ysbryd. Dyna'r cyfan. Rydych chi'n achos cwbl nodweddiadol.'

Isel fy ysbryd. Ai dyma sut oedd iselder yn teimlo go iawn? Fel rhywun wedi'i wneud o fetel? Eich bod chi'n wall mewn gêm gyfrifiadurol, yn niwlog ac yn pylu?

'Rŵan. Ydych chi angen rhywun i eistedd y tu allan i'r drws heno neu ydych chi'n meddwl y byddwch chi'n iawn?'

'Yyymmm. Dwi'n meddwl y bydda i'n iawn,' meddwn i'n gelwyddog.

Peidiwch â 'ngadael i!

'Gwych. Iawn?' Daliodd ei law fach allan. 'Os byddwch chi angen unrhyw beth, mi allwch chi fynd at gorlan y nyrsys a gofyn amdana i, ac mi wnân nhw fy ffonio i. Dwi ar gael bob awr o'r dydd a'r nos. Fel arall, mi wela i chi rhwng hanner awr wedi saith ac wyth ddydd Iau.'

A dyna ni. Doedd o ddim yn teimlo fel apwyntiad meddyg. Roedd o'n teimlo fel cyfarfod efo syrcasfeistr.

45

Ddaeth 'na ddim wyau i'r stafell y bore hwnnw, ac mi fu'n rhaid i fi fynd i'r ffreutur. Ar fy mhen fy hun.

Wyddwn i ddim beth i'w ddisgwyl.

Mi wnes i newid y pad gwaedlyd, a oedd mor llawn nes taro'r bin yn glep, ac yna gwisgo orau y gallwn i. Doeddwn i ddim yn cofio sut wnes i hynny, na hyd yn oed pwy oeddwn i. Roeddwn i'n gwybod fy enw, er na allwn ddioddef ei glywed, ond doedd gen i ddim ymdeimlad o hunaniaeth. Mi wnes i wisgo legins a hwdi Nike Hector. Sanau a sleidars. Fel pe bai gen i ben mawr ac yn taro i'r siop i gael llefrith.

Mi gerddais heibio corlan y nyrsys.

'Bore da, Laura.'

Mi gadwais fy mhen i lawr.

'Laura, alla i roi dy dabledi i ti?'

Mi wnes i gogio nad oeddwn i wedi clywed.

'Laura?'

Mae'n rhaid i fi guddio'r tabledi o dan fy nhafod a pheidio â'u llyncu nhw. Ddylwn i mo'u cymryd nhw. Maen nhw'n fy ngwneud i'n sâl. Alla i ddim trystio'r meddyg drwg.

'Be ydyn nhw?' holais yn amheus.

Merch ifanc Eidalaidd oedd hi. Gwenodd. 'Gwrthiselyddion.'

Stopia, Laura. Mi wyt ti'n bod yn wirion.

Mi wnes i eu llyncu nhw efo dŵr.

Dwyt ti ddim yn ddigon dewr i fod yn rebel.

'Wyt ti'n mynd i'r grŵp heddiw?' gofynnodd.

'Grŵp?'

'O, efallai nad oes grŵp wedi ei bennu ar dy gyfer di eto.'

Dyma fi'n clywed hogan yn gweiddi y tu ôl i fi, efo drws ei

llofft ar agor. Roedd hi ychydig yn hŷn na fi. Gwallt melyn. Tenau. Edrychodd i fyny, ei llygaid yn amlwg dan ddylanwad rhywbeth. Fel soseri. Roedd ei hystafell fel pìn mewn papur, yn wahanol iawn i fy nhomen sbwriel i. Sgrechiodd i lawr y ffôn, 'Mae'n rhaid i fi siarad efo cyfreithiwr, os ydy o'n meddwl ei fod o'n cael mynd â'r plant achos fy iechyd meddwl i, mi geith o—'

'Mwynha dy frecwast,' meddai'r nyrs.

Roedd drws yr ystafell fyw ar agor. Eisteddai hogan ifanc â gwallt byr mewn tracsiwt yno, yn syllu i'r gwagle.

O Iesu. Beth maen nhw'n ei wneud i bobl yma?

Roedd yr ystafell fwyta yn orlawn. Pawb yn edrych yn 'normal'. Doedd neb yn gwisgo 'gynau' nac yn taro'u pennau fel roeddwn i wedi'i ddychmygu. Roedd yn brysur, ond yn anghyfforddus o dawel. Roedden ni i gyd yn drwm dan ddylanwad cyffuriau; yn dawel, yn symud o gwmpas fel malwod.

Roedd y bwyd poeth o dan oleuadau poeth y bar brecwast yn troi fy stumog i. Selsig chwyslyd. Cig moch seimllyd pinc. Wyau wedi'u sgramblo dyfrllyd. Ffa pob efo croen oren crychiog drostyn nhw. *Sut oedd unrhyw un yn bwyta?*

Fedrwn i'm meddwl beth oeddwn i'n hoffi ei fwyta, felly dyma fi'n cymryd bocs o Alpen – o leiaf roeddwn i'n adnabod y brand hwnnw – ac iogwrt mefus. Mi es i ben pella'r stafell lle'r oedd hi'n dawelach ac eistedd i lawr ar ben bwrdd hir. Wrth edrych o gwmpas ar fy nghyd-fwytawyr, fedrwn i'm gweld un peth yn gyffredin. Roedden ni, ym mhob ffordd, i gyd yn wahanol.

Felly pam ni?

Eisteddai tua saith hogan ifanc, dau hogyn a nyrs gyferbyn wrth fwrdd hir arall, yn sgwrsio'n dawel a chwrtais. Roedd cynwysyddion plastig mawr o rawnfwyd, creision ŷd a Rice Krispies, ar y bwrdd o'u blaenau. Roedden nhw'n edrych fel grŵp o fyfyrwyr i ffwrdd efo'i gilydd ar daith ysgol.

Ymddangosodd dyn, yn ei dridegau hwyr efallai, wrth fy ymyl, gan dorri ar draws fy meddyliau. Doedd o ddim wedi eillio, ac roedd ei wyneb piws wedi chwyddo. Mewn llais coeth, gofynnodd a allai o ymuno efo fi.

O mam bach.

Mi wnes i nodio fy mhen, ac eisteddodd i lawr. Roedd yn bwyta'r brecwast llawn.

'Pam wyt ti yn y lle 'ma 'ta?'

'Ymmm...' O mam bach. At wraidd y mater yn syth. Doeddwn i ddim wedi meddwl y byddai'n rhaid i ni *sgwrsio*.

Gan fod gen i gywilydd o hyd o elfen 'seicosis' fy salwch, dyma fi'n dweud 'iselder ôl-enedigol' achos bod hynny'n fwy derbyniol rhywsut.

'Aa.' Twt-twtiodd, gan ochneidio ar fy rhan.

'Ti?'

'Alcohol. Mae fy ngwraig i eisiau plant. Mae hi wedi bod yn fy rhoi i dan lot o bwysau. Ac mi wnaeth popeth... ddwysáu. Dwi i fod i gael gadael yma ddydd Gwener. Gawn ni weld. Dwi wedi gwneud ambell i beth gwirion, felly... ia... gawn ni weld.' Syllodd i'r pellter. Roedd y gwythiennau coch yn ei lygaid yn amlwg.

Mi allwn i weld ei fod o wedi bod *yno* hefyd. Roedd wedi ysgwyd llaw efo'r un anghenfil â fi, beth bynnag oedd o.

Gyferbyn â ni, roedd dyn blêr mewn gŵn llofft yn eistedd wrth fwrdd arall ar ei ben ei hun, yn tynnu ar ei wallt ac yn mwmian wrtho'i hun. Roedd ei stori yn amlwg ar ei wyneb: roedd wedi ildio i'r lleisiau.

Mi wnes i ddechrau gweld patrwm. Roedd y rhan fwyaf o'n criw yn eistedd ar ein pen ein hunain, pawb ar ryw fath o res angau seicolegol, yn gweddïo am allu cael maddeuant, ei bod hi'n dal yn bosib i ni gael bywyd y tu allan i'r muriau yma. Roedden ni i gyd yn bwyta er mwyn aros yn fyw am un diwrnod arall, a hynny ddim o reidrwydd er ein mwyn ni – dim ond er mwyn y bobl a oedd yn ein caru ni, efallai. I gyd yn meddwl, *sut ddiawl wnes i gyrraedd fa'ma?*

Dyma fi'n edrych yn ôl ar fwrdd y criw a oedd yn bwyta brecwast. Pam oedden nhw i gyd yn bwyta efo'i gilydd yn y gymuned drefnus hon pan oedd y gweddill ohonom i gyd mor unig? Ac yna mi wnes i sylwi beth oedd ganddyn nhw i gyd yn gyffredin – roedden nhw i gyd yn denau. Yn boenus o denau. A dyna pam roedd yn rhaid iddyn nhw fwyta efo'i gilydd. Roedden nhw'n cael eu monitro.

‘Wela i di o gwmpas,’ meddai’r dyn gwritgoch a chodi i adael. A finnau’n sylweddoli ’mod i wedi bod yn syllu i’r gwagle tra oedd o wedi claddu ei frecwast llawn bob tamaid.

46

Mi fyddai oriau cyfan yn diflannu yn y ffordd bryderus hon, nes i fi golli pob cysyniad o amser. Roeddwn i'n ei chael hi'n amhosib canolbwyntio a doeddwn i ddim yn teimlo'n gytbwys. Mi oeddwn i'n benysgafn drwy'r amser. Dwi'n credu bod hyn yn ymwneud â'r feddyginiaeth.

Cyn pen dim, roedd fy stafell yn llawn aelodau o'r teulu eto. Mam neu Dad, Daisy neu Hector, Hugo a Jet, ar rota. Weithiau, roedden nhw i gyd yna'r un pryd.

Ar y dydd Mawrth, mi oedd gen i apwyntiad efo'r therapydd.

Cnoc ar y drws, ac i mewn â fi.

Ble oedd y soffa i fi orwedd arni hi? Yr hancesi papur? Y clustogau?

Eisteddai dyn mawr efo sbectol wrth gyfrifiadur a gofynnodd lawer o gwestiynau i fi, cyn teipio fy atebion. Roedd y cyfan yn ddidaro a di-fudd, yn debycach i daith i'r siop trefnu teithiau tramor na sesiwn therapi.

Doedd fy atebion i ddim mor hawdd â hynny achos doedd yr hyn oedd yn digwydd i fi ddim yn hawdd chwaith.

'Mae gen i... *orbryder*,' teimlais yr angen i gyfaddef wrtho, a finnau'n gwybod yn iawn ei fod yn gallu gweld yr holl bethau ofnadwy yr oeddwn i wedi eu dweud wrth y meddyg J.Lo pan ges i fy nerbyn ar fy ffeil. Edrychodd arna i fel pe bai'n dweud, 'Dwi'n meddwl mai dyna ydy'r lleia o dy bryderon di, del.'

'Iawn,' nodiodd, gan wthio ei sbectol i fyny ar ei drwyn. Teipiodd fy ymateb.

'Sori... ond ai therapi ydy hwn?' gofynnais.

'Dwi'n pennu grŵp i chi, ar gyfer therapi grŵp. Ar sail fy nghwestiynau a'r atebion rydych chi wedi'u rhoi i fi.'

'Ymmm... Iawn.'

Roedd y cyfan mor ffurfiol, a finnau'n teimlo 'mod i'n cael fy nerbyn fel cadét gofod.

'Mi fyddwch chi yng Ngrŵp Dau. Mae'r sesiynau grŵp yn rhedeg drwy'r dydd, bob dydd, o hanner awr wedi naw tan bump ag egwyl rhwng y gwahanol sesiynau. Does 'na ddim mynediad i neb sy'n hwyr yn cyrraedd, ac mae 'na waharddiad ar ddiodydd poeth.'

Dyma fo'n pasio'r gwaith papur i fi. Ffeil fodrwy fach las efo amserlen a phapur nodiadau. Roeddwn i mor ddryslyd a ffwndrus. *Sori... Dwi newydd gael babi – be ffwc sy'n digwydd?* Fedrwn i'm hyd yn oed ddweud yr amser. Fedrwn i'm darllen – nac ysgrifennu – ac roedd yr holl amseroedd ac apwyntiadau hyn yn llethol. Roedd yn ormod i fi.

Mi ddaeth Hugo a Jet i ymweld. Doeddwn i ddim yn gwybod sut i gyffwrdd â Jet. Roedd hi'n fis Mawrth anarferol o oer ac yntau'n gwisgo ei siwt eira fach.

Roedd Hugo yn edrych fel pe bai wedi gwneud ymdrech i alw heibio. Roedd yn edrych yn rhy olygus i'r ysbyty hwn. Rhy ddel i fod yn curo ar fy nrws i. Doeddwn i ddim yn haeddu ei adnabod.

Roedd o'n ymdopi'n iawn yn gofalu am Jet. Roedd yr hen fag blêr yr arferai ei gario i ymarferion y band bellach yn llawn o stwff babi. Llaeth, clytiau, cadachau gwlyb, dymis, cadachau lapio, llieiniau mwslin, dillad glân. Pan oedd Jet yn crio, roedd fy mronnau'n brifo ac yn chwyddo, ond yn groes i bob greddf, doeddwn i ddim yn gallu ei fwydo ar y fron oherwydd yr *olanzapine*. Roeddwn i'n teimlo'n ddiwerth. Doeddwn i ddim yn teimlo fel ei fam. Doeddwn i ddim yn teimlo fel unrhyw un.

Roeddwn i eisiau i'r ddau ohonyn nhw anghofio amdana i.

Bob chwarter awr, mi fyddai'r nyrs yn dal i daro ei phen rownd y drws i wneud yn siŵr 'mod i'n iawn, yna roedd hi'n ddeg o'r gloch a Hugo a Jet yn mynd adra. Roedd y nyrs famolaeth yno, felly roeddwn i'n gwybod y byddai Hugo yn cael rhywfaint o gwsg.

Mi wnaethon ni ffarwelio a chusanodd Hugo fi, ond mi wnes i wingo a thynnu'n ôl. *Does bosib ei fod o'n dal i fy ngharu i, ar ôl hyn i gyd. Mae'n fy nghamarwain i.* Mi wnes i blygu i lawr yn lletchwith at

Jet yn ei sedd car a'i batio'n ffurfiol ar ei ben. Doeddwn i ddim yn ymddwyn yn naturiol.

Pan oeddwn i ar fy mhen fy hun unwaith eto, mi ddaeth y nyrs i wirio fy arwyddion bywyd.

Meddyliau am hunan-niwed – na.

Meddyliau hunanladdol – oes.

Meddyliau am ddianc – na.

Oherwydd 'mod i wedi ateb yn gadarnhaol i'r cwestiwn am feddyliau hunanladdol, mi fyddai rhywun yn fy ngwylio i'n cysgu eto.

Cyrhaeddodd fy nhabledi yn y pot papur bach, ac mi wnes i eu llyncu ac aros i gwsg ddod yn y tywyllwch. Roedd hi'n ofnadwy o dywyll, a bod yn onest. Roedd o'n drwchus, y math o dywyllwch yr oedd hi'n bosib dychmygu siapiau yn ymddangos ohono fo.

Plis ga i gysgu? Ga i wared ar y boen am funud o leia? Gad i fy ymennydd wella a helpa fi i ddod o hyd i ryw fath o heddwch.

Roedd fy nrws wedi'i adael yn gilagored. Roedd nyrs yn fy ngwylio i. *Rhag ofn.*

Fel roeddwn i'n mynd i gysgu, ymddangosodd silwét gwraig wrth agoriad y drws. Roedd gwrid oren-felyn goleuadau'r coridor y tu ôl iddi hi. Roedd hi'n gwasgu'i dwylo efo'i gilydd ac roeddwn i'n gallu dweud oddi wrth ei hosgo nad nyrs oedd hi. Gwraig hŷn eiddil oedd hi mewn trowsus felôr pinc, efo gwallt gwrychog a llais coeth, tebyg i lais actores glasurol.

'Helô,' sibrydodd. Sut roedd hi'n gallu fy ngweld i yn y tywyllwch, wn i ddim.

'Mae hi'n cysgu, Catherine,' meddai'r nyrs.

'O... mae hi'n cysgu,' atebodd Catherine, mor siomedig â phlentyn, yn drist am na fedrwn i chwarae.

Sibrydodd, 'Nos da.'

'Nos da,' sibrydais innau'n ôl a mynd i gysgu'n drwm, cwsg a oedd yn rhy ddwfn i freuddwydio hyd yn oed.

47

O *Iesu. Dwi yma eto. Ddim diwrnod arall o hyn. Dwi wedi colli fy mywyd cyfan. Mae'n rhaid i fi ladd fy hun.*

Roedd fy mronnau yn enfawr, yn boenus ac wedi chwyddo â llaeth. Mi wnes i sefyll dros y sinc a gwasgu'r llaeth i lawr y draen efo fy nwylo. Roedd fy nghluniau yn ludiog, wedi'u gorchuddio â gwaed. Roeddwn i'n rhwym hefyd, sgileffaith y cyffuriau. A rŵan, roeddwn i'n eitha siŵr bod gen i systitis. Roedd yn rhaid i fi chwerthin.

Dyma fi'n eistedd ar y toiled, yn gwingo mewn poen. Ar deilsen uchaf ochr chwith y stafell ymolchi, yn rhy bell o lawer i'w gyrraedd, roedd 'na ôl llaw unigol. Yn rhy uchel i'r staff glanhau sylwi arni. Roedd ei gweld hi'n gyrru ias i lawr fy nghefn. *Mae'n rhaid i fi fynd o'ma.* Roedd rhywun wedi bod yn dringo'r waliau yma.

Mi lyncais fy nhabledi a mynd i gael brecwast, chwarae'n saff efo Alpen ac iogwrt mefus, a mynd 'nôl i fy stafell.

Eiliad yn ddiweddarach, mi gnociodd nyrs ar fy nrws.

'Wyt ti ddim yn mynd i'r grŵp heddiw, Laura?' gofynnodd.

'Ydw, mi ydw i.'

'Mi wyt ti wedi colli'r sesiwn gyntaf yn barod,' meddai.

Sut? Mae amser yn llythrennol yn llifo drwy fy mysedd.

Roedd hi'n rhy hwyr i fynd i mewn, felly mi wnes i ddweud y byddwn i'n ymuno â'r grŵp ar ôl yr egwyl.

Mi wnes i siarad efo Mam, a dyma hi'n dweud y dylwn i sôn wrth rywun bod gen i systitis, felly dyma fi'n mynd yn wylaidd at gorlan y nyrsys, pob cam yn ymdrech, nid achos 'mod i'n teimlo'n gysglyd ond achos bod gen i ormod o ofn siarad hyd yn oed. 'Dwi'n meddwl bod gen i haint ar yr wrin,' dyma fi'n mwmian, yn nerfus.

'Iawn, mi wnawn ni anfon y meddyg draw i dy weld di. Arhosa yn dy ystafell.'

Roedd y meddyg hwn yn wahanol iawn i Dr P. Daeth i mewn, yn ffwndrus ac yn ddwys, efo golwg sarrug ar ei wyneb. Roedd yn gwisgo siwt, ac roedd o'n galed a di-lol, ac yn ffurfiol iawn. *Dwi wir yn ei gasáu o. Mae o eisiau i fi fod yn sâl. Mae o'n un arall o'r meddygon drwg sy'n arbrofi arna i.* Ymunodd nyrs â ni, Gwyddeles ifanc efo wyneb tywysoges Walt Disney, ond roedd hi'n agos atoch hefyd. *Efallai y bydd hi'n fy helpu?* Mi wnes i drio dal ei llygad sawl gwaith. *HELPA FI.*

Gofynnodd y meddyg i fi bi-pi mewn cynhwysydd plastig a dweud y byddai'n cael ei anfon i'r labordy i'w 'archwilio'.

Allwch chi ddim sticio ffon ynddo a dweud a oes gen i haint ai peidio? Pam mae'n rhaid ei anfon i ffwrdd? Gwrthrych arbrawf ydw i, dwi'n gwybod hynny!

Gofynnodd i fi orwedd ar y gwely er mwyn gweld sut roedd craith y toriad Cesaraidd yn gwella. Safai'r nyrs gerllaw, yn gwylio'n dawel, ei llygaid mawr wedi'u cloi ar fy llygaid innau. Edrychodd y meddyg i fyw fy llygaid efo tortsh, ac yna edrychodd yn fy nghlustiau. Gofynnodd i fi sefyll, ac ymestyn fy mreichiau iddo gael gwirio fy nghydbwysedd. Mi wnes i ddisgyn yn glewt ar y gwely fel clown. *Ydw i'n drwm dan ddylanwad cyffuriau? Pam mae o'n gwneud yr holl brofion yma? Ydw i'n cael fy ngwerthu i rywun? Ydw i'n mynd i gael fy ngorfodi i gael mwy o fabis?*

Roeddwn i'n dychmygu fy mod i'n cael fy 'recriwtio'. *Dydy hyn ddim yn digwydd. Does ganddyn nhw ddim hawl. Defod urddo i ryw gwlt od ydy o. Dwi mewn rhyw ysbyty didrwydded. Twyllwyr ydyn nhw.* Roeddwn i wedi ysgrifennu stori fer am senario debyg yn y gorffennol. Ac yn honno, roedden nhw'n BWYTA'R prif gymeriad. *O mam bach, mi wnes i ysgrifennu am hyn. A rŵan mae o'n digwydd i fi.*

Mi wna i ladd fy hun cyn i chi fy lladd i!

48

Therapi grŵp.

Doeddwn i erioed wedi cael therapi o'r blaen, a rŵan roeddwn i'n sydyn yn cael fy nhaflu i'w chanol hi.

Wedi fy llethu gan baranoia, mi wnes i dreulio oesoedd yn trio dadansoddi'r gwahanol grwpiau therapi a'u hamserlenni. Pam oeddwn i'n ymgeisydd addas ar gyfer Grŵp Dau? Roeddwn i'n meddwl bod het ddidoli Harry Potter wedi cael ei rhoi ar ein pennau – roedd y broses yn ymwneud â'n personoliaethau 'go iawn' mwyaf cyfrin ac roedden ni'n cael ein gwahanu, fel ieir batri.

Edrychais ar fy amserlen: CBT, hylendid cwsg, rheoli gorbryder, therapi celf, salsa? *Tai chi. Sori, beth?*

Pan ddaeth yn amser egwyl, i ffwrdd â fi i fyny'r grisiau i ymuno â'r sesiwn therapi gyntaf. Ar y llawr cyntaf mewn ystafell fach boeth. Eisteddai grŵp bach yno, pob un yn sipian dŵr fel pe baen nhw'n gaeth i dabledi. Roedd y ferch welais i'n crio yn yr ardd yno. Roedd hi'n edrych yn cŵl, fel pe bai hi wedi gallu bod yn ferch i Jimi Hendrix, yn hipïaidd, trowsus wedi'i glymliwio a thop rhy fawr, ond roedd hi'n berwi o egni dig, fel pe bai hi'n sgrechian 'Cadwch draw!' Roedd yna wraig denau yn ei phedwardegau wedi'i gwisgo fel pe bai hi ar ddêt cyntaf mewn bar gwin, efo bag llaw bach a chlustdlysau crog. Roedd hi'n mynnu estyn i'w phwrs a thynnu allan amryw o feiros a hancesi papur ac eli, neu'n tapio'i ffôn symudol yn brysur, fel pe bai hi i fod yn rhywle ac yn mwmian rhywbeth am ei hamserlen brysur, i drio creu argraff ar bawb. Roedd yna fachgen blêr yr olwg, gwelw fel ysbryd, tua'r un oed â Hector fy mrawd, efo llygaid mawr cynhyrfus, a dyn mawr efo cylchoedd tywyll o dan ei lygaid, a daeth yn amlwg ei fod yn cael ei ryddhau ac yn gadael yn ddiweddarach y diwrnod hwnnw. Roedd o'n gyfarwydd, fel pe bawn i wedi ei weld ar y teledu.

Mi wnaeth pawb ddymuno pob lwc iddo yn eu tro.

Cafodd pawb gynnig i ddweud gair.

Siaradodd y dyn teledu fel pe bai'n darllen o sgript. Doedd ei osgo a'i fynegiant ddim yn cyfateb i'w eiriau: 'Wel... dyma ni. Diolch i chi i gyd. Mater o symud ymlaen ydy hi rŵan, treulio mwy o amser efo'r ferch, colli ychydig o'r pwysau yma.' Patiodd ei fol a chwerthin; roedd o'n dweud *yr holl bethau iawn* i gael mynd oddi yno.

'Y dyfodol sy'n bwysig rŵan,' meddai, yn falch. 'Ond mi wela i golli'r lle yma, mae o'n fan diogel go iawn. Dwi'n poeni sut fydd pethau *y tu allan*.'

Llwyddodd pawb i chwerthin, ac roedd hynny'n sioc iddyn nhw, a chymerodd oes iddyn nhw ddod drosti.

Roedd o wir yn ofni gadael. Roedd o wedi dod yn rhan o'r lle 'ma.

O mam bach. Mae'n rhaid i fi fynd allan cyn iddyn nhw fy mrên-washio i. Mae hyn i gyd yn rhan o gynllun mwy – yn syth ar ôl i Jet gael ei eni – i fy nhanseilio i, i droi fy ymennydd yn slwtsh. Be maen nhw'n mynd i'w wneud efo Jet?

Dyma nhw'n mynd o gwmpas y stafell er mwyn i bawb ohonom ddweud sut roedden ni'n teimlo.

Doedd gan y ferch cŵl yr olwg ddim byd i'w ddweud. '*Pass*,' atebodd. Roedd hi'n swnio'n Americanaidd.

Dywedodd y bachgen ifanc gwelw mai ei enw oedd Ezra. Soniodd ei fod wedi smocio canabis chwe mis ynghynt, wedi cael pwl o orbryder difrifol ac nad oedd wedi bod yn iawn ers hynny. Ei fod yn arfer bod yn hyderus ac yn hapus. Yn boblogaidd a chlyfar, efo llwyth o ffrindiau. Ond rŵan ei fod o'n teimlo'n llanast llwyr. Roedd wedi ynysu ei hun. Doedd o ddim yn gallu cael swydd. Doedd o ddim yn gallu gadael y tŷ. Roedd o'n hunan-niweidio. Yn treulio'r rhan fwyaf o'i ddyddiau yn y gwely. Roedd o'n teimlo cywilydd o'i ymateb i'r cyffur, mai canabis wnaeth hyn iddo yn hytrach na rhywbeth cryfach. Soniodd fod pawb yn chwerthin y tu ôl i'w gefn. Roedd yn dioddef o baranoia dwys, ac yn amheus o bawb a phopeth.

Enw'r wraig o'r bar gwin oedd Sarah. Roedd hi'n grochan o wrthdaro, yn chwimwth a dwys a pharablus, yn gwibio i mewn ac allan o sgwrs efo hi ei hun. Dechreuodd bob brawddeg efo 'Dwi ddim isio'ch diflasu chi efo'r rhesymau pam...' cyn gwneud yn union hynny.

Roedd hi newydd gael ysgariad. *Ond roedd hi'n iawn*, meddai wrth y grŵp. Roedd ganddi ddau o blant. Roedd hi'n teimlo wedi'i gorlethu. *Ond roedd hi'n iawn*, mynnodd. Dywedodd wrth bawb am beidio â phoeni amdani achos, ie, dyna chi: *roedd hi'n iawn*. Chwarddodd ac yna ychwanegodd, 'Dydw i ddim yn hoffi siarad amdana i fy hun. Dwi'n berson eitha caeedig.'

Roedd y grŵp yn edrych fel pe baen nhw wedi clywed yr araith hon sawl gwaith. Edrychais ar eu hwynebau ac roedden nhw i gyd yn edrych yn bell. Yn wag. Yn ddiffrwyth. Fel sombis! Roedd hyd yn oed y dyn a oedd i fod mor falch o gael gadael yn syllu ar y llawr, mewn cors o ddifaterwch. Roedd wedi rhoi'r ffidil yn y to. Yr eiliad roedd y llifolau'n symud oddi arnyn nhw, roedd yn union fel pe baen nhw'n suddo i ddifancoll. Yn cau i lawr yn llwyr. Dyma fi'n esgusodi fy hun.

'Chewch chi ddim dod yn ôl i mewn,' rhybuddiodd y therapydd.

'Mae'n iawn,' meddwn i, ond dwi'n credu mai'r rheswm dros orfod mynd allan oedd achos 'mod i'n gweld fy hun ym mhob un ohonyn nhw, a bod hynny'n fy nychryn i.

Therapi celf oedd nesaf. Yn y grŵp hwn roedd merch Jimi Hendrix, Ezra, a merch ifanc ddieithr oedd yn edrych fel seren bop. Roedd ganddi wallt pinc ac roedd yn gwisgo côt ffwr las llachar. Roedd gan bob un ohonyn nhw boteli dŵr, cegau cryg, gwefusau sych ac anadliadau cras. Yn sydyn roeddwn i'n teimlo'n sychedig hefyd. Ac roeddwn i'n deall pam fod ganddyn nhw i gyd boteli dŵr. Y feddyginiaeth oedd ar fai.

Roedd y therapydd yn wraig hŷn efo acen Ewropeaidd gref. Dywedodd wrthym am helpu ein hunain i ddeunyddiau a mynegi sut roedden ni'n teimlo. Allwn i ddim credu 'mod i yno. Roedd yn gorgyffwrdd â phethau dwi'n hoffi eu gwneud, llefydd lle byddwn i fel arfer yn teimlo'n gyfforddus – fel bod o gwmpas deunyddiau celf. Ond fedrwn i'm diodde'r profiad o gwbl. Gwae, dyna'r cyfan fedrwn i ei deimlo.

Mi wnes i wylio'r lleill yn gafael yn eu deunyddiau yn dawel: clai, paent, golosg, creon, pensil. Roeddwn i wrth fy modd yn darlunio, ond fedrwn i'm cofio sut i'w wneud o. Roedd fy mhen i'n wag. Roeddwn i'n crynu, fy nwylo'n ysgwyd. Dechreuodd y dagrau gronni.

TY'D O'NA, LAURA!

Mae fy 'arddull' arferol yn ymdebygu i gymeriadau priciau, ond doedd hynny ddim yn dod drosodd yn y grŵp yma – roedd fy lluniau'n edrych yn debycach i gynnyrch dioddefwr o blentyn ar ôl cael cais i dynnu llun o'i *brofiad*. Mi allai'r therapydd ddirnad pob math o bethau o'r darlun – roedd y fam isel ei hysbryd a oedd wedi mynd i ddifancoll bellach yn mynegi ei cholled a'i thristwch drwy gymeriadau priciau. Nid eironig oedd o, ond testun *pryder*. Roeddwn i'n ddigon beiddgar i liwio 'fy ngwaith' efo lliwiau pastel hyd yn oed.

Cyn diwedd y sesiwn, roedden ni'n ailgrynhoi unwaith eto, ac yn eistedd mewn cylch ar gadeiriau ysgol. Y cyfarwyddyd oedd siarad am yr hyn roedden ni wedi'i greu. Dangosodd merch Jimi Hendrix ddarlun o flaidd yn udo ar y lleuad. Roedd ei hwyneb mor dlws, ei chroen yn euraidd a'i llygaid yn rhai gwyrdd golau. Dywedodd ei bod hi mewn cariad â'r lleuad. Ei bod hi mewn poen. Yn udo. Fel blaidd. Roedd yn anodd teimlo'r boen honno oherwydd roedden ni i gyd ar ddigon o gyffuriau i'n cadw ni'n ddiogel.

Roeddwn i'n meddwl am beth fydden ni i gyd yn ei wneud rŵan pe baen ni ddim ar dabledi.

Roedd Ezra wedi creu rhyw fath o stribed cartŵn dwys efo creon, yn llawn o goch a du. Argol, roedd o wedi bod yn pwyso'n GALED efo'r creonau. Roedd ganddo ddarlun o ddeilen canabis. A fersiwn dyn pric ohono'i hun yn gwgu. Roedd ei sbectol a'i wallt tywyll yn grychiog. Roedd 'na linellau coch ym mhobman, ac arwyddion rhybuddio efo'r geiriau: 'DIM GORBRYDER.' Rhannodd ei stori am y sbliff eto, a dweud, 'Dwi'n casáu cael cymaint o orbryder.'

Dywedodd fod ei gorff cyfan yn ysgwyd, ei galon yn llamu allan o'i frest. Ei fod eisiau niweidio ei hun y bore hwnnw. Roedd o'n difaru iddo smocio canabis erioed. Roedd o'n casáu ei rieni am ddod ag o yma. Roedd o'n casáu bod yn yr ysbyty. Ond roedd o'n casáu peidio â bod yn yr ysbyty hefyd.

Roedd y ferch a oedd yn edrych fel seren bop yn siarad yn huawdl. Dywedodd ei bod hi'n dioddef efo anhwylder deubegwn. Roedd hi hefyd wedi cael diagnosis o anhwylder personoliaeth ddeublyg – *efallai mai dyna sydd arna i?* – ac anhwylder bwyta. Dywedodd ei bod wedi symud o gwmpas y grwpiau yn trio dod o hyd i'r un iawn iddi hi. Fedra i'm cofio ei darlun hi. Roedd hi'n annwyl iawn.

Wedyn fy nhro i. Mi wnes i ddangos fy ngwaith celf gwirion. Dynwarediad o'r hyn fyddwn i wedi'i wneud fel arfer, ond heb unrhyw bersonoliaeth ynghlwm wrtho. Roeddwn i'n actio, yn ymddwyn fel y byddai 'Laura' wedi ymddwyn. Wedyn dyma fi'n dechrau beichio crio.

Mi wnaethon nhw basio hancesi papur i fi. A gwrando. A nodio'u pennau. Twt-twtiodd y therapydd gan ochneidio ei hempathi. 'Pa mor hen ydy'ch babi chi?' gofynnodd.

'Ychydig dros dair wythnos.'

'Ac mi ydych chi ar wahân ar adeg amhrisiadwy fel hyn,' meddai.

Roeddwn i'n writgoch, yn cael trafferth anadlu ac yn dal hances bapur wlyb socian wrth gornel fy llygad, wrth wynebu'r posibilrwydd mai'r bobl hyn fyddai fy unig ffrindiau.

Ond doeddwn i ddim eisiau bod yn ffrind i'r un ohonyn nhw, dyna'r gwir amdani. A doedden nhw ddim eisiau bod yn ffrindiau efo fi chwaith.

49

Roeddwn i'n sychedig drwy'r amser, felly roedd yn bwysig gwybod ble roedd y peiriant dŵr a'r tegell. Mi wnes i ddatblygu obsesiwn efo te camri. Roedd te go iawn yn fy nychryn i.

Mi wnes i gyfarfod efo Catherine yn iawn yn y gegin ar ein llawr ni. Cyflwynodd ei hun efo gwên lydan a llachar. Ces yr argraff ei bod hi'n gyfarwydd efo'r lle yma, fel pe bai hi'n ymwelydd rheolaidd. Mi ddywedodd ei bod wedi bod i mewn ac allan o'r 'sefydliad bendigedig' yma ers blynyddoedd. A bod gen i wên dlos. Gwên fyddai'n gallu goleuo stafell. *Y CELWYDDGI!* Gofynnodd beth roeddwn i'n ei wneud. Yn llawn cywilydd, dyma fi'n dweud, 'Dwi'n awdur.' Roeddwn i'n teimlo fel twyllwr, achos mi wyddwn na fyddwn i byth yn mynd yn ôl i ysgrifennu. Ebychodd. A gafael yn fy mraich. '*Awdur*? Wel, pam na wnest ti ddweud hynny?' cyn datgelu ei bod hi'n actores. Dyma hi'n dweud, 'Mae gen i syniad gwych! Mi ddylen ni *weithio* efo'n gilydd. Basa hynny'n wych, yn basa? Mi allen ni greu darn am y lle yma! Mi fydda fo mor ddoniol! Mae'r lle yma fel comedi sefyllfa, tydi? Pam wyt ti yma?'

Mi wnes i ddweud 'mod i'n dioddef o iselder ôl-enedigol, a dyma hi'n edrych arna i efo'r un olwg â phawb arall, yn fy nhyb i, yr olwg oedd yn dweud, 'Dydy hynny ddim yn beth go iawn. Ti sy'n dychmygu'r peth!'

'O, felly *ti* ydy'r un efo'r babi?' gofynnodd, yn wybodus.

Wrth i fi fynd i roi pecyn y te camri yn y bin, dyma hi'n gwneud yn fy lle i.

'Wnest ti weld fy mlodau i yn yr ystafell fyw? Gan fy chwaer ges i nhw. Roeddwn i'n meddwl y gallai pawb eu mwynhau nhw. Dwi wedi bod yn tynnu eu llun nhw. Wyt ti eisiau dod i weld y lluniau? Mi allwn i dynnu dy lun *di*?' meddai.

Y peth olaf oedd ei angen arna i oedd i rywun gofnodi fy nghyflwr truenus.

Crychodd ei llygaid yn amheus, a sibrwd (roedd hi'n sibrwd yn aml), 'Dydy fy meddyg i ddim yn agored iawn efo fi. Pwy ydy dy feddyg di?'

Ar ôl dweud ei enw, dyma hi'n ebychu eto. 'O, am hogan lwcus. Sut wnest ti lwyddo i'w gael o?'

Roeddwn i'n edrych yn ddryslyd. Oedd o'n rhywun enwog?

'Fo ydy'r un gorau yma. Mae pawb isio Dr P. O, mi wyt *ti'n* mynd i wella.'

'Gobeithio.'

'Mi wnei di.' Gwenodd. 'Dydw i ddim yn mynd i unrhyw un o'r grwpiau yma heblaw am y stwff symud. Dwi ddim yn meindio'r rheiny. Wyt ti'n mynd i'r grwpiau?'

'Ydw, dwi'n trio.'

'Da'r hogan.' Daeth yn agos ata i. 'Ond cym ofal, cofia,' sibrydodd. 'Mae 'na *lot* o bobl od yma.'

Mi ddaeth fy nheulu efo fi i'r ystafell fwyta i gael cinio – ond fedrwn i'm peidio â meddwl am yr holl bethau 'ofnadwy' roeddwn i wedi'u gwneud. Roeddwn i'n pigo ar ryw fath o stwff oedd yn debyg i fwyd, a Mam yn dweud y dylwn drio bwyta cymaint ag y medrwn i. Dyma nhw'n dweud eu bod nhw wedi cael newyddion da gan y meddyg: fy mod i wedi ymateb cystal i'r cyffuriau fel y gallwn i efallai fynd adra erbyn diwedd yr wythnos. Y gallwn i wella ar fy aelwyd fy hun, efo wynebau cyfarwydd o 'nghwmpas i. Roedd yn swnio'n gadarnhaol.

Ond na, roeddwn i'n lot salach nag yr oeddwn i wedi meddwl...

Wrth edrych i fyny, mi welais dad Hugo, yn cerdded drwy'r ystafell fwyta. Dyma fi'n dychryn yn syth, fel pe bai llofrudd wedi dod o hyd i 'nghuddfan. Roedd yn rhaid i fi wneud popeth yn fy ngallu i beidio â sgrechian a rhedeg allan o'r ystafell fwyta. Diolch i'r salwch, roeddwn i wedi penderfynu ei fod wedi dod i gael golwg arna i. I weld a oeddwn i'n sâl *go iawn* neu'n ffugio. Fedrwn i'm edrych i fyw ei lygaid: doeddwn i ddim eisiau cael fy hypnoteiddio eto. Roeddwn i'n meddwl, *sut wnest ti ddod o hyd i fi yma?* Doeddwn i ddim yn ddiogel. Sut allwn i dynnu sylw fy nheulu? *Peidiwch â 'ngadael i ar fy mhen fy hun efo fo!*

Pam nad oedden nhw'n gallu gweld mai fo oedd yn gwneud hyn i fi? A rŵan roedd o'n gwybod ble oeddwn i. Roedd o'n gwybod 'mod i'n gwybod, ond roedd o newydd allu cerdded i mewn heb ofyn am ganiatâd hyd yn oed! Mi wnes i osgoi edrych arno fo, ond o gornel fy llygad, mi allwn i weld yr olwg fodlon ar ei wyneb.

Cath efo llygoden. *Dwi wedi dy ddal di.*

Dyma fi'n chwarae'r gêm. Yn hogan fach dda. Dyma fi'n dweud, 'Mae'n ddrwg gen i eich bod chi wedi gorfod fy ngweld i fel'na wythnos diwetha.'

'Does dim rhaid i ti ymddiheuro.'

Wyt ti'n meddwl dy fod di'n gallu dod i fan hyn a chwarae'r merthyr? Alli di ddim cuddio.

Ac mi ges i'r hyn roeddwn i'n ei haeddu. Hyn.

50

Y tro nesaf i fi gyfarfod y meddyg, mi ddaeth Hugo efo fi. Eisteddai Dr P gyferbyn â fi.

'Mi ydych chi'n edrych yn llawer gwell,' meddai. 'Sut ydych chi'n teimlo?'

'Ychydig yn well,' atebais innau. Mi wnes i ddweud celwydd, o flaen Hugo.

'Cariwch chi 'mlaen fel hyn ac mi fyddwch chi'n cael mynd adra'n fuan iawn.'

'A mynd yn ôl i fod fel oeddwn i?'

'Mi fyddwch chi'n ôl yn union fel oeddech chi.' Gwenodd yn garedig. 'Rŵan, mae'n rhaid i fi ofyn i chi, unrhyw feddyliau hunanladdol?'

Meddyliais am y peth. 'Na.'

'Da iawn wir. Ac mae'n ddrwg gen i, ond mae'n rhaid i fi ofyn i chi... unrhyw feddyliau am niweidio Jet?'

'Na!' Mi wnaeth hyn fy nychryn i. 'Na, dim o gwbl.'

'Mae'n ddrwg gen i, ond dwi'n gorfod gofyn.'

'Dwi'n deall.' Ond y gwir oedd, roedd gen i ofn y meddyliau hynny; yr unig beth oedd ei angen oedd i hedyn bach gael ei blannu ac mi fyddwn i yno – yn tyfu coedwig drofannol o gynlluniau afiach. Roedd yn rhaid i fi dynnu fy meddwl oddi ar hynny – *paid â meddwl am Jet. Paid â meddwl am Jet... ond aaaaaaaaaa* – ac ar yr un pryd roi'r argraff bod fy holl sylw i *arno fo*, i fi deimlo fel mam 'normal' a oedd yn caru ei babi, er mwyn fy helpu i gael gadael y lle yma.

'Dwi'n mynd i'ch rhoi chi ar *checks* hanner awr yn hytrach na rhai chwarter awr. Ydy hynny'n swnio'n iawn i chi?' Mi wnes i nodio fy mhen. 'Os bydd hynny'n mynd yn dda dros yr ychydig ddyddiau nesaf, mi newidiwn ni eto i rai bob awr ac yn y blaen...'

A dyna fo wedi mynd. Ei gôt hir yn sgubo allan i'r coridor.

Roedd Hugo wedi dod â stwff bath Jet efo fo, ac mi wnaethon ni ei ymolchi yn fy llofft yn yr ysbyty. Mi wnes i esgus fy mod i eisiau gwneud, ond doeddwn i ddim. Roedd o'n ymddiried ei gorff bach noeth, diniwed i 'nwylo i, ei ddyrnau'n dynn wrth ei ben, ei lygaid mawr tlws yn pefrio, yn falch o 'ngweld i.

Dydw i ddim yn ddigon da i ti, Jet.

Penliniodd Hugo wrth fy ymyl a dangos i fi beth i'w wneud. Roeddwn i'n casáu cael fy ngoruchwylio fel hyn. Mi wnaethon ni ei sychu a gwisgo dillad glân amdano, yna'i fwydo. Mi aeth i gysgu wedyn, gan adael Hugo a finnau i dynnu sgwrs yn lletchwith.

Bob hanner awr pan fyddai'r drws yn agor ar gyfer y gwiriadau, roedd y nyrsys yn gwrtais ac annwyl ac yn gwenu wrth fy ngweld i a'r babi'n cysgu yn fy mreichiau. Roeddwn i'n teimlo'n orffwyll. Yn pathetig. Yn fethiant. Dwi'n siŵr bod gan bob un o'r nyrsys blant a'u bod nhw'n gofalu amdanyn nhw'n gwbl ddidrafferth.

Pam nad oedd o'n ddidrafferth i fi? Oedd gen i *unrhyw* reddf famol o gwbl?

Gofynnodd Hugo i fi basio fy ffôn iddo fo, ac mi deipiodd o HYN yn fy ffolder nodiadau*:

> Laura – cofia hyn – gan Hugo:
>
> Wnest ti ddim gwneud hyn i ti dy hun, dydy o ddim yn cael ei achosi gan ryw broblem efo dy bersonoliaeth neu sut rwyt ti'n byw dy fywyd.
>
> Salwch ydy o, sy'n cael ei achosi gan drawma geni, mae'n cynnwys iselder ac mae effaith seicotig ynghlwm wrtho. Mae'n bosib ei drin yn gyflym ac yn effeithiol, ac mae hynny'n digwydd. Mae'r ochr seicotig eisoes yn diflannu'n raddol diolch i'r cyffuriau, ac mae'r iselder am fynd maes o law. Mi fyddan nhw'n gwneud yn siŵr o hynny.
>
> Yna mi fyddi di'n dod adra (yn fuan iawn) ac mi fydd y gofal gorau posib ar waith yno. Mi gei di archwilio pob peth

* Dwi newydd ddarllen hwn am y tro cyntaf ers hynny (roedd gen i ormod o ofn sgrolio i lawr cyn hyn) a dwi yn fy nagrau wrth ddarllen y geiriau.

posib rwyt ti'n gallu meddwl amdano fo i'w wneud efo ti dy hun, a phenderfynu sut wyt ti am fynd i'r afael ag o, gan gynnwys a oes angen i ti wneud hynny hyd yn oed! (Dydw i ddim yn credu bod angen i ti wneud cymaint â hynny – rwyt ti'n berson ac yn fam anhygoel a rhyfeddol, ac mi rydyn ni'n dy garu di fel wyt ti.)

Mi fyddi di a dy bersonoliaeth yn mynd yn ôl i fod yn union fel oeddet ti flwyddyn yn ôl, fel mae Dr P wedi'i addo (heblaw dy fod di'n fam am byth rŵan).

Mi fydd y tabledi cysgu yn helpu, ac mae cwsg go iawn ar ddod, ac mi fydd hynny'n help anferthol hefyd.

Mi fydda i yma bob dydd ac mae Jet mewn dwylo hollol ddiogel. Dwi'n gofalu amdano fo, ac mi alla i ddod ag o i dy weld di unrhyw bryd rwyt ti eisiau ei weld o. Mae dy deulu a dy ffrindiau i gyd yn meddwl y byd ohonot ti, ac maen nhw i gyd ar gael ar y ffôn unrhyw bryd. Maen nhw'n dy garu di.

Dwi'n dy garu di.

Meddyliau am hunan-niweidio? Na.

Meddyliau hunanladdol? Na.

Meddyliau am ddianc? Na.

51

Drannoeth, roedd 'na Alpen, ond dim iogwrt mefus. Dim ond fanila. Mi wnes i ei cholli hi. Roedd angen i fi fwyta'r un peth bob dydd. Roedd y diffyg iogwrt mefus yn fy nghynhyrfu i ac yn fy ngyrru i oddi ar fy echel yn llwyr.

Mi welais fy ffrind grŵp Ezra ar draws yr ystafell, efo'i ben yn ei ddwylo. Roedd yn edrych yn fwy gwelw na'r arfer, fel pe bai wedi bod yn effro drwy'r nos. Dyma fi'n gwenu. Roedd o mor ifanc. Meddyliais am fy mrawd, Hector, a sylweddoli y gallai hyn ddigwydd iddo fo neu unrhyw un o'i ffrindiau.

Dyma fi'n gafael yn yr Alpen a'r iogwrt fanila a dod o hyd i sedd. Mi fyddai'r hen fi wedi eistedd i lawr wrth ymyl Ezra.

Weithiau roedden ni'n derbyn therapi efo mwy nag un grŵp. Roeddwn i'n treulio'r amser i gyd yn trio canolbwyntio ar beth roedd y therapydd yn ei ddweud, ond gan amlaf, mi fyddwn i'n eistedd yno, yn boddi yn fy meddyliau fy hun, yn troelli'n dawel i lawr i ffynnon o bendroni a hunangasineb, neu'n meddwl sut i ddod allan o'r sefyllfa, neu'n trio peidio â chrio. Dro arall, mi fyddwn i'n eistedd yn syllu'n ddwys ar y cleifion eraill, yn trio dirnad eu straeon nhw – pam oedden *nhw* yma? Roeddwn i'n trio eu lleoli nhw ar y graff gwallgofrwydd, gan gymharu eu sgôr 'gwallgofrwydd' nhw efo'n sgôr i.

Yn fy nychymyg i, roedd pawb yn meddwl, 'Sut fedar hi fod yma? Fyddwn i *byth* yn gadael fy mabi', fel pe bawn i wedi penderfynu gadael fy mabi yn rhywle er mwyn i fi allu gwneud cwrs sgwba-deifio yn y Maldives.

Yn fy sesiynau i, ar wahân i griw craidd Grŵp Dau – merch Jimi Hendrix, Ezra a Sarah – roedd merch affwysol o denau yn ei thridegau hwyr efo gwallt golau sych grimp ac acen Rwsiaidd gref. Roedd ei hwyneb yn dynn a sgleiniog, ac yn edrych fel pe bai wedi cael sawl 'triniaeth'. Bob dydd, roedd hi'n gwisgo'r un gwaelod tracsiwt glas rhy fawr a siwmper wddw uchel las efo hancesi papur brau wedi'u stwffio i fyny'r llewys fel rhyw glown cachu rwtsh hanner ffordd drwy wneud tric. Roedd hi'n hawdd ei dychmygu mewn ffrog goctel ac esgidiau drud. Roedd hi'n dadlau efo'r therapyddion yn aml. Yn gofyn sut y medren nhw eistedd yna pan oedd llofruddio a rhyfel ac anhrefn ar y teledu. Mi fyddai'n siarad yn amddiffynnol efo'i breichiau wedi'u croesi. Weithiau mi fyddai'n gofyn y cwestiynau i'r grŵp, gan holi a oedd y teledu'n tarfu arnon ninnau hefyd. Weithiau, mi fyddai'n agor ei cheg a gwneud sylwadau am broblemau pobl eraill, gan gwestiynu eu hymddygiad fel pe bai angen ei hargyhoeddi eu bod nhw'n sâl go iawn. Roedd hi'n aml yn cerdded allan hanner ffordd drwy sesiwn, gan gau'r drws yn glep y tu ôl iddi.

Roedd yna ddyn siaradus arall a oedd yn barod iawn i chwerthin, tua fy oedran i, yn gwisgo dillad 'rude boy'.

A gwraig oedd yn crio o hyd. Roedd ganddi lygaid mawr glas gwlyb a hances bapur wrth ei thrwyn rownd y rîl, ac roedd hi'n siarad am ei chariad rownd y rîl.

Roedd yna ferch ifanc siaradus a hyderus o Ganada yn gwisgo wig oherwydd bod ganddi alopesia. Roedd ei phwysedd gwaed yn frawychus o isel; mi fyddai'n dweud ei bod hi'n llewygu'n aml, ac mai ei hofn mwyaf oedd 'treulio'i hoes mewn ogof'.

Roedd yna wraig oedd ofn y radio. Adroddodd Ezra ei stori canabis, unwaith eto. Adroddodd Sarah bar gwin ei stori hithau, unwaith eto. A dyna sut oedd hi bob dydd, ond mewn gwahanol ystafelloedd efo therapyddion gwahanol.

Roedden ni i gyd mor fyfïol a hunanobsesiynol, ar goll mewn ceunant dwfn o hunangasineb ac unigrwydd. Yn dweud ein dweud ac yna'n cau i lawr. Yn aros am gyfle arall i sôn am ein poen a'n hanhapusrwydd – yn aros i rywun ein gwella. Roeddwn i'n rhy sâl i deimlo empathi. Roeddwn i'n rhy sâl i deimlo'n gysylltiedig. Roedd fy meddwl i'n rhy bell i wrando hyd yn oed. Dim ond dal arni gerfydd blaenau fy mysedd oeddwn i.

Bob bore roeddwn i'n codi'r ffôn, yn crio wrth siarad efo Mam, yn llusgo fy hun o'r gwely. Yn agor y llenni, yn agor y ffenest yr un fodfedd roedd hi'n bosib ei hagor, yn anadlu'r awyr iach. Mi fyddwn i'n molchi, gwasgu'r llaeth allan o fy mronnau i mewn i'r sinc – yn fy meddwl i, mi fyddwn i'n well erbyn i'r llaeth beidio â llifo – ac yn glanhau fy nannedd. Doeddwn i byth yn edrych arnaf fy hun yn y drych.

O fewn dyddiau, mi wnes i ddechrau llithro i ryw fath o drefn yn y byd tanc pysgod roeddwn i ynddo fo. Roeddwn i'n adnabod y staff. Mi wnes i ddechrau dirnad lle'r oeddwn i.

Ond roedd amser yn drobwll oedd tu hwnt i fy nirnadaeth i wrth i fi grwydro o gwmpas yr ysbyty, yn llamu o grŵp i grŵp fel mynd i ddarlithoedd yn y brifysgol, yn trio fy ngorau glas i beidio â chyrraedd yn hwyr.

Am un o'r gloch bob prynhawn, mi fyddai Dad, helmed sgwter o dan ei fraich a phapur newydd yn ei law, yn dod i fwyta cinio efo fi. Roedd Dad yn anhygoel o gyfforddus mewn llefydd fel hyn. A dweud y gwir, bron nad oedd o'n crwydro ar hyd y lle pe bai o yn ei dafarn leol, yn tynnu coes a phrocio nyrsys yn eu hasennau efo'i benelin. Mi wnaeth o ffrindiau hyd yn oed. Yn ei farn o, doedd y bwyd ddim yn rhy ddrwg o gwbl, a doedd o'n poeni dim am orfod talu'r £5 a godid ar ymwelwyr am ddysglaid o gawl poeth, pryd arbennig y dydd a chyfle i ymdrybaeddu yn y bar salad, er, pan oedd hi'n fater o dalu, mi fyddai'n holi efo wyneb hollol syth ambell ddiwrnod a oedd hi'n bosib rhoi'r gost ar gyfrif yr ystafell.

Un diwrnod, gadawodd ffigwr bach rhydlyd o Guto Gwningen wrth ochr fy ngwely. Roedd o ganddo fo pan oedd o'n fachgen bach, ac yn dod â lwc dda iddo fo.

'Paid â thagu arno fo,' meddai'n gellweirus.

Y noson honno, mi ddaeth fy chwaer heibio. Am y tro cyntaf, dim ond ni'n dwy oedd yna. Mi ddywedodd ei bod hi a Hugo yn siarad drwy'r amser, eu bod nhw i gyd yn gefn i fi ac am wneud yn siŵr fy mod i'n gwella er mwyn iddyn nhw fynd â fi adra. A finnau'n datgelu 'mod i wedi bod yn dweud celwydd wrthi. Dechreuodd grio.

'Dydy hynny ddim yn wir. Dy salwch di sy'n dweud celwydd wrthot ti,' meddai, a recordiodd nodyn llais ar fy ffôn i fi wrando arno. Ynddo, dywedodd 'mod i'n ddewr ac yn gryf ac nad fy mai i oedd hyn. Dywedodd fod gen i ffrindiau a bywyd. Fod gen i Jet a fy nheulu. Dywedodd wrtha i am ddod yn ôl atyn nhw.

Gofynnodd i'r nyrs am fy nhabledi nos, ac yng ngolau pŵl y lamp pinafal felen, mi rwbiodd fy nhraed efo eli arnica nes i fi fynd i gysgu. Am y tro cyntaf ers i fi ddod yn chwaer fawr, roeddwn i'n rhy sâl i boeni sut fyddai hi'n cyrraedd adra.

Yn ddiweddar, wrth i fi drafod y noson honno efo Daisy, dywedodd, 'Roedd o'n fwy na hynny, roedden ni'n casáu'r syniad o dy adael di yn yr ysbyty ar dy ben dy hun. Y noson honno, ar ôl i'r nyrs alw i weld a oeddet ti'n iawn, mi wnes i sleifio o dan y garthen a chuddio.'

'Mi wnest ti drio aros y nos yn yr ysbyty efo fi?'

'Do,' meddai. 'Doeddwn i ddim eisiau dy adael di.'

52

Roedd llawer o'r cleifion yn mynd adra am y penwythnos neu'n cael ymwelwyr, felly doedd y sesiynau grŵp ddim mor ddwys. Mi wnes i gymryd rhan mewn rhyw therapi myfyrio od yn cynnwys taro gong, a oedd yn y bôn yn gadael i fy ymennydd fynd yn hollol dw-lal am awr gyfan. Fel mynd allan am swper rhamantus efo fy iselder.

Mi ges i ambell decst rhyfedd gan fy ffrindiau. Wyddwn i ddim pwy oedd yn gwybod ble oeddwn i a phwy oedd ddim yn gwybod. Doeddwn i ddim yn credu dim o'r pethau neis roedden nhw'n eu dweud yn y negeseuon beth bynnag – y cyfan roedden nhw'n ei wneud oedd trio fy atal i rhag lladd fy hun am fod Hugo wedi gofyn iddyn nhw wneud hynny. Mi fyddwn i'n treulio oriau yn dadansoddi pob neges, yn chwilio am gliwiau i weld faint roedden nhw i gyd yn fy nghasáu i. Anfonodd fy ffrind gorau, sy'n gantores, y gân fwya bendigedig ata i, ac mi roddodd hi gymaint o obaith i fi.

Roedd y nyrs famolaeth yn mynd adra ar y penwythnosau, felly dyma oedd penwythnos cyntaf Hugo ar ei ben ei hun efo Jet. Roedd yn gwneud y shifft nos ar ei ben ei hun. Mi wnaethon ni gysylltu ar FaceTime. Dwi'n cofio aros iddo ateb a newid sut roeddwn i'n edrych filiwn o weithiau, roeddwn i mor ansicr, wedi fy nrysu'n llwyr gan bwy oeddwn i.

Fedrwn i'm dirnad a oeddwn i'n well ai peidio. Weithiau roeddwn i'n teimlo'n well, ond dro arall doeddwn i ddim hyd yn oed yn credu 'mod i'n sâl.

Mi wyt ti'n dychmygu'r cyfan. Hen hulpan wirion yn chwilio am sylw. Mi wyt ti'n talu am bob dydd wyt ti i ffwrdd. Mi fydd Jet yn dy anghofio di. Wneith o ddim maddau i ti am hyn. Mi wyt ti wedi'i esgeuluso.

Wedyn roedd yn rhaid i Mam neu un o'r nyrsys fy atgoffa i 'mod i'n sâl. Iawn, roeddwn i'n gwella, ond roedd yna reswm pam 'mod i ble oeddwn i.

Mi fyddwn i'n cael lluniau o Jet gan deulu Hugo. Jet yn cael ei ymolchi, yn cael ei newid, yn gorwedd yn noeth ar y llawr, yn bwydo o botel. Fedrwn i'm penderfynu a oeddwn i'n hoffi cael y lluniau ai peidio. Roedden nhw'n gwneud i fi deimlo'n ddatgysylltiedig ac yn drist. Fel pe bai Jet yn fwnci bach a'i fam wedi cael ei saethu, ac yntau rŵan yn cael i fagu gan filfeddygon.

Fy mabi i ydy o.

Roedd y llaeth yn gwneud cylchoedd gwlyb ar fy nghrys-T.

Gadwch lonydd iddo fo! Gadwch lonydd iddo fo! Fi biau fo! Fy mabi i ydy o!

Mi welais i Catherine yn yr ystafell fwyta.

'O, ti sy' 'na, yr un efo'r babi a'r wên,' meddai.

'Helô,' meddwn innau'n swil. Ia, fi, *yr un efo'r babi.*

'Dwi'n poeni am y bobl sydd yn y lle 'ma. Wyt ti'n ei gweld hi draw fan'na?' Pwyntiodd at wraig a oedd yn byw ar ein llawr ni. 'Mae 'na rywbeth amheus amdani hi, ti'm yn meddwl?'

Edrychodd arna i efo'i llygaid cul llawn paranoia, eisiau ateb go iawn. Roedden ni fel dau swyddog FBI yn trin a thrafod cynllun.

Mi godais innau fy 'sgwyddau, gan chwarae'r gêm, ond roedd yn rhaid i fi fod yn ofalus hefyd rhag ofn mai tric oedd y cyfan. Mi wnes i ddechrau poeni'n arw am siarad gormod efo Catherine rhag ofn iddi fy nhynnu i'r giwed anghywir. Roedd fel bod yn yr ysgol. Ysgol hunanladdiad. Gwleidyddiaeth cae chwarae. Hen griwiau bach cul.

'Dyma'r tro cyntaf i ti mewn lle fel hyn, ynde? Ty'd draw i'n stafell i weld fy ngwaith celf. Dwi gyferbyn â ti. Dwi wedi bod yn tynnu llun y blodau. A bwlynnau'r drysau hefyd. Wyt ti wedi gweld bwlynnau'r drysau? Neu alla i dy dylino di? O diar, mi wyt ti'n crio, mi wyt ti'n crio. Paid â chrio. Plis paid â chrio.'

Roedd hi'n iawn. Roeddwn i'n crio.

'Dwi'n gwybod bod hyn i gyd yn sioc ofnadwy. Ond mae'n iawn. Y broblem ydy, mi wyt ti'n mynd yn dew yma. Y tabledi – *ddim* be wyt t'isio ar ôl cael babi! A thri phryd y dydd – mae o'n ormod i fi! Pwy ydy dy ffrindia di yma?'

'Neb,' meddwn i.

'Wel, mi gei di fod yn ffrind i fi. Dwi'm yn mynd i'r grwpiau, deud y gwir. Maen nhw'n fy nabod i yma. Mae'n well gen i siarad efo'r nyrsys – mae rhai ohonyn nhw'n iawn – os wyt ti'n gofyn yn garedig, mi gei di fynd allan i siopa, ond maen nhw'n dy ddilyn di yn eu dillad gwaith ac mae hynny'n tynnu sylw pawb,' chwarddodd. 'Mi wnes i brynu llyfr nodiadau tlws er mwyn cofnodi'r holl bethau rhyfedd am y lle 'ma. Ond gwranda, mi ydan ni'n mynd i sgwennu llyfr efo'n gilydd, yn tydan? Am y lle *yma*!'

Lledodd ei breichiau fel pe bai'n fy nghroesawu i sioe, ei llygaid yn pefrio. Roeddwn i'n meddwl amdani pan oedd hi'n ifanc. Mae'n rhaid ei bod hi'n dlws iawn ar un adeg, enaid unrhyw barti. Meddyliais am fy ffrindiau ac am fynd yn hen, am bwy fydden ni. 'Dychmyga! Am ddoniol! Reit, wyt ti'n dod i *tai chi*?'

'Dydw i ddim yn meddwl...'

'Ty'd o'na! Be arall sgen ti i 'neud?'

Doedd gen i ddim ateb i hynny.

Dyma ni'n ciwio yn y coridor y tu allan. Doedd neb yn siarad heblaw am Catherine, a oedd bellach yn siarad efo'r wraig roedd hi wedi ei galw'n 'amheus'.

Dywedodd y ddynes amheus wrth Catherine ei bod hi'n meddwl ei bod hi wedi marw yr wythnos flaenorol.

Oeddwn i wedi marw? Ydyn ni i gyd wedi marw?

Roeddwn i eisiau cau fy nghlustiau. Roedd gen i gymaint o ofn clywed unrhyw beth fyddai fy ymennydd yn bachu arno fo a dechrau ei gredu drosto'i hun.

Roedd merch Jimi Hendrix a'r 'rude boy' yn aros i'r *tai chi* hefyd. Pawb yn yfed dŵr fel pobl gaeth, ein llygaid i gyd fel soseri. Fel pe baen ni mewn rêf, ond rêf mewn seler ysbyty seiciatrig efo carped ar lawr. Roedden ni i gyd dan ddylanwad tabledi, yn teimlo dim byd a *phob dim* ar yr un pryd, yn derbyn dogn gyson o guriadau calon i'n cadw ni'n fyw.

Roedd yr hyfforddwraig mor nawddoglyd. Roeddwn i eisiau chwerthin achos bod y cyfan yn teimlo fel golygfa o ryw gomedi, ond doedd neb arall yn gweld y jôc. Roedd pawb yn ei ffilm baranoid a phreifat ei hun, a'r symudiadau symlaf y tu hwnt i ni, os nad yn agos at amhosib. Roedd Catherine yn gofyn cymaint o gwestiynau – 'Pa droed? Be dwi fod i 'neud efo fy nwylo... sut ddylwn i fod yn anadlu?' – gan roi'r argraff ei bod hi'n gwneud ymdrech fwriadol i wylltio'r hyfforddwraig. Mi gwympodd 'na ambell un o'r criw. Ond y cyfan ddywedodd yr hyfforddwraig oedd, 'Iawn, peidiwch â phoeni, y tabledi sydd ar fai, maen nhw'n effeithio ar eich cydbwysedd chi,' fel pe baen ni'n blant bach.

Yn y pen draw, diolch i dueddiad pawb i gymysgu'r chwith a'r dde, roedden ni'n wynebu'r wal gefn yn un pentwr fel cŵn bach newydd-anedig, yn rowlio a disgyn yn ein tro. Roedd o mor ddoniol! Ond doedd neb yn chwerthin – roedd wynebau pawb yn gwbl ddifynegiant, fel carcharorion mewn rhyw ddrama *avant-garde* ofnadwy, neu fideo Chemical Brothers.

'Iawn, mi wna i drio gwneud pethau ychydig yn symlach,' meddai, ond roedd hi'n rhwystredig. Fetia i ei bod hi'n dysgu dosbarth babis ar fore Sadwrn a'n bod ni'n waeth na nhw. Doedd y symudiadau haws ddim yn ddigon hawdd chwaith.

Roedd Catherine yn trin y cyfan o ddifri, ei llygaid ar gau, gwên lonydd ar ei hwyneb, yn symud ei 'phêl fywiog o egni' o gwmpas ei phen ac yn erbyn pawb arall.

Ac roedden ninnau'n gwylio, yn gobeithio bod y *tai chi* yn cael rhyw effaith wyrthiol a hudolus, ein llygaid marmor yn disgleirio fel sêr colledig.

53

Roeddwn i'n dod yn fy mlaen yn dda iawn. *Yn ôl pob tebyg.* Doeddwn i ddim yn teimlo 'mod i. Roedd y gwiriadau yn dal i ddigwydd bob awr, a oedd yn 'welliant'. Ond dal arni gerfydd blaenau fy mysedd oeddwn i. Dyna'r cyfan oeddwn i'n ei wneud.

Erbyn hyn, roedd fy stafell yn blastar o luniau o Jet – y tresmaswr, na fedrwn i wynebu edrych arno fo. Nodiadau a cherddi ac anrhegion gan fy ffrindiau. Ond doeddwn i ddim yn ymddiried yn unrhyw un ohonyn nhw, nac yn eu credu. Hugo, Mam a Daisy oedd wedi eu rhoi nhw ar y wal. Roedd Hugo wedi gadael Jet efo'r nyrs famolaeth er mwyn dod i ymweld. Roedd o wedi cael caniatâd i fynd â fi allan (!) am ugain munud. Mi wnaethon ni gerdded – wel, mi gerddodd o; llusgo 'nhraed wnes i, efo fy mhen i lawr – rownd y gornel i siop lyfrau ail-law hyfryd a hen ffasiwn.

Dyma'r math o le y byddwn i wedi treulio prynhawn yn pori drwy'r meingefnau craciog a'r tudalennau bregus, brown. Roedd yna hyd yn oed ysgol bren yn llithro ar hyd y silffoedd. Dwi wrth fy modd efo arogl llwch. Arogl pethau annwyl. Aroglau perthyn a phethau anghofiedig, arogleuon celcio. Aeth Hugo â fi i'r llawr gwaelod a dweud, 'Mae 'na rywbeth dwi eisiau ei ddangos i ti.'

Yno, yng nghanol pentyrrau o hen lyfrau a phapurau newydd, roedd 'na biano. Chwaraeodd Hugo gân yr oedd o wedi'i hysgrifennu i fi pan wnaethon ni ddod at ein gilydd am y tro cyntaf; wnaeth o ddim canu, dim ond oedi dros bob nodyn. Ond roeddwn i'n clywed y geiriau yn fy mhen, a dyma fi'n crio a chrio, a meddwl na fyddwn i byth yn stopio crio. Roeddwn i'n galaru cymaint am fy mywyd. Allwn i mo'i ddioddef. Fedrwn i'm cofio pwy oeddwn i.

Ar ôl iddo gyrraedd adra, mi yrrodd Hugo lun ata i o'r hysbysfwrdd ar wal y gegin. Yn llawn o luniau ohonon ni a'n ffrindiau. Hugo a fi wedi gwisgo fel pobl gyntefig ar gyfer parti gwisg ffansi; fy nheulu i yn ei gìg olaf o; ni ar y llong yn dod yn ôl o Ynys Wyth; Daisy a finnau'n yfed cwrw mewn gìg Mel C; fy mharti pen-blwydd; babi fy ffrind; fi yn gwisgo fel Beetlejuice; fi a Hugo pan oedden ni'n blant, boch wrth foch, breichiau o amgylch ein gilydd.

Am funud, mi wnes i gofio. Fi oedd hi, ond roeddwn i'n rhy drist i allu edrych ddim hirach. Mi wnes i ysgrifennu cerdd:

Pan fyddi wedi cwympo
Rwyt ti'n gwybod dy fod yno
Ar yr ochr feddal
        ochr feddal
        ochr feddal yr haul

Mae wedi dangos ei hochr wantan
Mae'r gwres yn arllwys allan
O'i hochr feddal
        ochr feddal
        ochr feddal yr haul

Dewch i chwarae gêm ddyfeisgar
Pacio bagiau
Â hen garpiau
Yn barod am yr awr ymyrgar

Nawr mae dy wifrau yn glymedig
Ar y ffin gyda chyllell blastig
Ar ochr feddal yr haul

Lle maen nhw'n eich gwylio'n cysgu'r nos
Lle mae'r cemegion yn mynnu brathiad
O ochr feddal yr haul

Dewch i chwarae gêm ddyfeisgar
Pacio bagiau
Â hen garpiau
Yn barod am yr awr ymyrgar

Dewch i chwarae gêm ddyfeisgar
Chwarae cogio
Efo'r ffrindiau
Yn ystafell wely neb

Ochr feddal
　　ochr feddal
　　ochr feddal yr haul

54

Daeth Dad heibio i fynd â fi allan am dro. Mi aethon ni i WHSmith ac mi wnes i brynu llyfr a gwm cnoi. Wrth i Dad fy arwyddo allan, roedd tad Hugo wrth y ddesg flaen. Roedd o wedi galw i ddweud helô. Diflannodd y lliw o fy wyneb.

Roeddwn i'n teimlo'n euog achos 'mod i'n gwybod bod Hugo ar ei ben ei hun efo Jet y penwythnos hwnnw.

'Dwi'n meddwl ei fod wedi mwynhau'i hun yn arw,' meddai tad Hugo.

Ac mi wnaeth hynny rywbeth i fi. Gwneud i fi deimlo nad oedd yr un ohonyn nhw eisiau i fi ddod adra o gwbl. Er mor braf oedd iddo ddod i fy ngweld i, tristwch y sefyllfa oedd fod ei eiriau'n sbardun llwyr... ac mi wnes i waethygu. Mi wnes i ddisgyn i grafangau paranoia.

Pan wyt ti'n dioddef o baranoia, creda fi pan dwi'n dweud nad wyt ti'n trystio *neb*. Mae'n waith llawn-amser ac mae mor flinedig. Mi wyt ti'n warchodwr, yn gamera diogelwch, yn swyddog FBI. Yn blydi Sherlock Holmes; mi wyt ti'n cysgu efo un llygad ar agor. Mi wyt ti'n gaeth fel y cymeriad yn y ffilm *Memento*, dy ben yn chwalu mor gyflym fel dy fod di'n cadw nodiadau i atgoffa dy hun o'r sefyllfa ac o dy 'ganfyddiadau', ond wedyn mae'r paranoia yn codi i'r wyneb, yr ofn bod rhywun yn mynd i ddod o hyd i'r nodiadau, felly rwyt ti naill ai'n eu rhwygo nhw'n ddarnau neu'n rhedeg beiro drwyddyn nhw i'w dileu yn llwyr. Mi wyt ti'n gwneud nodiadau newydd – nodiadau *ffug* – i wneud iddi edrych fel petaet ti'n iach, rhag ofn bod rhywun yn chwilio am y nodiadau, ond yna mi wyt ti'n penderfynu bod y rhai ffug yn gwneud i ti edrych hyd yn oed yn fwy sâl, felly mi wyt ti'n taflu'r rheiny hefyd.

Yna mi wyt ti'n meddwl tybed ydy'r glanhawyr yn rhoi cynnwys dy fin sbwriel i'r meddygon a'r nyrsys, ac os felly y byddai'n well i ti beidio â thaflu dim byd i'r bin, a rŵan does gen ti nunlle i gael gwared ar unrhyw beth. Does 'na nunlle i guddio. Felly dwyt ti ddim yn ysgrifennu dim byd o gwbl.

Dwyt ti ddim yn gwybod beth sy'n gwneud i ti edrych yn wallgo a beth sy'n gwneud i ti edrych yn gall. Dwyt ti ddim yn gwybod am beth maen *nhw'n* chwilio. Maen nhw wedi gweld y cyfan o'r blaen, cofia, felly does dim pwynt trio eu twyllo nhw. Felly, i fod yn saff, mi wyt ti'n cadw'r cyfan i ti dy hun, ac yn gadael i'r syniadau afiach chwyrlïo o gwmpas dy ben bach atgas. Dwyt ti ddim eisiau cysgu rhag ofn i ti anghofio'r damcaniaethau ond mae'n rhaid i ti gysgu achos rŵan, yn fwy nag erioed, mi wyt ti angen i dy ymennydd fod o dy blaid *di*. Mae'n rhaid i ti wella. A does dim gwadu hynny – mi wyt ti'n sâl iawn. Mae cwsg wedi dod yn obsesiwn i ti. Hynny a thrwsio dy ben bach blinedig, drylliog a gorlwythog. Mi wyt ti'n gwybod bod angen i ti fod yn yr ysbyty, ond dwyt ti ddim eisiau aros yno chwaith am eu bod nhw'n gwthio tabledi sy'n dy wneud di'n sâl. Mi fyddi di'n mynd yn gaeth iddyn nhw. Maen nhw'n bwyta dy ymennydd di. Yn cnoi dy syniadau. Dy greadigrwydd, dy ddychymyg, dy deimladau – yn dileu dy atgofion.

Mi wyt ti'n teimlo'r angen i ymladd am dy einioes, ond os wyt ti'n ymladd, maen nhw'n mynd i feddwl dy fod di'n sâl. Mi wyt ti'n ddi-rym. Yn methu dianc. Mae pawb yn dy alw di'n wallgo ond *efallai mai nhw ydy'r rhai gwallgo*! Roeddet ti'n meddwl dy fod di'n berson drwg a thwyllodrus, ond y *nhw* sy'n ddrwg a thwyllodrus! Maen nhw eisiau i ti feddwl fel hyn! Maen nhw eisiau dy chwalu di'n ddarnau fel hyn. I dy ddiarfogi di. Dyma mae pobl yn ei wneud i fenywod. Dyma mae menywod wedi gorfod ei ddioddef ers oes yr arth a'r blaidd. Mae'r cyfan yn dod yn glir...

O Iesu mawr. Dwi'n ei weld o rŵan... Dwi'n ei weld o...

Dyma oedd yn mynd drwy fy mhen paranoid, sâl, torcalonnus a drylliog i:

Mae'r feddyginiaeth yn mynd i fy ngwneud i'n fwy sâl, fydda i byth yn dod allan o'r lle 'ma ac mae Hugo a'i deulu yn mynd i ddwyn Jet a chael yr hawl i ofalu amdano fo. Mae ganddyn nhw gynllun! Dyna pam maen nhw'n gyrru lluniau ata i! I ddangos pa mor gymwynasgar oedden nhw pan fyddwn ni'n mynd i'r llys! Dyna pam mae Hugo yn dod â Jet i 'ngweld i. I amddiffyn ei hun. Maen nhw'n mynd i fy nileu i o'i fywyd. Dyna pam maen nhw'n ymweld, i gadw llygad arna i, i wneud i fi gydsynio â'u cynllun afiach nhw! I gadw'r nyrsys yn hapus. Maen nhw eisiau edrych fel yr arwyr. Dwi wedi'i dallt hi. Maen nhw'n trio dwyn y babi!

Ond fydd 'na neb yn fy nghredu i! Maen nhw i gyd yn meddwl 'mod i'n wallgo. Efo pwy alla i siarad pan maen nhw i gyd yn siarad efo'i gilydd? Mae'r nyrsys yn dweud wrth fy nheulu ac mae fy nheulu yn dweud wrth Hugo. Cynllwyn ydy'r cyfan!

Sut allwn i fod mor wirion? Yr hypnoteiddio. Bom yn aros i ffrwydro ydy pob dim. Mae'n rhaid i fi ddod allan o'r lle yma cyn i'r cyffuriau wneud gormod o ddifrod nad oes modd gwella ohono fo. Mae'n rhaid i fi fynd o'r lle yma er mwyn cael fy mab yn ôl. Ond dydw i ddim yn ddigon da i fynd o'ma, a dydw i ddim yn ddigon da eto i ofalu amdano fo ar fy mhen fy hun – mae'n rhaid i fi ddweud wrth rywun.

Pwy alla i drystio?

Mi wnes i drio cadw'n dawel ac ymddwyn yn normal.

Mi wnes i ffonio fy ffrind gorau, ond wnes i ddim siarad am hir. Roeddwn i'n baglu dros fy ngeiriau, yn hollol hurt.

'Paid â sôn wrth Hugo am ddim byd sy'n digwydd i fi. Dim byd. Dwyt ti ddim i ddweud gair wrtho fo. Dim un gair,' meddwn i.

A dyma hithau'n dweud, 'Iawn, ocê, beth sy'n digwydd?'

'Dydw i ddim eisiau iddo fo wybod am fy nhabledi i nac am fy therapi. Mae o'n mynd i gymryd Jet. Dwi'n gwybod ei fod o. Alla i ddim dweud mwy rŵan achos mae'n rhaid i fi fynd i therapi grŵp ac alla i ddim colli'r dosbarth. Addo i fi na fyddi di'n dweud gair wrtho fo. Addo i fi?'

'Dwi'n addo,' meddai.

A ti'n gwybod beth? Mi gadwodd hi at ei gair.

55

Mi aeth pethau gam ymhellach. Roedd gen i gynllun. Mi oeddwn i'n mynd i fod yn rym nad oedd yn bosib ei ddiystyru. (LOL)

Dyma fi'n ffonio fy chwaer. 'Alli di ddod â 'chydig o bethau i fi?'

Ar y rhestr roedd esgidiau rhedeg, llyfrau i'w darllen, llyfr nodiadau a beiro.

Wedyn mi wnes i gael y Nyrs Walt Disney i fod ar ei phedwar y tu ôl i'r gwely efo fi, fel na allai neb arall fy nghlywed i'n mwmian fy epiffani brawychus iddi hi.

'Dwi'n gwybod nad ydy popeth arall dwi wedi'i ddweud yn wir, dwi'n gwybod 'mod i'n hynod rithdybiol a pharanoid ond *mae hyn yn wir*, iawn? Dwi'n gwybod bod hyn yn swnio'n hurt ond mae Hugo a'i deulu yn trio dwyn y babi. Dwi'n well rŵan a dwi'n gallu gweld pob dim yn hollol glir. Rhaid i chi beidio â gadael iddo fo, iawn? Dwi eisiau i chi dynnu ei enw oddi ar y rhestr o bobl sy'n cael ymweld. Dydw i ddim eisiau iddo fo gael galwadau am fy nhabledi. Peidiwch â dweud dim byd wrtho fo. Dydw i ddim hyd yn oed yn siŵr pwy i'w drystio o fy nheulu erbyn hyn, iawn?'

Nodiodd hithau. 'Iawn.'

'Mae'n ddrwg gen i eich rhoi chi yn y sefyllfa yma, ond diolch. Does gen i fawr ddim grym yn y lle 'ma, felly mae'n rhaid i fi weithio'n gyflym. Ond dwi'n mynd i fynd allan. A dwi'n mynd i gael fy mab yn ôl.'

'Pwy hoffech chi ei roi fel pwynt cyswllt?' gofynnodd y Nyrs Walt Disney.

'Dim ond fy chwaer. Dim ond Daisy.'

Mi wnes i benderfynu bod fy nghoesau blewog yn fy nghadw i'n effro, felly dyma fi'n tecstio fy chwaer i ddweud wrthi am ddod â rasel hefyd, gan ychwanegu, 'Paid â phoeni, dwi ddim yn mynd i ladd fy hun efo fo. Mi gei di wylio tra dwi'n ei ddefnyddio fo.'

Ac yna dyma fi'n anfon tecst arall. 'Ac ambell beth neis i'w fwyta... dwi wedi cael fy archwaeth 'nôl go iawn!'

Mewn cwta awr, roeddwn i wedi newid o fod yn fam newydd ddryslyd efo achos gwael o iselder ôl-enedigol neu seicosis ôl-esgor, neu beth bynnag oedd y cyflwr uffernol yma, i fod yn ast seicopathig o'r iawn ryw. Mewn dim, roeddwn i'n torsythu ar hyd coridorau'r ysbyty fel rhyw lofrudd peryg bywyd (yn hytrach na sachaid o nerfau 31 oed yn gwisgo siwmper binc, legins blêr a sleidars Adidas dros sanau cacennau bach fy chwaer). Mi wnes i benderfynu mai fi oedd yr achos mwyaf difrifol a welodd yr ysbyty erioed; doedd 'na ddim posib fy nhrin i. Os na fyddwn i'n gwneud rhywbeth, mi fyddwn yn treulio gweddill fy oes dan glo.

Roedd yn rhaid i fi gael fy mabi'n ôl. Ond yr unig ffordd allan oedd y ffordd i mewn; drwy'r drws ffrynt trwm, efo'r clo electronig a'r system ddiogelwch efo'r monitro soffistigedig. A'r unig ffordd o fynd allan drwy hwnnw oedd gwella. (Beth bynnag oedd 'gwella' yn ei olygu.) Yn ôl â fi i'r stafell i gael trefn ar fy nghynllun.

Y Cynllun

Dwi'n mynd i gymryd fy nhabledi i gyd.

Dwi'n mynd i orffen fy Alpen a'r iogwrt mefus bob tamaid.

Mae'n rhaid i fi FYNYCHU pob dosbarth a pheidio â bod yn hwyr i UNRHYW un. Mae'n rhaid i fi gael cyfradd bresenoldeb o 100% ar fy nghofnodion cyn mynd i'r llys i ennill yr hawl i ofalu am Jet.

Mi fydda i'n fyfyriwr A seren perffaith nes i'r ysbyty fy rhyddhau i: mi wna i grio. Mi wna i sgwrsio. Mi wna i chwerthin.

Dwi'n mynd i ddod yn ffrindiau efo cleifion eraill ac eistedd efo pobl amser bwyd.

Mi fydda i'n cwblhau'r holl daflenni a'r gwaith cartref.

Dwi'n mynd i ddod yn gorfforol gryf drwy gerdded yn y cowt awyr agored.

Dwi'n mynd i stopio siarad ar y ffôn a threulio unrhyw amser rhydd yn adolygu'r hyn wnes i ei ddysgu mewn sesiynau grŵp.

Hyd yn oed os na fyddwn i'n teimlo fel gwneud unrhyw un o'r uchod, mi fyddwn i'n gorfodi fy hun. Mi allwn i esgus.

Dyma fi'n cael fy hun yn barod ar gyfer ymweliad Hugo.

Y ffordd orau alla i ddisgrifio'r rhyngweithio efo Hugo ydy ei fod yn debyg i olygfa o ffilm dditectif: mae gan y ddau gymeriad wydraid o win, un efo gwenwyn ynddo fo, ac maen nhw'n cyfnewid y gwydrau drosodd a throsodd. Mae un wedi rhagweld y byddai'r llall yn trio ei wenwyno, ond mae'r un sy'n gwenwyno eisoes wedi rhagweld y byddai'r darpar ddioddefwr yn ei hamau, ac eisoes wedi cyfnewid y gwydrau cyn i'r darpar ddioddefwr gael y cyfle i wneud hynny. Roeddwn i'n argyhoeddedig bod popeth roedd Hugo'n ei ddweud wedi ei drefnu ymlaen llaw, a'i gynllunio ganddo fo a'i deulu. Roedd yn rhaid i fi drio ei daflu oddi ar ei echel, ei ddal ar funud wan, ei guro ar ei gêm ei hun. Roeddwn i'n siŵr bod y nyrs famolaeth yn rhan o'u cynlluniau hyd yn oed.

Awgrymodd Hugo ein bod ni'n mynd efo Jet am wyliau i Ynys Wyth am wythnos ar ôl i fi ddod adra.

O, mi wyt ti'n meddwl 'mod i mor wirion, yn dwyt ti? Mi wyt ti'n meddwl y bydd hynny'n rhoi hwb i fi drio dod allan yn gynt, achos fedri di'm cymryd camau cyfreithiol yn fy erbyn i pan dwi yn yr ysbyty. Mi wyt ti'n trio rhoi'r argraff dy fod di'n gariad hyfryd, ond bradwr wyt ti go iawn. Ar ben hynny, wyt ti WIR yn meddwl 'mod i'n mynd i adael i ti fynd â fi i Ynys Wyth?! Mae'r lle wedi'i amgylchynu gan ddŵr. Wyt ti'n meddwl 'mod i'n DWP? Mi wnei di fy ngadael i yna.

Triodd Hugo fy nghofleidio i. Mi es i'n stiff fel pocer, ond wedyn dyma fi'n newid fy strategaeth. Roedd yn rhaid i fi drio ei blesio, ei wanhau, felly mi wnes i chwarae'r gêm. Gorfodi fy hun i swnio'n frwdfrydig, dweud y byddai hynny'n braf iawn.

O, dwi'n deall dy gêm di.

Dangosodd lun i fi ar ei ffôn o Jet yn gorwedd ar fy ngobennydd sidan arbennig efo'r print orenau a lemonau. Roedd ei lygaid mawr glas yn erfyn arna i i'w garu. Yn ddigyffro, dyma fi'n manteisio ar y cyfle hwn i sgrolio drwy ffôn Hugo a dod o hyd i lun o restr o enwau wedi'u hysgrifennu ar ddarn o bapur.

'Be ydy hon?' gofynnais, fel pe bai'n rhestr o ddarpar gariadon ar gyfer y dyfodol.

'Be?'

'Y rhestr yma.'

'Enwau'r nyrsys.'

'Pam mae gen ti restr o enwau'r nyrsys?'

'Achos dwi eisiau gwybod pwy sy'n gofalu amdanat ti yma.'

'Pam wyt ti wedi'u sgwennu nhw lawr fel hyn? Pam mae gen ti lun ohonyn nhw?'

'Dwi eisiau gwybod pwy ydyn nhw, dyna i gyd. I wneud yn siŵr dy fod di'n cael y gofal gorau.'

Roedd o'n dweud celwydd.

'Mi wyt ti'n siarad efo'r nyrsys.'

Rhwbiodd ei wyneb; roedd o'n ymddangos yn ddiffuant, ond roeddwn i'n synhwyro rhyw ddrwg yn y caws.

'Wel, ydw. Dwi'n siarad efo nhw, mi ydyn ni i gyd yn siarad efo nhw, ond ddim tu ôl i dy gefn di: er mwyn i ti wella.'

Y cyfan wyt ti eisiau ydy 'mod i dan ddylanwad cymaint o gyffuriau fel na fydda i byth yn cael dod allan. Mi wyt ti'n mynd i ddweud wrthyn nhw fy mod i'n salach nag ydw i, fel eu bod nhw'n dal ati i fy stwffio i efo cyffuriau gwrthseicotig nes 'mod i'r un fath â'r wraig 'na yn y stafell fyw sy'n syllu i'r gwagle.

'Mi wyt ti'n dweud celwydd.'

'Na, dydw i ddim!'

'MI WYT TI.'

'Laura, dwi wir ddim. Ar fy llw. Mae'r rhestr gan dy fam hefyd.'

'O, ydy, mae'n siŵr.'

Hi sydd wrth wraidd hyn i gyd. Mae ganddi hi syndrom Munchausen drwy ddirprwy. Mae hi wedi bod yn fy ngham-drin i drwy gydol fy mywyd. Hi oedd yn trefnu'r saga gyfan. Anghredadwy. Oedden nhw'n meddwl fy nhroi i'n sombi tra'u bod nhw'n dwyn fy mab? Oedden nhw? Ac y byddwn i'n byw fan hyn yn bwyta tarten afalau a chwstard wrth iddyn nhw fyw eu bywydau hapus hebdda i?

'Dwi'n gwybod be wyt ti'n ei wneud, 'sti.'

'Be dwi'n ei wneud?'

'Dwi'n gwybod be wyt ti'n ei wneud, mi ydw i. Dwi'n trio deall dy gynllun di, ond dwi'n gwybod be 'di dy gêm di, ac mae hynny'n iawn. Dwi'n gwybod *pam* wyt ti'n ei wneud o hefyd. Ond wnei di ddim llwyddo.'

Roedd Hugo bellach yn edrych yn ofnus ac yn drist.

'Llwyddo i wneud be? Laura. Dwi'n dy garu di. Dwi ddim yn deall.' Roedd yn ddryslyd ac mewn trallod, ond y cyfan wnes i oedd chwerthin. Na, dydy hynny ddim yn fanwl gywir. Y cyfan wnes i oedd *rhuo* chwerthin.

Syrthiodd yn ôl ar fy ngwely, wedi ymlâdd, ei ben yn ei ddwylo. Am eiliad, roeddwn i'n amau fy hun. Efallai ei fod yn gwneud popeth o fewn ei allu i fi wella, ac mai fy mharanoia i *oedd* wrth wraidd hyn i gyd?

Nage, siŵr iawn! Dy reddf famol di sy'n dod i'r amlwg.

Mi ddywedodd ei fod yn fy ngharu i eto, ond wnes i ddim ymateb. Yna mi aeth adra.

Mi wnes i gymryd y stwff i fy helpu i gysgu, *zopiclone*, ac mi aeth y syniadau erchyll o'r golwg – am sbel fach, o leiaf.

56

Ffoniodd Hugo drannoeth yn ystod yr egwyl rhwng sesiynau grŵp i sôn ei bod hi'n bosib y gallwn i ailafael yn y bwydo ar y fron pan fyddwn i'n dod adra. Mi fyddai'r nyrs famolaeth yn fy helpu i gael pethau'n ôl i drefn, ac roedd angen i fi gael gair efo rhywun i weld a oedd hi'n ddiogel i fi fwydo wrth gymryd y cyffur gwrthseicotig.

*O, campus! *ysgwyd ei phen, curo dwylo** (mae seicosis yn dy droi di'n berson MOR hunanfodlon ac yn rhywun sy'n haeddu dwrn). *Gwaith da... clyfar iawn, iawn. Da iawn ti, Hugo. Rho'r pwysau ychwanegol yna arna i, pam lai?*

Prawf arall oedd hyn. Doedd 'na ddim byd y byddai'n ei hoffi'n fwy nag i fi anghofio'r syniad o fwydo Jet ar y fron.

Wel, ha! Mae gen i laeth! A digon ohono fo. Ac mi fyddwn i'n dangos iddo fo. Mi fyddwn i'n dangos iddyn nhw i gyd.

Roeddwn i wedi anghofio pob dim am Jet. Roeddwn i'n canolbwyntio cymaint ar fy rhithdybiau. Fi yn erbyn Hugo oedd popeth. Mi wnes i ruthro i gorlan y nyrsys a mynnu siarad â'r Nyrs Walt Disney i weld a fedrwn i fwydo ar y fron a dal i gymryd *olanzapine*.

Na. Allwn i ddim. Doedd hynny ddim yn ddiogel.

Ha! Roedd o'n GWYBOD hynny'n iawn. Mae o'n fy nhwyllo i. Fel hynny, pan fyddwn ni'n mynd i'r llys i frwydro am ofal Jet, mi fydd o'n gallu dweud 'mod i wedi ymddwyn yn hollol hunanol a blaenoriaethu fy meddyginiaeth i fy hun dros fwydo Jet ar y fron. O da iawn. CAMPUS!

Mi wnes i ei ffonio yn ôl yn syth a dweud y byddwn i'n amlwg *wrth fy modd* yn bwydo ar y fron (rhag ofn bod yr alwad yn cael ei recordio), ond na fedrwn i fwydo Jet a chymryd *olanzapine* (wrth gwrs, mae'n siŵr ei fod o wedi chwilio ar-lein ac yn gwybod hynny'n barod), ond y byddwn i'n cael sgwrs efo'r meddyg am ddewisiadau amgen. Yn y cyfamser, fyddai o'n meindio dod â'r pwmp i mewn fel y gallwn gynnal y cyflenwad er mwyn gallu ailafael ynddi y funud fyddwn i'n dod oddi ar y cyffuriau? Roedd yn rhaid i fi ddangos bwriad a pharodrwydd.

Mi oeddwn i'n trystio'r Nyrs Walt Disney ddigon i ofyn iddi gael gafael ar Dr P ar y ffôn. Roedd y sesiwn therapi grŵp nesaf yn agosáu wrth i bob eiliad basio, ond doedd 'na ddim peryg y byddwn i'n colli sesiwn. *Mi fyddai Hugo wrth ei FODD, yn byddai?*

Dyma Dr P yn fy ffonio i'n ôl. Mi es i â'r ffôn i'r stafell fyw a swatio mewn cornel fel na allai neb fy nghlywed. Doedd *neb* yn mynd i gael rhannu fy nhrefniadau. Mi wnes i siarad efo fo fel pe baen ni'n datrys yr achos efo'n gilydd.

Dyma fi'n gofyn eto a allwn i ddod oddi ar yr *olanzapine* er mwyn bwydo ar y fron, ond dywedodd Dr P unwaith eto nad oedd hynny'n bwysig: roedd yn rhaid i fi wella. Mi wnes i ddweud nad oeddwn i'n trystio Hugo, eu bod nhw'n mynd i ddwyn Jet. Nad oedd o'n nabod Hugo, ond roeddwn *i'n* gwybod beth roedd o'n ei gynllunio. Roedd yn rhaid i fi fynd o'r ysbyty er mwyn ei rwystro fo.

Yn dawel, dywedodd Dr P fy mod i'n anghywir. Roedd Hugo yn fy ngharu i'n fawr iawn. A dweud y gwir, roedd o'n mynd i weld Dr P efo fy nheulu i drafod y ffordd orau o ofalu amdana i.

Mi wnaeth y newyddion hynny fy ngyrru i'n wallgo. Dyma fi'n erfyn arno fo i wrthod eu gweld nhw, mai'r cyfan roedden nhw eisiau ei wneud oedd ysbïo arna i, gwybod pa gyffuriau roeddwn i'n eu cymryd, ac unwaith eto, mi driodd dawelu fy meddwl i. Dywedodd eu bod nhw'n fy ngharu i'n fawr.

Celwydd.

'Laura, coeliwch chi fi, mi ydych chi'n mynd i wella'n llwyr. Mi ydych chi'n gwneud yn dda iawn. Felly fyddwch chi ddim angen ECT. Mi ydych chi'n mynd i wella,' meddai.

ECT? Therapi electrogynhyrfol? Mi fues i bron â thagu i mewn i'r ffôn. Delweddau o ferched yn sgrechian, efo strapiau lledr rhwng eu dannedd. *O mam bach. O mam bach. O mam bach.* Dwi ar *The Truman*

Show. Dwi ar *Black Mirror*. Doedd 'na neb wedi sôn 'mod i'n mynd i gael ECT. Roeddwn i'n sownd. Mi fyddwn i yma am byth. Mi fyddwn i'n marw yma.

'Mi wnewch chi wella,' meddai eto, ac mi wnes i ddirwyn yr alwad i ben.

Gwych. Felly roedd hyd yn oed fy meddyg i wedi cael ei dwyllo gan Hugo! *Pam nad oes neb yn gallu gweld faint o sarff ydy o?* Roedd o'n mynd i adael i fi gael ECT heb ddweud 'run gair wrtha i! Roedden nhw'n mynd i ffrio fy ymennydd!

Dyma fi'n dychwelyd y ffôn i gorlan y nyrsys, heb anghofio dweud *diolch*, ac i ffwrdd â fi i'r sesiwn grŵp gan feddwl o ddifri am y camau nesaf.

Mi benderfynais rannu fy mhenbleth dros y frwydr am ofal Jet gerbron y grŵp. *Dyna pam oedden nhw yna, ia ddim?* Beth oedden nhw'n feddwl ddylai fy ngham nesaf fod? Ddylwn i newid fy meddyginiaeth? Ddylwn i gau Hugo allan yn gyfan gwbl neu gadw ar yr ochr iawn iddo fo? Mi fyddai'n wych gallu gwyntyllu fy meddyliau, ond *yn amlwg* roedd yn rhaid i fi fod yn ofalus a pheidio â gor-wneud pethau rhag i neb amau. Roedd pawb yn hel clecs yn y lle 'ma, a doeddwn i ddim eisiau i'r nyrsys glywed unrhyw fath o si.

Dyma fi'n agor fy nghalon. Ddywedodd y grŵp ddim byd, dim ond syllu yn ôl arna i efo'u llygaid soseri enfawr. *Gwych*. Diolch yn dalpau. Roedd y therapyddion mor ddiduedd ac yn defnyddio dull y dadleuydd i'r fath raddau fel ei bod mor rhwystredig eu gweld nhw'n eistedd ar y ffens efo'u clustdlysau crog a'u sgarffiau sidan. Mi es i'n ôl i'r stafell.

Dydw i ddim hyd yn oed yn gallu cofio beth ydy fy mhwynt i. Neu beth oedd o. Beth oeddwn i...? O ia, roeddwn i'n... aros funud, ble wnes i...? Roeddwn i'n ofni rhywbeth ar y pryd, ond beth oedd o eto?

Roeddwn i'n camu yn ôl ac ymlaen, yn hollol anwadal a dryslyd.

Os oedd fy nhad yn aros amdana i yn fy stafell, doeddwn i ddim yn gwybod a ddylwn i sôn wrtho am fy amheuon am Hugo ai peidio. Beth pe bai o'n dweud wrth Hugo?

Mi benderfynais na fyddwn i'n dweud dim. Dim ond gwisgo gwên.

Y noson honno, mi alwodd Hugo efo Jet. Daeth â'i bethau bath, rhagor o'i deganau a phwmp y fron. Doeddwn i ddim eisiau'r stwff babi yma yn fy stafell, ond roeddwn i'n gwybod bod angen i fi greu cwlwm efo Jet a chwarae efo fo. Perfformiad fyddai hynny, er mwyn i'r nyrsys feddwl fy mod i'n gwneud ymdrech i fod yn fam dda fel y gallwn i FYND O'R BLYDI LLE 'MA!

Serch hynny, doeddwn i ddim yn dda am chwarae gemau meddyliol ar y gorau, yn enwedig pan nad oeddwn i'n trystio fy ymennydd ac yn cael fy stwffio efo tabledi. Cyfyng-gyngor go iawn. Cydymffurfio a chymryd y tabledi, ond heb adael i fy ymennydd droi'n slwtsh yn sgil yr hyn roeddwn i'n tybio roedd y tabledi yn ei wneud i fi.

Dyma fi'n ysgwyd fy mhen ar Hugo a chwyrnu, cyn chwerthin yn slei wrtha i fy hun.

'Dwi'n gwybod be wyt ti'n ei wneud,' dywedais.

'Be dwi'n ei wneud?' gofynnodd.

'O... paid ti â phoeni,' meddwn i, yn wybodus.

'Dwi wir ddim yn gwybod beth wyt ti'n ei olygu, Laura.' Edrychodd i lawr ar ein mab bach tenau. 'Wnes i ddim meddwl y byddet ti'n troi *arna i*.'

Troi arnat TI? Be amdanat TI yn troi arna I?!

Triodd afael ynof fi, a thynnodd fy mreichled aur o'i boced fewnol. Mae gennym ni un yr un, dwy gadwyn denau wedi'u llunio o fwclis hynafol hir. Roedd fy un i wedi torri cyn i fi esgor, ac yn amlwg roeddwn i wedi darllen gormod i mewn i hynny fel arwydd drwg o dorri ein cwlwm.

Roedd o wedi talu i rywun ei thrwsio hi. 'Dwi'n dy garu di,' meddai, a gwenu. Mi wanychodd fy nghalon, a sigo am chwarter eiliad.

Paid â'i gredu fo, Laura! Tric ydy o! HA!

Dyma fi'n troi, roeddwn i mor ddig fel na allwn i reoli fy llid. Roedd y ffaith iddo fynd allan o'i ffordd i drwsio'r freichled, efo babi newydd yn y tŷ, yn brawf o ba mor bell roedd o'n fodlon mynd i gymryd Jet oddi arna i. Roedd Hugo eisiau fy nghadw i'n iach fel na fyddwn i'n lladd fy hun, felly mi fyddai Jet yn gwybod bod Hugo wedi fy achub. Felly fyddai Jet ddim yn ei gasáu o pan fydd o'n hŷn. Roedd yn mynd i gogio ei fod yn dal i fy ngharu er mwyn i fi wella a chael fy rhyddhau o'r ysbyty, ac yna gwneud tro gwael efo fi. Y mochyn.

Roedd fy meddwl yn storm o gynddaredd, ond mi wnes i lwyddo i beidio â gwylltio'n allanol a chynnal fy amddiffynfeydd.

'Dwi'n credu y byddai'n syniad da i fi ddechrau gweld Jet hebddot ti,' meddwn i.

'Be wyt ti'n feddwl?' Roeddwn i wedi ei frifo.

O, ha ha, clyfar iawn.

'Efallai y gallai fy nhad ddod ag o? Neu Daisy?'

'Pam? Er mwyn i ti allu gweld Jet hebdda i? Pam fyddet ti eisiau hynny?'

'Mi wyt ti'n *gwybod* pam.'

'Nac ydw, Laura, dydw i wir ddim.'

O ia, ia. Hugo bach druan. Dwi'n gwybod be wyt ti'n gallu'i wneud. Mae pawb yn meddwl dy fod di'n foi mooooor ddymunol ac annwyl, ond mi wyt ti'n hen sarff ddichellgar. Ffwrdd â ti, efo fy mabi bach i, 'nôl i'n tŷ ni, a gad di fi fan hyn. Paid â dweud dy fod di'n fy ngharu i achos dwi'n gwybod nad wyt ti. Nos da.

Dyma fi'n troi fy nghefn. Yn ei wylio'n gadael yn adlewyrchiad y ffenestri arian sgleiniog.

Y ffenestri sy'n atal pobl o'r tu allan rhag gweld i mewn.

Dwi'n ddim byd ond amlinelliad.

Mi ddylwn i fod wedi dweud, *Paid â 'ngadael i, dwi'n sori, dwi mor sori. Dwi'n dy garu di gymaint. Hugo... plis...*

Dwi'n clywed fy nrws yn cau'n dawel.

Sŵn fy nghalon wrth iddi dorri.

57

Hugo y Tad Arwrol.

Mi fydd fy 'nghyn-' ffrindiau yn tosturio wrtho fo. Yn dod â bwyd iddo fo, yn dechrau coginio a glanhau iddo fo. Mi fyddan nhw'n closio am eu bod nhw i *gyd* wedi cael eu twyllo gan fy nhriciau cas, ac yn cyfnewid straeon afiach am fy nghastiau. Mi fydd o'n mynd â Jet i gylchoedd chwarae lle bydd y mamau'n syllu arno fo, yn stoïcaidd ac yn drymlwythog gan laeth fformiwla a chadachau gwlyb, ac yn sibrwd, 'Yn ôl pob tebyg, mi aeth ei gariad yn dw-lal ac mae hi mewn seilam yn cael ei hymennydd wedi'i ffrio. Dydy hi'n ddim byd ond sombi sy'n bwyta crymbl 'fala rŵan.'

'Mi wnes i glywed ei bod hi wedi lladd ei hun drwy drywanu ei hun yn y stumog.'

'Na! Doedd hi ddim yn ddigon *dewr* i wneud hynny, cymryd gorddos wnaeth hi.'

'Sut allai unrhyw un fod yn ddigon hunanol i adael babi bach annwyl? Sut allai hi adael ei theulu fel yna? Mae hi'n ffiaidd.'

'Am gachgi.'

'Diolch i Dduw am laeth fformiwla, y babi druan.'

'Ond mae o'n olygus, tydi? Hugo y Tad Arwrol?'

Mi fyddan nhw'n llygadu Jet a Hugo, fy eiddo colledig hyfryd i.

Mi fyddan nhw'n gwahodd Hugo y Tad Arwrol draw i de ac i chwarae efo'r plant, a chyn pen dim mi fydd panad pedwar o'r gloch yn troi'n wydraid o win. Neu ddau, neu bump. Ac mi fydd Hugo yn chwarae'r merthyr. *Hugo, druan bach ag o. Doedd o wir ddim yn haeddu hynny. Jet druan. Jet bach, druan ag o.*

58

Ar ôl y grŵp, mi wnes i alw cyfarfod efo Mam, Daisy a Hector.

Mi ges i decst gan Hector yn dweud, 'Sori, dydw i ddim yn mynd i allu dod draw. Mae cyflwr Laura wedi gwaethygu'n arw, felly mae'n rhaid i ni fynd i'r ysbyty.'

Yna neges arall. 'Sori, Laura, wna i ddim dweud celwydd. Yn amlwg, ddim i ti oedd y neges yna i fod. Wela i di'n fuan.'

Yn fy nghyflwr o baranoia dwys, dyna'r peth *olaf* roeddwn i ei angen gan fy mrawd. Roeddwn i'n teimlo'n fregus. Yn destun sgwrs. Yn orffwyll. Ac roedd y neges destun fel tocyn unffordd i Gorbryder Canolog.

Hector druan, mae pawb yn gallu chwerthin am hynny rŵan.

Ar ôl iddyn nhw i gyd gyrraedd, dyma fi'n rhannu fy holl amheuon am Hugo a'r frwydr arfaethedig am ofal Jet, a'i fod yn dweud wrth y nyrsys fy mod i'n salach nag oeddwn i go iawn, er mwyn iddyn nhw roi mwy o dabledi i fi. Roedd y cyffuriau yn fy lladd i, ond roedd yn rhaid i fi eu cymryd nhw i ddangos fy mod i'n cydweithredu.

Mi ddechreuodd Mam grio. 'Mi wyt ti'n sâl, Laura. Yn wael iawn, iawn.'

Ac yna mi wnes i droi arni hi, gan honni ei bod hi eisiau i fi fod yn sâl o achos ei chyflwr Munchausen od. Roedd Mam yn crio, ei dwylo dros ei hwyneb, yna dywedodd, 'Iawn, Laura, iawn,' a sychu ei dagrau.

Mi wnes i dorri i lawr a dechrau crio, a dweud, 'Alla i ddim diodde mwy o hyn. Dwi mor ddryslyd. Dwi ddim yn trystio neb. Dwi mor unig. Dwi mewn carchar yn fy mhen fy hun. A'r peth gwaethaf ydy mai *fi* sydd wedi creu'r carchar. Maen nhw'n mynnu rhoi'r holl gyffuriau i fi, a dwi ddim yn gwybod beth ydyn nhw ac maen nhw'n gwneud i fi deimlo'n waeth. Alla i ddim ymdopi. Mae o'n ormod. Dwi eisiau marw.'

Triodd Mam fy nghofleidio i, ond mi wnes i ei gwthio i ffwrdd. Doeddwn i ddim yn gallu stopio crio, 'Dwi jyst eisiau marw, plis gadwch lonydd i fi. Ewch o'ma. Alla i ddim byw fel hyn. Mae o'n brifo gormod.'

Mi wnaeth Mam a fy mrawd fy ngadael i efo Daisy. Dyma fi'n dweud wrthi nad oeddwn i eisiau i neb heblaw hi ymweld neu gysylltu efo fi. Doeddwn i ddim yn trystio neb arall.

Mi aethon ni i lawr i gael cinio efo Mam a Hector, ac mi wnaeth o droi'n gyfarfod dros fwyd: y cynllun i ennill yr hawl i ofalu am Jet, fel pe bawn i'n ben-bandit y maffia.

'Dockrill yn erbyn White ydy hyn, iawn?'

Dyma nhw'n nodio'u pennau.

Wedyn mi wnes i ddatgelu'r cynllun – galw Hugo i mewn am gyfarfod brys a siarad yn blaen. Roeddwn i fel arfer yn y grŵp ar yr amser yma, felly doedd o ddim yn disgwyl galwad. Mi allwn glywed ei ffrind yn chwerthin yn y cefndir. *Roedden nhw i gyd yn rhan o'r cynllwyn. Dwi'n siŵr ei fod o'n pacio fy eiddo mewn bocsys yn barod.* 'Dwi angen trafod fy nhabledi. Wyt ti'n gallu dod mewn?' gofynnais.

'Efo Jet neu hebddo fo?' holodd yn nerfus.

'Be bynnag sy' hawsaf.'

'Iawn, mi fydda i yna.'

Pan gyrhaeddodd o, mi wnes i ddatgan fy achos:

'Edrycha, dwi'n gwybod nad wyt ti'n fy ngharu i mwyach a dy fod di'n bwriadu cymryd Jet. Dwi'n gallu deall hynny. Ond plis paid â photsian efo fy nhabledi i achos fy mhen i sy'n diodde, ac mae o'n wirioneddol frawychus ac yn wirioneddol ddryslyd. Does dim rhaid i ti fy ngharu neu aros efo fi ond plis, rho'r gora i chwarae o gwmpas efo fy nhabledi i.'

Triodd dawelu fy meddwl i, ond wnes i ddim credu'r un gair ddaeth allan o'i ben o. Hugo druan. Dyma ni'n gadael pethau eto – yn gignoeth, a dim byd wedi'i ddatrys. Roedd popeth yn llanast. Rhyw oerni marwol rhyngon ni – roedd ein tân wedi cael ei sathru a'i ddiffodd – a ninnau'n arfer bod yn wenfflam.

Mi ddaeth nyrs i mewn. Mae'n bosib ei bod hi wedi fy nghlywed i'n crio.

'Dim ond gwneud y *checks*. Ydy popeth yn iawn?'

Dyma fi'n nodio fy mhen. Mi wnes i wisgo masgara mewn ymgais i edrych yn normal a'i heglu hi am y sesiwn grŵp. Doeddwn i ddim eisiau i'r ysbyty feddwl fy mod i'n gwaethygu.

Pan welodd y nyrs fi, mi ddyrnodd yr awyr yn hapus. 'Wel, wel. Roeddet ti wedi cynhyrfu gymaint gynnau fach, ond mi wyt ti wedi llwyddo i godi dy bac i fynd i'r sesiwn grŵp. Da iawn ti!'

Ar y ffordd i lawr, mi welais fod y drws wrth ymyl fy llofft i ger y lifft ar agor. Roedd fel arfer wedi'i gloi, felly wnes i ddim meddwl ddwywaith cyn edrych i mewn. Yno, roedd 'na rywbeth oedd yn edrych yn debyg i gadair deintydd, ond yna dyma fi'n meddwl, *Yma maen nhw'n gwneud y therapi sioc drydanol? Na. Mae'n rhaid mai cadair deintydd ydy hi – fydden nhw wir yn rhoi'r stafell ECT wrth y fynedfa fel hyn? Yn ymyl y lifft? Yn ymyl y gegin gymunedol lle mae pobl yn gwneud te?*

Yn y sesiwn grŵp, roedd gwraig o'r Almaen yn sôn sut roedd hi'n gallu clywed trydan. Suo'r teledu, hisian yr oergell, grwnian y popty microdon, hyd yn oed sŵn y Wi-Fi, pobl yn anfon tecsts ac e-byst. Roedd hi'n gallu clywed y cyfan, yn siffrwd drwy'r gwagle. Roedd o'n ei gyrru hi'n orffwyll.

Y cyfan wnes i oedd eistedd yna. Cors o berson. Roeddwn i'n galaru. Roeddwn i'n caru Hugo gymaint. Roeddwn i mor drist fod pethau wedi dod i hyn efo fo a'i deulu. Dyma fi'n meddwl am Jet. Beth oedd o'n ei wneud rŵan. Roeddwn i'n meddwl pa ffrindiau fyddai'n dal yn ffrindiau efo fi ar ôl hyn – unwaith fydden nhw'n darganfod y gwir amdana i – dim llawer. Ddim efo babi'n rhan o'r cawl.

Mi wnes i deimlo gwlybaniaeth cynnes rhwng fy nghoesau. Roeddwn i'n gwaedu, y gwaed yn gollwng drwy fy nillad. Roedd yn rhaid i fi godi. Dyma fi'n esgusodi fy hun a rhedeg i'r tŷ bach agosaf, gan adael llwybr o ddiferion gwaedlyd ar fy ôl. Wrth dynnu fy legins i lawr, mi welais fflach lachar o waed coch trwchus a ffres ar hyd fy nghluniau. Roedd edrych i fowlen y toiled fel gwylio golygfa o ffilm arswyd. Roedd fy nicers yn sopen wlyb, fy nhywel mislif yn sopen wlyb. Doeddwn i ddim yn gallu cofio pryd roeddwn i wedi ei newid ddiwethaf.

Pwy bynnag sy'n gwneud hyn i fi, wnewch chi plis adael llonydd i fi? Mi ydych chi wedi profi eich pwynt, felly plis. Plis. DIM MWY. Mi wna i rywbeth. Rhywbeth. Gwnewch iddo fo stopio. Alla i ddim diodde mwy.

Dyma fi'n oedi. Cau fy llygaid. Anadlu'n ddwfn.

Laura, mi wyt ti i mewn yna. Mi alli di wneud hyn.

Mi wnes i lanhau gystal ag y gallwn i, a chreu tywel misglwyf argyfwng efo hancesi papur a cherdded yn ôl i'r stafell.

Mi welais y nyrsys yn y gorlan ar fy llawr i.

'Ydy popeth yn iawn, Laura?'

Plis, gadewch i fi fynd i rywle. Egwyl o fod yn y pen yma am un eiliad. O fod yn y corff yma.

Ydw i wedi camesgor? Neu oedd o'n 'stwff' oedd ar ôl ers i fi eni? Y brych?

Roeddwn i'n teimlo dirgrynu yng ngwaelod fy mol, fel poen mislif ond yn llai dwys, rhyw fath o guro, fel gwythïen yn pwmpio gwaed. Efallai... *cic fach?*

A dyna pryd wnaeth fy ymennydd benderfynu 'mod i'n feichiog eto, efo babi rhithiol. Bachu ar y syniad, clymu'n dynn wrtho. *O, grêt.* Allwn i ddim bod yn fwy blydi balch o hynny, a waeth pa mor galed roeddwn i'n trio cael gwared ar y syniad, doedd o ddim yn mynd. O Dduw, roedd o'n anochel: os nad oedd o'n un rhith, mi fyddai'n un arall. Doedd fy mhen i ddim yn eiddo i fi mwyach. Roedd rhywun arall yn ei reoli, fel newid sianeli ar deledu – pob sianel wedi'i theilwra i godi arswyd arna i'n benodol.

Doeddwn i ddim yn gallu dweud wrth neb am y babi rhithiol. Fydden nhw byth yn gadael i fi fynd adra.

Mi ges i fàth, gwasgu mwy o laeth allan o fy mronnau a syllu ar y nenfwd. *Sut mae merched yn ymdopi efo hyn mewn rhannau eraill o'r byd lle nad oes 'na ofal iechyd? Heb unrhyw gefnogaeth? Lle nad ydy iechyd meddwl yn cael ei gymryd o ddifri? Yn y gorffennol? Yn y gwyllt? Lle nad oes 'na laeth fformiwla yn bodoli?*

Dyma rywun yn curo ar fy nrws, nyrs. 'Wyt ti'n iawn, Laura?'

'Ydw.'

Tu mewn, roeddwn i'n sgrechian, NA!

DEUDA WRTHI HI AM Y BABI RHITHIOL. DEUDA WRTHI HI. DEUDA WRTHI HI.

Hisht... ein cyfrinach ni ydy hi.

Y cyfan dwi'n ei gofio ydy eistedd ar y gwely. Fy nwylo'n dynn ar fy ngliniau fel pe bawn i ar fin cael fy nhanio i'r gofod. Llygaid ar gau. Yn gwneud popeth o fewn fy ngallu i beidio â meddwl am rywbeth drwg yn ymwneud efo Jet. Roedd fy ymennydd yn fy mhryfocio i: *Hei, dyna cŵl fyddai meddwl am rywbeth ofnadwy i'w wneud i Jet?* Na! Na! Na! Stopia! Roedd meddyliau'n chwyrlïo o gwmpas yn fy mhen fel pinbel, mor gyflym a chaled nes ei fod yn brifo'n gorfforol.

Efallai y gallwn i lyncu'r Guto Gwningen metel roedd Dad wedi'i roi i fi? Ond roedd hynny'n hurt, fyddai hynny byth yn gweithio. Mi fyddwn i'n tagu, cael fy amddifadu o ocsigen a dioddef niwed i'r ymennydd am oes. Fyddai Dad byth yn maddau iddo fo'i hun.

Roeddwn i fod i bwmpio fy mronnau er mwyn i fi allu sefyll ar fy nhraed yn y llys a dweud fy mod i wedi *trio*. Dyma fi'n neidio i fyny a dechrau tynnu llaeth yn ffyrnig efo'r pwmp llaw. Tarodd nyrs ei ben rownd y drws eto. Llaeth llwyd yn diferu i lestr gwag. Edrychodd arna i'n dosturiol a throi i ffwrdd.

Mi wnes i ffonio fy chwaer. 'Daisy, mae fy ymennydd yn fy mhryfocio i, mae o eisiau i fi feddwl am rywbeth sy'n ymwneud efo fi'n niweidio Jet.'

'Na. Laura, paid â gadael i hynny ddigwydd.'

'Mae o'n brifo. Mae 'mhen i'n brifo. Dwi wedi blino.'

Mae'n rhaid i fi ladd fy hun.

Dyma fi'n rhuthro i'r sesiwn grŵp, yn dal i feddwl bod gen i fabi dychmygol yn tyfu y tu mewn i fi. Pwy oedd y tad? Y diafol? Neu fy meddyliau gwyrdroëdig fy hun? Dwi'n cofio gweld merch, cyn-aelod o'r fyddin, a oedd wedi colli ei choes wrth i fom ffrwydro. Bob tro roedd 'na storm fellt a tharanau, mi fyddai'n sbarduno trawma'r ffrwydrad, ac mi fyddai'n teimlo poen yn y goes roedd hi wedi'i cholli. Poen rithiol.

Rywbryd yn ystod y diwrnod hwnnw, daeth Dad i 'ngweld i. Dwi'n cofio eistedd yno o'i flaen fel sombi, yn pwmpio fy mronnau'n obsesiynol, gan fwmian rhywbeth am orfod gwneud hyn er mwyn i fi allu dechrau bwydo Jet eto. Mae'n rhaid ei fod o'n gwybod na fyddwn i'n bwydo ar y fron eto. Mae'n rhaid bod hynny mor drist a chythryblus iddo fo, yn fy ngwylio i, efo fy mronnau allan (does neb call eisiau i'w tad weld eu bronnau ar y gorau) yn pwmpio fel peth dwl ar gyfer neb. Dyma un o'r atgofion anoddaf i'w anghofio.

Doeddwn i ddim yn gallu peidio â meddwl am yr ystafell ECT roeddwn i'n cysgu mor agos ati hi.

Cyrhaeddodd Hugo yn annisgwyl i fynd â fi allan am dro. Dyma fi'n mynd i gorlan y nyrsys i ddweud wrthyn nhw, ond doeddwn i ddim yn cael gadael. Roeddwn i'n ôl ar wiriadau bob chwarter awr eto.

'Ond pam? Dwi'n gwneud mor dda!' (Heblaw am y beichiogrwydd rhithiol, y gwaedu dwys, y rhithdybiau difrifol, y meddyliau'n rasio, y dryswch, ofn cadair deintydd yr ECT, y paranoia llethol a'r ffaith 'mod i o bosib yn cario babi'r diafol.)

Oedden nhw wedi fy nrysu i efo'r Laura arall? Y Laura arall, oedd byth yn dod allan o'i stafell. Yr un oedd wedi eillio ei phen, yr un oedd yn frith o friwiau a chrafiadau, yn edrych fel pe bai hi wedi eu gwneud nhw ei hun efo cyllell fara heb ddrych, yr un efo cylchoedd mawr du o gwmpas ei llygaid. Os oeddech chi'n digwydd ei gweld hi ar y coridor, roedd fel pe bai tarw'n rhuthro tuag atoch chi. *Plis peidiwch â 'nrysu i efo'r Laura arall.*

Beth os oedden nhw'n cymysgu'r tabledi? Beth os oedden nhw'n fy ngharcharu i yn ei lle hi? Beth os nad oedden nhw'n credu gair roeddwn i'n ei ddweud, nad y fi oedd hi, achos 'mod i'n sgitsoffrenig? Beth pe bai rhywun yn rhoi Jet iddi hi yn lle i fi a'i bod hi'n ei ladd?

Roedd gen i gymaint o gywilydd o flaen Hugo. Doeddwn i ddim yn gwybod pam 'mod i wedi dod yn destun gwiriadau chwarter awr eto.

Dwi'n gwybod rŵan mai Hugo oedd wedi dweud wrth y nyrsys ei fod yn poeni amdana i, a bod Mam wedi dweud wrtho 'mod i'n cael meddyliau hunanladdol eto. Ond wnaeth o ddim dweud hynny wrtha i ar y pryd. Er mwyn amddiffyn fy nheimladau, mi adawodd i fi gredu eu bod nhw wedi fy nrysu efo'r Laura arall.

Ar y pwynt yma, roedd y gwir yn fwy brawychus na'r rhith.

59

Roeddwn i'n meddwl beth oedd ar ochr arall ffenest fy llofft i. *Pwy oedd yn gwrando arna i? Pwy oedd yn gallu fy nghlywed i? Pwy oedd yn sbragio? Pwy oedd yn bwydo gwybodaeth yn ôl i'r nyrsys? Oedden nhw'n fy ffilmio i? Yn fy recordio i?*

Yr unig le y medrwn i fod yn rhydd oedd yn fy mhen. Ac roedd hwnnw'n uffern ar y ddaear.

Roeddwn i'n rasio yn erbyn y cloc, yn trio tynnu llaeth drwy bwmpio yn ystod y seibiant byr rhwng sesiynau grŵp, ac yna'n arllwys y llaeth diwerth, truenus i lawr y sinc. Mi wnes i anfon tecst at y nyrs famolaeth i holi hynt Jet ac i ddiolch iddi hi. Roedd hyn i gyd er mwyn rhoi'r argraff 'mod i'n fam ofalgar ac i helpu pan fyddwn i yn y llys.

Daeth cnoc ar y drws – y Nyrs Walt Disney a'r meddyg gwrywaidd, ffurfiol ac effeithlon. Roedden nhw'n cynyddu dos yr *olanzapine* am eu bod nhw 'wedi cael ar ddeall' 'mod i'n dal i 'brofi emosiynau brau a rhithdybiau'.

Pwy oedd wedi eu goleuo nhw? Fi oedd Iŵl Cesar! Ond pwy oedd Brutus? Roeddwn i'n gweiddi. Roeddwn i eisiau atebion. Dyma fi'n edrych ar y Nyrs Walt Disney, ond fedrai hi mo'n helpu i. *Beth pe bai'r dos uwch yn fy nhaflu i ebargofiant llwyr? Y peiriant ECT. Roedd yn mynd i ddigwydd. Roedden nhw'n mynd i roi sioc drydanol i fi a llosgi fy ymennydd a... fy mhen, yr artaith. Bbbbbbbrrrrr...*

'Laura, paid â gwneud ffŷs,' meddai meddyg y ward.

'Ydych chi wedi siarad efo fy nheulu i? Pwy wnaeth i chi wneud hyn?' Mi wyddwn yn iawn pwy oedd yn gyfrifol. Hugo. 'Fedrwch chi siarad efo fy mhartner plis?'

'Does dim angen dweud dim mwy. Rydyn ni'n cynyddu'r dos i'r

dos uchaf; mi wnei di sylwi dy fod di'n magu ychydig o bwysau ac mae pendro'n bosib.'

Y dos uchaf? Os nad oedd hyn yn gweithio, does bosib mai'r cam nesaf fyddai ECT? Roedd hyn wedi mynd yn rhy bell.

'Plis siaradwch efo fy mhartner,' meddwn i.

'Iawn. Yn sydyn iawn,' cytunodd, ond roedd o'n rhoi'r argraff 'mod i'n gwastraffu ei amser.

Gafaelais yn y ffôn, fy mysedd yn llithro'n gyflym ar draws y sgrin i drio ei ddatgloi, a chythru am enw Hugo yn y rhestr o alwadau diweddar... *Dim mwy o gemau. Dim mwy o gyffuriau. Roedden nhw'n mynd i fy lladd i. Mi fyddai fy ymennydd yn troi'n uwd. Fyddwn i byth yn mynd allan.*

Atebodd Hugo. 'Hugo, Hugo, mae'r meddyg yma, meddyg y ward, mae o eisiau cynyddu dos y cyffur gwrthseicotig! Pam? Pam fydden nhw'n gwneud hyn? Alli di siarad efo'r meddyg? Ydy Dr P yn gwybod am hyn?'

Atebodd Hugo, 'Laura, Dr P wnaeth fynnu bod hyn yn digwydd.'

60

Yn ddiweddar, mi wnes i drafod hyn i gyd efo Ramsay, cariad fy chwaer. Dywedodd, 'Roedd o'n baradocs od, holl achos dy baranoia di a'r ffaith dy fod di'n amau ein bod ni i gyd yn siarad y tu ôl i dy gefn di. Ond ar yr un pryd, roeddet ti yn llygad dy le. Roedd yn rhaid i ni. Roeddet ti'n dweud pethau gwahanol wrth bawb. Roedd yn rhaid i ni gyfathrebu. Y gwahaniaeth ydy dy fod di'n meddwl ein bod ni'n cynllwynio yn dy erbyn di, ond dy gadw di'n ddiogel oedden ni'n ei wneud.'

Mi wnes i ddeall. Mae o fel parti syrpréis. Mi wyt ti'n meddwl bod dy ffrindiau di i gyd yn dy gau di allan ac yn siarad y tu ôl i dy gefn di. Sy'n wir, ond eu bod nhw'n gwneud hynny er dy les di.

61

Y noson honno, ar ôl y sgwrs efo'r meddyg, mi ddaeth Hugo i 'ngweld i efo Jet. Mi wnes i syrthio ar fy ngliniau yn fy nagrau a dweud, 'Hugo. Dwi'n gwybod nad wyt ti'n fy ngharu i bellach. Dwi'n gwybod dy fod di'n mynd i 'ngadael i a dwi'n deall pam, ond plis paid â mynd â 'mabi i oddi arna i. Plis.'

Penliniodd Hugo wrth fy ochr ac edrych i fyw fy llygaid. Dyma'r profiad mwyaf byw i fi ei gael erioed. Roedd ei lygaid yn fawr ac yn waedlyd, yn llawn blinder a dryswch a cholled, a channwyll ei lygaid yn canolbwyntio arna i. Dwi'n gwybod rŵan beth mae pobl yn ei olygu pan maen nhw'n dweud bod y llygaid yn ffenestri i'r enaid – roeddwn i'n teimlo 'mod i wir wedi *gweld* Hugo.

Gafaelodd yn fy nwylo a dweud, 'Dydw i ddim. Dydw i ddim am fynd ag o oddi arnat ti. Dydw i ddim yn mynd i dy adael di. Dwi'n addo. Mi alli di wneud hyn.'

'Alla i ddim. Fy mai i ydy hyn i gyd,' dywedais drwy fy nagrau.

Dechreuodd Hugo grio; sugnodd ei ddagrau yn ôl. Mi wnes i afael yn dynn am Jet.

'Mi *alli* di. Ddim dy fai di ydy hyn. Wnest ti ddim *gofyn* am gael mynd yn sâl. Laura, mae i ti feddwl mai dy fai di ydy hun yr un peth ag unrhyw berson sâl yn dweud eu bod nhw wedi gofyn am hynny. Mi fyddai fel dweud bod fy mam wedi gofyn am gael MS. Wnest ti ddim gofyn am hyn. Ac mi wnei di ei ymladd. Mi wnei di. Dydw i ddim yn mynd i unman. Dydw i ddim. Dwi'n aros efo ti. Dwi efo ti bob cam.'

Dyma ni'n gafael yn ein gilydd a chrio a chrio. Fel ddigwyddodd pethau, cariad oedd y ffisig wnaeth fy ngwella i.

62

Roedd y dos cryfach o'r cyffur gwrthseicotig yn gwneud i fi deimlo'n ffwndrus ac yn drwm. Roedd dim ond mynd drwy'r diwrnod fel trio datrys llofruddiaeth. Roedd fy archwaeth ar dân. O un pen i'r diwrnod i'r llall, mi fyddwn i'n llowcio'r danteithion roeddwn i wedi'u cael gan fy chwaer – llugaeron wedi'u gorchuddio ag iogwrt, mango sych, siocled tywyll, cnau a smwddis – ar ben taten drwy'i chroen a salad ffrwythau i ginio, a sbageti Bolognese i swper. Efo'n llaw ar fy nghalon, allwn i ddim dweud a oeddwn i'n llysieuwraig driw ai peidio. Doedd o'n ddim byd mwy na bwyd.

Drwy gydol y dydd, mi fyddwn i'n pigo ar dost roeddwn i'n ei wneud yn y gegin fach ar ein llawr ni. Ia, drws nesa i'r stafell ECT. Gan amlaf, roedd y drws ar glo. Weithiau roeddech chi'n gallu clywed sŵn drilio yn dod o'r tu mewn.

Mae'n RHAID mai cadair deintydd oedd hi.

Dyma fi'n mynd i'r sesiwn therapi grŵp. Dywedodd Ezra wrth bawb ei fod yn mynd adra am swper y noson honno, a chymaint roedd o'n edrych ymlaen. Mi wnaethon ni i gyd ddymuno pob lwc iddo fo.

Mi gafodd fy nheulu ganiatâd i fynd â fi allan i Pizza Express. Efo Jet. Dwi wrth fy modd efo Pizza Express, ond mae *hyn i gyd* wedi taflu'i gysgod dros y lle bellach. (Mae Hugo wedi dweud wrtha i ein bod ni wedi mynd i Pizza Express ddwywaith, ond dwi ddim yn cofio'r tro cyntaf.) Roedd yn braf cael bod allan efo pawb ond roedd 'na hen deimlad o orfodaeth. Roedd pawb yn rhoi'r argraff eu bod nhw'n fodlon eu byd, ond roedd gen i gymaint o gywilydd. Ac eto, roeddwn i wrth fy modd, ac yn berffaith barod i fwyta pitsa cyfan.

Meddyliais am Ezra o'r grŵp therapi. Adra efo'i deulu. Yn trio bod yn normal hefyd. Mi allwn ddychmygu sut oedd o'n teimlo, fel pe bai ei deulu yn gwylio ac yn dehongli pob symudiad roedd o'n ei wneud. Roedden ni'n dau ar brawf.

Yn rhyfedd iawn, wrth i fywyd ddal ati i chwarae ei hen driciau cas, mi ruthrodd rhyw ferch dal i mewn i'r bwyty a thrio dwyn rhywbeth. Mi wnaeth aelod o'r staff ei dal hi a'i gwthio yn erbyn y drws, ei hwyneb yn gwasgu yn erbyn y gwydr fel gwlithen. Mi daflodd rywbeth at y wal a sgrechian. Dwi'n cofio taflu fy hun yn reddfol dros Jet, a oedd yn cysgu yn ei sedd car, er mwyn ei amddiffyn.

Ond fedrwn i'm dweud a oedd o'n ymateb go iawn neu'n rhywbeth roeddwn i wedi ei wneud i dynnu sylw.

Ar ôl iddyn nhw gynyddu dos y cyffuriau, doeddwn i ddim wir yn trystio'r nyrsys mwyach. Roeddwn i'n cael y teimlad nad oedd y Nyrs Walt Disney mor hoff ohona i, fel pe bai hi'n cadw'i phellter. (Yn ddiweddarach, mi ges i ar ddeall fod Mam wedi cwyno wrthi am fethu â rhoi gwybod iddi am ganlyniadau fy mhrawf haint wrin – y lleiaf o 'mhryderon.) Roeddwn i'n teimlo mai'r unig reswm roedd Hugo yn dal efo fi oedd achos 'mod i'n fam i Jet; bod gan Daisy a Hector fy ofn i ac nad oeddwn i'n chwaer fawr iddyn nhw bellach. Bod Dad yn meddwl fy mod i'n afiach, yn ddrama i gyd. Roedd o wedi gweld fy mronnau i, ac roedd gen i gywilydd o hynny. Roedd Mam yn hoffi 'mod i'n sâl, ac mi fyddai'n berffaith hapus pe bawn i'n aros yn yr ysbyty am byth.

A doedd Jet ddim hyd yn oed yn gwybod pwy oeddwn i.

Yn ôl yn y sesiwn therapi grŵp, roedd Sarah bar gwin yn dweud helô. Neu yn hytrach, roedd hi'n dweud ta-ta. Roedd hi'n gadael yn ddiweddarach y diwrnod hwnnw, ond yn teimlo'n nerfus iawn. Er ei bod hi'n edrych ymlaen yn arw at weld ei phlant a mynd adra, roedd hi'n poeni am gwsg. Roedd hi wedi cael presgripsiwn *zopiclone* ond wedi clywed bod pobl yn gallu mynd yn ddibynnol arno'n hawdd.

O mam bach, dwi ar zopiclone. *Dwi'n mynd i ddod yn gaeth iddo fo. Fydda i ddim yn gallu cysgu eto hebddo fo. Hei... beth os ydw i'n colli 'mhwyll eto?*

Roedd Ezra yn ôl o'i arhosiad adra. Dywedodd fod pethau wedi mynd yn dda iawn, ond yna dyma fo'n cyfaddef nad oedd hynny'n gwbl wir. Roedd o wedi dechrau crio yn ystod swper teuluol ac wedi treulio'r noson gyfan o dan y dillad gwely yn ei lofft. Roedd o wedi gorfod gwrthsefyll yr ysfa i niweidio ei hun.

'Mi wnei di wella,' meddai'r therapydd, i drio tawelu ei feddwl.

Ymatebodd drwy ddweud ei fod yn *gwybod* hynny, ond bod misoedd wedi mynd heibio. *Pa mor hir mae'n mynd i gymryd?* Roedd y salwch yn difa ei fywyd.

Yn ystod amser egwyl, mi ges fy nal ar ddamwain mewn sgwrs am hunanladdiad – pwy oedd wedi gwneud trefniadau efo'u harian ac a oedd rhywun wedi gwneud 'cynlluniau'. Mi ddatblygodd yn gystadleuaeth. Pwy oedd y mwyaf hunanladdol? Pwy oedd wedi bod *yno* go iawn? Roedd yn sgwrs ofnadwy i fod yn rhan ohoni, achos 'mod i'n ei deall.

Ond doeddwn i ddim yn teimlo'n ddigon 'gwallgo' i ffitio i mewn, ddim yn ddigon 'hunanladdol' i deilyngu bod yn aelod dilys o'r criw. Roedd gen i ormod o eisiau byw.

Oedd raid i fi wneud ffrindiau yma? Oedd hi'n bosib creu cwlwm ar sail hunanladdiad?

Roedden ni *i gyd* yn cael clywed yn gyson ein bod ni'n mynd i 'wella'. Y bydden ni *i gyd* yn rhoi hyn y tu ôl i ni, drosodd a throsodd. Roedd fel rhyw fantra rhithiol rhyfedd y mae'r therapyddion a'r seicolegwyr yn ei wthio i'n pennau i'n cadw ni'n fyw ac i leddfu unrhyw ysfa hunanladdol. Ymadrodd slic i ni ddal gafael ynddo fo tan ein diwrnod ola ni ar y ddaear, i wneud i ni ddal ati. A ninnau'n gwneud dim byd ond cerdded o gwmpas fel robotiaid anneallus, yn ailadrodd, 'Mi fyddwn ni'n gwella.' Ond fyddwn i ddim yn gwella, fyddwn i? Fyddai'r un ohonon ni'n gwella.

Dros ginio, mi wnes i ymdrech ac eistedd efo aelodau fy ngrŵp i rhag ofn na fyddwn i byth yn gwella ac y byddwn i yno am weddill fy nyddiau. Trodd Sarah bar gwin y sgwrs tuag at fywyd ar y tu allan. Dyma oedd ei phryd olaf yn y ffreutur ac roedd hi'n torri'i bol eisiau gwydraid o win. Siaradodd am ei chyn-ŵr a faint roedd hi'n edrych ymlaen at ei weld rŵan ei bod hi'n iach, a dechreuodd grio. Wedyn dyma hi'n dweud, 'Y peth ydy... mae o mor hapus. A dydw i ddim. Dydw i byth yn mynd i wella.'

Mi fydd y frawddeg yna'n aros efo fi am byth. Mi gafodd hi chwalfa go iawn. Mi wnes i afael yn ei llaw, ac roedd hynny'n gam go fawr i fi ar y pwynt hwnnw.

Ac yna, yn union fel pawb arall, dyma fi'n dweud, 'Mi fyddi di'n gwella.'

Achos dyna oedd yn teimlo fel y peth iawn i'w wneud.

63

Dros flwyddyn ar ôl i fi adael yr ysbyty seiciatrig, mi es yn ôl i ymweld â'r lle. Daeth Hugo a Jet efo fi yn gefn.

Roeddwn i wedi trefnu i gael gair efo'r Nyrs Walt Disney. Roedd hi wedi rhoi gofal da i fi pan oeddwn i'n sâl, felly roeddwn i wedi ffonio i ddweud wrthi am y llyfr yma a gofyn a fyddai'n hapus i siarad efo fi am y bythefnos wnes i ei threulio ar y ward.

Roeddwn i wedi gwisgo yn fy null dihafal fy hun, mewn leotard melfed pinc a fflêrs patrwm croen llewpard. Minlliw pinc, a chlustdlysau cath a physgodyn pren wedi'u paentio, anrheg gan Hugo.

Roedd yr ysbyty yn edrych yn union fel oedd o flwyddyn ynghynt, gan gynnwys yr ardal aros lle'r oeddwn i wedi eistedd yng nghanol y nos, heb wybod beth oedd o 'mlaen i. Cefais atgof sydyn o'r Nyrs Walt Disney yn sefyll dros fy ngwely yn ei dillad ei hun, yn dweud nad oedd hi'n mynd i fod yn gweithio dros y Sul ond i gadw llygad am nyrs hyfryd arall a fyddai'n gofalu amdana i. Dwi'n cofio meddwl pa mor hyfryd oedd o ei bod hi wedi gwneud hynny. Mynd allan o'i ffordd i wneud i fi deimlo'n ddiogel.

Dyma fi'n cerdded heibio'r ystafell ECT, a honno 'ar glo'. A dyna lle oedd hi. Mi wnaethon ni gofleidio.

'Dwi'n dy gofio di mor dda, ond mi wyt ti'n llawer mwy glamyrys rŵan!' meddai'r Nyrs Walt Disney. (Fawr o gamp, o ystyried nad oedd hi erioed wedi fy ngweld i mewn dim byd smartiach na hen legins carpiog.)

'Pan wnest ti ffonio, mi wnes i deimlo braidd yn emosiynol. Mae mor wych gwybod dy fod di'n iach ac wedi gwella. Dydy'r rhan fwyaf o bobl byth eisiau dod yn ôl yma. Wsti be, ti oedd y ferch gyntaf efo seicosis ôl-enedigol i fi ofalu amdani,' cyfaddefodd.

'Roedd yn brofiad mor frawychus i ti. Mi allwn i weld yr ofn ar dy wyneb di.'

Dyma fi'n dweud ei fod o'n teimlo fel oes ar y pryd, er mai dim ond pythefnos oedd o – 'Ha! *Dim ond*!' meddai hithau – roedd o'n teimlo fel tragwyddoldeb ar y pryd. Hyd yn oed rŵan, roedd y cyfan yn teimlo mor gignoeth a ffres yn fy meddwl. Roedd bod yn ôl yma wedi ennyn cymaint o atgofion ac emosiynau.

Dyma fi'n dweud 'mod i'n gwybod pa mor ffodus fues i yn cael gofal a thriniaeth mor wych. Roeddwn i'n deall bod rhai merched yn profi cyfnodau mwy estynedig o seicosis ôl-enedigol, ac yn cael eu cadw yn yr ysbyty am gyfnodau llawer hirach.

'Wsti be, yr hyn wnaeth i ti wella mor gyflym oedd dy deulu anhygoel di. Roedden nhw yma rownd y rîl. Mi wnaethon nhw wneud dy stafell di mor glyd a chartrefol,' meddai. (Doedd y stafell ddim wedi teimlo fel hynny o gwbl i fi!)

'Dydy pob teulu ddim fel dy un di. Dydy'r gefnogaeth ddim gan lawer o bobl. Mae hynny'n rhan fawr o'r broblem efo salwch meddwl. Mi wyt ti'n teimlo dy fod di wedi defnyddio pob cymwynas, ac na fedri di ofyn mwy gan bobl. Ac yn aml dydy hynny ddim yn wir,' ochneidiodd y Nyrs Walt Disney.

Cerddodd un neu ddau o gleifion heibio i gorlan y nyrsys. Roeddwn i'n teimlo cysylltiad efo nhw, mewn rhyw ffordd. Doedden nhw ddim yn edrych yn frawychus, nac yn manig, nac yn edrych hanner cymaint dan ddylanwad cyffuriau â dwi'n ein cofio ni. Roedden nhw'n edrych fel unrhyw fodau dynol iach fyddech chi'n eu gweld yn rhywle. Fel pobl fyddech chi'n tynnu sgwrs â nhw yn yr archfarchnad, neu'n rhoi cyfarwyddiadau iddyn nhw ar y stryd. Athrawon. Swyddogion yr heddlu. Gweithwyr swyddfa docynnau. Gwleidyddion. Cerddorion. Cogyddion. Sy'n dangos pa mor anweledig ydy salwch meddwl.

Dyma fi'n rhoi Jet i lawr ar y carped ac i ffwrdd â fo, yn cropian yn ei legins 'croissant', yn piffian chwerthin a gwneud i bobl eraill chwerthin efo'i ddannedd hipopotamws hurt. Y tro diwethaf iddo fod yma, dim ond ychydig wythnosau oed oedd o.

Dwi'n teimlo'n amddiffynnol o'r ysbyty, o'r bobl yno. O'r stafelloedd. Dwi'n teimlo'n rhyfedd o ddiogel.

Dyma fi'n gofyn iddi hi pam oeddwn i wedi cael fy neilltuo i Grŵp Dau. Atebodd hithau nad oedd 'na unrhyw neges gudd, bod yna sawl grŵp a 'mod i wedi digwydd cael fy rhoi yn hwnnw. Mi holais am y therapyddion, a oedden nhw'n cadw ffeil o bopeth roedden ni'n ei ddweud yn y sesiynau grŵp. Dywedodd nad oedden nhw, oni bai bod yna rywbeth yn peri pryder iddyn nhw.

Pan oeddwn i'n gaeth i'r seicosis, mae'n od fod yr holl bethau bach yma wedi ymddangos mor bwysig ac wedi bwydo'r paranoia. Mae'n brawf o ba mor oreffro a drwgdybus oeddwn i yn ystod fy amser yn yr ysbyty. Pa mor galed roedd fy ymennydd yn gweithio. Rŵan, roedd yr ofn wedi pylu, y trawma wedi cael ei leddfu.

Cropiodd Jet i lawr y coridor ac i mewn i ystafell rhywun. *O mam bach.* Dyma fi'n meddwl sut fyddwn i wedi ymateb mewn ffordd dros ben llestri i hynny flwyddyn ynghynt. Allet ti ddychmygu dioddef efo seicosis a gweld babi yn cropian i mewn i dy stafell?! Rhuthrodd Hugo ar ei ôl.

'Y peth da yw bod hyn wedi digwydd pan oedd o mor fach, fel na fydd o'n cofio dim am y peth,' meddai'r Nyrs Walt Disney, gan drio tawelu fy meddwl.

'Ia, ond mi wna i'n siŵr y bydda i'n ei atgoffa!' meddwn i'n ysgafn. 'Bob Sul y Mamau!'

Dyma ni'n dwy'n chwerthin, cyn mynd yn un criw i'r ffreutur a'r ystafelloedd therapi. Wrth i ni gerdded i'r lifft, roedden ni'n pasio fy hen stafell, a gwelais y drws 'ECT' wedi'i gloi efo arwydd yn dweud 'Ar waith' ac yna mi glywais i a Hugo sŵn – sŵn drilio aflafar a gormesol. Mi fu ond y dim i fi anghofio holi am yr hyn roeddwn wedi'i weld yn yr ystafell.

'Dyna lle mae'r therapi sioc yn digwydd?' gofynnais.

'Ia,' ond eglurodd nad ECT neu 'driniaeth sioc' oedd o. Eu bod nhw'n defnyddio triniaeth o'r enw RTMS sy'n cael effaith debyg. Ei fod yn ymwneud â chadair efo golau uwch ei phen.

'Mae'n edrych fel cadair deintydd,' meddwn i.

Wrth i ni gerdded heibio'r drws, dechreuodd y sŵn drilio eto.

'Dwi'm yn synnu bod gen ti gymaint o ofn!' meddai Hugo. 'Mi fyddai hynny wedi dychryn unrhyw un. A bod hynny'n digwydd wrth ymyl dy lofft di.'

Mi wnaethon ni gymryd golwg sydyn yn y ffreutur, ac wynebau'r staff yn teimlo'n gyfarwydd. Roedd yn teimlo'n gynnes, yn ddynol, yn groesawgar. Roeddwn i'n teimlo'n ddiogel yno. Mae pobl yn dychmygu rhywbeth tebyg i *One Flew Over the Cuckoo's Nest*. Ond na.

Mi welais i'r criw smocio yn sefyll allan yn y glaw. Yr ystafelloedd therapi yn brysur efo cleifion mewn sesiynau grŵp, lle'r oeddwn i wedi eistedd, heb arlliw o bersonoliaeth. Mi feddyliais am yr holl adegau roeddwn i wedi cerdded i fyny ac i lawr y coridorau hyn yn meddwl fy mod wedi'i deall hi, cyn gweld y ddamcaniaeth ddiweddara'n cael ei sgubo i ffwrdd fel castell tywod gan y llanw.

Roedd fy atgofion mor glir a phwerus. Roedd yn teimlo fel pe bawn i yma ddoe ddiwetha.

Mae gwybod bod lle fel hyn yn bodoli yn gwneud i fi deimlo'n hapus. Lle mae iechyd meddwl yn cael ei gymryd o ddifri ond yn cael ei normaleiddio ar yr un pryd. Lle mae'n cael ei ddeall. Ac mae'n gysur gwybod bod y lle 'ma yma rhag ofn bod rhywbeth tebyg yn digwydd eto...

Dwi mor ddiolchgar i'r nyrsys a'r therapyddion a ofalodd amdana i yma. Dwi *bron iawn* yn ddiolchgar am y profiad.

Ond heddiw dwi hefyd *mor* falch o allu taro fy llofnod ar restr a chael mynd adra.

64

Yn un o fy sesiynau therapi grŵp olaf, un na fydda i byth yn ei hanghofio, mi wnaeth hogan ifanc iawn ddweud ei bod hi'n cael therapi sioc fore trannoeth. Roedd hi'n gadael yr ysbyty i gael triniaeth. Dyma'r tro cyntaf iddi adael y ward ers misoedd. Roeddwn i'n teimlo'n nerfus drosti, yn gorfod wynebu'r byd mawr y tu allan. Yn rhyfedd o warchodol.

Roedd hi mewn cymaint o boen nes 'mod i'n teimlo ei hegni yn pelydru ar draws y stafell. Yr unig ffordd i ddisgrifio ei hwyliau yn fanwl gywir oedd aflonydd. Roedd ganddi wallt cyrliog du hir a chroen gwelw tryloyw, roedd hi'n edrych fel doli borslen. Dwi'n cofio pa mor hir oedd o'n gymryd iddi siarad, hyd yn oed i roi brawddeg ynghyd. Roedd y lleisiau yn ei phen mor uchel, bron nad oedden ni'n gallu eu clywed nhw. Roedd ei dwylo yn dynn am ei phen, fel pe bai ei phenglog ar fin ffrwydro. Mi wnes i deimlo ymateb y therapydd – *sioc* – yn trio peidio â chynhyrfu. Roedd yn ddigon i sobri unrhyw un. Roeddwn i'n teimlo fel pe bai rhywun wedi fy chwipio i.

Roedd yn un o eiliadau mwyaf dwys fy mywyd. Pam nad ydy iechyd meddwl a lles yn dal i gael eu trin mor ddifrifol ag iechyd corfforol? *Iechyd* ydy'r cyfan. Doedd yr hogan ifanc hon ddim hyd yn oed yn gallu cyfathrebu am ei bod hi mor sâl – sut roedd disgwyl iddi hi gael swydd? Neu fynd i'r coleg? Neu wneud ffrindiau, pan oedd ei hymennydd yn amlwg wedi torri? Doedd ioga neu lyfrau lliwio neu ymwybyddiaeth ofalgar neu feddwl cadarnhaol ddim yn mynd i'w gwella hi. Yn union fel fy salwch i, doedd o ddim yn fater o glicio bysedd a gwella, yn union fel mae'n amhosib clicio bysedd a gwella o ganser.

Roedd hefyd yn drobwynt mawr o'm rhan i a fy nhriniaeth.

Dyna pryd y gwnes i feddwl, *mae'n rhaid i fi fynd allan o'r lle 'ma. Mae gen i fywyd allan yn fan'na.*

Mewn llythrennau enfawr, mi wnes i ysgrifennu nodyn yn fy llyfr nodiadau: YR UNIG BERSON DWI EISIAU EI WELD YDY JET.

Ac am y tro cyntaf, roedd o'n wir.

Tuag at ddiwedd fy ail wythnos, mi ges i gyfarfod efo Dr P, a chael gwybod 'mod i'n cael mynd adra drannoeth am y penwythnos. Mi fyddwn i'n dod yn ôl i'r ward nos Sul ac, os oedd popeth yn iawn, mi fyddwn i'n cael fy rhyddhau drannoeth. Ond roedd yna amod: doeddwn i ddim i gael fy ngadael ar fy mhen fy hun efo Jet.

'Dwi'n gwybod bod hynny'n anodd,' meddai. 'Ond dydw i ddim eisiau i chi fod ar eich pen eich hun efo fo am o leiaf wythnos.'

Mi wnes i ddweud wrtho 'mod i'n deall.

Holodd Dr P a oeddwn i'n cael unrhyw feddyliau tywyll, felly dyma fi'n sôn am fy mhryderon am y beichiogrwydd rhithiol. Pan ofynnodd a oedd unrhyw siawns 'mod i'n feichiog eto, roeddwn i wedi f'arswydo. Doedd y siop benodol honno ddim yn agos at ailagor. Ond heb fanylu, mi wnes i ddweud nad oedd yna unrhyw bosibilrwydd o hynny.

'Felly mi ydych chi'n gwybod nad ydych chi'n feichiog, *yn tydych*?' meddai.

'O ydw. Ydw, wrth gwrs,' atebais, gan drio swnio'n ddidaro. 'Wrth gwrs nad ydw i.'

'Iawn, gadewch i ni weld sut wnewch chi. Mi gewch chi fynd o'r ysbyty, ond mae gen i ofn eich bod chi'n mynd i 'ngweld i am weddill y flwyddyn,' meddai, ac ysgwyd fy llaw i ffarwelio.

Yn ddiweddarach y diwrnod hwnnw, mi ges i wahoddiad i stafell Catherine iddi hi gael tylino fy nghefn. Fedrwn i'm meddwl am esgus i beidio â derbyn. Roedd wedi bod yn gyfnod anodd, a dweud y lleiaf (LOL), a doedd gen i nunlle arall roedd angen i fi fod. Chwarae teg, mi wnaeth hi joban dda iawn. Wrth iddi wasgu fy ysgwyddau tyn, roedd hi'n sôn am ei bywyd.

Ond galwodd meddyg y ward heibio pan oedd hi yn ei chanol hi.

'Catherine, dwi wedi siarad efo'r seiciatrydd ac mae gen i rywfaint o wybodaeth ynglŷn â'ch meddyginiaeth,' meddai.

'Ewch yn eich blaen, does 'na ddim byd allwch chi ei ddweud wrtha i na allwch chi ei ddweud o flaen Laura,' meddai.

Dywedodd wrth Catherine – â'i oslef ffurfiol ond didaro – na fyddai'n cael dod oddi ar ei chyffuriau yn y dyfodol agos. Gwylltiodd Catherine, a dechreuodd ymarfer carate ar fy nghefn.

'NA! NA! NA!' gwaeddodd, gan fynd yn gynyddol ddig nes ei bod yn fy ergydio i go iawn, yn ddigon caled i gnocio'r anadl o fy ysgyfaint. Yn rhyfedd ddigon, wnaeth meddyg y ward ddim sôn gair am 'y tylino'. Bron nad oedd ymddygiad Catherine yn gwbl gyfarwydd iddo fo. Yn dawel bach, roeddwn i'n falch na wnaeth o darfu arni hi, achos roedd hi MOR braf cael *teimlo* rhywbeth y tu hwnt i'r ymdeimlad o arswyd oedd yn llechu yno o hyd. Poen nad oedd yn cael ei hachosi gen i fy hun, yn fy mhen. Poen go iawn, ddim poen oedd yn cael ei chymylu a'i merwino gan gyffuriau. Roedd fel pe bai Catherine yn dyrnu'r awydd i fyw i mewn i fi.

Roeddwn i eisiau byw gymaint.

Aeth y penwythnos adra rhagddo'n ddigyffro. Roedd y nyrs famolaeth efo'i theulu, felly roedden ni ar ein pen ein hunain. Dwi ddim yn cofio rhyw lawer am y ddeuddydd yna. Mae'n debyg bod hynny'n beth da. Ond mi ydw i'n gallu blasu'r *teimlad*, yr ymdeimlad o dreulio amser ar fy aelwyd fy hun yn esgus bod yn hapus am gael bod yno, wedi'i lapio mewn cywilydd ac euogrwydd, ac yn betrus, yn *torri 'mol* eisiau dysgu sut i ymwneud â Jet eto. I ddal i fyny, i ddysgu sut i fynd o'i chwmpas hi eto. Trio ei ddeall, trio ei garu – roedd fel rhyw gynllun paru babi-rhiant a ninnau'n trio gwneud iddo weithio, i greu cwlwm – fel pe bai rhywun wedi ein paru ni efo'n gilydd ond doedd 'na ddim *sbarc*.

Dwi *yn* cofio Hugo yn agor y drws ffrynt a chael fy nharo gan arogl babi newydd, a'r ffyn bambŵ persawrus hurt roeddwn i wedi'u prynu ar gyfer fy 'nyth' a oedd bob tro'n codi pwys arna i.

Roeddwn i'n gwybod rŵan bod gen i'r ewyllys i gyrraedd adra ac aros adra.

Mae yna gyflwr o'r enw 'cryfder hysterig'. Yr enghraifft fwyaf cyffredin ydy'r fam sy'n gallu codi car sy'n gwasgu ei phlentyn. Mewn unrhyw senario arferol, fyddai gwraig byth yn gallu codi car, ond mewn rhai achosion o argyfwng, arswyd neu ysfa eithafol i oroesi, mae bodau dynol yn gallu cael gafael ar ryw nerth neu gryfder aruthrol. Mewn ffordd, mae seicosis yn gallu ysgogi cyflwr tebyg. Mae'n dy droi di'n beiriant, gan ddileu'r angen i gysgu neu fwyta, neu hyd yn oed deimlo poen gorfforol. Efallai mai gormodedd o adrenalin sy'n gyfrifol.

Dwi'n credu 'mod i wedi profi rhyw fath o gryfder hysterig *seicolegol* bryd hynny. Dydw i ddim yn siŵr ydy o'n ymylu ar rym ymenyddol seicig, ond mi wnes i yrru fy hun allan o'r ysbyty yn *feddyliol* er mwyn mynd yn ôl adra at fy mab.

65

Ar ôl y penwythnos 'llwyddiannus' hwn, mi ges i fy rhyddhau o'r ysbyty ar y dydd Llun. Mi ddaeth Mam i fy nôl i ar fore o eira ym mis Mawrth. Roedd gen i gymaint o bethau i fynd adra efo fi. Llythyrau a lluniau ac anrhegion gan ffrindiau, llyfrau, fy mlanced, fy lamp. Fedrwn i'm aros i adael y stafell. Ond roedd gen i ofn gadael hefyd.

Ar y ffordd adra, mi alwon ni mewn garej ac mi wnes i brynu planhigyn rhosod i'r nyrs famolaeth. A chnau cashiw blas mêl i Hugo.

Roedd defnyddio fy ngherdyn banc yn teimlo'n od.

'Ti'n iawn?' gofynnodd Mam.

Dyma fi'n nodio fy mhen.

Roeddwn i'n mynd adra.

66

Mi fyddwn i'n hoffi dweud 'mod i wedi dod adra a 'mod i wedi gwella'n llwyr: ta-da! Y diwedd. Ond, na. Plymio i'r ddaear, dyna oedd o. Roedd fy nisgwyliadau yn uchel: roeddwn i'n trio bod yn bositif ac roeddwn i 'i fod' yn well, ond doeddwn i ddim.

Am yr wythnos gyntaf honno, doeddwn i ddim ar fy mhen fy hun efo Jet o gwbl, ac roedd hynny'n gwneud y trawsnewid yn brofiad echrydus. Roedd y nyrs famolaeth yno i helpu i sefydlu trefn, ond roedd y tŷ yn ferw o densiwn. Roeddwn i'n deall mai dyna'r peth gorau, ond doedd o ddim yn gwneud pethau'n llai anghyfforddus a lletchwith i bawb wrth i ni gyfathrebu ac ymateb yn herciog i'n gilydd.

I fod yn deg efo fy nheulu a'r nyrs famolaeth, doedden nhw byth yn gas. Doedd neb yn fy ngoruchwylio i'n gyson, ond bob tro roedden nhw'n rhoi Jet i fi, roeddwn i'n gwybod eu bod nhw yn y bôn yn ein rhoi ni'n dau 'mewn peryg'. Roeddwn i'n teimlo'n sâl drwy'r amser, yn nerfus rhag ofn i fi wneud i Jet grio ar ddamwain, neu os oedd hi'n rhy ddistaw a doedd Jet ddim yn crio, y byddai sŵn y distawrwydd yn gwneud iddyn nhw feddwl bod rhywbeth ofnadwy wedi digwydd a rhuthro ata i mewn panig. Felly mi fyddwn i'n eistedd yno ac yn cau fy hun allan, heb fachu ar y cyfle i wneud llanast o bethau.

Roeddwn i'n rhedeg drwy feddyliau trychinebus yn fy meddwl yn gyson: *Beth os ydw i'n ei daflu drwy'r ffenest? Beth os ydw i'n ei fygu? Beth os ydw i'n ei dagu? Beth os ydw i'n ei foddi?*

A dyna lle fyddwn i, yn tynnu'r plwg i'r bath roeddwn i newydd ei lenwi ar ei gyfer.

Mi wnes i benderfynu bod y meddyliau negyddol ymwthiol yn golygu 'mod i'n dal yn sâl... a bron yn syth, mi ges i fy ngwthio i iselder dwfn.

Ddim y math o iselder 'Dwi braidd yn ddigalon ar ôl gwylio rhaglen ddogfen am filfeddygon': iselder *clinigol* dwys ac ofnadwy, gwacter gwanychol, arswyd marwaidd. Diolch i'r holl geriach babi, y sŵn gwyn oedd ei angen i wneud iddo gysgu, yr hiwangerddi annifyr, y festiau gwyn, roedd fy nghartref bellach yn fy llenwi ag ofn.

Ofn oedd yn fy mharlysu. (Sut mae pobl yn byw efo'r salwch yma am gyfnodau hir, fydda i byth yn gwybod.) Mae salwch meddwl yn aml yn cael ei gysylltu â 'gwendid' ond y gwrthwyneb sy'n wir – roedd pob dydd fel codi pwysau yn fy meddwl. Roedd o'n uffern ar y ddaear.

Mi wnes i fustachu drwy'r oriau araf (ac os wyt ti erioed wedi gofalu am fabi newydd-anedig, mi fyddi di'n gwybod bod y dyddiau mor araf â cherdded drwy driog fel y mae hi), yn gweddïo bod pethau'n mynd i wella. Roeddwn i'n teimlo fel pe bawn i wedi bod yn gaeth mewn tŷ llawn erchyllterau ar fy mhen fy hun, a neb yn deall ble oeddwn i wedi bod.

Roeddwn i'n codi ias arnaf fi fy hun. Doedd gen i ddim hunan-werth, a roedd gen i ddiffyg hyder sylweddol. Fedrwn i'm dioddef fy hun. Mi wnes i droi fy mhersonoliaeth yn fud a bwrw drwyddi.

Roeddwn i eisiau mynd yn ôl i'r ysbyty. Rhedeg i ffwrdd. Neu farw.

Mi fyddai ffrindiau a theulu yn fy nghefnogi drwy ddweud, 'Mae pob dim drosodd rŵan, rho'r cyfan y tu ôl i ti.'

Roedd cymaint o bwysau i fod yn hapus achos 'mod i adra, roeddwn i'n well! Roedd gen i fabi hyfryd. HWRÊ! CROESO ADRA!

Roedd pob eiliad yn cyfri – oherwydd Jet. Roedd gen i gyfrifoldeb. Roedd angen i fi ofalu am fy mhlentyn deufis oed, a hwnnw'n ysgafnach nag oedd o i fod, ond doeddwn i ddim yn teimlo'n deilwng i'w garu.

67

Roedd swyddfa Dr P yn Harley Street yn grand a moethus, efo hen ddrws pren mawr a llawr marmor sgleiniog. Grisiau llydan yn dringo mewn hanner lleuad o'r fynedfa. Ymbaréls du main mewn stand ymbaréls go iawn – y math *yna* o le.

Ym mhob apwyntiad, mi fyddai Dr P, mewn crys pinc a bresys streipiog, yn sefyll ar ben y grisiau yn barod i ysgwyd fy llaw yn groesawgar. Yn falch o 'ngweld i ond bob amser yn betrus, fel pe bai'n trio fy *neall* i. Roedd ei stafell yn debyg i swyddfa cyfreithiwr hen ffasiwn: lle tân mawr hyfryd a thanllwyth o dân yn llosgi ynddo fo. Gwaith celf (hunanbortread, hyd yn oed), desg pren tywyll o'r iawn ryw, addas ar gyfer agor mapiau o lefydd mae eich llynges ar fin eu goresgyn neu ysgrifennu nofelau trosedd. Roedd yn ysgrifennu efo ysgrifbin cain, a'i lythrennau fel nodau cerddorol.

Mi fyddai'n tynnu sgwrs efo Hugo, yn gyfeillgar bob tro. Doniol. Cwrtais. Llawn cydymdeimlad. Bob amser yn gofyn i Hugo sut oedd o, a holi sut oedd Jet, ond roeddwn i'n gallu dweud mai chwilio am yr atebion gen *i* oedd o: roedd o'n fy ngwylio i, yn chwilio am arwyddion o'r *cyflwr*. Roeddwn i'n teimlo 'mod i'n trio creu argraff ar brifathro ysgol breswyl i fechgyn, ac mi fyddai'n nodio'i ben ac yn gwneud nodyn o bethau.

Beth ydych chi'n ei ysgrifennu, Dr P?

Yna mi fyddai'n cofnodi ei brognosis ar y dictaffon mwyaf hen ffasiwn erioed, fel rhyw gyw gohebydd. *Lle fyddai hwn yn mynd? I'w gynorthwyydd i gael ei deipio?*

Mi fyddai'n syllu i fyw fy llygaid wrth siarad i mewn i'w declyn hynafol, fel pe bai'n gwirio mai dyna'n union sut roedden ni'n teimlo am y sefyllfa, i weld sut fyddwn i'n ymateb i'w farn. Ond roeddwn i hefyd yn hoffi meddwl ei fod yn edrychiad o garedigrwydd, yn cynnig sicrwydd, fel pe bai'n dweud, 'Mi fydd pob dim yn iawn. Dwi yma efo chi. Dydych chi ddim yn mynd i orfod gwneud hyn ar eich pen eich hun.'

Bob tro roeddwn i'n gadael Dr P, roeddwn i'n teimlo ychydig yn well. Fel pe bai fy salwch wedi cael ei ddilysu rhywsut. Nad oedd o'n rhywbeth roeddwn i newydd ei ddyfeisio yn fy mhen. Roedd y presgripsiynau yn ei lawysgrifen yn fy mhoced yn gwneud i fi deimlo'n ddiogel. Roedd o'r math o berson allet ti ei ddychmygu yn mesur rhywun ar gyfer ei siwt go iawn gyntaf, yn dy gynrychioli yn y llys, yn ysgrifennu siec i ti, neu hyd yn oed yn gwerthu hudlath i ti.

68

Mi wnes i sylweddoli'n eitha buan 'mod i'n teimlo hyd yn oed yn waeth os nad oeddwn i'n gofalu am Jet. Roeddwn i eisiau'r clytiau budr a'r cyfog babi yn glymau yn fy ngwallt; roeddwn i eisiau bod yr un sy'n cwyno am ba mor *flinedig* oeddwn i, oherwydd i fi, dyna oedd bod yn rhiant 'go iawn'. Fedrwn i'm cwyno am y pethau mae mamau'n arfer cwyno amdanyn nhw: wnes i ddim geni yn y ffordd naturiol; fedrwn i'm bwydo ar y fron yn iawn. Doeddwn i ddim hyd yn oed yn bresennol. Roeddwn i'n fam sombi.

Roedd gen i gymaint o eisiau bod yn fam i Jet, ond roeddwn i'n teimlo nad oeddwn i'n gymwys. Mi fyddwn i'n dweud wrth Hugo dro ar ôl tro, 'Dydy o ddim yn gwybod mai fi ydy ei fam o', 'Ydy o'n gwybod mai fi ydy ei fam o?' ac mi fyddai yntau'n fy nghysuro i, 'Wrth gwrs ei fod o.'

Roedd Jet wedi cael ei basio o gwmpas fel cath fach amddifad yn aros i rywun gynnig cartref iddo fo. Ond roedd yna adegau pan oeddwn i eisiau iddo ddiflannu; ar y slei, roeddwn i'n chwilio am feithrinfeydd a gofal llawn-amser. *Pa mor fuan roedd modd trefnu gofal dydd amser llawn i fabi?*

Oeddwn i eisoes wedi ei greithio am oes? Oeddwn i eisoes wedi rhoi digon o ddeunydd iddo fo iddo allu creu ffrwd o farddoniaeth arddegol ingol?

Roedd Hugo yn anhygoel am adael i fi bwyso arno fo. Yn gafael yn yr awenau heb unwaith fod yn awdurdodol neu'n drahaus. Mi fyddai'n gadael i fi fynd at Jet pan oedd o'n crio. Yn gadael i fi ei gofleidio'n gyson, ond ym mêr fy esgyrn, roeddwn i'n gwybod bod Jet yn meddwl am Hugo fel ei *riant*. Mi fyddai'n dilyn Hugo o gwmpas efo'i lygaid. Roeddwn i eisiau iddo fo edrych arna i fel yna.

Roedd o eisiau i Hugo afael ynddo fo. Roedd o eisiau i Hugo godi ei wynt. A'i newid.

Rŵan, dwi'n meddwl ei fod mor cŵl fod Hugo a Jet wedi cael yr amser arbennig hwnnw i greu cwlwm. Mae cymaint o dadau yn teimlo nad ydy hynny'n rhywbeth maen nhw'n ei gael yn ystod y misoedd cyntaf hynny. Mae llawer o dadau newydd yn teimlo'n ddiwerth yn ystod y cyfnod hwn, ond roedd Hugo a Jet yn un uned glòs. Felly roedd hynny'n bositif iawn. Dwi mor ddiolchgar hefyd fod gan Jet Hugo – dydy hynny ddim bob amser yn digwydd i rai teuluoedd.

Mi wnaethon ni benderfynu ei bod hi'n bryd i ni drio cael pethau yn ôl i rywfaint o normalrwydd a gadael i'r nyrs famolaeth adael. Mi fydden ni o leia'n cael llofft Jet yn ôl, a gwneud i'r tŷ deimlo fel ein tŷ ni eto.

Roeddwn i'n boenus iawn yn ystod y dydd. Roeddwn i'n esgus 'mod i'n iawn. Ond roeddwn i'n boddi. Mi fyddwn i'n dianc i gorneli'r fflat i grio'n dawel neu sgrechian i mewn i flanced. I gnoi fy ewinedd i'r byw hyd at waed, fel rhyw ganibal hanner-pan. I gnoi fy ngwefus. Doedd gen i ddim dillad oedd yn ffitio – roedd y cyffuriau yn gwneud i fi fagu pwysau ar ras – fel taswn i ddim yn ddigon ymwybodol o gyflwr fy nghorff ar ôl treulio'r rhan orau o flwyddyn yn tyfu person bach. Roeddwn i'n teimlo fy mod i'n cymryd gormod o le. Doeddwn i'n dal ddim yn gallu edrych ar fy nghraith, ac roedd fy mronnau'n dal i ddiferu llaeth (i fwydo'r babi rhithiol, wrth reswm). Doeddwn i ddim eisiau i Hugo na Jet edrych arna i.

Pan oedden ni'n mynd am dro yn y parc, roeddwn i'n meddwl am daflu fy hun i afon Tafwys. Neu'n ystyried neidio o flaen car. Un tro, mi aeth Hugo a finnau am dro yn y car efo Jet, a finnau'n edrych allan drwy'r ffenest yn meddwl am rolio allan drwy'r drws fel golygfa o ffilm a dianc, ond roeddwn i'n gwybod na fyddwn i byth yn llwyddo. Wedyn dyma fi'n edrych draw a gweld dagrau'n powlio'n dawel i lawr bochau Hugo.

Roedd fel petai'n gallu darllen fy meddwl i.

Yn y nos, roeddwn i'n cymryd y cyffur gwrthseicotig a dwy dabled *zopiclone* – ar gyfer cysgu – ond mi wnes i wrthod gadael i

Hugo ofalu am y bwydo nos er mwyn cyflawni fy nghyfrifoldebau. Mae codi o'r gwely i fynd at fabi sgrechllyd yng nghanol y nos yn anodd ar y gorau, ond ar y dos eithaf o gyffuriau gwrthseicotig a dwy dabled cysgu gref, roeddwn i fel un o'r meirw byw. Yn llegach mewn cadair yn y llofft, hanner ffordd rhwng cwsg a diflastod, yn bwydo fy mabi o botel.

Yn y bore, mi fyddai Hugo yn gadael i fi gysgu; roedd y tabledi mor gryf nes 'mod i'n cael fy llorio'n llwyr, ac roedden nhw'n gwneud i fi deimlo'n fwy swrth, araf, blinedig, trwm, diwerth, diegni a phigog fyth. Ar un adeg, fi fyddai'r cyntaf i ddeffro, yn llawn egni, yn canu efo'r radio a pharatoi wyau i frecwast. Rŵan roeddwn i'n casáu llusgo fy hun i'r ystafell fyw i weld Hugo a Jet yn gwylio teledu amser brecwast.

Roeddwn i'n meddwl bod popeth yr oedd Hugo yn ei drefnu i ni – wythnos ar Ynys Wyth, gerddi Kew, pryd mewn bwyty – yn digwydd am ei fod o'n teimlo trueni drosta i, rhywbeth *ddylai* o ei wneud er mwyn ei gydwybod. Fel ŵyr yn mynd â'i nain am dro i lan y môr, er mwyn fy nghael i 'allan o'r tŷ'. Mi fyddwn i'n llusgo fy nghorpws truenus i ble bynnag yr oedd Hugo yn ei awgrymu, ond roedd o yna bob cam o'r ffordd yno ac yn ôl – fel carreg yn fy esgid – yr iselder, ar fy ngwartha i, yn taflu'i gysgod dros bob dim. Ydy, mae o'n 'gi du' – os ydyn ni'n sôn am y bwystfil tri phen Groegaidd, Serberws...

Roedd popeth yn fy nychryn i. O'r tedi-bêr anferth hwnnw (paid â phoeni, mae o wedi mynd rŵan – mae o'n seren arddangosfa ffenest rhyw siop elusen plant) i ddillad Jet – roedd ganddo bâr o legins efo bwystfilod lliwgar arnyn nhw, ac mi fyddwn i'n arswydo bob tro y byddwn i'n taro fy llygad arnyn nhw. Diasbedain llwy yn cael ei gollwng ar lawr – arswydo. Hugo yn fy ngadael i fynd i gyfarfod – arswydo. Mynd i'r archfarchnad ar fy mhen fy hun – arswydo.

Fedrwn i'm mynd y tu hwnt i ardal fy nghod post fy hun. Fedrwn i'm mynd ar drafnidiaeth gyhoeddus. Fedrwn i'm hyd yn oed fynd i dŷ Mam. Fedrwn i'm clywed straeon geni heb feichio crio, neu wylio rhaglenni dogfen am salwch meddwl heb grynu. Mi fyddwn i'n gweld mamau yn y parc efo pramiau ac roeddwn i eisiau cyfogi y tu ôl i lwyn.

Roedd rhai geiriau penodol yn fy sbarduno, ac os oeddwn i'n eu clywed, mi allai ddifetha fy niwrnod. Mi fyddwn i'n eistedd ac yn edrych ar bob person ar y teledu ac yn meddwl, *Ydyn nhw wedi dioddef unrhyw broblemau iechyd meddwl? Ydyn nhw'n cysgu'n iawn? Ydy pob dim yn codi ofn arnyn nhw?*

Neu ai fi ydy'r unig un?

Mi fyddwn i'n clywed straeon yn *unrhyw le* am *unrhyw un* (genod gan amlaf) yn colli eu pwyll, ac mi fyddwn i'n syrthio i drobwll, yn mewnoli pethau ar y cyfan, ond yn teimlo symptomau gorbryder yn gorfforol hefyd.

Efo fy ffrindiau, roeddwn i'n farwaidd ac yn araf. Yn hynod orbryderus ac ar bigau drain. Yn amheus ac yn oeraidd. Yn swil ac yn ofnadwy o od. Yn dawedog a dryslyd. Yn amddiffynnol a gwyliadwrus. Roeddwn i'n teimlo bod popeth roeddwn i eisiau ei ddweud yn hurt ac yn ddibwys. Roedd fy llais yn ddistawach, iaith fy nghorff yn llai. Roeddwn i'n teimlo wedi fy nghywilyddio. Fy mod i'n cael fy meirniadu. Fel pe bawn i o dan y meicrosgop a phawb yn rhyw hanner amau a oeddwn i'n dal yn sâl ai peidio, yn rhoi bys bawd troed yn y dŵr. Roeddwn i'n dal i boeni fy enaid fod pawb yn siarad amdana i; bod pawb yn meddwl 'mod i'n 'haeddu' gorfod dod at fy nghoed fel hyn; ei bod yn anochel y byddwn i'n 'colli fy mhwyll' ryw ddiwrnod; fy mod i'n mwynhau drama i'r fath raddau fel 'mod i'n barod i fynd gam (neu sawl cam) ymhellach.

Ar un adeg, mi wnes i brofi dadbersonoli, math o ddatgysylltiad (doeddwn i ddim yn gwybod beth oedd *hynny* chwaith, nes i Dr P fy ngoleuo i). Yn y bôn, mae'n disgrifio'r teimlad nad wyt ti y tu mewn i ti dy hun. Fel bod mewn breuddwyd. Yn ddatgysylltiedig neu ar wahân i dy gorff. Mae'n beth ofnadwy ac mae'n digwydd yn aml yn dilyn trawma. Mi wyt ti yna y tu mewn, yn sgrechian, ond dwyt ti ddim yn gallu dod i'r wyneb. Erbyn hyn, dwi'n deall mai ffordd y corff o ymateb i ofn ydy'r holl symptomau brawychus hyn. Mae'n ffordd o'n hamddiffyn ni, a'r gwir ydy ei fod yn glyfar iawn – ond dydy hynny ddim wir yn helpu ar y pryd, ydy o? Nac ydy. Dyna oeddwn i'n feddwl.

Yr argraff roeddwn i'n ei chael oedd bod *pawb* yn well efo Jet na fi. Mi fyddai'n cael ei basio o gwmpas ystafell, ei dynnu oddi arna i, ei dywys a'i newid a'i wisgo a'i gusanu a'i godi a'i fwydo a'i siglo i gysgu, ac mi fyddwn i'n eistedd yno yn meddwl, *Hei, dau funud. Fy mabi i ydy o. Plis peidiwch â chyffwrdd yn fy mabi i.*

Ond wnes i ddim dweud hynny. Roeddwn i 'dan glo'. Fedrwn i'm dweud gair.

69

Mae'r seicotherapydd yn hogan benfelen ddisglair a thlws efo dannedd gwyn trawiadol a llygaid pefriog. Mae 'na dân. Arogl canhwyllau a soffas melfed moethus. Mae 'na gi bach gwyn yn edrych i fyny arna i – *dyna braf fyddai gallu cyfnewid bywyd efo fo*. Mae'r therapydd yn eistedd gyferbyn â mi. Mae hi'n gofyn i fi sut dwi'n teimlo a dwi'n chwalu'n deilchion.

Mae'n teimlo fel y tro cyntaf i fi fod yn rhydd ers bron i flwyddyn – dim procio gan nyrsys, monitro, sgubo, tynnu gwaed, cadw llygad ar bwysedd gwaed, swabio, tyrchu a phwyso, ymyriadau gan fysedd a chamerâu, sganiau neu ymdopi efo babi wedi'i stwffio y tu mewn i fi, yn cicio fy asennau, yn pwyso ar fy organau, yn fy arafu i, yn gwneud i fi gosi, yn fy nghadw i'n effro, yn fy ngwneud yn rhwym. Fy hanner gwaelod noeth allan yng ngolwg pawb, pi-pi i mewn i gwpan, fy nŵr yn cael ei dorri yn fwriadol, chwistrelliad yn yr asgwrn cefn gan nodwydd 10 troedfedd ac yna cael fy nhorri ar agor, plygu drosodd, gwaedu, cael fy mwydo, bwydo'n ddi-stop, tiwbiau i fyny fy nhrwyn, pi-pi mewn i fag, crafu hyd at waedu, meddygon, nyrsys, bydwragedd, llawfeddygon, ymwelwyr, mamau eraill, babis eraill yn sgrechian, Jet yn sugno fy mronnau, bydwragedd yn gwasgu fy mronnau, pigiad bob bore, dagrau, Hugo wrth fy ochr, meddyg teulu ar ôl meddyg teulu, perthnasau, pobl yn cadw llygad arna i rhag ofn i fi ladd fy hun, rhywun yn cysgu efo fi, yn fy ymolchi, yno wrth i fi fynd i'r tŷ bach, pobl yn ein cartref yn rhannu ein hystafell ymolchi, yn newid sianeli ar ein teledu, y ward seiciatrig, nyrs ar ôl nyrs yn taro pen heibio'r drws bob chwarter awr – hyd yn oed wrth i fi gysgu – ymwelwyr, therapi grŵp, seiciatrydd, cleifion ac yna adra i ble dechreuodd y cyfan – Jet, Hugo, y nyrs famolaeth, teulu, ymwelwyr iechyd, a'r cyfan yn ormod.

A rŵan, roedd 'na rywun yn eistedd gyferbyn yn gofyn i fi, 'Sut ydych chi'n *teimlo*?'

A doedd hi ddim yn mynd i rannu hyn efo rhywun, neu gadw cofnod, neu newid fy meddyginiaeth, neu ddweud wrth fy mam neu fy chwaer neu Hugo. Doedd o ddim yn mynd i gael ei recordio na'i ddefnyddio yn fy erbyn i. Roedd hi'n saff i fi siarad.

70

Roedd yr wythnosau'n treiglo'n araf. Mi fyddwn i'n cael gwared ar yr olwg ddewr ar fy wyneb yn ystod y nos, cyn ei gwisgo unwaith eto drannoeth. Roedd Hugo mor amyneddgar a chefnogol. Mi fyddai'n rhoi ei freichiau amdana i, yn fy nghusanu i, yn dweud ei fod yn fy ngharu i. A dydw i ddim yn deall sut oedd o'n gallu 'ngharu i, heb sôn am fy *ffansïo* i. Doeddwn i ddim yn teimlo'i bod yn bosib fy ngharu i. Roedd o'n ormod i'w ofyn, roeddwn i wedi bod yn ormod o faich. Roeddwn i'n galaru am ein perthynas. *Wna i byth weld hapusrwydd fel yna eto.*

Dyma fi'n mynd i fy hoff siop hen ddillad a chael gafael ar ffrogiau mewn meintiau mwy, ond roedd mynd i unrhyw le a oedd yn fy atgoffa i o'r hen fi yn peri gofid i fi.

Bob tro y byddai rhywun yn sôn am Jet yng nghyswllt y dyfodol – 'Mi fydd o'n cerdded cyn pen dim' – roedd y Llais yn ateb, *Ha! Mi fyddi di wedi marw cyn hynny.*

Roedd y Llais efo fi pan oeddwn i'n golchi'r llestri. Pan oeddwn i'n berwi'r tegell. Pan oeddwn i'n hongian dillad i'w sychu: *Mi fyddi di wedi marw cyn iddo fo gael ei ddant cyntaf. Mi fyddi di wedi marw cyn iddo fo ddechrau'r ysgol. Wnei di ddim byw i'w weld o'n tyfu i fyny. Mae'r cyfan yn wastraff amser. Gwna fo rŵan. Rho ddiwedd ar bethau rŵan. Stopia esgus bod yn well. Mae o'n dy gasáu di. Dy fab dy hun.*

NA! TY'D O'NA, LAURA!

Mi wnes i ddechrau meddwl 'mod i'n mynd yn gaeth i'r *zopiclone* ac na fyddai'n gweithio o'r herwydd, ac y byddai'n rhaid i fi gymryd hyd yn oed MWY o dabledi cysgu. Wedyn erbyn y byddwn i'n 50, mi fyddai angen potel o dabledi cysgu a dos go dda o heroin arna i er mwyn gallu cysgu bob nos.

O, gwych. Felly mi wyt ti'n gaeth i heroin rŵan.

Dyma fi'n penderfynu dechrau diddyfnu fy hun oddi ar y tabledi cysgu. O fewn pythefnos, roeddwn i oddi ar y *zopiclone* ac yn cysgu efo ergyd yr *olanzapine* yn unig.

Oeddwn i'n gallu dychmygu fy hun yn gwella?

Unwaith eto, mi wnes i ddatblygu obsesiwn llwyr efo cwsg. Dyma'r cyfan y medrwn i feddwl amdano. Gwrthgynhyrchiol, dwi'n gwybod.

Fel hyn oedd patrwm y trywydd yn fy mhen:

Os nad ydw i'n cysgu

Mi fydda i'n colli fy mhwyll eto, wedyn

Mi fydda i'n mynd yn ôl i'r ysbyty neu'n lladd fy hun

Roedd yn rhaid, *rhaid* i fi gysgu. Roeddwn i'n arfer ymfalchïo yn fy ngallu i syrthio i gysgu unrhyw le, unrhyw bryd. Un tro, roeddwn i wedi cysgu ar ysgwydd fy ffrind yn Glastonbury, a finnau'n dal i sefyll.

Roedd y Llais negyddol, afresymol cyson yn torri ar draws pob symudiad drwy gydol pob dydd, yn fy mhrocio i yn fy nghefn a sibrwd, *Hei, beth os nad wyt ti'n cysgu heno?*

Po fwyaf y byddwn i'n meddwl am y peth, mwya pryderus oeddwn i wrth *feddwl* am feddwl amdano. Pam na allwn i STOPIO meddwl am gwsg? Roedd yn fy ngyrru i'n benwan.

Waeth faint o bobl oedd yn dweud nad oedden nhw'n cysgu'n dda chwaith, doeddwn i ddim yn gwrando. Roeddwn i'n credu mai diffyg cwsg oedd wrth wraidd fy salwch, a dyna oedd y cliw cyntaf 'mod i'n mynd yn sâl eto. Roedd yn rhaid i fy ymennydd wella o'r holl nosweithiau hynny heb gwsg. Mi fyddai'r niwed i'r ymennydd yn dod yn ôl. Os oeddwn i'n cysgu – roedd popeth yn iawn. Os nad oeddwn i – wel, mi fyddwn i'n mynd am drip i Drewallgo.

Roedd hynny'n dipyn o bwysau i'w roi arna i fy hun. Wrth gwrs, mae'r union weithred o boeni am beidio â chysgu yn gwneud i chi, ymmm... fethu cysgu, ac unwaith eto, mi ddechreuodd amser fy erlid i.

Nesaf daeth y 'meddwl hudol'. Mi wnes i ddechrau meddwl yn ofergoelus, *Os bydda i'n yfed o'r gwydryn yma, mi wna i gysgu'n dda heno. Os ydw i'n gwisgo rhyw ddillad nos penodol am Jet, dwi'n mynd i gael cysgu heno. Os gwna i ddarllen stori benodol iddo fo pan mae hi'n amser gwely, fydda i ddim yn mynd yn sâl eto. Os gwna i wisgo'r ffrog yma heddiw, fydda i ddim yn mynd yn sâl eto.* Dyma'r meddyliau hynny'n cronni i'r fath raddau nes gwneud i fi deimlo 'mod i'n cystadlu mewn rhyw gêm erchyll.

Maglau, mwy o faglau.

Pan oeddwn i'n blentyn, dwi'n cofio fel roeddwn i'n arfer 'herio' fy hun. Dechreuodd efo pethau gwirion fel, 'Os nad ydw i'n cyrraedd gwaelod y grisiau cyn i'r tŷ bach stopio fflysio, mae 'na fwystfil yn mynd i 'mwyta i.' Neu 'Os nad ydw i'n yfed y gwydraid yma o ddŵr erbyn i'r gân sydd ar y radio gyrraedd y gytgan, dwi'n mynd i farw fory.' Cyn i fi droi, roeddwn i'n rhuthro ar y palmant i fynd heibio ceir cyn iddyn nhw fynd heibio i fi, tapio llwyau ac osgoi ambell ran o ffordd, neidio dros ddraeniau ac osgoi craciau penodol mewn palmentydd. Os nad oeddwn i, mi fyddwn i'n methu arholiad, mi fyddai fy mrawd yn cael ei lofruddio, mi fyddai fy nghath yn marw.

Dwi'n cofio crio o flaen Mam unwaith a dweud na fedrwn i STOPIO fy hun, 'mod i'n teimlo 'mod i'n gaeth mewn un gêm dragwyddol o 'mae o'n fy ngharu i, dydy o ddim' nad oedd byth yn stopio. Mi fyddwn i'n herio fy hun yn barhaus nes bod rhywbeth yn digwydd o 'mhlaid i. Fel nad oedd yn rhaid i neb farw. Neb yn methu arholiad. Dim anghenfil yn bwyta unrhyw un.

Dydw i ddim yn cofio sut ddiflannodd yr arfer drwg hwnnw. Ond mi wnaeth o; un o'r pethau hynny rwyt ti'n tyfu allan ohonyn nhw, mae'n debyg.

Doeddwn i ddim yn sylweddoli mai ymddygiad gorbryderus oedd hyn mewn gwirionedd, a'i fod yn gallu datblygu'n dueddiadau OCD, a rŵan roedd yn dod yn ôl. Yn gryf. Roedd rhai dillad na allai Jet eu gwisgo; mi fyddai'n rhaid i fi orffen golchi'r holl boteli cyn i'r tegell ferwi; hongian dillad allan ar y rheilen sychu i guriad pob cân. Wrth fynd i'r afael ag un her, mi fyddwn i eisoes yn paratoi'r un nesaf. Roedd yn flinedig.

Ac ar ben popeth: roeddwn i'n yfed. Hunanfeddyginiaeth oedd hyn. I leddfu'r sioc, i ymdopi, i foddi natur od y sefyllfa, er mwyn i

Hugo a finnau ailgynnau'r hen fflam, i deimlo'n ysgafn a di-hid, ac i dawelu fy ngorbryder. Mi wyt ti'n teimlo dy fod di *angen* gwobr, rhywbeth ar ôl i ti roi'r babi i lawr i gysgu. Symbol o lwyddo i ymdopi efo diwrnod arall. Ond hefyd, roedd yfed yn fy helpu i gysgu, achos yn y nos mi fyddai fy meddwl yn rasio a ratlo fel tun pop gwag mewn corwynt, yn trio *dirnad pob dim*. Roeddwn i eisiau tawelu'r sŵn yn fy mhen.

Roeddwn i'n deffro yn teimlo'n ddigalon ac yn araf ac yn swrth, gydag effeithiau blinedig yr alcohol yn amharu fwy fyth ar fy nghof: gwybod beth oedd wedi digwydd go iawn neu beth oedd yn freuddwyd, mwy o amser wedi'i golli heb atgof ohono, mwy o ddeliriwm a phendro a dryswch. Daeth fy mhen i fod fel wyau wedi'u sgramblo – darnau o ysgrifen mewn dyddiadur wedi mynd ar goll mewn storm.

Doedden ni ddim i gyd yn adnabod pobl oedd ar gyffuriau gwrthseicotig – ond roedden ni i gyd yn adnabod pobl oedd yn yfed ychydig yn ormod. Roedd yn destun tynnu coes ymhlith mamau eraill yn y cylchoedd chwarae roeddwn i'n llusgo fy hun iddyn nhw.

'Dwi'n torri 'mol eisiau gwydraid o win,' fyddai rhywun yn dweud. 'Achos mae hi'n bump o'r gloch yn rhywle, yn tydi?'

'Plis deuda fod 'na fodca yn hwnna?' meddai rhywun arall dan chwerthin, wrth i fi lowcio fy nŵr potel.

'Fyddai waeth i fi droi'n alcoholig,' chwarddodd mam arall, a dwi'n cofio meddwl, 'Am syniad da.' Fel pe bai hynny'n opsiwn.

Yn un o'r apwyntiadau, mi wnes i ddweud wrth Dr P 'mod i'n meddwl 'mod i'n yfed gormod. Mi edrychodd yn llawer mwy pryderus nag y gwnaeth pan oedden ni'n trafod y tabledi presgripsiwn eraill roeddwn i'n eu cymryd, na phan fu'n gwrando ar fy meddyliau hurt yn ystod fy seicosis hyd yn oed.

'Pam ydych chi'n yfed?' gofynnodd.

A dyma fi'n dweud, 'I gysgu.'

Dywedodd Dr P mai dyna pam roeddwn i'n cael y *zopiclone*, ond mi wnes i ddweud wrtho fod gen i ofn mynd yn gaeth neu'n ddibynnol ar y tabledi cysgu.

‘Mi fyddai’n well gen i pe baech chi’n gaeth i dabledi cysgu nag i alcohol. Dwi’n poeni mwy am yr alcohol nag unrhyw beth arall,’ oedd ei ymateb.

Mae’n beth mor anodd i’w gyfaddef, ac mae rhoi’r gorau i yfed hyd yn oed yn anoddach. Yng ngeiriau Julian Casablancas o’r grŵp The Strokes, ‘I wish two drinks were always in me.’

Ond dydy alcohol ddim yn helpu. Porthi’r tân mae o. A phan ddywedodd Mam – sydd wrth ei bodd efo diod – ‘Loli, ddim dyma pwy wyt ti,’ mi wnes i stopio.

71

Mae'r broses adfer yn gallu bod yn hir ac yn anodd, i'r fam ac i'r holl deulu dan sylw. Mi wnes i dreulio amser hir yn pendroni a rhesymoli ar ôl fy salwch. Gorwedd yn y gwely yn y nos yn troi a throsi a thrio 'dirnad popeth'. Roedd fy meddyliau yn gymysglyd ac yn ddryslyd. Mi fyddwn i'n setlo ar ddamcaniaeth, ei rhannu efo Daisy neu Hugo, a hwythau'n ei thynnu hi'n ddarnau. Dyma fi'n sylweddoli, pan oeddwn i'n sâl, nad oedd fy ngweithredoedd o reidrwydd wedi cydweddu bob tro efo'r hyn oedd yn digwydd yn fy mhen. Roeddwn i wedi cuddio fy olion, celu fy amheuon ac wedi adrodd fersiynau gwahanol o sut roeddwn i'n teimlo wrth wahanol bobl ac wedi drysu fy hun. Doedd yna ddim un fersiwn hollol *wir*, ac roedd hynny'n ei gwneud hi'n anodd prosesu pethau.

Roeddwn i'n gweld fy seicotherapydd yn wythnosol. Roeddwn i'n gweld Dr P yn fisol ac mi ddechreuodd fy niddyfnu'n raddol oddi ar y cyffur gwrthseicotig, *olanzapine*.

Bob tro y byddai'r dos yn mynd yn llai, roeddwn i'n teimlo'r manteision. Roeddwn i'n teimlo'n ysgafnach ac roedd gen i fwy o egni. Roedd fy nillad yn dechrau ffitio ychydig yn well. Ac wrth i Jet dyfu'n hŷn ac yn fwy effro, mi wnaethon ni ddechrau closio. Roeddwn i'n setlo yn ôl adra.

Erbyn yr haf, roedd Jet yn bum mis oed ac mi wnes i gymryd y dos olaf o *olanzapine*. Aeth fy ffrind gorau, Hugo a finnau allan am bryd o fwyd swmpus. Gan gynnwys hufen iâ anferth efo addurniadau candi-fflos.

Mi wnes i benderfynu trefnu parti mawr 'dim cyffuriau, wedi dod o hyd i fy mhwyll' i ddathlu dychwelyd o'r 'Seicosis', fel pe bai hi'n wlad roeddwn i wedi ymweld â hi yn ystod blwyddyn i ffwrdd cyn coleg. Roeddwn i wedi gwella!

Y PARTI ÔL-ESGOR.

Ond mi wnes i sôn wrth fy ffrind 'mod i wedi dweud celwydd ar y ffurflen yn swyddfa Dr P, nad oeddwn i'n cael meddyliau 'negyddol', ond y gwir oedd fy mod i. Roeddwn i'n dal i deimlo 'cicio' fy mabi rhithiol. Yn dal i gael meddyliau hunanladdol. Doedd dim amdani ond troi at yr hen wyneb dewr, dibynadwy eto, a dyna fo'n digwydd – mi ges i noson ddi-gwsg. Mi wnaeth hynny danseilio fy hyder yn llwyr. Dyma fi'n meddwl, *O Iesu mawr. Mae'n dod yn ei ôl. Dwi'n mynd yn sâl eto.* Taranodd yr ofn yn ei ôl.

Mae'n iawn. Cymera zopiclone *ac mi wnei di fynd i gysgu.*

Roeddwn i'n gorwedd yno yn aros i gwsg ddod, ond wnaeth o ddim. Po hiraf roeddwn i'n effro, mwyaf annifyr oeddwn i, a'r tebygolrwydd y byddai cwsg yn dod yn mynd yn bellach ac yn bellach i ffwrdd. Roedd sŵn anadlu Hugo a Jet, sŵn fy nghalon fy hun yn curo, yn tarfu arna i. Dyma fi'n dechrau gwrando ar y byd y tu allan, yn meddwl tybed pwy arall oedd yn effro ar awr mor annaearol. Drysau'n cau. Ceir yn gyrru heibio. Sŵn traed cymdogion, toiled yn fflysio, teledu, neu beiriant golchi dillad... nes i bopeth stopio a thawelu.

Roedd pawb yn y bydysawd yn cysgu, heblaw amdana i. Dau o'r gloch y bore, tri o'r gloch...

Fedra i'm mynd yn sâl eto. Mae pawb wedi fy helpu i gymaint. Dim ond y fi sy'n gallu gwneud i fi wella. Mi wna i siomi pawb. Fedra i'm mynd yn sâl. Mae cymaint yn dibynnu arna i'n gwella. Ty'd o'na, Laura. Dos i gysgu. Dos i gysgu. Dos i gysgu.

Pedwar o'r gloch y bore...

Dyma fi'n llyncu *zopiclone* arall. Ac mi wnes i gysgu.

Drannoeth, roeddwn i'n teimlo fel methiant. Ar bigau drain, fy sylw'n crwydro, yn methu canolbwyntio ar Jet, yn paranoid, yn hynod o orbryderus, anesmwyth a gorwyliadwrus, heb sôn am symptomau drannoeth y noson gynt sy'n gysylltiedig â thawelyddion cryf.

Trodd un noson ddi-gwsg yn dair. Roedd yn amhosib peidio â chyfri'r dyddiau. Roedd y *zopiclone* wedi colli ei effaith hudol, ac mi fyddwn i'n gorwedd yno, fy meddyliau'n rasio i'r entrychion, a finnau'n troi a throsi'n ddi-baid. Mi fyddwn i'n mynd o'r gwely i'r soffa i soffa arall, i'r gwely, i'r llawr, i ben arall y gwely. Talcen yn cyffio, gên yn dynn, lefelau hylif yn rhy isel, angen pi-pi bob pum munud, poen yn fy nghoesau, rhy boeth, rhy oer, troi'r gobennydd drosodd, codi, cael diod o ddŵr, neu laeth, pi-pi eto, osgoi edrych ar y cloc, gan wybod y byddai'n rhaid codi eto unrhyw funud i ofalu am fabi bach oriog oedd angen fy sylw llwyr. Roeddwn i'n colli 'mhwyll eto. Fedrwn i mo'i ddioddef. Roedd yn rhaid i fi ladd fy hun. Fedrwn i'm gwneud y busnes byw yma mwyach. Doedd o ddim yn waith addas i fi. Roedd gen i ormod o ofn gweld beth fyddai'n dod nesaf.

Ac felly, mi ges i fy rhoi yn ôl ar gyffuriau gwrthseicotig. Roeddwn i'n teimlo mor drist. Roedd yr awyrgylch ar yr aelwyd yn ddigalon. Yn fy mhen, roedd Hugo yn bell, yn oeraidd. Roeddwn i'n teimlo 'mod i wedi ei siomi, mai fy mai i oedd hyn i gyd. Roedd parti 'fy mywyd' (ym mhob ystyr) wedi cael ei ganslo.

Roeddwn i'n sâl eto. Dydy adfer ddim bob amser yn llinol; ac mi wnes i gyfaddef i fi fy hun ei bod hi'n debygol y byddwn i'n parhau i wella am byth.

72

Ym mis Awst 2018, mi fues i'n ddigon dewr i rannu fy mhrofiad ar flog Clemmie Telford, 'Mother of All Lists'. Mi wnes i ei ysgrifennu fel hyn, ar fy ffôn. Roeddwn i eisiau creu cofnod gonest o'r salwch ofnadwy hwn. Eisiau chwalu'r distawrwydd a chwythu'r chwiban.

Dros nos, mi aeth y blog yn feiral, ac yn y bore, mi ges i fy moddi gan wahoddiadau gan y cyfryngau, negeseuon a galwadau ffôn gan ffrindiau agos, hen ffrindiau, ffrindiau ysgol, ffrindiau fy rhieni, cymdogion, athrawon ac ymatebion gan ddieithriaid. Tipyn o brofiad.

Mi ges i fy llethu gan yr ymateb a difaru rhannu'r postiad yn syth bìn. Roedd yr ymateb yn ormod. Roeddwn i wedi cael fy nal yn hepian, a rŵan roedd pawb yn gwybod 'mod i'n sâl. Mi fyddai pobl yn defnyddio hyn yn fy erbyn. Roeddwn i'n teimlo'n fregus ac yn ofnus. Fyddwn i byth yn gwella. *Gwna i'r cyfan fod drosodd. Gwna i'r cyfan stopio.* Mi wnes i encilio i dawelwch. Wnes i ddim gweld ffrindiau. Mi wnes i osgoi'r cyfryngau cymdeithasol.

Roedd mor eironig – roeddwn i yng nghrafangau'r salwch eto – *o, ha ha, gwych, da iawn.* Am flynyddoedd, roeddwn i wedi bod eisiau i fy ngwaith ysgrifenedig daro deuddeg, ond pan wnaeth o, fedrwn i'm hyd yn oed adael y tŷ.

Bath lafant. Te camri. Llaeth poeth. Ioga. Ymarfer corff. Myfyrio. Darllen cyn mynd i'r gwely. Trwyth ar ôl trwyth. Ond doedd dim byd yn gweithio. Fedrwn i'm gofalu am fy mabi. Doeddwn i byth yn mynd i gysgu eto.

Stopia. Stopia. Stopia.

Ac yn y pen draw... dyna ddigwyddodd. Mi stopiodd o. Mi wnes i wella. Mi wnaeth meddyginiaeth ac amser (a'r rhyfeddod a elwir

Jet, wrth gwrs) helpu fy adferiad, ond roedd o'n fwy nag achos o orwedd yn ôl ac aros i'r tabledi wneud y gwaith. Mae'n llawer mwy na hynny.

Roedd cefnogaeth, therapi a siarad yn hanfodol, ond fel y dywedodd fy therapydd, 'Laura, mi allwch chi wneud hyn ond mae'n rhaid i chi godi oddi ar eich pen-ôl a gwneud y gwaith.'

A dyna'n union wnes i. Pe bawn i'n gweithio mor galed ar unrhyw beth arall ag y gwnes i ar wella, mi allwn i fod yn unrhyw beth y byddwn i eisiau bod. Athletwraig. Prif weinidog. Unrhyw beth.

Mi wnes i drio pob math o bethau i wella (roedd Hugo yn hollol gefnogol i bob un o'r pethau isod – yn enwedig y sigaréts a'r alcohol, wrth gwrs). Dim ond rhai o'r pethau wnes i ydy'r rhain:

Deiet sudd hurt a gwirion, cyfuniad o newynu a glanhau, wnaeth i fi deimlo'n orbryderus iawn, yn benysgafn a hyd yn oed yn fwy blinedig.

Aciwbigo, a hynny'n lletchwith achos 'mod i'n gwisgo ffrog, a'i bod hi eisiau rhoi'r nodwyddau yn fy nghluniau a'r stumog, ac ar ôl toriad Cesaraidd, roeddwn i'n teimlo hyd yn oed yn fwy bregus a nerfus, a'r canlyniad oedd rhywbeth hollol groes i ymlacio.

Prynu bygi rhedeg (mae'n byw yn y cwpwrdd, a dydy o ddim wedi symud ers misoedd).

Prynu sgidiau rhedeg newydd, bra rhedeg newydd a, heb air o gelwydd, cap rhedeg. Be ddiawl?

Sigaréts – iawn, chwech, ond mae hynny'n lot i fi.

E-sigaréts? Dwi o ddifri, wir yr. Mi brynodd ffrind un enfys i fi efo hylif fepio candi-fflos.

Brecwast od iawn i ddiolch i fy nheulu, ar ryw awr annaearol o gynnar.

Rhyw drwyth meddyginiaethol llysieuol rhyfedd.

Tabledi salwch teithio.

Bocsio.

Posau jig-so mil o ddarnau.

Golau lliw sy'n gwneud i ti gysgu pan wyt ti'n edrych arno fo (mae o'n frawychus a dydy o ddim yn gweithio).

Coelia neu beidio, prynu PlayStation! Wir yr! Chwarae teg, roedd yr arwyddion yn gwbl amlwg – roeddwn i'n hogan ar ymyl y dibyn!

CD anadlu (ia, CD: anrheg gan Dr P, ac mi aeth Hugo i bob siop yn Ne Llundain i ddod o hyd i Discman i fi ei chwarae).

Myfyrio (o Dduw, na: fi ar fy mhen fy hun efo fy MEDDYLIAU?).

Ac wsti be? Roedd yr unig beth helpodd go iawn o dan fy nhrwyn i drwy'r amser.

Llyfrau.

Dydw i ddim eisiau swnio fel rhyw raglen addysgol ar deledu plant yn y bore – 'Does 'na ddim byd i guro llyfr!' – ond mi wnes i draflyncu hanesion cymaint o bobl am eu profiad o iselder, gorbryder a seicosis, a darllen pob llyfr roedd y seicotherapydd a'r seiciatrydd yn eu hargymell.

Mae llyfr yn sgwrs. Yn gydymaith tawel. Ac os ydw i'n onest – dwi'n meddwl mai dyna pam dwi'n ysgrifennu hwn.

Dwi'n arbennig o falch 'mod i wedi darllen *Self-Help for Your Nerves* gan Dr Claire Weekes. Mi wnes i ddarllen y llyfr yma'n awchus o glawr i glawr heb ei ollwng, a'i gadw dan fy ngobennydd am wythnos arall.

I fi, y darn pwysicaf yn y llyfr, sydd wedi dod yn fantra ac arbedwr sgrin ar fy ffôn (ac i un neu ddwy o fy ffrindiau ers hynny hefyd), ydy hwn:

Float past tension and fear
Float past unwelcome suggestions
Float, don't fight
Accept and let more time pass

Mae gen i nodiadau Post-it ar hyd y tŷ yn fy atgoffa i wneud hynny hefyd. Pan oeddwn i'n cael trafferth codi yn y bore, mi fyddwn i'n *arnofio* allan o'r gwely. Pan nad oeddwn i eisiau gadael y tŷ, mi fyddwn i'n *arnofio* tuag at y drws ffrynt. *Arnofio* drwy'r parc efo'r pram. Ddim yn ymrwymo. Ddim yn paratoi fy hun i fethu. Ond cymryd *fy amser fy hun*.

Mi wnes i dreulio amser hir yn dweud, 'Fedra i'm coelio bod hyn wedi digwydd i ni.' Ac mi wnaeth hynny fy ngadael i'n chwerw, yn profi ymdeimlad o hunandosturi, yn teimlo trueni dros ein teulu bach ni. Roeddwn i'n teimlo nad oedden ni'n 'haeddu' hyn.

Dwi'n cofio dweud wrth fy therapydd, 'Dydw i ddim yn gwybod beth i'w wneud efo'r meddyliau hyn. Wn i ddim beth sydd fwyaf iach – eu hanwybyddu nhw? Ydw i'n dweud wrthyn nhw am fynd o'ma? Neu ydw i'n mynd efo nhw? Yn gadael i fy ymennydd fyw drwy'r atgofion neu'r meddyliau annifyr?'

A dyma hi'n dweud, 'Pam mae angen i chi wneud unrhyw beth efo nhw? Pam nad ydych chi'n dilyn awgrym Claire Weekes ac *arnofio* heibio iddyn nhw? Gadael iddyn nhw dreiglo heibio i chi. Mi fyddan nhw'n pasio, ac yna'n mynd yn llai ac yn llai.'

Mae o'n gweithio. Dydy profi rhyw *feddwl* gorbryderus ddim yn gorfod gwneud i ti deimlo'n orbryderus.

Pan fydd salwch yn taro, rydyn ni wedi cael ein dysgu i 'frwydro' ein ffordd allan. O salwch angheuol i annwyd cyffredin, mae meddygon a ffrindiau yn dweud, 'Mi fydd yn rhaid i ti *frwydro* yn erbyn hwn.'

Ond dydy brwydro mo'r ffordd iawn i wella o salwch meddwl fel iselder ôl-enedigol. Does dim rhaid 'brwydro' yn erbyn dim byd. Mae'r gair ei hun yn gwahodd tensiwn a gorbryder, gan foddi'r corff yn gyflym efo adrenalin ac ymatebion ymladd neu ffoi, yr union deimladau sydd angen i ni eu hosgoi.

Mae'n destun pryder (a dwi'n deall, mi wnes innau boeni am hyn hefyd), os nad wyt ti'n *brwydro* yn erbyn y salwch dy fod di'n ei *annog*, dy fod di wedi ildio, mai ti ydy'r dioddefwr. Ond y gwrthwyneb sy'n wir: fedri di ddim newid digwyddiadau sydd y tu hwnt i dy reolaeth, ond mi fedri di reoli sut wyt ti'n *ymateb* i'r digwyddiadau hynny, ac i dy salwch: yn dawel, efo gras a gostyngeiddrwydd.

73

Does 'na neb ohonon ni'n ddiogel rhag pethau drwg yn digwydd i ni. Does 'na ddim deddf yn y bydysawd sy'n dweud fy mod i – neu unrhyw un arall – 'ddim yn cael dioddef'. Dydw i ddim yn 'haeddu' unrhyw beth – da neu ddrwg.

Mae sylweddoli hynny wedi fy helpu i oresgyn fy nhrawma. Iawn, roedd o'n brofiad gwirioneddol afiach ac anghyfforddus a thrist, ond mae wedi digwydd rŵan. Mae'n rhan o fy mywyd i rŵan ac mae gorbryder a galar yn dal yno yn ei sgil, ond pan fydda i'n meddwl 'mod i ond y dim â cholli fy mywyd i'r salwch, mae hynny'n bris bach i'w dalu. Felly, dwi'n ei dderbyn a dwi'n ddiolchgar fy mod i wedi dod yn llawer gwell a chryfach rŵan.

Mae amser yn iacháu. Mae'n ystrydeb, ond mae'n ystrydeb achos ei fod o'n wir. Os wyt ti'n sâl, dwi'n gwybod nad ydy o'n teimlo felly ar hyn o bryd ond... bydd yn barod i aros. Bydd yn amyneddgar. Mae'n bosib y byddi di'n teimlo'n siomedig os nad oes gen ti 'ateb' i dy salwch, ond *llacia dy afael ar deimladau o'r fath.* Gad i'r gwaed bwmpio o gwmpas dy gorff. Mae angen i ti gael ffydd bod dy gorff yn gwybod sut i atgyweirio ei hun. Meistrola'r grefft o wneud dim o gwbl.

Y gwir ydy – os wyt ti'n dioddef, yr hyn sy'n dy helpu di go iawn ydy ti dy hun, ynghyd â'r canlynol, heb fod mewn unrhyw drefn benodol:

Teulu.
Ffrindiau.
Aer.
Lle.
Bwyd.
Cwsg.

Haul.

Dŵr.

Gwres.

Cariad.

Amser.

Mae unrhyw beth arall, a bod yn hollol onest, yn fflipin bonws. Mi gest ti dy greu i oroesi. Mi gest ti dy gynllunio i ymdopi a dioddef.

Ac mi wnei di. Mi wyt ti. Mi wyt ti'n helpu dy hun drwy ddarllen y blydi llyfr yma, hyd yn oed os mai dyna'r cyfan rwyt ti wedi'i wneud heddiw. Da iawn ti. Yng ngeiriau Nick Cave, 'And if you want to bleed, just bleed.'

Gwaedu nes nad oes gen ti unrhyw beth ar ôl i'w roi. A thorri a disgyn a chrio a cholli a sgrechian a rhedeg a rhefru a gwneud yr holl bethau y mae angen i TI eu gwneud er mwyn *teimlo* ond PAID ag ildio. PAID â meddwl am hynny fel opsiwn.

Yn y ward seiciatrig, roedden nhw'n dweud, 'Yr unig ffordd allan o uffern ydy ar hyd llwybr diflastod.' A dwi'n cofio meddwl, BE FFWC? SUT MAE HYNNY I FOD I HELPU?... Mae o'n anghyfforddus – ond mae o'n wir.

Mae'n fater o aros, a hynny'n boenus yn aml. *Fyddi di ddim yn teimlo fel hyn am byth.*

Mi fyddi di'n hapus eto. Mi fyddi di'n caru eto.

Mi fyddi di'n taflu dy ben yn ôl ac yn chwerthin nerth esgyrn dy ben eto. Mi fyddi di'n dal dwylo eto. Mi fyddi di'n cysgu eto.

Mi fyddi di'n crio wrth wylio ffilm eto. Mi fyddi di'n mynd am ddiod efo dy ffrindiau eto mewn gardd gwrw heulog.

Mi fyddi di'n mynd ar wyliau. Mi fyddi di'n mwynhau'r tymhorau. Mi fyddi di'n cael dy wallt wedi'i dorri. Mi fyddi di'n mynd i siopa. Mi wnei di weld dy ffrindiau. Mi gei di barti. Mi fyddi di'n mynd i'r gwaith. Mi fyddi di'n cusanu. Mi fyddi di'n cael syniadau. Mi fyddi di'n rhedeg. Mi fyddi di'n gallu prynu brechdan o siop. Mi fyddi di'n gallu llenwi ffurflen. Mi fyddi di'n gallu mwynhau pryd o fwyd mewn bwyty. Mi fyddi di'n teimlo'n hapus am ddim rheswm. Mi fyddi di'n teimlo'n ddiogel. Mi fyddi di'n gallu meddwl am bethau eraill heblaw salwch a dy ofnau. Mi fyddi di'n cael dy berthnasoedd yn ôl. Mi fyddi di'n teimlo fel ti dy hun.

Mi WYT ti rownd y gornel.

Dwi'n gwybod nad wyt ti'n credu hynny. Dwi'n gwybod nad wyt ti'n fy nghredu i. Ond mi wyt ti. Mi wyt ti'n aros.

Pethau sy'n Fy Nychryn I ers Gwella o Seicosis Ôl-esgor

Dim byd.

Oherwydd beth ydy'r pwynt poeni am rywbeth sydd ddim hyd yn oed wedi digwydd eto? (Argol, ydy hynny'n golygu 'mod i yn fy iawn bwyll y dyddiau hyn? Mae'n debyg ei fod o.)

Dwi'n llewes o fam. Yn eofn.

Rho ramp i fi rolio hyd-ddo. Llethr i lithro hyd-ddo. Cwrs Go Ape. Bwystfilod i'w hymladd. Sombis i'w lladd. Ysbrydion i'w bwrw allan.

Does gen i ddim ofn.

Diweddglo

Mae Jet wedi cael ei ben-blwydd cyntaf. Mae'n garreg filltir i unrhyw riant ac mae'n teimlo'n eitha gwyrthiol. Maen nhw'n fyw. Ac mi wyt tithau hefyd.

Yn y dyddiau cyn ei ben-blwydd, roeddwn i'n teimlo'n orbryderus, yn poeni y byddai'r dyddiad yn sbarduno rhywbeth, y byddwn i'n cael fy nharo oddi ar fy echel. Roedd o'n fwy na dim ond pen-blwydd Jet; dyma oedd y diwrnod pan ges i fy ngwahanu oddi wrtha i fy hun. Mi wnes i sylwi 'mod i'n crio pan fyddwn i'n gweld unrhyw beth yn ymwneud â mamolaeth neu fabis ar y teledu, ac nid dim ond ambell ddeigryn – dwi'n sôn am udo swnllyd, anifeilaidd, anadlu trwm, glafoerio ac afonydd o lysnafedd trwyn...

A dwi'n fam arbennig iawn. Na, dwi'n fam *anhygoel*. Dydw i ddim wedi methu. Ddim o gwbl. Dwi wedi *llwyddo'n ysgubol*. Yn ôl y ddigrifwraig a'r ymgyrchydd Hannah Gadsby, does 'na ddim byd cryfach na gwraig sydd wedi ailadeiladu ei hun ar ôl cael ei chwalu'n ddarnau. Roedd gen i awydd erioed i fod yn wraig gref a ffyrnig o ddewr, a dwi wedi profi fy mod i. Does dim ond angen edrych ar yr hyn dwi wedi llusgo fy hun drwyddo er mwyn fy machgen bach. Mae 'na fwy o waith i'w wneud o hyd, ac mi fydd hynny'n wir nes dwi'n hen a gwyn fy ngwallt. Ond mae'n anhygoel gwybod nad ydw i'n mynd i farw drwy hunanladdiad. Dydw i ddim – felly mae *hynny'n* gyffrous. Mae pawb yn chwilio am ryw bwynt o hapusrwydd yn y dyfodol... ond beth ydy hynny'n union? A sut ydyn ni i fod i wybod ein bod ni wedi cyrraedd y pwynt hwnnw beth bynnag?

Fedra i'm credu fy mod i'n ysgrifennu hwn, a faint mae'n helpu i wneud hynny. Dwi wedi ysgrifennu pob pennod i drac sain *Toy*

Story, wrth drio osgoi trochiad gan bi-pi, sudd neu laeth, efo Jet yn cropian ar draws fy nghoesau, a chwsg a newid clytiau'n tarfu ar y gwaith, slwtsh bananas ar fysedd fy nhraed, a phob gair wedi gwneud i fi deimlo'n ysgafnach ac yn ysgafnach. Wrth i fi agosáu at gofnodi'r stwff poenus, roeddwn i'n gwybod y gallwn oedi unrhyw bryd, codi Jet a'i gofleidio. Ac yntau'n flwydd bellach, efallai y bydd o'n fy nghofleidio i'n ôl hyd yn oed, yn hytrach nag eistedd yna fel sach o datws.

Wrth i Jet dyfu i fyny, mi wnes innau hefyd. Mae cael wyneb bach annwyl, doniol, llond ei groen yn sbecian arnat ti drwy'r dydd yn rheswm i fyw. Mae o fy angen i, a dwi ei angen o.

Mi stopiodd y gwaedu. Yna, cyn i fi droi, dechreuodd fy mislif eto, fel pe bai'n dweud, '*Hei, del. Wyt ti ffansi gwneud hyn i gyd eto?*'

Mi wnes i archebu sesiwn dylino i wobrwyo fy hun, a threulio'r sesiwn yn crio'n dawel i mewn i'r bwrdd tylino. Allwn i ddim credu teyrngarwch fy nghorff, y cyfan mae wedi ei ddioddef i gyrraedd y pwynt yma. O'r beichiogi, i eni Jet a'r cyfan sydd wedi digwydd ers hynny, dydy o ddim wedi fy siomi i. Dydw i erioed wedi caru fy nghorff fwy.

Roedd gen i ofn cyllyll am gyfnod, ond rŵan dwi'n gallu torri nionod. Fel unrhyw un arall.

Wrth gerdded yn y parc, mi welais y meddyg teulu cyntaf i fi gael apwyntiad â hi. Roedd hi'n cael paned o goffi efo ffrind, a dyma fi'n ei thapio ar ei hysgwydd ac ymddiheuro am darfu arni hi. Syrthiodd ei wep yn syth, ac agorodd ei llygaid yn llydan.

'Dwi ddim yn gwybod ydych chi'n fy nghofio i ond...' dywedais.

'Eich cofio chi? Allwn i mo'ch anghofio chi. Wna i byth anghofio'r diwrnod hwnnw. Wel, wel. Sut *ydych* chi? Dach chi'n edrych mor dda,' atebodd hithau.

'Dwi'n dod yn fy mlaen yn dda. Dwi jyst eisiau diolch i chi am ffonio a chadw llygad arna i ac am fod mor dda yn eich gwaith.'

Dro arall, roedd yn rhaid i fi gael ffisig i Jet ac mi wnes i benderfynu bod yn ddewr ac 'arnofio' i'r fferyllfa a oedd wedi codi cymaint o ofn arna i. Mi agorais y drws yn nerfus, ac mi ruthrodd yr holl atgofion yn ôl. Arogleuon plastig had anis a salwch a dychryn yn tagu fy ffroenau. *Beth os oedd y fferyllwraig feirniadol yno?*

Ond doedd hi ddim. Roedd 'na fferyllwraig newydd yno. Ac roedd honno mor ddymunol, ac mi roddodd ostyngiad pris i fi heb reswm o gwbl.

Mi aethon ni ar wyliau i Baris. Roedd yr haul yn tywynnu. Dwi'n cofio cerdded drwy sgwâr rhyfeddol efo pobl yn eistedd o gwmpas yn yfed gwin neu baneidiau bach o goffi. Dyma ni'n cyrraedd ein gwesty tu hwnt o brydferth, a chael gwybod ein bod ni wedi cael ein huwchraddio i swît. Neidiodd Hugo, Jet a finnau i fyny ac i lawr ar y gwely. Mi aethon ni i fwyty lleol perffaith efo waliau cam a'r fwydlen wedi'i sgriblo ar fwrdd sialc. Y noson honno, mi wnaeth y *maître d'* ein sbwylio ni go iawn. Mi aeth â Jet i'r gegin i gyfarfod â'r cogydd, coginio llond plât o datws wedi ffrio a gwasgu ei fochau. Mi wnaethon ni fwyta fel tri brenin. Mi wnes i dorri fy ngwallt yn fyr iawn – roeddwn i wedi bod eisiau gwneud ers sbel, ond dwyt ti ddim wir eisiau torri dy wallt i gyd i ffwrdd pan wyt ti'n gwella o seicosis ôl-esgor rhag ofn i bobl feddwl dy fod di wedi'i cholli hi eto. Dywedodd yr hogan yn y siop trin gwallt, 'Dach chi'n ddewr iawn. Mae'r steil yn gweddu i'ch personoliaeth.'

Yn sydyn, mae torri gwallt – yn nhrefn pethau – yn broblem hollol ddibwys.

Ac mi wnaeth fy ngreddf famol ddod i'r fei. Mae Jet a finnau yn dîm go iawn. Rydyn ni'n deall ein gilydd. Dwi'n edrych ar Jet, i fyw ei lygaid, a dweud, 'Dwi mor sori, am bob dim. Doeddwn i ddim o'r blaen ond rŵan dwi'n gallu dweud yn onest, dwi'n dy garu di. Dwi wir, wir yn. Roedd dod i dy nabod di fel cyfarfod â dieithryn. Dwi'n sori am gymryd fy amser, ond dwi yma rŵan.'

Gair cyntaf Jet oedd *Mama*.

Un diwrnod, mi darodd o'i ben, a fi oedd o eisiau. A rŵan, i bob pwrpas, mae ganddo fo obsesiwn efo fi.

Mae Daisy yn feichiog. Felly wnes i *ddim* ei dychryn hi rhag cael babis, ac er nad oes 'na lawer o siawns y bydda i'n cael babi arall – mae yna siawns o 50 y cant o gael seicosis ôl-esgor eto – mi alla i garu ei babi hi lawn cymaint. Dwi'n gwybod rŵan sut i fod yn gefn i fy chwaer drwy bopeth. Seicosis ôl-esgor neu beidio!

Ac os wyt ti'n darllen hwn, mae'n golygu 'mod i wedi bod yn ddigon dewr i 'arnofio' y gyfrol i swyddfa'r cyhoeddwr. A dweud y gwir, ysgrifennu'r llyfr hwn oedd y therapi gorau y gallwn i fod wedi'i gael. Mae wedi troi fy mhrofiad yn stori.

Roedd pobl yn mynnu gofyn i Hugo, 'Pryd wyt ti'n mynd yn ôl i'r gwaith?' Wnaeth neb ofyn i fi! Dwi'n gweithio yr un mor galed ac yn ennill cymaint â Hugo. Mewn gwirionedd, roedden ni'n dau yn dal i gyfrannu at y coffrau teuluol pan oeddwn i'n sâl!

Mae gan dadau hawl i absenoldeb rhiant, ac mi ddylen nhw ei gymryd. Mae'n amser i dadau hefyd a dydyn ni ddim yn y 1950au mwyach, diolch i Dduw. Mae'n iawn i famau weithio. Iddyn nhw fod *eisiau* gweithio. Mae'n iawn i ti fod eisiau ennill arian ar gyfer dy deulu. Mae'n iawn i fod yn uchelgeisiol a bod eisiau teimlo'n dda amdanat ti dy hun, i borthi dy ymennydd ac i fod yn annibynnol. Ac mae hefyd yn iawn i beidio ag aros adra. Gwna beth sy'n iawn i ti a dy deulu.

Mae angen mwy o gefnogaeth a sgwrs am iechyd rhieni yn gyffredinol. Mae dynion yn dioddef o iselder a straen ôl-enedigol ac ôl-drawmatig hefyd. Mae cael babi yn gallu sbarduno rhywun. Mae'n un peth i ferch fynd at y meddyg teulu a dweud ei bod hi'n meddwl bod ganddi iselder ôl-enedigol, a chael yr ymateb, 'Dim ond y felan ydy o, triwch i weld a allwch chi ddygymod â phethau a rhoi amser i chi'ch hun addasu.' Ond allwch chi hyd yn oed ddychmygu'r ymateb y byddai dyn yn ei gael pe bai'n dweud, 'Dwi'n credu bod gen i iselder ôl-enedigol?'

Mi ddarllenodd Hugo bob un o'r llyfrau ddarllenais i, mi ddaeth efo fi i bob apwyntiad meddyg, a gadael llonydd i fi fod yn union fel oeddwn i angen bod. Gadawodd i fi ei feio. Ei gyhuddo. I fod ei angen. Mae wedi fy ngwylio i'n mynd i'r afael â'r salwch yma o bob cyfeiriad fel gwyfyn at olau, ac wedi fy nghodi bob tro. Mae wedi rhedeg yn y glaw efo fi, wedi crio efo fi, wedi aros ar ei draed drwy'r nos efo fi, wedi taflu pethau sy'n fy atgoffa o'r adeg pan oeddwn i'n sâl, wedi gwrando arna i dro ar ôl tro. Mae o wedi gadael i fi ei ddeffro yng nghanol nos yn crio. Mae wedi rhoi cymaint o amser, lle, cariad a gofal i fi.

Am sbel hir, bob tro roedd o'n mynd allan i redeg, mi fyddwn i'n meddwl, 'Waw, efallai na ddaw o byth yn ei ôl. Efallai y bydd o'n rhedeg i ffwrdd yn llythrennol. Meddylia os mai dyna sut fyddai o'n fy ngadael i.' Ond mi ddaeth adra bob tro. A wnaeth o erioed fy amau i am eiliad. Mae o'n anhygoel.

Pe bai'r esgid ar y droed arall, dwi ddim yn siŵr y byddwn i wedi bod mor wych ag yr oedd Hugo efo fi. Roeddwn i'n fygythiad i Jet, ond dydy o erioed wedi gwneud i fi deimlo'n ddrwg am hynny. Mae wedi codi ei law'n hyderus wrth i Jet a finnau adael am y dydd efo'n gilydd, gan wybod ein bod ni'n mynd i fod yn driawd efo'n gilydd eto maes o law, yn ddiogel ac yn iach.

Wrth i fi olygu'r llyfr hwn, mae Hugo newydd wella o anhwylder straen ôl-drawmatig, a hynny'n amlygu ei hun fel pyliau o banig 24 awr. Mae'n debyg mai fo oedd ein mur amddiffynnol ni, yn ein gwarchod ni drwy gydol fy seicosis ôl-esgor, a rŵan 'mod i'n well, mi allai ymlacio – ond roedd ei feddwl a'i gorff yn dal i redeg ar lifeiriant adrenalin yn sgil popeth roedden ni wedi ei brofi. Yn sydyn, fy nhro i oedd gofalu amdano fo.

'Hei...' meddai Hugo, wrth ddarllen hyn o lith gan fwyta pecyn o greision Jet, 'gwna'n siŵr dy fod di'n dweud 'mod i wedi gwella rŵan.'

Er gwybodaeth: mae o wedi gwella rŵan.

A dweud y gwir, mae o'n well nag erioed – mae'n creu cerddoriaeth, mae'n dad gwallgo o wych, ac mae o wedi cofrestru i redeg blydi Marathon Llundain. Dwi'n ei gofio'n dweud pan oedd o'n sâl, 'Be os ydw i'n teimlo fel *hyn* am byth?', fel pe bai o erioed wedi fy ngweld i'n crwydro o gwmpas y fflat fel pysgodyn aur yn gofyn yr un cwestiynau iddo yntau filiwn o weithiau – mae'r iselder/gorbryder yn dy dwyllo i feddwl mai dyma'r ti newydd, y ti fyddi di am weddill dy fywyd, cofio?

Mae fy therapydd wedi rhoi dyddiadur i fi efo un ar ddeg o gwestiynau, a finnau'n gorfod eu hateb bob dydd. Cwestiwn rhif naw ydy, 'Beth yw eich dymuniad pwysicaf yn y sefyllfa sydd ohoni?'

Pan wnes i ddechrau arni, mi fyddwn i fel arfer yn ateb, 'Dwi ddim eisiau dioddef efo gorbryder' neu 'Dwi ddim eisiau bod yn sâl' neu 'Mi fyddwn i'n hoffi pe na bai hyn erioed wedi digwydd i fi'.

Heddiw, dwi'n dweud 'mod eisiau i Hugo, Jet a finnau fod yn iach, yn ddiogel ac yn hapus. Ac mi ydyn ni. Mewn geiriau eraill, mae fy nymuniad pwysicaf wedi cael ei wireddu. A fedrwn i'm gofyn am ddim byd mwy na hynny.

Os Wyt Ti Angen Help

GWIRIONEDDAU AM SALWCH ÔL-ESGOR

Pan maen nhw'n clywed dy fod di wedi mynd yn sâl ar ôl dy feichiogrwydd, ymateb llawer iawn o bobl yw, 'Hwn oedd eich babi cyntaf?' Fel pe baet ti wedi cael dy lethu i'r fath raddau gan dy rôl newydd fel na fedret ti ymdopi a dy fod wedi'i cholli hi. Dydy salwch ôl-esgor *ddim* yn ganlyniad i fethiant i ymdopi â babi newydd neu gyfnod newydd o famolaeth. Dwi'n adnabod mamau sydd wedi profi salwch meddwl mamol efo ail, trydydd neu hyd yn oed bumed plentyn.

Dydy salwch ôl-enedigol *ddim* yn cael ei sbarduno oherwydd y gwahaniaeth rhwng realiti bywyd efo babi newydd a disgwyliadau delfrydol ffilm a theledu ynglŷn â magu plant. Dydy o chwaith ddim yn cael ei achosi gan genfigen tuag at famau 'y cyfryngau cymdeithasol'. Ydyn, mae'r cyfryngau cymdeithasol yn gallu gwaethygu'r gorbryder, y straen a'r teimladau o israddoldeb, ond dwyt ti ddim yn datblygu salwch meddwl difrifol a phrin oherwydd dy fod di'n *genfigennus*.

Dydy salwch ôl-esgor *ddim* yn cael ei achosi gan straen a phrysurdeb yn ystod beichiogrwydd. Mae salwch ôl-esgor yn gallu digwydd i *unrhyw un* am *unrhyw reswm*. Digon teg, dydy straen ddim yn helpu, ond dydy straen ychwanegol byth yn helpu *unrhyw un* ar *unrhyw adeg*, na'di?

Dydy o ddim yn golygu dy fod di wedi methu.

Dydy o ddim yn dy wneud di'n fam wael.

Os ydyn ni'n siarad ac yn bod yn gefn i'n gilydd, yn normaleiddio'r teimladau rhyfedd hyn, yn paratoi ein hunain mewn rhyw ffordd drwy addysgu darpar rieni, mi allwn ni daflu goleuni ar arswyd iselder a seicosis ôl-esgor a helpu i ddatgyfrinio'r cysgod anesboniadwy hwn, i leihau'r ofn a'r cywilydd sydd ynghlwm wrth y stigma sy'n perthyn iddo.

Mi ges i atgyfeiriad gan fy meddyg teulu at yr Athro Ian Jones, seiciatrydd ym Mhrifysgol Caerdydd, sy'n arbenigo mewn ymchwil i anhwylderau'r sbectrwm deubegwn ac yn arbennig y berthynas rhwng anhwylderau hwyliau a geni plentyn. Roeddwn i'n awyddus i gael trafodaeth fanylach efo fo am fy achos i a'r hyn a ddigwyddodd i fi.

Ychydig iawn sy'n hysbys am seicosis ôl-esgor. Mae'r salwch seiciatrig difrifol a gwanychol hwn yn gallu datblygu ar unwaith – wrth esgor, yn ystod yr eiliadau ar ôl geni neu unrhyw bryd ar ôl hynny – ond dydyn ni ddim yn gwybod pam ei fod yn effeithio ar rai merched. (Mae rhai merched yn profi seicosis yn ystod beichiogrwydd.) I lawer o ferched, mae'r salwch yn digwydd yn gwbl ddirybudd, heb unrhyw hanes blaenorol o salwch seiciatrig, er bod risg uwch y bydd yn effeithio ar ferched sydd wedi dioddef o anhwylder deubegwn yn y gorffennol. Mae rhai merched yn gallu edrych yn ôl dros eu bywydau a gweld 'pyliau' blaenorol neu enghreifftiau o ymddygiad tebyg wrth brofi straen, ond mae 'na lawer iawn mwy, y fi yn eu plith, lle dydy hynny ddim yn wir.

Mae rhai wedi awgrymu bod ffactorau penodol, fel genedigaeth drawmatig, yn gallu cyfrannu at y siawns o ddioddef o seicosis ôl-esgor, ond mae llawer o ferched yn profi genedigaethau trawmatig iawn heb unrhyw effaith andwyol o ran salwch meddwl. Ar y llaw arall, mae merched sydd wedi cael genedigaethau 'normal' yn gallu datblygu'r cyflwr.

Ffactor arall sy'n cael ei grybwyll ydy bod llawer o ddioddefwyr seicosis ôl-esgor wedi cael gwybod bod rhywbeth 'o'i le' efo'u babi, yn ystod neu ar ôl esgor. Ond eto, mae llawer mwy o ferched sy'n cael profiad tebyg *nad ydyn* nhw'n datblygu seicosis.

Mae straen yn ystod beichiogrwydd neu esgor yn edefyn cyffredin posib arall, ac mae'r un peth yn wir am ddiffyg cwsg, ond dydy diffyg cwsg ddim yn *rhoi* seicosis i chi, neu mi fyddai pobl yn rhedeg o gwmpas ym mhob man efo seicosis. Yn yr un modd, mae llawer o ferched yn sôn am ddiffyg *angen* neu *awydd* i gysgu fel symptom o'r salwch.

Dydy o ddim yn fater o achos ac effaith, does yna ddim atebion pendant. Mae'n enigma dirgel o salwch.

Cyn i fi siarad â Dr Jones, roeddwn i'n meddwl tybed a oeddwn i'n mygu rhyw boen neu straen mewnol o fy mhlentyndod nad oeddwn i wedi delio ag o. Oeddwn i *wastad* wedi bod ar fin dioddef chwalfa? Fyddwn i wedi profi pwl seicotig hyd yn oed heb gael babi? Ai dim byd ond sbardun oedd genedigaeth Jet? Fyddwn i wedi profi seicosis pe bawn i wedi profi trawma gwahanol, fel profedigaeth? Fyddwn i wedi cael seicosis ôl-esgor pe na bawn i wedi cael genedigaeth drawmatig? Fyddwn i wedi gallu gwneud unrhyw beth i'w atal?

Gofynnais i Dr Ian Jones, 'Pam fi?'

Ac mi ges i'r ateb gorau i fi erioed: 'Mi fuoch chi'n anlwcus.'

Dwi'n gallu byw efo hynny.

Mae cofnodi hyn i gyd wedi fy helpu i ffeilio trefn y digwyddiadau, a'i weld fel rhywbeth sydd *wedi* digwydd yn hytrach na rhywbeth sy'n *dal* i ddigwydd. Dwi hefyd wedi sylweddoli mai'r peth gorau i fi ydy symud ymlaen a stopio dadansoddi fy chwalfa yn gyfan gwbl, achos wna i byth ddeall pam ddigwyddodd hynny.

Mi wnes i ddweud wrth fy seicotherapydd bod yr holl beth rŵan yn teimlo fel breuddwyd gas, ac mi awgrymodd hithau nad oedd hynny'n ddrwg o beth. Mae'n bosib y *gallwn* i weld y cyfan fel breuddwyd gas? Ac mi wnaeth hynny helpu'n fawr iawn.

Mae yna orbryder newydd hefyd: y bydd yn dod yn ôl. Ac yn union fel gwthio fy nhafod i mewn i friw yn fy ngheg i weld a ydy o'n dal i frifo, dwi'n cynnal cyfres o arbrofion datrys problemau hunanddifrodol i wybod i sicrwydd nad ydw i'n colli fy mhwyll eto: Ydw i'n gallu clywed y Llais? Os ydw i'n gwrando'n astud *iawn*, ydw i'n gallu gwneud iddo ymddangos eto? Os ydw i'n meddwl am y peth yn ddigon caled, fydda i'n profi rhithweledigaeth? Mi wyt ti'n meddwl dy fod di'n annog ysbryd. Yn galw ar y diafol. Yn chwarae efo tân. Ond ddim dyna ydy o: mi wyt ti'n ei brosesu. Mi wyt ti'n gwella.

Dwi wedi clywed straeon am ferched sydd wedi gorfod symud tŷ oherwydd eu bod wedi eu llethu i'r fath raddau gan gywilydd eu salwch. Mae llawer o ferched yn gorfod delio ag adegau trawmatig, adegau trasig weithiau, adegau sy'n anodd byw efo nhw. Dydy hi ddim yn hawdd cyfaddef dy fod di wedi trio dy niweidio di dy hun neu dy fabi. Mae'n demtasiwn ynysu dy hun. Mae dy hyder mor chwilfriw nes ei bod hi'n cymryd amser hir i ti ddod yn ôl at bwy oeddet ti *cynt*, yn enwedig wrth drio dirnad dy rôl fel mam newydd hefyd.

Ond mi fu'n fuddiol iawn i fi o ran lleddfu cywilydd, euogrwydd ac embaras yn gyfan gwbl. Maen nhw'n emosiynau gwastraff. Dydyn nhw ddim yn fy helpu i, a dydyn nhw'n sicr ddim yn helpu Jet.

Dwi hefyd wedi darganfod bod agor allan, siarad a chwerthin amdano a rhannu fy mhrofiad o seicosis ôl-esgor yn wrthgyffur effeithiol iawn yn ogystal. Unwaith rwyt ti'n dechrau siarad amdano, mi wyt ti'n darganfod yn gyflym nad wyt ti ar dy ben dy hun mewn unrhyw ffordd. Mae pobl yn dy garu di. Does 'na ddim angen i ti ofyn am faddeuant. Dwyt ti ddim wedi gwneud dim byd o'i le. Mae gen ti agwedd newydd at fywyd. Dirnadaeth.

Ac mi wnes i sylweddoli bod staff yr ysbyty yn dweud y gwir, mi *wyt* ti'n gwella, ac mi wnei di wella.

Y gwir ydy, pe baet ti'n gofyn i *unrhyw* fam newydd am ei hemosiynau ar ôl geni, mi fyddai'r rhan fwyaf o ferched yn dweud eu bod nhw'n teimlo'n *rhyfedd* (mewn ffordd dda neu wael). Felly mae'n anodd iawn gwneud diagnosis o gyflwr mwy difrifol.

Ha! Ac mi ddywedon nhw y byddwn i'n '*tywynnu*'. (Mae'n digwydd i rai merched – maen nhw'n teimlo gorfoledd a llawenydd llwyr – y FREUDDWYD! – ond dydy o ddim yn digwydd i bawb.)

Pan wyt ti'n holi merched hŷn, mae llawer ohonyn nhw'n dweud, 'Doedd o ddim yn rhywbeth roedden ni'n siarad amdano fo.' Wel, mi ydyn ni'n bendant yn siarad amdano fo rŵan.

Dyma'r tecst ges i gan gymdoges ar fore o wanwyn gwyn ar ôl ei gweld hi pan oeddwn i adra am y tro cyntaf ar ôl geni Jet:

'Hei del,

Dwi'n meddwl 'mod i'n gwybod beth wyt ti'n mynd drwyddo.

Dwi'n cofio teimlo fel pe bai gen i 'anhwylder straen ôl-drawmatig' ar ôl geni Eleanor.

Aeth y diffyg cwsg, y sioc yn sgil effaith y babi yma ar fy mywyd a'r ofn llethol â fi i le ofnadwy.

Fy nghyngor i ydy cael help efo'r bwydo yn ystod y nos. Cama'n ôl... mi fydd Jet yn cael gofal da, a fydd 'na ddim effaith arno fo.

AC os wyt ti angen tabledi, cymera nhw!

Mi wnes i wrthod a dioddef am bron i flwyddyn!

Os ydw i'n gorymateb, maddeua i fi. Gyrra decst os wyt ti awydd galw draw am sgwrs.

Caru ti gymaint. Jude x'

Doedd dim rhaid iddi ddweud hynny, ond mi wnaeth hi. Rŵan, fy lle i ydy gwneud yr un peth.

Ti'n gweld, mae gwir angen 'pentre'.

Ac mae beichiogrwydd yn cwmpasu mwy na thri trimis. Mae 'na bedwar. *A hwn ydy o.*

Iselder

Mae'n ddirdynnol, ond mi wyt ti'n teimlo'n rhy ddiffrwyth i deimlo'r boen yn iawn.

Mi wyt ti'n credu dy fod di'n berson ofnadwy, yn ddiwerth, yn erchyll, yn amhosib dy garu, yn faich.

Does gen ti mo'r egni na'r awydd i godi o'r gwely, gwisgo, cael bath, newid dy ddillad, glanhau dy ddannedd, golchi dy wallt neu fwyta.

Mi wyt ti'n colli dy archwaeth a dwyt ti ddim yn cael blas ar ddim byd beth bynnag. Mae bwyd yn cael ei wastraffu arnat ti.

Mi wyt ti'n gwybod y dylet ti 'ysgrifennu', 'darllen', 'gweld dy ffrindiau', 'mynd ar ddêt', 'rhedeg', 'gwneud ioga', 'prynu dillad newydd', 'gwrando ar gerddoriaeth', 'pobi', 'gwisgo dy golur', gwneud yr holl bethau sy'n dy atgoffa di ohonot *ti*, ac sydd i fod i wneud i ti deimlo'n well, ond mae'r union bethau hynny'n cael effaith gwbl groes ar dy gyflwr meddwl oherwydd *na fedri di* gael gafael arnyn nhw. Mae'r pethau oedd yn rhoi pleser i ti wedi colli eu hud. Dydyn nhw ddim yn gwneud i ti deimlo'n well, fel sy'n digwydd fel arfer. Ac mae hynny, yn ei dro, yn gwneud i ti deimlo'n waeth. Alli di ddim ennill.

Wyt, mi wyt ti'n gwybod y dylet ti 'helpu dy hun' ond dwyt ti ddim yn gallu meddwl am unrhyw un y mae gen ti lai o awydd i'w helpu.

Mi wyt ti eisiau bod ar dy ben dy hun, ond mae'r syniad o fod ar dy ben dy hun yn dy ddychryn di.

Does 'na'r un gymwynas ar ôl i'w hawlio yng nghyfri banc y ffafrau gan ffrindiau, a fedri di'm gofyn am help gan unrhyw un.

Mi wyt ti'n credu bod pawb yn siarad amdanat ti, wedi cael llond bol arnat ti.

Dwyt ti ddim ond yn cofio'r pethau drwg yn dy fywyd, y bobl sydd wedi dy adael yn hytrach na'r bobl sydd wedi aros, y pethau wnest ti o le yn hytrach na'r pethau wnest ti'n iawn.

Mi wyt ti'n cymharu dy fywyd affwysol o anobeithiol efo bodolaeth wych pawb arall, i'r graddau y byddet ti'n gwneud unrhyw beth i gyfnewid bywydau efo unrhyw un. Mi wyt ti'n hunanol, ar goll ynot ti dy hun. Mi wyt ti'n llawn atgasedd, ac unwaith eto'n teimlo'n waeth am deimlo felly.

Mi wyt ti'n eistedd yno yn meddwl am unrhyw adeg fuest ti'n sâl yn ystod dy fywyd, a faint y byddet ti'n fodlon cyfnewid y teimlad hwnnw ddeg gwaith drosodd i beidio â theimlo fel hyn mwyach.

Mi wyt ti'n credu nad oes unrhyw un yn hanes y byd erioed wedi teimlo cynddrwg erioed, erioed, erioed, does 'na neb yn deall a fydd 'na neb byth yn deall.

A dweud y gwir, mi wyt ti'n teimlo cynddrwg nes dy fod di bron yn sicr y bydd y peth yma'n dy ladd di.

Efallai dy fod di wedi cael meddyginiaeth ar bresgripsiwn ond wedi penderfynu bod ei gymryd yn mynd i dy wneud di'n fwy sâl, y bydd o bosib yn dy ferwino di, dy wanhau di, dy atal rhag teimlo llawenydd yn ogystal â phoen, yn dinistrio dy greadigrwydd, dy ffraethineb, y byddi'n ymddangos yn wannach, y bydd pobl yn siarad amdanat ti, yn hel clecs am y ffaith dy fod di 'ar dabledi', achos mae bod ar dabledi yn brawf dy fod di wir yn wallgo, yn drist neu'n ansad. Mi fydd tabledi yn dwyn dy sbarc di (achos mae dy bersonoliaeth ddisglair di ar dân rŵan, yn tydi?), mi fydd pobl yn colli ffydd ynot ti achos dy fod di wedi troi at feddyginiaeth, fyddi di ddim yn gallu gwneud dy waith, fydd neb eisiau dy gusanu di. Mi wyt ti wedi clywed bod tabledi'n gallu achosi sgileffeithiau fel magu pwysau, felly dwyt ti ddim yn eu cymryd nhw rhag ofn i ti deimlo'n waeth. Felly mi wyt ti'n bustachu drwyddi, y ffordd galed.

Mi wyt ti'n poeni beth mae pawb yn ei feddwl ohonot ti.

Dwyt ti ddim yn malio botwm corn beth mae pawb yn ei feddwl ohonot ti.

Dwyt ti'n teimlo dim byd.

Mi wyt ti'n teimlo popeth. Ac mae'n RHY uchel, RHY agos, yn ORMOD.

Mi wyt ti'n byw gan ddifaru'r gorffennol. Neu gan ofni'r dyfodol. Ac mi wyt ti'n treulio'r presennol yn hel meddyliau am y naill neu'r llall, neu'n gwastraffu amser yn meddwl sut galli di osgoi hel meddyliau am y naill neu'r llall.

Mi wyt ti'n encilio. Mi wyt ti'n sgrinio dy alwadau ac yna'n stopio ateb dy ffôn.

Mi wyt ti'n dechrau teimlo awydd i aros yn y gwely drwy'r dydd yn cysgu, yn y gobaith o gau popeth allan, hyd yn oed am eiliad.

Ond fedri di'm cysgu. Fedri di'm dod o hyd i heddwch.

Mi wyt ti'n teimlo'r iselder fel poen gorfforol. Mae dy ymennydd afiach yn brifo cymaint fel dy fod di'n meddwl weithiau na fedri di ddioddef eiliad arall o'r fath boen feddyliol. Mae'n gallu dy lorio di, yn llythrennol. Mae'n gallu dy barlysu di, dy andwyo di, dy glymu di i dy wely. Mae o'n brifo.

Mi wyt ti'n dechrau yfed gormod, neu gymryd cyffuriau, unrhyw beth i wneud i'r boen gilio am ychydig.

Efallai y byddi di'n hunan-niweidio neu'n ystyried hunanladdiad.

Dwyt ti ddim yn gofyn am help.

Mae symptomau annymunol eraill yn cynnwys: paranoia, amheuaeth, blinder, rhithdybiau, diffyg hunan-werth, colli diddordeb, amau dy hun, dicter, hunandosturi, annifyrrwch, cenfigen, meddwl negyddol, trychinebu, pendroni, diffyg cwsg eithafol, mania, blinder cronig, gorbryder difrifol a phyliau o banig... i enwi dim ond rhai.

Ond dwi'n addo i ti, fel popeth arall, mae *gan* iselder ei wendidau.

Mi wnes i lyncu pob un o hen gastiau iselder a gorbryder.

Mi alli di wella. Mi fyddi di'n gwella. Mi fydd yn cymryd amser, ac mi fydd meddyginiaeth yn helpu i gyflymu'r broses, ond dydy o ddim yn mynd i bara am byth. Does 'na ddim byd yn para am byth. Dwi'n addo, mi ddaw pethau'n well.

Mi wyt ti'n alluog. Mi wyt ti'n gryf. Mi alli di ei oddef. Mi alli di wneud hyn. Edrycha arnat ti dy hun, mi wyt ti'n gwneud hynny'n barod...

GORBRYDER

Roedd 'na nyrs ysgol yn fy ysgol uwchradd o'r enw Sister Webb, a oedd yn wraig ddigon dymunol ar y cyfan. Ond waeth beth oedd y symptomau, roedden ni'n arfer tyngu mai Strepsil fyddai'r presgripsiwn bob amser, cyn iddi anfon y claf yn ôl i'r dosbarth. Hyd yn oed pe bai rhywun yn mynd i weld Sister Webb ar ôl i'w fraich gael ei llifio i ffwrdd, byddem yn cellwair mai losin mêl a lemwn fyddai'r driniaeth.

Ond, fel rhyw iachâd seicosomatig dros dro, roedd Strepsil fel arfer yn gweithio. Roedden ni yn teimlo'n well. Efallai mai dyna pam y byddai'n eu rhoi nhw i ni? Am mai gorbryder arddegol oedd yn effeithio ar y rhan fwyaf o'i chleifion?

Erbyn hyn, mae gen i gof plentyn o ddeffro ar unrhyw ddiwrnod arferol a phenderfynu fy mod i'n mynd i farw y diwrnod hwnnw. Roeddwn i newydd *benderfynu*. Byddwn i'n teimlo'n *gwae* nos Sul cyn yr ysgol. Mi fyddai gen i ofn gyrru dros bontydd Llundain yn y car efo Dad rhag ofn i'r bont ddisgyn i afon Tafwys. Mi fyddwn yn poeni ein bod ni'n rhedeg allan o arian. Mi fyddwn i ar fy nhraed yn y nos yn mynd i banig ynglŷn â sut roedden ni'n mynd i fforddio talu ar ôl cael tocyn parcio, *petaen* ni'n cael un. Mi fyddai ein teulu yn chwalu. Mi fyddwn i, Daisy a Hector yn mynd i'r system ofal.

Pan oeddwn i'n cael anrheg pen-blwydd, y peth cyntaf ar fy meddwl fyddai, 'O mam bach, dwi'n ei garu o gymaint. Beth os ydw i'n ei golli?' Chwerthinllyd.

O bryderon bach: Beth os nad oedd 'na ddigon o laeth ar gyfer brecwast drannoeth? I rai mawr: Beth fydd Geri yn ei wneud am waith rŵan ei bod hi wedi gadael y Spice Girls?

Ai fy magwraeth fymryn yn ddi-drefn oedd ar fai? Y ffaith bod fy rhieni'n hunangyflogedig? Y ffaith nad oedd ganddyn nhw swyddi 'normal' ac incwm rheolaidd? Fy mod i'n gwybod nad oedd ganddyn nhw bensiynau. Neu gynlluniau wrth gefn. Roeddwn i'n poeni fel nad oedd angen iddyn nhw boeni.

I fod yn deg efo fy rhieni, roedden nhw'u dau wedi cael plentyndod gorbryderus iawn efo rhieni gorbryderus o gefndiroedd crefyddol gul. Mae'r ddadl fod gorbryder cynhenid, trawma etifeddol a gwir achos gwaelodol gorbryder yn rhan o'n DNA a'n geneteg i'w gweld yn dal dŵr i raddau helaeth. Dydy o ddim yn fai ar neb.

(Ond mae o bob amser yn deillio o blentyndod, yn tydi?)

Fel llawer o blant – heb hyd yn oed feddwl am y peth – mi fyddwn i'n cnoi fy ewinedd drwy wasanaeth yr ysgol, yn cnoi'r ymylon o gwmpas fy ewinedd mewn gwersi mathemateg, a phan fyddwn i'n trio goresgyn yr arfer drwg hwnnw, mi fyddwn i'n troi at rywbeth ychydig yn fwy cyfrinachol a sinistr: cnoi y tu mewn i 'ngheg, fy ngwefus, pigo gwadnau fy nhraed, neu grafu fy mhen nes ei fod yn frith o friwiau a chrachod bach. Mi fyddwn i'n rhincian fy nannedd nes bod angen gorchuddion deintgig rwber. Yn fwy diweddar, pan oedd methu â chysgu yn esgor ar orbryder difrifol, mi fyddwn i'n crafu fy nghymalau nes tynnu gwaed.

Wnes i erioed feddwl am hynny fel ymddygiad gorbryderus. Rŵan, mi fyddwn i'n mynd mor bell â'i alw'n hunan-niweidio.

Er mwyn goroesi'r ymosodiadau gorbryder, ar ôl i fy mhen fynd ar chwâl, roedd yn rhaid i fi gael gwared ar yr ellyllon a'r arswyd a oedd ynddo fo. Roedd yn rhaid i fi ei ddirnad fel cemegion, hormonau, emosiynau, teimladau. Ei ddirnad yn wyddonol, a pheidio â gadael i'm dychymyg wneud ei hen waith budr.

Roedd yn rhaid i fi ddysgu a derbyn nad y digwyddiadau eu hunain sy'n achosi aflonyddwch, ond yn hytrach sut rydyn ni'n *gweld* y digwyddiadau hynny. Roedd yn rhaid i fi ddeall fy ngorbryder *i*. Beth mae'n ei wneud i fi, sut mae'n gwneud i fi deimlo, beth sy'n ei sbarduno, ac yn bwysicaf oll, sut alla i ymdopi efo fo.

Yn nes ymlaen, ar dudalen 304, mi fydda i'n manylu ar ble i gael gafael ar help. Ond yn gyntaf:

Os wyt ti'n dioddef o orbryder, dydy hynny ddim yn golygu dy fod di'n 'boenwr'. Dy fod di'n gaeth i'r awydd i reoli popeth. Yn berson nerfus. Yn anniddig. Yn swil. Ofn cyfarfod â phobl newydd. Dydy hynny ddim yn wendid. Dydy o ddim yn dy wneud di'n od. Mi alli di fod y person mwyaf uchel dy gloch, hyderus, afieithus, dewr a chymdeithasol yn y byd, a dal i ddioddef o orbryder sy'n dy barlysu ac yn difetha dy fywyd.

Mi all *unrhyw beth* fod yn symptom o orbryder. Mae pwl o orbryder yn gallu gwneud i ti deimlo dy fod di ar fin marw, dy fod di'n cael trawiad ar y galon, pan nad oes yna unrhyw beth *corfforol* yn bod ar dy galon iach. Yn eironig, fodd bynnag, mi *all* gorbryder gael effaith ddwys ar y corff a'r enaid.

Yn union fel bodolaeth gwenyn meirch, mae'n hawdd gofyn i ti dy hun, beth ydy pwynt gorbryder difrifol? Mae'n annymunol ac yn wanychol. Fel rhywogaeth, rydyn ni wedi'n creu i oroesi; ein greddf ydy amddiffyn ein hunain. Yn y bôn, gorbryder ydy system rybudd yr ymennydd, sy'n achosi i'r corff ymateb i ofn. Mae'n sbarduno'r ymateb 'ymladd neu ffoi' er mwyn i ni amddiffyn ein hunain os ydyn ni'n dioddef ymosodiad difrifol; mae'n cau ein corff i lawr i alluogi'r organau sylfaenol i weithredu'n gyflym ac yn effeithiol, a thrwy hynny osgoi niwed.

Dyna'n aml pam nad ydy pobl sydd mewn sioc yn ymwybodol eu bod nhw wedi cael eu hanafu, oherwydd nad ydyn nhw'n teimlo'r boen yn yr ennyd honno. Mae'r ymennydd wedi arbed y boen er mwyn iddyn nhw allu dianc a delio â'r clwyfau yn ddiweddarach.

Pan maen nhw'n teimlo symptomau gorbryder, mae rhai pobl yn teimlo'r angen i chwydu neu wagio'u coluddion. Mae hyn yn mynd â ni'n ôl i'n dyddiau madfall (ydw, dwi newydd ddweud 'dyddiau madfall' – sori). Pan fydd madfall mewn perygl, mae'n ysgarthu fel ei bod mor ysgafn â phosib, a bydd wedyn yn gallu ffoi yn gyflymach. Clyfar iawn. Hmmm, ond ddim mor glyfar pan wyt ti ar fin arwain cyflwyniad yn y gwaith neu'n trio gwneud rhywbeth mor syml â phrynu brechdan i ti dy hun.

SUT I YMDOPI AG ISELDER A GORBRYDER

Dwi'n adnabod pobl sy'n cyfeirio at eu hiselder neu eu gorbryder fel ffrind. Mae rhai hyd yn oed yn dewis enwau ar eu cyfer. Dwi'n credu bod y syniad yn un hyfryd, gan ei fod yn gallu dyneiddio dy deimladau negyddol a lleihau'r arswyd. Ond gan fod fy ofnau i'n deillio o gymeriadaeth fy meddyliau – clywed lleisiau, anhwylder personoliaeth hollt, sgitsoffrenia a rhithweledigaethau – mae'n well gen i beidio â gwneud hynny. Dwi'n teimlo ei fod yn rhoi gormod o bŵer i'r gorbryder.

Mae eraill yn awgrymu rhoi goslef rhywun annwyl iddyn nhw i'w 'llais gorbryderus/llais iselder' yn hytrach na goslef bwli – Barack Obama oedd dewis un ferch yn yr ysbyty. Os ydy hi'n fuddiol i ti feddwl felly, gwych. (Er, yn bersonol, eto am y rhesymau uchod, dydw i ddim eisiau Barack Obama – na neb arall – yn mwmian a phaldaruo yn fy mhen.)

Alli di ddim trin dy orbryder *di* nes dy fod di'n ei ddeall. Mae'n beth mor bersonol ac unigol i bawb, ond dyma beth weithiodd i fi a fy ymennydd:

CBT (therapi ymddygiad gwybyddol) / REBT (therapi ymddygiad emosiynol rhesymegol)

Athroniaeth a ffordd o feddwl a grëwyd gan Aaron Beck ydy CBT. Cafodd REBT ei ddatblygu a'i addasu gan Albert Ellis yn y 1950au – dwi wedi defnyddio'r ddau ddull i wella.

Mae'r therapi yn seiliedig ar athroniaeth stoïcaidd. Dileu posibiliadau afresymol ac afresymegol, cadw pethau'n real, yn bresennol ac yn yr ennyd. Mae'n ymarferol, ac mae'n bosib ei ddefnyddio gydag unrhyw senario. Ac, yn ffodus i ni, mae'n gweithio'n arbennig o dda wrth drin gorbryder.

Mae'n bosib gwneud cwrs; mae'r Gwasanaeth Iechyd Gwladol yn cynnig gwasanaeth atgyfeirio, ond mi wnes i ddysgu fy hun drwy bodlediadau a llyfrau (roedd *Ten Steps to Positive Living* ac *Overcoming Anxiety* gan Dr Windy Dryden, a *How to Stubbornly Refuse to Make Yourself Miserable about Anything: Yes, Anything!* gan Dr Albert Ellis yn ddefnyddiol iawn, ac mi gefais fudd o *Happy* gan Derren Brown hefyd). Mae ymgorffori CBT yn fy mywyd wedi *newid* fy mywyd. Allwn i ddim dychmygu bywyd hebddo. Dwi'n hollol o ddifri: er mor od y mae'n swnio, mae fy ffrindiau a finnau erbyn hyn yn cael nosweithiau bwyd, gwin a CBT rŵan. Ac maen nhw'n wych. Rydyn ni'n gofalu amdanon ni'n hunain ac am ein gilydd.

Diolch i CBT/REBT, dwi bellach yn ymddwyn – coelia neu beidio – fel gwyddonydd, *ddim* fel rhyw gymeriad dramatig sy'n gorliwio wrth adrodd straeon.

Ar y dechrau, mi fydd y ddau therapi yn ymddangos fel llawer o waith, ond mae'r broses yn debyg iawn i greu llwybr newydd yn dy ben, gyda'r hen un yn gordyfu a chau o ddiffyg defnydd dros amser. Mae fel dysgu iaith newydd: mae'n gofyn am ymarfer, disgyblaeth ac amser, ond un diwrnod mae'r darnau yn disgyn i'w lle ac mae'r llwybr newydd yn cael ei greu.

Er enghraifft, un ofergoel oedd yn fy nharo i oedd: 'Os na fydda i'n gwisgo'r dilledyn yma am Jet, fydda i ddim yn cysgu heno ac mi wna i golli fy mhwyll eto.' A chyn i fi droi, roeddwn i'n gallu dychmygu fy hun mewn cell gwiltiog am weddill fy nyddiau...

Ond efo therapi ymddygiad gwybyddol, mi wnaeth hynny newid i: 'Dydy dillad Jet ddim yn effeithio o gwbl ar ba mor dda ydw i'n cysgu. *Meddwl hudol* ydy hynny, ac mae'n cyfri fel meddwl *gorbryderus afresymol. Os* ydw i'n cael noson ddi-gwsg, sy'n dra annhebygol gan fy mod i wedi bod yn cysgu'n dda iawn, dydy hynny ddim yn arwydd 'mod i am golli fy mhwyll eto. Ddim felly mae diffyg cwsg yn gweithio, ac mae'r amgylchiadau'n wahanol i'r amgylchiadau pan es i'n sâl o'r blaen. A hyd yn oed pe bawn i'n mynd yn sâl eto, mi alla i ei oddef, mi alla i ymdopi, does dim ond angen i fi edrych ar yr hyn dwi wedi'i oddef hyd yn hyn.'

Ydy, mae'n dechrau mewn modd ychydig yn bedantig, ond buan iawn y doi di i arfer.

Mi wyt ti'n gallu bodoli'n berffaith fodlon ochr yn ochr efo dy ofnau. Dydy o ddim yn mynd i ddigwydd dros nos, ond mi fydd yn digwydd.

Sut i Helpu Mam Newydd

Mae pobl eisiau helpu ond dydyn nhw ddim yn siŵr iawn sut. Roeddwn i'n hynod ffodus fod cymaint o ffrindiau a theulu yn byw yn agos, ond hyd yn oed wedyn, mae pobl, anwyliaid hyd yn oed, yn gallu mynd ar draws pethau a gwneud bywyd yn anoddach: mae'n gallu teimlo fel pe bai yna *rywun arall* yn y tŷ sy'n mynd i fod eisiau paned o de, ac sy'n gwneud i ti deimlo nad wyt ti'n gallu bod yn noeth neu grio fel wyt ti eisiau.

Cyn camu i mewn, mae angen i ti ddeall mai dyma amser *Mam* efo'i babi. Mae hi'n trio cael ei thraed dani. Cael ei *hun* yn ôl. Mae hi'n trio creu cwlwm. Mae hi'n trio cwympo mewn cariad â'i babi, yn agos, ar fyrder, ac mi all gymryd ychydig o amser i'r teimladau cariadus hynny ddod i'r fei. Mae hi'n trio arfer efo dynameg newydd yn ei chartref. Mae hi wedi'i llethu, mae hi'n ofnus. Yn gyffrous ond yn flinedig. Mae hi'n fregus. Mae'n bosib ei bod hi mewn poen gorfforol. Mae hi'n brysur yn gwneud pob math o bethau. Mae hi'n trio addasu, i ddygymod â'r ffaith ei bod hi'n ferch ond rŵan yn fam hefyd. Mae'n bosib y bydd hi'n gweiddi, yn fyr ei hamynedd neu'n crio. Ond mae hynny oherwydd bod *bod* yn fam yn DIPYN O BETH.

Yn gyntaf oll, dydy hi ddim yn fuddiol galw heibio oni bai dy fod di wedi cael DY WAHODD.

Nesaf, dydy hi ddim yn fuddiol chwaith cynnig cyngor neu sylwadau neu adrodd hanesion – nawddoglyd, diangen, beirniadol neu unrhyw beth sy'n ennyn pryder – am dy brofiadau personol o fagu plant, oni bai ei bod hi'n GOFYN. Er enghraifft:

'Pan ges i fy mabi *i*, ddim *fel yna* oeddwn i'n ei wneud o, ond *fel hyn*.'

Ia, iawn, ond dy fabi *di* oedd hwnnw a fy mabi *i* ydy hwn, *ti* wyt *ti* a *fi* ydw *i*. O, ac os ydw i angen cyngor gen ti, mi wna i ofyn amdano fo.

Os wyt ti wedi gwneud y cyfan o'r blaen (dwyt ti ddim, achos mae'n wahanol i bawb) ac yn gwybod popeth sydd i'w wybod am fod yn fam (sy'n amhosib), yna mi ddylet ti wybod gwaith mor drybeilig o galed ydy o.

Ond mi alli di helpu. Mi wyt ti'n bwysig. Felly gwna'n siŵr mai ti ydy'r cymorth gorau gafodd unrhyw fam erioed drwy ddilyn ei greddf *hi* a gadael iddi *hi* ddweud sut alli *di* ei helpu *hi*. Cofia, mae hi'n dilyn anghenion babi ac mi alli *di* fodloni ei hanghenion hi.

Mae hi angen lle. Angen cefnogaeth. Angen anadlu. Angen bwyta. Angen yfed digon. Angen ymolchi. Angen gorffwys.

Felly, dos i'r archfarchnad drosti. Gwna baned o de. Llenwa'r peiriant golchi. Rho'i ffôn i wefru. Dos ati i hwfro carped y stafell fyw. Gwna bastai bugail. Dos â'r biniau allan. Atgoffa Mam pa mor *wych* mae hi'n ymdopi efo'r busnes bod yn fam 'ma.

Ond paid â rhedeg y sioe. Paid â gwneud hynny drosti. Paid â gwneud iddi amau ei hun. Cama'n ôl.

Mi allai fod yn rhwystredig i ti wylio rhywun yn gwneud rhywbeth am y tro cyntaf pan wyt ti wedi'i wneud gant a mil o weithiau – dwi'n methu dioddef sefyll y tu ôl i Hugo pan mae o'n gwneud cinio. Mae bron iawn yn amhosib peidio â dweud wrtho beth i'w wneud. Ond dwi'n cadw fy ngheg ar gau. Dwi'n cerdded allan o'r gegin. Dwi'n gwneud rhywbeth arall. Dwi'n agos, ond ddim yn hofran dros ei ysgwydd fel ogla drwg. A beth sy'n digwydd? Mae'n dod yn well cogydd o'r herwydd!

Bydd yn gefn iddi hi, cadwa olwg arni hi OND paid â'i gorlethu hi; mae dy rif ffôn di ganddi hi, mi alli di fod ar gael i ateb unrhyw gwestiwn ond mae'n rhaid i ti *adael lle iddi anadlu.*

SUT I OFALU AM DY FABI

Mae angen i ti ymddiried yn dy reddf dy hun. Does dim rhaid i ti wrando ar gyngor na wnest ti holi amdano fo. A hyd yn oed pan fyddi di'n gofyn am gyngor, does dim rhaid i ti ei ddilyn.

SUT I OFALU AM RYWUN SY'N DIODDEF

Mae salwch meddwl yn aml yn anweledig, ac mae'n gallu bod yn anodd ei adnabod neu hyd yn oed ei drin efo cydymdeimlad – y ffordd orau i ddeall rhywun sy'n dioddef ydy eistedd i lawr efo nhw, gafael yn eu llaw a dweud y BYDD HYN YN PASIO.

- Eu hannog i weld meddyg teulu os oes angen
- Gwrando. Dilysu. Sicrhau
- Peidio â gofyn unrhyw beth ganddyn nhw
- Bod yn amyneddgar – eu trin nhw fel yr hoffet ti gael dy drin pe baet ti'n mynd yn sâl, a'u hannog nhw, yn dyner ond heb fod yn nawddoglyd, i ymolchi, i fynd allan i'r awyr iach, i fwyta ac yfed. Mae'n werth cadw pethau'n syml a'u gwneud heb fawr o ffwdan
- Hwyluso gwneud penderfyniadau – peidio â'u llethu
- Ymgymryd â rolau gweinyddol a rolau domestig lle bynnag y bydd hynny'n bosib
- Newid y dillad gwely, gadael awyr iach i mewn i'r tŷ
- Esbonio'n *dyner* beth sy'n digwydd wrth ffrindiau a theulu
- Peidio â gadael iddyn nhw (neu wneud iddyn nhw) deimlo'n euog
- Ymatal rhag dweud 'cwyd dy galon'
- Ymatal rhag dweud wrthyn nhw *sut* i deimlo
- Eu hatgoffa eu bod yn gwneud yn dda
- Dweud wrthyn nhw dy fod di'n eu caru – a'u hatgoffa bod 'na bobl yn eu caru nhw

- Eu hatgoffa i osgoi llefydd gorlawn/pobl anodd/rhaglenni teledu trwm/y newyddion
- Eu hatgoffa i gymryd faint bynnag o amser fynnan nhw i wella, ac nad ydyn nhw'n siomi unrhyw un
- Dathlu buddugoliaethau bach
- Gofyn iddyn nhw ddweud sut maen nhw'n teimlo, ac os wyt ti'n poeni, peidio ag oedi cyn cael gafael ar gymorth a chefnogaeth broffesiynol

A–Y Hunanofal

Addysgu fy hun a Jet am bwysigrwydd gofalu amdanon ni'n hunain.

Amynedd – nid ras ydy adferiad, ond proses, dydy o ddim yn llinol. Ara bach a bob yn dipyn piau hi...

APP (Action on Postpartum Psychosis) Gweld taflen go iawn, yn rhestru symptomau fy salwch. Nid fy nychymyg i oedd o. Doedd o DDIM 'yn fy mhen'. Mae'n REAL. Clywed straeon goroeswyr eraill, cael cefnogaeth gan ferched eraill ac yna cefnogi merched eraill pan fedrwn i. Dysgu NAD wyt ti ar dy ben dy hun wrth ddelio efo'r salwch creulon hwn a gwella ohono. Rydyn ni'n griw prin, ond rydyn ni allan yna.

Arafu – weithiau, dwi wedi gorfod oedi wrth gerdded ar y stryd dim ond i *anadlu*. Dwi wedi sylwi arnaf fy hun yn brasgamu i'r archfarchnad fel llofrudd efo bwyell dim ond i gael fflipin afal i Jet.

Arnofio. Arnofio i'r gwaith, arnofio i gysgu, arnofio i'r soffa, arnofio i'r traeth, arnofio i fwyty...

Blaenoriaethu – pan fyddi di'n gwneud hyn yn iawn, mi wyt ti'n sylweddoli beth sy'n bwysig mewn gwirionedd. Ydw i'n poeni os ydy'r tŷ yn llanast? Nac ydw.

Bwyta tri phryd da y dydd er mwyn osgoi gorbryder yn sgil dicter am dy fod di'n llwglyd.

Caredigrwydd tuag atat ti dy hun. Bydd yn amyneddgar efo ti dy hun, a bydd yn dyner efo ti dy hun. Rho dy hun yn gyntaf. Paid â chystwyo dy hun am ohirio unrhyw drefniadau. Am feddwi. Am fod angen help. Am grio. Am beidio â mynd i'r gwaith. Am wneud pethau sy'n gwneud i ti deimlo'n dda. Am fwyta'r hyn rwyt ti ei eisiau. Am beidio â mynd i'r gampfa. Am fynd i'r gampfa. Am ymddwyn fel wyt ti eisiau. Am aros yn y gwely. Am fod yn ti dy hun. Am gymryd dy amser.

CBT (therapi ymddygiad gwybyddol) – gweler tudalennau 286–7.

Cerddoriaeth – ar adegau fel hyn, mi all cerddoriaeth fod yn ffrind go iawn. Yn y pen draw, mi ddaeth fy nghariad at gerddoriaeth yn ei ôl, yn gryfach nag erioed hyd yn oed. Yn sydyn roeddwn i'n deall geiriau'r caneuon, yn gwrando arnyn nhw ac yn ymateb iddyn nhw. Dwi hefyd yn mwynhau canu nerth esgyrn fy mhen; mae'n adloniant i Hugo ac i'r cymdogion, dwi wrth fy modd a dydw i'n poeni dim 'mod i'n swnio'n debyg i gath sy'n cael ei llindagu. Ac mae gwylio Jet yn canfod cerddoriaeth wedi bod yn brofiad anhygoel.

Coginio – mi ges i gysur mawr o lyfrau ryseitiau, wrth bori drwyddyn nhw cyn mynd i'r gwely. Yn y pen draw, mi roddodd coginio bwrpas i fi: cyflwyno Jet i fwyd. Roedd Hugo a finnau'n bwyta'n dda ac roedden ni'n gryf ac yn iach o ran maeth, *ac* yn y pen draw mi wnes i ddechrau gwahodd ffrindiau draw a choginio iddyn nhw. Mi wnaeth hynny roi hwb i fy hyder, porthi fy nghreadigrwydd a'm hannog i fod yn gymdeithasol. Mi wnaeth o wella fy ngorfeddwl, a f'atgoffa i ohonof fy hun.

Crio – caniatáu i fi fy hun deimlo'r *holl* emosiynau yn mynd a dod, heb eu rhwystro na'u hosgoi. A bod yn falch o fy sensitifrwydd.

Cwrw dialcohol – ar y pryd, roedd o'n ddefnyddiol iawn ac yn gwneud i fi deimlo'n gymdeithasol ac 'fel fi fy hun' ond yn gadael i fi gadw lefel o reolaeth dros fy ofn. Mae'n rhaid osgoi alcohol efo cyffuriau gwrthseicotig beth bynnag, ac mae'n gallu bod yn hynod beryglus wrth ddefnyddio cymhorthion cysgu.

Cwsg – a digon ohono.

Cydnabod bod rhai pethau yn gallu fy ngwneud i'n orbryderus: pen mawr ar ôl yfed a chaffein a lefelau hylif isel; diffyg bwyd. Hyd yn oed dal yn rhy hir heb fynd i'r tŷ bach. Fy mislif; gwylio ffilmiau arswyd neu sioeau teledu realiti od; pori ar-lein; rwtsh ar y cyfryngau cymdeithasol; erthyglau papur newydd penodol; trethi; biliau; a rhai pobl. Dwi'n osgoi cymaint ag y galla i o'r uchod ac yn atal y teimladau drwg. Nid osgoi ydy hyn, ond amddiffyn dy hun. Yn yr un modd, yr amserydd ar y ffwrn, bipian y peiriant golchi: dwi'n eu diffodd nhw yn hytrach na gadael iddyn nhw wneud i fi deimlo'n ofidus.

Cymryd fy amser. Dod oddi ar fy nhabledi mor araf â phosib. Does *dim angen* rhuthro. Does dim *pen draw* i adferiad. Cymer dy amser. Gam wrth gam.

Cysylltu ag eraill sydd wedi bod drwy bethau tebyg i fi. Trawma o unrhyw fath. Wedi dweud hynny, iawn, darllena straeon adferiad, ond dwi'n trio peidio â chymharu fy mhroses adfer i fy hun efo rhai neb arall. Does yna ddim ffordd gywir o wella.

Chwarae efo fy mabi! Does dim llawer o bobl yn cael dod allan o gyfnod o drawma efo person bach gwych a gwirion yno'n aros i gael hwyl efo fo. Mi wnes i chwarae a chwarae a chwarae.

Deall fy salwch a'r hyn a ddigwyddodd i fi hyd eitha fy ngallu, a pheidio â'i ofni.

Derbyniad – peidio â mynd yn rhwystredig efo pethau sydd y tu hwnt i fy rheolaeth i. Peidio â bod yn flin efo fi fy hun. Derbyn fy salwch.

Dewrder – dod o hyd iddo i wneud rhywbeth yn ddi-ofn, fel cofnodi'r stori yma a'i rhannu. Wnes i erioed feddwl y byddai gen i 'gofiant'. Ac eto... dyma ni.

Empathi – y person piwis yna sydd bob amser wedi bod yn dipyn o ben bach am ddim rheswm? ... Dwi rŵan yn trio meddwl ddwywaith; *pam* maen nhw fel maen nhw? Mae bywyd yn gallu bod yn greulon ac mae weithiau'n newid pobl *a'u* golwg ar y byd. Yn hytrach na'u diystyru, beth am ddod i'w hadnabod yn well?

Estyn allan at eraill. Dwi wedi gwneud ffrindiau newydd yn ystod y profiad hwn, ffrindiau sy'n barod i fentro a siarad am y stwff yma.

Ffrindiau – y rhai sy'n dal i aros efo ti. Sy'n galw heibio. Sy'n aros ar eu traed i ti. Sydd ddim yn barnu. Sydd byth yn ildio. Ac sydd yn dy garu di beth bynnag.

Gwneud pethau clên i bobl eraill am ddim rheswm o gwbl. Bod ar ben arall y ffôn, gwneud yr ymdrech i gadw mewn cysylltiad efo fy ffrindiau i gyd (ia, hyd yn oed y rhai sydd bob amser yn ymddangos yn 'iawn'), gwrando, rhannu a bod yn hael efo'r hyn sydd gen i.

Hiwmor – roedd yn rhaid i fi roi caniatâd i fi fy hun chwerthin. Mae dod o hyd i'r hiwmor yn fy stori wedi bod o help mawr. Dydy o ddim yn glastwreiddio'r hyn dwi wedi mynd drwyddo, ond mae'n ei gwneud hi'n haws ei lyncu. Pan fydda i'n meddwl yn ôl am rai o'r pethau gwyllt roeddwn i'n eu gwneud pan oeddwn i'n sâl, mae'n *rhaid* i fi weld yr ochr ddoniol. Dydw i ddim eisiau i flwyddyn gyntaf bywyd fy mab gael ei chofio fel y flwyddyn ddychrynllyd, dywyll a phoenus honno na fedra i siarad amdani. Mae chwerthin yn heintus, mae chwerthin yn rhyddhau tensiwn, mae chwerthin yn gallu lleddfu pryder. Mae fy ffrindiau'n gallu trafod y pwnc hefyd, a gofyn cwestiynau i fi amdano. Mae'n rhoi agwedd ddynol i'r cyflwr. Chwerthin ydy'r ffisig gorau un!

Ie i bethau newydd, pethau cyffrous, pethau a oedd yn arfer fy nychryn i; dyna ochr gadarnhaol bod yn agos at farw – mae'n rhoi gymaint o ryddid i rywun – a dwi'n mwynhau fy mywyd llawer mwy nag y gwnes i erioed. Dwi mor ddiolchgar am fy lle ar y ddaear.

Llyfrau am CBT, am iechyd meddwl, am adferiad, straeon goroesi, bywgraffiadau hefyd – dysgu nad ydy *hyd yn oed* dy arwyr yn ddiogel rhag mynd yn sâl chwaith!

Maddeuant – am bopeth a aeth o'i le, i'r salwch ac i fi fy hun.

Masgiau ocsigen – dydy hi DDIM yn hunanol rhoi dy iechyd dy hun yn gyntaf, dydy hynny ddim yn dy wneud di'n rhiant gwael. Meddylia am y masgiau ocsigen ar awyren – y drefn yw i ti wisgo dy fasg dy hun yn gyntaf cyn helpu dy blentyn, achos dwyt ti ddim yn mynd i allu helpu dy blentyn os nad wyt ti mewn cyflwr digon da i helpu dy hun.

Meddyliau awtomatig negyddol (NATs) – ymddygiadau awtomatig gwastadol sy'n codi yn yr ymennydd pan fyddwn ni'n wynebu 'digwyddiad ysgogol' neu 'sbardun'. (Roeddwn i'n euog o gymaint o'r ymddygiadau hyn heb hyd yn oed sylweddoli hynny.)

Mi fedri di ddal gafael ar dy ymddygiadau a dy emosiynau yr eiliad rwyt ti'n eu profi nhw, gan eu cydnabod a'u herio. Mi wyt ti'n profi dy 'gredoau' yn erbyn realiti. Mae'r ymddygiadau isod i gyd yn enghreifftiau cyffredin o feddyliau awtomatig negyddol:

> **Trychinebu**
> Meddyliau 'Beth os'/ creu senarios dychmygol / tyllau cwningen meddwl negyddol / twyllo dy ymennydd i gredu'r canlyniadau gwaethaf posib a realiti gwaethaf y dyfodol, e.e., colli anwyliaid a pherthnasau; ynysu mewn seilam yn y pen draw; colli *popeth*; marw.
>
> Yn hytrach na 'Beth OS', heria'r syniad efo 'Beth YW?'
>
> Beth YW? Ydy popeth yn iawn ar hyn o bryd? RŴAN HYN, hynny ydy? Ydy, mae o.
>
> Mewn geiriau eraill, yn hytrach nag ofni'r sefyllfa waethaf a hel meddyliau amdani, mae angen delio efo'r presennol, a'r digwyddiad neu'r rhwystr hwnnw pan fydd yn digwydd – neu hyd yn oed os bydd o'n digwydd. Mae'n

debygol bod y senario waethaf rwyt ti wedi'i dychmygu yn *hynod* annhebygol, os nad yn amhosib... ac felly'r cyfan rwyt ti'n ei wneud ydy rhoi dy hun drwy'r uffern o ddychmygu'r fath beth am ddim rheswm o gwbl.

Yn y bôn, os NAD ydy rhywbeth yn ffaith, mae'n rhaid ei anwybyddu.

Gofyn am sicrwydd

Mae gofyn i ffrindiau, teulu a gweithwyr proffesiynol am sicrwydd yn mynd i dy flino di a'r bobl o dy gwmpas di, ac mae'n ddibwys: sut maen *nhw'n* gwybod?

Nid yn unig mae hynny'n rhoi'r sawl sy'n rhoi sicrwydd i ti mewn lle annifyr, dydyn nhw chwaith byth yn mynd i allu rhoi'r ateb rwyt ti wir eisiau ei glywed. Mae'n *amhosib* iddyn nhw roi'r sicrwydd sydd ei angen arnat ti achos dydyn nhw *ddim yn gwybod*, felly dydy unrhyw ateb, y naill ffordd neu'r llall, byth yn ddigon, ac mi fyddi di wedyn yn anfodlon, yn amheus ac o ganlyniad yn fwy pryderus.

Mae'n bosib y bydd gofyn am sicrwydd yn cynnig rhyddhad i ti yn y tymor byr, ond nid dyma'r ateb. Os wyt ti'n gweld dy hun yn gwneud hynny, dyma beth fedri di ei wneud: yn syml, PAID â gofyn am sicrwydd, ac yn y pen draw, mi fyddi di'n arfer peidio! Ar ben hynny, dwyt ti ddim angen sicrwydd beth bynnag – mi fedri di roi sicrwydd i ti dy hun.

Ofergoeliaeth/meddwl hudol

Mae hwn yn un od, ac yn un o'r rhai anoddaf i'w ddileu, ond yn y bôn, *stopia'i wneud o* – dydy cyffwrdd unrhyw 'bren' ddim yn mynd i helpu mewn unrhyw ffordd. Os wyt ti'n dioddef o OCD, hola am gyngor gan seiciatrydd (mae CBT yn gallu helpu efo OCD hefyd).

Dadansoddi negyddol a hunanfeio

Mae hyn yn ymwneud ag archwilio'r gorffennol yn fanwl,

tynnu dy bersonoliaeth yn ddarnau'n gyson a dod i'r casgliad dy fod di rywsut ar fai.

Yn lle hynny, heria'r canfyddiadau: ble mae'r dystiolaeth i gefnogi neu ategu hyn? Pam wyt ti'n anghofio am yr holl ffyrdd da, gonest ac iach o feddwl, ymateb ac ymddwyn yn ystod dy fywyd? Beth am y troeon niferus hynny pan mae yna bethau drwg wedi digwydd ond nad ydy hynny wedi arwain at seicosis a thrychineb?

Meddwl du a gwyn

Os wyt ti'n baglu ar dy daith neu'n cael diwrnod gwael, paid â dechrau meddwl bod yr holl waith caled rwyt ti wedi'i wneud i wella yn ofer. Yn lle hynny, heria'r meddyliau du a gwyn. Mae'n iawn i ti gael diwrnod gwael a derbyn hynny. Mae bywyd yn glytwaith o'r da a'r drwg, ond dydy hynny ddim yn golygu bod bywyd naill ai'n dda neu'n ddrwg. A dwyt tithau chwaith ddim yn dda nac yn ddrwg.

Rhwystredigaeth/goddefgarwch gwan

Mae problemau'n digwydd pan fyddwn ni'n meddwl bod bygythiad yn fwy nag ydy o, a ninnau ar yr un pryd yn rhy amheus o'n gallu i ymdopi. Efo unrhyw beth. Atgoffa dy hun dy fod di'n fod dynol cadarn a gwydn, ac y medri di ymdopi.

Hunandosturi

Dealla gymaint o arwr wyt ti!

Ystyria dy hanes fel un o oroesi, yn hytrach na beth mae'r salwch wedi'i ddwyn oddi arnat ti. Sut wyt ti ar dy ennill ohono? Beth wyt ti wedi'i ddysgu ohono? (Y gwir ydy, mae'r ffordd yma o feddwl wedi gweithio mor dda i fi fel ei bod yn sychu fy nagrau.)

Meddwl cadarnhaol

Mae meddwl cadarnhaol yn gallu chwyddo ymddygiadau pryderus. Dydy dim ond 'dweud wrthot ti dy hun' y bydd popeth yn iawn ddim yn sicrhau y bydd popeth yn iawn; mae'n fwy tebygol o dy baratoi di am siom a gwneud i ti feddwl dy fod di'n 'jincsio' rhywbeth. Yn lle hynny, tria fod yn rhesymol, gwna'r hyn sydd o fewn dy reolaeth DI, a'i wneud hyd eithaf dy allu. Tria fod yn hyblyg ac yn eangfrydig.

Myfyrdod – mae'n gweithio'n dda iawn i rai, ond i fi roedd yn teimlo'n annaturiol – mi fyddai fy nghalon yn cyflymu a fy anadl yn tynhau, ac mi fyddwn yn teimlo'n waeth ar ôl gorffen. Mi all weithio i ti, ac mae'n bosib na fydd o, felly paid â phoeni na meddwl ei fod yn dweud rhywbeth am dy iechyd meddwl os nad wyt ti'n cael budd ohono. I fi'n bendant, myfyrio ydy gwylio sioeau coginio a chodi pwysau, ac mae hynny'n dal i gyfrif.

Na – a'i ddweud o! Gan gael gwared ar bob straen ychwanegol, terfynau amser pen set, tensiwn, pethau sy'n pwyso arnat ti, ymrwymiadau, cyfrifoldebau diangen. Dirprwyo gwaith gweinyddol. Gwrthod ymgymryd â phrosiectau ychwanegol oni bai bod rhaid i ti wneud hynny neu dy fod di eisiau gwneud hynny. Deall nad oes dim byd o'i le ar fod yn hwyr, canslo neu ohirio dros dro. Peidio â phoeni o gwbl am ohirio pob dim heblaw am y pethau hynny oedd yn iawn i Hugo, Jet a finnau. Ac roedd hynny'n golygu bod yn araf, cymryd fy amser a chadw at fy ardal ddaearyddol. Mi oedd hynny'n ddigon. Mae angen i ti ddeall beth sy'n ddigon i ti, a dweud na i unrhyw beth sy'n ormod. Bydd yn ymwybodol o dy derfynau a chadw atyn nhw. Mi all popeth aros.

Newid fy safbwynt, peidio â thrio bod yn arwr drwy beidio â chymryd tabledi. Dysgu fy mod i'n berson ac yn rhiant cyfrifol drwy ofalu amdanaf fi fy hun a gwrando ar y meddygon a'r gweithwyr proffesiynol. Fyddwn i ddim yn dweud wrth neb am adael i ddeintydd dynnu pedwar dant heb gyffuriau – pam fyddwn i'n trio mynd drwy hyn heb gyffuriau lleddfu poen? Dyna pam maen nhw'n bodoli.

Perchnogi fy salwch. Perchnogi fy adferiad.

Persbectif – mae popeth wedi newid, er gwell. Dwi'n well mam, yn well cariad, yn well ffrind, merch, chwaer. Dwi'n well yn fy swydd. Dwi'n gallu ymdopi efo bywyd bob dydd. Ac mae hynny i gyd *oherwydd* fy salwch; felly *can diolch iddo fo*. Dwi'n wybodus ac mae gen i ddirnadaeth newydd o werthfawrogiad a diolchgarwch. Dwi'n ddiolchgar i fywyd. Mi allai wastad fod yn well, ond mi allai fod yn ganwaith gwaeth... Dim ond beth sydd gen i eisoes sydd arna i ei eisiau. A dwi'n credu bod dysgu hynny mor gynnar yn fy mywyd ac yn fy nhaith fel rhiant yn werthfawr iawn.

PJ Harvey – 'We Float'

Podlediadau – gwrando ar straeon bywydau pobl a sylweddoli bod *pawb* wedi bod, wrthi'n mynd neu am fynd drwy rywbeth yn eu bywyd sy'n eu newid, a dod o hyd i gysur a gobaith yn hynny. Roedd podlediad Blind Boy am CBT mor fuddiol i fi. Mae'n siarad yn onest, doniol a didwyll, ac roedd yn gydymaith gwych drwy fy nghlustffonau wrth i fi ailafael yn fy sesiynau rhedeg o gwmpas y parc fin nos ar fy mhen fy hun.

Rhannu fy salwch. Rhannu fy adferiad.

Siarad – pan wyt ti'n siarad am dy salwch meddwl, mi wyt ti'n ei weld am yr hyn ydy o go iawn – cemegion, nerfau, emosiynau, meddyliau, teimladau, arferion, ymddygiad, patrymau, cylchoedd, hormonau. Wyt ti'n gwybod faint yn agosach ydy'r cwlwm a'r berthynas efo fy ffrindiau a 'mherthnasau? Dwi'n gallu trafod *stwff*. Mae pobl yn siarad efo fi. Mae fy mywyd wedi ffynnu. Mae wedi fy ngoleuo i. Mae wedi fy nghyfoethogi. Dydw i ddim yn cael *sgyrsiau diflas* mewn partïon erbyn hyn. Dydw i ddim yn gallu *mân siarad*. Dwi'n mynd yno. Dwi'n byw fy mywyd *yn swnllyd*. Dyma sut wyt ti'n creu cyfeillgarwch... a dwyt ti byth yn gwybod... mae'n bosib y byddi di'n ei drafod *gymaint* nes dy fod di'n diflasu dy hun hyd yn oed – yn naturiol, mi fyddi di eisiau symud ymlaen, ac mi fydd bywyd yn dy sgubo di i ffwrdd at rywbeth arall, fel sy'n digwydd o hyd. Hefyd, mae iselder yn casáu bod yn destun cwyno! Felly cwyna, cwyna, cwyna.

Stwna – mae'n iawn treulio diwrnod yn gwneud dim byd ond bodoli. Does dim rhaid i bob dydd fod yn brysur, yn llawn dop o weithgareddau, negeseuon e-bost a rhestrau maith o bethau i'w gwneud. Rydyn ni wrth ein bodd adra, dim ond ni'n tri, yn gwneud ein pethau ein hunain yng nghwmni ein gilydd. Mae'n ein sefydlogi, mae'n ein tawelu.

Symleiddio – roeddwn i'n arfer gwneud pethau'n fwy cymhleth nag oedd angen iddyn nhw fod. Does dim angen i fi fod yn un o'r mamau gorwych yma. Y cyfan sy'n bwysig yw bod yn fi fy hun a gwneud yr hyn alla i, pan alla i. Ac mae'n iawn os na alla i.

Te – ia, te go iawn!

Teledu – fy ffrind cyfrinachol yn nhywyllwch canol nos.

Teulu – maen nhw'n anhygoel. Dibynna arnyn nhw, mi ddaw 'na amser pan fyddi di'n gallu gofalu amdanyn nhw a thalu'r gymwynas yn ôl.

Tosturi – mae canolbwyntio dy sylw a dy ofal ar bobl eraill yn gallu dy helpu i wella dy hun, mae'n rhoi pwrpas a gwerth i ti. Does dim ond angen sefyll mewn safle bws i allu teimlo straeon a chreithiau pawb arall sy'n aros, o ble maen nhw wedi dod, i ble maen nhw'n mynd. Mae'r rhan fwyaf ohonon ni'n bobl gyffredin sy'n trio ein gorau. Bydd yn garedig.

Tyfu i fyny – a thyfu allan o fy ofnau. Ai dyma sut mae rhywun yn stopio ofni angenfilod o dan y gwely... drwy gyfarfod â bwystfilod *go iawn*? Drwy *ddod* yn fwystfil dy hun?

Wynebu'r bydysawd – dwi wedi mynd 'y tu hwnt i'r llen' ac mae'n iawn, mi wnes i lwyddo i ddod yn ôl. Dwi'n gwybod mai smotyn bach ar y ddaear fawr hon ydw i, does 'na ddim byd mor *feichus* nac mor *ofnadwy* ag roedden nhw'n ymddangos ar un adeg.

Ymarfer corff – teimlo fy nghalon yn rasio ac yn pwnio fel gordd, ac nid o achos gorbryder. Mae clywed fy hun yn colli fy ngwynt yn gwneud i fi deimlo mor fyw. Roedd o fel fy nghlywed *i fy hun*. Eisiau byw. A chodi pwysau! Mae teimlo'n gorfforol gryf yn fy helpu i deimlo'n gryf yn feddyliol. Ac i'r gymdoges 82 oed hyfryd a welodd fi'n dod allan o'r gampfa y diwrnod o'r blaen a dweud, 'Laura, dydy hi ddim yn *llesol* i hogan godi pwysau,' mae'n amlwg nad ydy hi'n gwybod ein bod ni'n codi pwysau bob dydd; plant bach trwm, a salwch meddwl o bosib! (Ond paid â *gorfodi* dy hun i wneud ymarfer corff achos dy fod di'n *teimlo* rhyw ddyletswydd. Dwi'n gwybod pa mor anodd ydy hi i lusgo dy gorpws i'r gampfa yn y lle cyntaf, yn enwedig ar ôl cael babi a/neu os wyt ti'n cymryd meddyginiaeth efo symptomau magu pwysau a syrthni... pwyll piau hi – mae cerdded YN cyfri fel ymarfer corff. Mi FYDDI di'n teimlo'n well os wyt ti'n symud ac yn mynd allan i'r awyr iach.)

Ymwybyddiaeth ofalgar neu **feddylgarwch** – dwi'n credu bod fy ymagwedd 'orfodol' at ymwybyddiaeth ofalgar (apiau, sain a llyfrau – sy'n gweithio i rai pobl, ac mae hynny'n wych) wedi arafu fy adferiad. Mi wnes i ymgolli yn y dasg o ddod o hyd i ateb i'r salwch, a wnes i ddim deall y broses nes i fi ddysgu bod ymwybyddiaeth ofalgar ar gael y tu hwnt i ap anadlu neu dudalennau llyfrau lliwio i oedolion. Mae ymwybyddiaeth ofalgar mewn gwirionedd yn golygu bod yn bresennol ac yn yr ennyd.

Ysgrifennu – mae geiriau wedi bod yno i fi ers pan oeddwn i'n hogan fach. Fel mae gan gerddor biano, mae gen i feiro, ac efo honno, dwi wedi gallu rhoi cynnig ar dreulio'r llanast mawr hyll yma sydd, yn fy marn i, *yn* stori garu. A rŵan 'mod i'n gweithio eto, fel awdur, dwi'n dod o hyd i fy hunaniaeth. Mae'n fraint gallu ymddiried yn fy mhen ac yn fy ngreddf. Mae fy nychymyg yn lle hapus a diogel i fod ynddo unwaith eto; dwi'n mwynhau treulio amser yno, yn breuddwydio a meddwl a llunio straeon newydd. A dwi'n cofleidio'r cyfan, y darnau tywyll hefyd. Mae'r union weithred o ysgrifennu'r *llyfr hwn* wedi achub fy mywyd, a dwi'n credu mai dyna sydd wedi gwneud fy adferiad mor gyflym a sefydlog. Flynyddoedd yn ôl, fyddai merch wedi gallu ysgrifennu am y pethau hyn heb gael ei galw'n wrach neu gael ei thaflu i seilam? Na fyddai, debyg. Dwi'n gwneud hyn iddyn nhw hefyd!

Wrth i fi ysgrifennu hyn o lith, mae Hugo yn gwneud te. Mae Jet yn deffro ar ôl cwsg byr ac yn edrych arna i efo'i lygaid mawr glas, a dwi'n edrych yn ôl arno fo. Un diwrnod, mae'n bosib y byddi di'n darllen y llyfr yma, Jet. Efallai y byddi di'n dweud, 'Dwi'n dy garu di,' efallai y byddi di'n dweud, 'A dydw i ddim yn dy feio di am beth ddigwyddodd, Mam, ddim dy fai di ydy o.'

Jet. Mae hwn i ti. Alla i ddim credu mai fi *wnaeth* ti. A dweud y gwir, pan fydda i'n meddwl am y peth, dwi'n sylweddoli, na, wnes i ddim dy wneud di o gwbl.

Y gwir ydy, *ti* sydd wedi fy ngwneud i.

Ffynonellau Cymorth

Mae seicosis ôl-enedigol yn cael ei ystyried yn argyfwng meddygol. Yn yr achos hwnnw, ddylet ti ddim oedi cyn mynd i adran frys ysbyty neu ffonio GIG 111/999 os oes perygl uniongyrchol.

Os nad ydy o'n achos brys, ond dy fod di/rhywun annwyl i ti yn cael trafferth, cysyllta â dy feddyg teulu. Os nad ydy'r meddyg teulu ar gael ar unwaith (yr un diwrnod) a dy fod di angen help, ffonia **GIG 111**, y gwasanaeth y tu allan i oriau arferol lleol neu'r adran damweiniau ac achosion brys. Os wyt ti'n profi argyfwng neu os oes risg uchel o berygl uniongyrchol, ffonia **999** a gofyn am ambiwlans.

Os wyt ti wedi cael gwybod gan weithiwr iechyd proffesiynol nad oes gen ti seicosis ôl-enedigol neu 'rywbeth mwy difrifol' ac eto, mae dy symptomau'n dal i barhau neu'n gwaethygu, dos yn ôl at y meddyg teulu neu gael ail farn gan weithiwr meddygol proffesiynol dibynadwy. Mae'n iawn i ti fynd yn ôl. Mae'r symptomau yn gallu bod yn anodd eu nodi. Wrth edrych yn ôl, mae'n bosib 'mod i wedi cuddio fy rhai i!

Mae dealltwriaeth o'r salwch yn gyfyngedig o hyd, ond mae yna lefydd sy'n gallu helpu.

Mae Action on Postpartum Psychosis yma i dy gefnogi di, dy deulu a dy ffrindiau.

https://www.app-network.org/

Mae APP hefyd ar gael ar y cyfryngau cymdeithasol. Maen nhw *mor* gefnogol. Mae llawer o aelodau'r tîm wedi dioddef efo'r salwch neu'n ei adnabod yn uniongyrchol. Maen nhw eisiau helpu. Dwi wedi cyfeirio llawer iawn o rieni atyn nhw. Mae ganddyn nhw dudalen o 'ddolenni defnyddiol' ar eu gwefan hefyd (nid yn unig rhai ar gyfer salwch ôl-esgor ond llawer o linellau cymorth a chymdeithasau).

Os wyt ti neu rywun agos atat ti yn gallu uniaethu â'r symptomau yn y llyfr hwn, ond nad ydyn nhw'n gysylltiedig â geni, mae'n werth mynd i

https://meddwl.org

www.mind.org.uk

Dwyt ti ddim yn gwastraffu amser unrhyw un.
Digon teg, mi allai fod yn ddim byd, ond gwell diogel nag edifar.
Nid dy fai di ydy hyn.
Wnest ti ddim *gofyn* amdano.
Dwyt ti ddim yn fethiant.
Does neb wedi cael llond bol arnat ti.
Dim cywilydd. Dim euogrwydd. Mae'n gallu digwydd i unrhyw un.
Dydy gofyn am help ddim yn wendid, dyma'r peth mwyaf dewr all person ei wneud.
Un diwrnod, mae'n bosib y byddi di'n gallu helpu rhywun arall fel y gwnaeth rhywun dy helpu di.

Diolchiadau

Diolch i fy 'mhentre' i:

Ariella. Rowan. Diolch. Jodie. Molly. Emily. Dan. Pawb yn United. Lucie. Kate. Rosie. Mireille. Rosemary. Justine. Y tîm yn Square Peg. Vintage. Issy. Action on Postpartum Psychosis; Ellie. Jess. Jessie. Helen. Kathryn. Fiona. Diolch. Ruth. Azerou. Rashieda. Karen. Jeremy. Chi Chi. Henri. Emma. Ian. Caroline. Bryony. Jude. Shereen. Maria.

Diolch i deulu Hugo.

Diolch i fy ffrindiau. Mi ydych chi'n gwybod pwy ydych chi, mae'n debyg bod 'na un ohonoch chi'n eistedd wrth fy ochr i'r eiliad hon yn bwyta pob dim sydd gen i yn y tŷ – a dwi wrth fy modd efo hynny – DWI'N EICH CARU chi. Diolch am beidio â gadael i fi gau'r drws.

Diolch i fy nghymdogion. Ie, fy nghymdogion drws nesa go iawn.

Diolch i'r merched a'r mamau a fu'n gymaint o help i fi yn y dyddiau cynnar; Pamela, Leah, India, Jenny, Charlotte, Paloma, Lucy, Jessie.

Diolch i'r holl bobl a anfonodd gardiau ac anrhegion pan gafodd Jet ei eni. Mae'n siŵr 'mod i'n rhy sâl ar y pryd i ddweud diolch yn iawn.

Diolch i holl fydwragedd y Gwasanaeth Iechyd Gwladol am ofalu amdanon ni.

Diolch i'r staff yn y ddau ysbyty a oedd yn coginio a glanhau a siarad efo fi.

Diolch i'r holl weithwyr iechyd proffesiynol a wnaeth fy helpu i, a diolch am ganiatáu i fi adrodd y stori hon.

Diolch i'r holl ferched sydd wedi rhannu eu straeon efo fi.

Diolch, Clemmie.

Diolch i'r HOLL bobl sydd wedi fy nghornelu ar wahanol adegau, mewn digwyddiad neu barti, mewn archfarchnad neu faes chwarae, mewn tafarn, cylch chwarae neu gampfa – hyd yn oed mewn gìg Spice Girls – a rhannu eu profiadau eu hunain efo iechyd meddwl, salwch neu drawma. O famau newydd i swyddogion diogelwch enfawr mewn gigs. Dydy iechyd meddwl ddim yn gwahaniaethu.

Diolch i fy nheulu (ydy, Ramsay, mae hynny yn dy gynnwys di). Dwi'n eich caru chi I GYD gymaint. Mae'n ddrwg gen i fod hyn wedi bod mor frawychus i bawb.

Daisy, ti ydy'r chwaer, y ffrind, y ferch a'r fam gorau allai unrhyw un ofyn amdani. Dwi mor falch ohonot ti.

Diolch, Mam. Dwi'n dy gofio di'n dweud, 'Laura, ti ydy'r peth bach mwya ofnus yn y byd, mi wyt ti ofn rampiau! Ofn y tywyllwch! Ofn trenau ysbryd cachu rwtsh, ond dwi erioed wedi gweld neb dewrach na chryfach na ti wrth i ti drio gwella. Roedd fel gwylio un o athletwyr gorau'r byd.'

A doeddwn i ddim yn gwybod sut i ateb... ond rŵan mi ydw i.

Mam – mae pob dydd efo ti fel gwylio un o athletwyr gorau'r byd. Ti oedd yr un a ddysgodd fi sut i godi.

Adele – dwi ddim yn gwybod be i'w ddweud. Fy Spider-Woman i, fy myddin un ferch. Diolch. Dwi'n dy garu di. Fyddwn i ddim eisiau bod mewn llanast cythreulig efo unrhyw un arall.

Diolch hefyd i Laura, sori am yr holl lanast!

Diolch, Hugo. Diolch, Jet. Dwi'n eich caru chi'ch dau gymaint. Diolch am roi cymaint o resymau i fi fyw.

Yn olaf, dwi eisiau ymddiheuro i unrhyw un nad oeddwn i wedi deall eu hiechyd meddwl o'r blaen. Dwi'n ymddiheuro am fy anwybodaeth ac os gwnes i ddweud neu wneud y peth anghywir. Doeddwn i ddim yn gwybod beth dwi'n ei wybod rŵan. Ac mae'n ddrwg gen i eich bod chi wedi gorfod dioddef. Mae'n ddrwg gen i fod hynny wedi gorfod digwydd mewn distawrwydd a'i fod yn anweledig.

Mae'n ddrwg gen i os nad oeddwn yno i chi.

Ond dwi yma rŵan.